満鉄調査部の軌跡

1907-1945

小林英夫　Kobayashi Hideo

藤原書店

満鉄調査部の軌跡／目　次

満鉄調査部の軌跡

1907-1945

凡例

一、引用文は歴史的かなづかいにした。『満鉄調査部事件の真相』からの引用文は新かなづかいである。
一、引用文には編集部で適宜ルビを付した。
一、引用文中、著者による注や補足は〔 〕で示した。
一、旧字のうち、常用漢字にあるものは適宜新漢字に改めた。
一、「満洲国」などは本来かっこ付きで使用すべきだが、かっこを取って使用した。

序章　課題と方法

第一節　課題

日露戦争後の日本の大陸政策を考えるとき、満鉄の活動を無視することはできない。満鉄は、創立当初から調査活動を重視した会社としてその名が知られている。初代総裁だった後藤新平は、調査活動の重要性を強調し、創立当初から調査部をつくり運用したのである。満鉄調査部[1]が成立したのは日露戦争後の一九〇七年四月のことであり、満鉄成立翌年のことであった。

日本で最初に調査部をもったのは三井物産であるといわれ、監査方を改称して調査課をつくったのが一八九八年末のことであった[2]。三菱合資において資料課がつくられたのが一九二二年三月、三菱経済研究所の成立は三二年四月のことであった[3]。大阪野村銀行が調査部をつくったのは二一年三月だが、これは二三年一月に廃止され証券部と総務部業務係に移管されている。(4) 満鉄調査部の設立がいかに早いかわかろう。

ではなぜ満鉄調査部は、かくも早期に設立されたのであろうか。多くの論者はその理由を初代総裁後藤新平の個性に求める。山田豪一の秀作『満鉄調査部』などはその典型である。氏が同書の中で、「満鉄の初代総裁に就任したかれ〔後藤新平〕の在職は二年に満たなかったが、この短い期間にかれは会社の骨格を築きあげた。満鉄会社の壮大なスケール、調査部のユニークな性格、そのはたすべき役割、みなかれの手で礎石がおかれた」(5) と述べ、同書の半分近くを創立期に割いている。しかしこうした後藤新平重視論は、山田豪一だけでなく、菊池寛『満鉄外史』以降の満鉄著述に共通する視点だったのである。

たしかに後藤の調査好きはつとに知られた事実であり、後藤なくしては満鉄調査部の早期成立はなかったはずである。しかし後藤の個性だけで満鉄調査部設立の時期と重みは説明できるものではない。なぜなら初代総裁後藤新平、二代中村是公がそのポストを退く過程で、調査部は格下げされ急速にその影響力を低めるからである。調査部が再び重視されるのはロシア革命以降のことで、その後は力を復活して満鉄内で重要な位置を占め、その後も一九四二年九月の満鉄調査部事件勃発によるその事実上の「解体」に至るまで重みを維持し続けるからである。

したがって、後藤もさることながら、満鉄自体をして調査活動の必要性を認識せしめた最大の理由は、満鉄が置かれていたその地理的・政治的な位置にあったというべきだろう。日露戦争の結果満鉄沿線は日本の領有圏に入ったとはいえ、中国東北はなお国際政治のなかでは列強の争奪の対象地であった。調査・情報網を張り巡らし、国際情報をいち早く捕捉することなくしては満鉄の安定的運営は不可能だった。捕捉するだけでなく、満鉄の存在意義をアピールする情報の発信も同様に重要だった。初期満鉄の調査部の活動が情報の収集と発信に置かれた所以である。また満鉄の活動がたえず謀略・防諜的色彩をもつ所以でもある。

しかし満鉄がもつこの地理的位置ゆえに調査活動の重要性がクローズアップされたのは、前述したようにロシア革命以降のことだった。ロシア革命とソ連の出現、中国本土でのナショナリズムの高揚は、ソ連調査、中国関内〔万里の長城以南〕のナショナリズム調査の重要性をクローズアップさせた。後藤新平、中村是公が満鉄を去り一時低迷していた満鉄調査部も、ロシア革命勃発、ソ連の出現を契機に再び勢いを回復し、ソ連調査部門、中国関内調査を中心に急速に調査部門を拡大・強化する。本書がロシア革命以前の満鉄調査部の活動をその前史として位置づけた所以である。ソ連、中国研究という課題は、その後重要性を増すことはあっても減じることはなかった。満鉄調査部は、のち幾度も国策策定調査を担当し、その名を日本だけでなく世界にとどろかせたのである。そして、この種の調査活動は、後述する満鉄調査部事件で大打撃をうけるものの、活動自体は一九四五年八月に日本が敗北しソ連軍の手で満鉄が解体されるまで継続した。

この基本線のうえで一九二〇年代後半になると新たな課題がもち上がる。総裁となって田中義一立憲政友会内閣から満鉄に送り込まれた山本条太郎は、経営の刷新を図って事業に役立つ調査活動の活発化を提唱、推進する。東北軍閥・張作霖との交渉で新線の拡張が不可避となったことも調査の必要性を高めた。彼のもとでこの課題に応えるべく組織されたのが臨時経済調査委員会であった。そして一九三一年九月の満洲事変の勃発とその後の満洲国の出現は、武力中心で国策（経済）立案能力に乏しい関東軍のためにその代替機能を調査部に課すこととなった。経済調査会の出現がそれである。やがて日中戦争へと戦火が広がるなかで、満鉄調査部は軍の調査部としての役割を担って活動を展開し、日中戦争の拡大と軍の発言権増大のなかで、次第に国策立案機関としての機能を強化しその規模を拡大していった。一九三〇年代末から四〇年代初頭にかけて調査部が総力をあげて取り組んだ綜合調査である「支那抗戦力調査」「日満支ブロック・インフレーション調査」「戦時経済調査」などがそれである。元来、軍や内閣直属の機関がなすべき調査課題を、たとえ伝統と資金力がある国策的機関とはいえ株式会社の調査機関である満鉄調査部が行うこと自体に大きな限界が存していた。一九四二年九月に満鉄調査部事件が勃発しその後検挙者が増加するなかで、調査部は活動停止に追い込まれていくことになる。

敗戦と同時に満鉄は解体され、満鉄調査部もこれまた解散を余儀なくされる。しかし調査部員のなかには引揚船で日本に帰国した者もいれば、中国側に留用されて、中国の戦後復興に従事した者もいた。日本に引揚げた者の再就職先は多様であったが、大学や専門学校、企業の調査部局にその職を見出した者は少なくない数にのぼった。戦前の満鉄調査部が作成した調査資料は今日さまざまな形で復刻されており、その一端を知ることができる。

以上は満鉄調査部の活動の概略だが、成立以来一貫していることは、初期においては中国東北という地域に規定された国際政治の不安定性のゆえに、ロシア革命後は仮想敵国ソ連と国境を接する国防第一線の地域ゆえに、調査活動が会社生存の第一条件となったことである。満洲国および満鉄は調査なくして生存を継続することができない状況にあったというべきだろう。満鉄調査部はそうした宿命を帯びて生まれるべくして生まれてきたのである。後藤は、そうした状況を直感的によりよく認識していた人物の一人であったといえよう。本書は、一九〇七年から四五年まで四〇年間近くに及ぶ満鉄調査部と、その戦後の歩みを考察し、日本の国内政治との連繫を考慮しつつ、その実態に迫ってみることとしたい。

注

（1）以降調査部はいくたびか名称を変更するが、ここでは「満鉄調査部」で統一し、必要な場合にのみその当時使用した部局課名を使用する。
（2）三井文庫編『三井事業史』本篇第二巻、一九八〇年、五八五頁。
（3）三菱社誌刊行会『三菱社誌』東京大学出版会、一九八一年、第三六巻、六四七頁。
（4）『野村銀行三十年史』大和銀行、一九四八年、一八五頁。
（5）山田豪一『満鉄調査部——栄光と挫折の四十年』日本経済新聞社、一九七七年、七頁。

第二節　先行研究

満鉄調査部に関する研究は数多い。満鉄調査部にふれた満鉄関連著作としてあげられるのは、戦前では菊池寛『満鉄外史』（時代社、一九四一年）が、戦後では伊藤武雄『満鉄に生きて』（勁草書房、一九六四年）、安藤彦太郎編『満鉄――日本帝国主義と中国』（御茶の水書房、一九六五年）、竹森一男『満鉄興亡史』（秋田書店、一九七〇年）、中西功『中国革命の嵐の中で』（青木書店、一九七四年）、原田勝正『満鉄』（岩波書店、一九八一年）、渡辺諒『満鉄史余話』（龍溪書舎、一九八六年）、高橋泰隆『日本植民地鉄道史論』（日本経済評論社、一九九五年）、小林英夫『満鉄』（吉川弘文館、一九九六年）、小林英夫編『近代日本と満鉄』（吉川弘文館、二〇〇〇年）、松村高夫・解学詩・江田憲治編『満鉄労働史の研究』（日本経済評論社、二〇〇二年）などがあげられる。また満鉄の正史とも言うべき南満洲鉄道株式会社編『南満洲鉄道株式会社十年史』（復刻版、原書房、一九七四年）、同『南満洲鉄道株式会社第二次十年史』（同前、一九七四年）、同『南満洲鉄道株式会社第三次十年史』（復刻版、龍溪書舎、一九七六年）、満鉄会編『南満洲鉄道株式会社第四次十年史』（龍溪書舎、一九八六年）でも満鉄調査部の活動に言及されている。

満鉄調査部そのものに的を絞った論文としては、野中時雄「私の満鉄での調査の跡」（兵庫農科大学『農業経済』第三号、一九五八年一二月）、児玉大三「秘録・満鉄調査部」（『中央公論』一九六〇年一二月）が比較的早い時期の回顧談や論文である。一九七〇年代に入ると松本健一「満鉄調査部論」（『流動』一九七六年六月、『思想としての右翼』第三文明社、一九七六年再録）が思想史的観点から満鉄調査部を論じ、野間清も「満鉄経済調査会設置前後」（『歴史評論』一六九号、一九六四年九月）、「中国農村慣行調査の企画と実績」（『歴史評論』一七〇号、一九六四年一〇月）、「満鉄経済調査会の設立とその役割」（愛知大学『国際問題研究所紀要』第五六号、一九七五年一月）、『満洲』農村実態調査の企画と業績」(同前、第五八号、一九七六年二月)、「中国慣行調査、その主観的意図と客観的現実」(同前、第六〇号、一九七七年二月)、「満鉄調査部改組・拡充の意義とその統一調査企画」(同前、第六六号、一九八〇年一月)といった一連の論稿で、自ら生きた一九三〇年代の満鉄調査部の活動を検討している。満鉄調査部出身の枝吉勇も「消えた至宝『満鉄調査部』」(三国一朗『昭和史探訪』2、番町書房、一九七五年)で満鉄調査部の活動の鳥瞰図を端的に述べている。石堂清倫は「満鉄調査部と『マルクス主義』」(『運動史研究』2、一九七八年)のなかで、大上末広ら旧講座派系学者と関東軍・満洲国官僚の満洲社会「近代化」推進での一致点について指摘している点が注目される。

一九七〇年代には単著として山田豪一『満鉄調査部』、草柳大蔵『実録 満鉄調査部』(上下、朝日新聞社、一九七九年)が相次いで上梓された。前者は満鉄調査部通史、後者はエピソードを盛り込んだ物語・満鉄調査部であるが、満鉄の調査部全体に光を当てた初期の著作とみることができよう。また私家版ではあるが、小泉吉雄『愚かな者の歩み』(一九七八年)も出版された。

八〇年代には、熊谷康「上海・満鉄調査部八月十五日」(拓殖大学海外事情研究所『海外事情』一九八〇年八月)、上海満鉄会編『長江の流れと共に』(上海満鉄回想録編集委員会、一九八〇年)、枝吉勇『調査屋流転』(私家版、一九八一年)の回顧録や野間清・下條英男・三輪武・宮西義雄編『満鉄調査部 綜合調査報告集』(亜紀書房、一九八二年)、岡崎次郎『マルクスに凭れて六十年』(青土社、一九八三年)、満鉄会『嶋野三郎』(原書房、一九八四年)、原覚天『現代アジア研究成立史論』(勁草書房、一九八四年)が出されている。原覚天は、この本とともに『アジア研究と学者たち』(勁草書房、一九八五年)、『満鉄調査部とアジア』(世界書院、一九八六年)を上梓している。『現代アジア研究成立史論』では満鉄調査部のアジア研究を詳述している。原は六〇〇余頁を「満鉄調査部とアジア研究」に充て国策と連携して展開された満鉄調査部の調査活動の歴史を跡付けている。『アジア研究と学者たち』では人物論から満鉄調査部のメンバーに光をあて、『満鉄調査部とアジア』では満鉄調査部の略史を記述している。また回想録としては、石堂清倫・野間清・野々村一雄・小林庄一『十五年戦争と満鉄調査部』（原書房、一九八六年）、野々村一雄『回想　満鉄調査部』（勁草書房、一九八六年）、小林文男「満鉄調査部の中国研究」（小林文男『中国現代史の断章』谷沢書房、一九八六年）、関口猛夫「満鉄調査部時代の回想」（中京大学『社会科学研究』第九巻第一号、一九八八年）がある。

また九〇年代になると、人物史としては米重文樹「精神の旅人・嶋野三郎」（一）―（一七）（『窓』九二―一一〇、一九九五―一九九九年）、小林英夫『超官僚』（徳間書店、一九九五年）、同『日本株式会社を創った男――宮崎正義の生涯』（小学館、一九九五年）などが上梓された。小林の著作に共通する点は、宮崎正義という満鉄調査部員に焦点をあて、彼が戦後日本の経済システムの発案者だとしていることである。

九〇年代にはまた満鉄調査部の関係者たちのヒヤリングを収録した井村哲郎編『満鉄調査部――関係者の証言』（アジア経済研究所、一九九六年）も出された。資料集としては、満鉄経済調査会の活動の内部文書を編集した遼寧省檔案館・小林英夫編『満鉄経済調査会史料』第一巻―第六巻（柏書房、一九九八年）も出版され、ベールに包まれていた同調査会の活動に分析のメスが入れられた。

二〇〇〇年代に入ると満鉄調査部『満鉄調査部報』（龍溪書舎、二〇〇〇年）が復刻され、井村哲郎「拡充前後の満鉄調査組織」Ⅰ・Ⅱ（『アジア経済』四二―八、九、二〇〇一年八、九月）が出されている。また平山勉「日本における満鉄調査部論」（田中明『近代日中関係史再考』日本経済評論社、二〇〇二年）は、丁寧な満鉄研究史フォローである。〇五年以降さらに満鉄調査部の通史を記した小林英夫『満鉄調査部』（平凡社、二〇〇五年）が出版され、辛亥革命期の満鉄奉天公所の活動を紹介した井村哲郎「辛亥革命と満鉄――奉天公所の情報活動を中心に」（『東アジア』第一五号、二〇〇六年三月）が出された。

この間満鉄調査部の活動の事実上の終焉を記した満鉄調査部事件に関連した回顧録も多数出版された。関東憲兵隊司令部編『在満日系共産主義運動』(一九四四年)は六九年に極東研究所出版会から復刻され、この事件の基本文献は比較的容易に手に取ることができるようになった。その後前掲各書に加えて田中武夫『橘樸と佐藤大四郎——合作社事件・佐藤大四郎の生涯』(龍溪書舍、一九七五年)、具島兼三郎『奔流 わたしの歩いた道』(九州大学出版会、一九八一年)、尾崎庄太郎『徘徊』(日中出版、一九八一年)、加藤敬二『激流に生きる浜正雄』(西日本新聞社、一九八一年)、宮西義雄編『満鉄調査部と尾崎秀実』(亜紀書房、一九八三年)などが評伝や回顧談として出版された。松村高夫「フレーム・アップとしての満鉄調査部弾圧事件(一九四二・四三年)」(『三田学会雑誌』九五巻一号、二〇〇二年四月)は、北満型合作社運動弾圧事件(一九四一年一一月)から端を発し満鉄調査部員検挙へと拡大した満鉄調査部事件を被検挙者の「手記」などを基に追っている。また吉林省檔案館所蔵満鉄調査部事件関連資料を使用して事件の全容を分析した論文として小林英夫「新資料に見る『満鉄調査部事件』」(『環』一八号、二〇〇四年)、同「新史料検証 満鉄調査部事件の実相」(『世界』七二九号、二〇〇四年八月)、小林英夫・福井紳一『満鉄調査部事件の真相』(小学館、二〇〇四年)が出版された。

台湾での研究としては、黄福慶「満鉄調査部検挙事件之背景探究」(『中央研究院近代史研究所集刊』期二二、一九九三年六月)があり、中国側の研究としては、蘇崇民『満鉄史』(中華書局、一九九〇年。山下睦男・和田正広・王勇訳、葦書房、一九九九年)がある。満鉄の成立から崩壊までの全過程を日本帝国主義の中国侵略史という視点から分析し、満鉄の活動の一部として調査部に関しても言及している。解学詩も『鞍鋼史』(冶金工業出版社、一九八四年)、『歴史的毒瘤——偽満政権興亡』(広西師範大学出版社、一九九二年)、『満鉄労働史の研究』(日本経済評論社、二〇〇二年)、『満鉄調査期刊載文目録』上中下(吉林文史出版社、二〇〇四年)、『満鉄調査報告目録』上下(吉林人民出版社、二〇〇五年)などで、日本の中国東北支配の実情を文献目録整理を含めさまざまな角度から分析しているが、満鉄調査部そのものに焦点をあてた著作としては『隔世遺思』（人民出版社、二〇〇三年）がある。中国人研究者の視点からの満鉄調査部通史だと言えよう。同じ通史でも孔経緯『新編　中国東北地区経済史』（吉林教育出版社、一九九四年）などは、満鉄そのものに焦点をあててはいない。遼寧省檔案館からは遼寧省檔案館編『満鉄密檔——満鉄與侵華日軍』（広西師範大学出版社、一九九九年）など一連の満鉄関連の資料集が出されたが、満鉄調査部に焦点を当てたものではない。

アメリカでの研究としては、まず John Young, *The Research Activities of The South Manchurian Railway Company, 1907-1945, A History and Bibliography,* The East Asian Institute Columbia University, New York, 1966 があろう。第一部で満鉄調査部の創立から消滅に至るまでの調査活動の全容を概観すると同時に、第二部では六〇〇〇冊余の満鉄調査活動文献目録を掲載している。最近の満鉄の研究では Yoshihisa T. Matsusaka, *The Making of Japanese Manchuria, 1904-1932,* Cambrige, Harvard University Press, 2001 が調査部を含めた満鉄の創立前後から満洲国成立までの時期を検討している。Louise Young, *Japan's Total Empire: Manchuria and the Culture of Wartime Imperialism,* The University of California, 1998（L・ヤング『総動員帝国』加藤陽子他訳、岩波書店、二〇〇一年）でも「満鉄マルクス主義」と呼ばれた左派と関東軍軍人等の右派の奇妙な同居とその破綻の姿を追っている。しかしこれも満鉄調査部そのものに焦点を当てたものではない。そのほか満鉄を含む植民地研究の現状について金子文夫の一連の論稿があるが、残念ながら一九九〇年代中期までのフォローに終わっている。(1)

以上の考察から明らかなように、満鉄調査部そのものに焦点をあて、その全過程を追った研究書は山田豪一、草柳大蔵、原覚天、小林英夫の著作を除くと他に見当たらないことがわかろう。このなかで、草柳大蔵の著作は、文字通り「実録」風で、歴史分析を行ったものではないし、原覚天のそれも詳細な資料的裏付けはあるが、分析視角に乏しい。山田豪一のそれは、秀作ではあるが、本書第一章で前史として簡単に扱った初代総裁後藤新平の時期と役割に半分近い頁を割いており、ここに重点を置きすぎて、後藤を過大評価しすぎていて問題が多い。本書は、山田豪一の満鉄調査部論とは異なる満鉄調査部の実像への接近をめざすものである。

注

（1）金子文夫「アメリカにおける日本植民地研究・文献目録」（『横浜市立大学論叢人文科学系列』第四七巻第三号、一九九六年三月）、「アメリカにおける日本植民地研究の動向」（『日本植民地研究』九号、一九九七年七月）。

第三節　構　成

たしかにこれまでの研究によって満鉄調査部の活動の内容は明らかになりつつある。もっとも当時の満鉄調査部の原史料が中国の檔案館に所蔵され、未だに部分的にしか公開されていないことを考えれば、今後もいっそう詳細な活動内容の研究は要請されよう。

しかし今日一層深められねばならない課題は、満鉄調査部の全過程の跡付けとこの研究機関がもった意味であろう。巨大国策会社とはいえ、その調査機関にこれほどの研究書や回想記が残されるというのは他に類例がなく、この研究機関が果たした役割の重要性の一端が示されている。本書においては、該機関の生涯とその活動のもった意味について検討することとしたい。本書の課題は以上の通りだが、全体の構成を示せば以下の通りである。

第一章「満鉄調査部の創立」では、満鉄の創立と時期を同じくして発足した調査部の活動を検討する。台湾総督府民政長官から満鉄総裁を歴任した後藤新平が調査部をどのように位置付けていたかに言及するなかで、後藤のもとで展開された初期の調査部の活動をみると同時に、後藤、中村総裁が満鉄を去った後、この調査機関が急速に規模の縮小を余儀なくされた理由を探究する。従来は、この時期の検討に大半の頁を割く研究書が多いなかで、本書では、これを満鉄調査部前史として、その活動を概観する。

第二章「ロシア革命と満鉄調査部の本格的稼動」では、ロシア革命が日本に与えた影響、とりわけ革命の結果、ソ連と国境を接するに至った中国東北や満鉄調査部への衝撃と、それへの対策を論ずる。そしてこれと同時に、調査部の活動が活性化し、ロシア調査や中国ナショナリズム調査がその活動の主要な部分になっていく過程を跡づける。さらにそうした調査活動の背後で活動した初代総裁後藤新平の対ソ連工作の姿を追う。

第三章「臨時経済調査委員会の活動」では、一九二〇年代後半の満鉄調査部の活動を検証する一助として、第一次大戦後のアジア情勢の変化と国際化の波のなかで、一九二七年新たに満鉄総裁に就任した山本条太郎と副総裁に就任した松岡洋右の二人が推し進めた満鉄機構合理化と、その中で誕生した満鉄調査部の別動隊である臨時経済調査委員会の活動を検討する。とくに大豆品質等級化事業と輸出促進策の具体化が検討の焦点となる。

第四章「満洲事変後の満鉄調査部」は、満洲事変直後に設立された経済調査会の活動に焦点をあて、関東軍の「経済参謀本部」としての役割を演じた同調査会の活動を遼寧省檔案館所蔵資料に依拠して追跡する。同調査会を指導した一人である宮崎正義は中途でその活動舞台を日本に移動させ、石原莞爾の動きと連動しながら日本の国策である「産業開発五カ年計画」立案の一端を担うこととなる。他方華北資源調査に重点を移した満鉄経済調査会は一九三六年産業部に改組され、日本での総力戦構想と結合して「生産力拡充計画」に協力していく。

第五章「南郷龍音と満鉄経済調査会」は、満鉄経済調査会の金融政策の立案と実施過程を、当時金融政策の立案担当者だった南郷龍音に光を当てて検討する。満洲事変後の旧奉天軍閥傘下の金融機関の接収、幣制統一事業の推進、満洲中央銀行設立、そして日満幣制統一事業の推進を南郷に光を当てながら跡づける。

第六章「日中戦争後の満鉄調査部」は、盧溝橋事件から日中全面戦争へと拡大していくなかで満鉄調査部がこれにどう対応したのかを明らかにし、日中戦争が勃発した後は、華北・華中へとその調査活動を拡大した満鉄調査部の動きと満鉄改組、大調査部実現のなかで実施された「綜合調査」の実態を追跡する。そして日中戦争勃発まで積極的に軍の動きを支持してきた満鉄調査部の主流は、戦争が膠着するなかで、『支那抗戦力調査報告』に象徴されるように、軍との距離を置いた調査報告を作成するようになる。この動きはアジア太平洋戦争が勃発する一九四一年以降になるといっそう顕著となり、四二年九月の満鉄調査部事件を引き起こしていくこととなる。

第七章「満鉄調査部のユダヤ人問題調査」は、一九三〇年代後半ナチスドイツがユダヤ人の迫害を開始するなかで、難を逃れ満洲国経由で上海やアメリカに渡るユダヤ人を保護する見返りに、ユダヤ資本を満洲国に導入する計画が浮上した。本章では、この構想と日本軍部のユダヤ人対策を追い、軍の意図を分析し、これと連動した満鉄調査部特別班の動きを分析する。とくにこれと関連して満鉄調査部が出版した一連のユダヤ問題文献の検討を通じて、満鉄調査部を活用した日本軍が企図していた目的を検討する。

第八章「満鉄調査部員の日常生活」は、満鉄調査部員が残した日記や回顧録、手記を手がかりに彼らの勤務状況、休日の過ごし方、住宅状況、給与とボーナス、留学・出張といった個人生活に光を当てる。調査部員の日常生活を通じて、当時としては恵まれた都市上流層の満洲生活を垣間見る。

第九章「満鉄調査部事件への道」は、一九四二年九月に勃発した満鉄調査部に対する関東憲兵隊の捜査・手入れを追跡しながら、未公開だった吉林省檔案館所蔵関東憲兵隊資料に基づいて、関係者の思想と行動を分析し、該事件そのものがなぜおきたのか、これまでベールに包まれていた事件発生に至るまでの調査部内の動向分析を行う。とくに「支那抗戦力調査」や「日満支ブロック・インフレーション調査」実施過程を分析しながら、この調査書作成に尾崎秀実や彼を通じてゾルゲがどのようにかかわったのかを分析する。

第十章「満鉄調査部事件の勃発とその顛末」は、合作社事件から満鉄調査部事件発生までの過程と、その後の終結までの顚末を追跡しながら、これまで明らかにされなかった企画院事件、尾崎・ゾルゲ事件とのかかわり、さらには該事件がもった意味と特徴を分析する。

第十一章「満鉄調査部の戦後」は、文字通り戦後解体された満鉄調査部の姿とその従業員の戦後について追跡する。満洲国の解体と満鉄の閉鎖、満鉄調査部員の留用と引揚げ、彼らの日本での再就職、戦中と戦後の研究の連続面と断絶面、戦後の中国革命の展開が彼らの研究に与えた影響などを検討する。そして最後に満鉄調査部の四〇年近くにわたる活動の意味と役割をまとめる。

第一章　満鉄調査部の創立　*1907〜1916*

はじめに

日露戦争後日本の大陸政策の基軸をなす満鉄が誕生したのが一九〇六年一一月のことで、同社に調査部が設立されたのは満鉄の成立直後の一九〇七年四月のことであった。他の日本の主要な会社で満鉄より早く調査部を持っていたのは三井物産（一八九八年）だけで、当時の日本の会社のなかでは著しく早かった。早期に調査部を必要としたこと自体のなかに、中国東北をめぐる日露戦後の日本の大陸政策の緊張を垣間見ることができる。日・米・露の勢力がひしめき不安定な状況にある中国東北に勢力を扶植するには、情報網を張りその受信と発信を繰り返す必要があったのである。

この満鉄調査部の出現に重要な役割を果たした人物は、満鉄初代総裁後藤新平と、彼のブレインで京都帝国大学法科大学教授の岡松参太郎であった。後藤の調査活動重視と調査部設立にあたっての彼の積極的役割についてはすでに多くの研究が指摘しているところであり、(1) 台湾総督府、満鉄、東京市といずれも後藤が動くところでは必ず調査機関が設立されたのだった。しかし彼の調査活動を語るとき、ブレインとしての岡松参太郎の役割は無視できない。後藤の意を受けたとはいえ、具体的計画は岡松が立案、実施しているからである。その意味では後藤、岡松が去ったあとの満鉄調査部は急速にその積極性を失っていく。満鉄調査部は、後藤・岡松の連繋で実現したのである。

いまひとつ指摘すべきことは、中国東北の政治的不安定性である。後藤・岡松が去った後の満鉄は、草創期の不安定性を払拭して、ある程度の安定経営段階に突入しており、当初の調査活動の必要性が薄れていたことは否めない。

この一九一〇年代後半の相対的安定のしじまを破るように勃発したロシア革命の嵐が、再び調査部の必要性を喚起させ、調査部の充実がはかられることとなる。

本章では、調査部創立初期に焦点を当てて、後藤の思想、調査部初期段階の調査活動の特徴、台湾での後藤の活動との連関をみ、なぜ数年にして後藤の影響力が調査部から消え、調査部は低迷を極めていったのかを考察する。

注

(1) 代表的著作のみをあげれば、鶴見祐輔『後藤新平』第一—四巻（後藤新平伯伝記編纂会、一九三七—三八年〔『正伝後藤新平』全八巻、藤原書店、二〇〇六年〕）、信夫清三郎『後藤新平　科学的政治家の生涯』（博文館、一九四一年）、福田正義『後藤新平』（満洲日日新聞社東京支社出版部、一九四三年）、後藤新平顕彰記念事業会『後藤新平追想録』（一九七八年）、北岡伸一『後藤新平』（中央公論社、一九八八年）、小林道彦『日本の大陸政策一八九五〜一九一四——桂太郎と後藤新平』（南窓社、一九九六年）、御厨貴編『時代の先覚者・後藤新平』（藤原書店、二〇〇四年）がある。また岡松参太郎に関する最近の研究史料紹介として『岡松参太郎の学問と政策提言に関する研究』（浅古弘研究代表、二〇〇三年）参照。

第一節　後藤新平と調査活動

一　後藤新平と台湾・満鉄

日露戦後の日本の大陸政策を語る場合、とりわけ満鉄の動向を述べるとき、後藤新平の動きを無視して論ずることはできない。ここではまず先行研究に依拠して後藤の生い立ちを素描することからはじめよう。

後藤は一八五七（安政四）年に岩手県の水沢に生まれている。[1] 幕末の悲劇の蘭学者高野長英とは同郷で親戚筋にあたる。彼が医学を志し、長じて政治の世界に身を投じ個性豊かな政治家として異彩を放つ背後に、幼いころから尊敬していた蘭学者でオランダ医学を修めた反骨の士・高野長英の姿がある。七三年福島第一洋学校入学、七四年に須賀川医学校に転じ、医者への道を歩んでいる。医者として愛知県立病院長・愛知医学校校長に就任、九〇年にはドイツへ私費留学し、帰国後の九二年に内務省の衛生局長に就任している。ドイツに留学する直前の八九年には、彼の植民地統治思想の原点ともいうべき「衛生行政」思想を著した著作の一つ『国家衛生原理』を刊行している。

内務省衛生局長就任一年後の一八九三年暮れに、華族の相馬家の「財産相続騒動」に巻き込まれて入獄、失職する。裁判闘争で無罪を勝ち取った九五年に内務省の衛生局長に復帰し、この年の一一月には「台湾の阿片問題に関する意見書」を伊藤博文に提出し注目を集めている。これがきっかけで九六年四月、台湾総督府衛生顧問に就任、九八年台湾総督に就任した陸軍の重鎮・児玉源太郎の誘いで総督府民政局長（のちの民政長官）に就き辣腕をふるった。民政長官を務めること八年、一九〇六年一一月に満鉄総裁に転出したのである。

児玉のもとで民政長官に就任した後藤は、樺山資紀、桂太郎、乃木希典と三代の総督が苦闘した台湾住民の反日運動を鎮圧するために、抵抗運動の担い手だった村落有力者の懐柔を企図して土地調査事業を実施した。親日派の村落有力者の土地所有を承認しつつ反日派の経済的基盤の覆滅を意図したのである。後藤は民政長官のときにこの困難な事業を完成させ、治安を安定させて、台湾を日本にとって「儲かる島」に変えている。その他台北の都市づくり、貨幣整理事業、台湾縦貫鉄道建設事業、港湾建設事業、糖業政策の確立など、その後の台湾統治の基礎は後藤の時代に確立されている。さらに一九〇〇年には厦門に出張し、台湾を拠点に日本の勢力の福建省への拡張を試みている。北清事変に際し台湾対岸の厦門占領を企図し一九〇〇年に起きた厦門事件には後藤も関連したと言われている。

台湾における後藤の事業を蔭で支えたのが中村是公、岡松参太郎であった。中村は一八六七年安芸国（現広島県）佐伯郡生まれで後藤より一〇歳下である。一高、東京帝国大学法科大学卒。卒業後大蔵省へ入省。一高、帝大時代の友人に文豪夏目漱石がいた。中村は、一八九六年に台湾総督府民政局事務官になり、その後は後藤の下で土地調査事業の実質的な責任者となり、後藤・中村の両者で台湾統治の基礎づくりに邁進した。[2] 岡松参太郎は中村の後輩で東京帝国大学法科大学卒業後は大学院、ヨーロッパ留学を経て京都帝国大学法科大学教授で台湾旧慣調査を指導した。

一九〇四年二月に日露戦争が勃発し、六月に満洲軍総司令部が設置されると、台湾総督だった児玉源太郎は満洲軍総参謀長に就任し、日露戦争を指揮し勝利に導いている。その間〇五年九月、後藤新平は満洲に児玉源太郎を訪ねて戦後の満洲経営と満鉄の設立について意見を交換し、両者は「満洲経営案」を作成している。児玉は台湾において行ったと同様、後藤を満洲経営のブレインとして活用しようとしたのである。ところが、当初後藤は台湾に執着し、児玉の満洲行きの要請に消極的であった。〇六年六月、後藤が児玉から満鉄総裁就任を要請され、それを固辞して別れた翌月、児玉は急死する。後藤は児玉の遺志を天命として、満鉄総裁就任を受諾した。彼は、満鉄総裁に就任するとその基礎づくりに邁進し、そのなかで調査活動の重要性を強調し、調査部の設立を提唱するのである。

彼が総裁として精力的に活動した足跡は、創立まもない〇七年三月二九日に創刊された『南満洲鉄道株式会社社報』のなかに表れている。『社報』第一号の紙面は総裁後藤新平の「訓諭」で占められていた。後藤は、全社員に責任の重さを自覚し、愛国心と愛社心をもって業務にあたることを訴え、最後に「諸君ハ能ク時勢ノ推シ移ルヲ忘ルヘカラス、個人ノ品格、即チ国ノ品位ナレハ、凡ソ人ニ接スルニハ丁寧懇切ヲ旨トシ、職務ニ対シテハ廉直勤勉ヲ専トセラルヘシ、諸君ハ勤務ニ於テ日々外国人ニ接シ、シカモ互ニ言語十分ニ通シ難キカユエニ、内地ニ在リテ事ヲ執ルモノニ比スレハ其苦辛言フヘカラサルモノアラン、サレハ終始信義ヲ守リ、他ノ心ヲ己レニ推シテ遺憾ナカラシムルヤウ努ムルヘシ、カクテ諸君ハ何事ヲ為スニモ、先ス会社事業ノ上ニ及ホス影響如何ヲ考ヘ、予カ日夜諸君ト休戚ヲ共ニスルノ誠アルヲ念ハレンコトヲ切ニ望ム」と結んでいた。「個人ノ品格」、「国ノ品位」、外国人への「信義」、「誠」なる表現のなかに後藤の満鉄にかける熱意が伝わってこよう。

以降後藤は毎号のように、『社報』巻頭の「訓諭」に筆を執っている。この『社報』に満鉄調査部の設立が報じられたのは「示達第一号　本社分課規定」においてであった。第一条で「本社ニ左ノ五部ヲ置ク」とした後で総務部、運輸部、鉱業部、地方部と並んで調査部の設置が謳われていた。満鉄では調査部は会社を構成する五部の一つだったのである。前述したように当時巨大会社で調査部を主要な柱とした会社は三井物産をおいて他になかった。ここに満鉄の調査活動重視の方針を明確に見て取ることができる。さらに第八条で「調査部ニ於テハ左ノ業務ヲ掌握ス」として「一般経済ノ調査ニ関スル事項」「旧慣ノ調査ニ関スル事項」「図書ノ保管ニ関スル事項」をあげていた(3)。

二　後藤新平と調査活動と台湾統治

「後藤さんはなんでも調査調査という人だったらしい(4)」とは、満洲旧慣調査を実際に担当した天海謙三郎の言である。後藤の調査好きは、つとに有名だった。彼のこの調査好きは、若き日の著作『国家衛生原理』のなかで「国民慣習」を熟知する必要性を謳い、内務省衛生局長時代に衛生関係の研究機関の設立や拡充を実行したなかに垣間見られたが、台湾総督府民政長官時代に固まったと見ても間違いではない。民政長官時代、彼が台湾旧慣調査会をつくり旧慣調査を組織し、さらには今日の国勢調査の台湾版ともいうべき戸口調査を実施、産業・衛生に関する研究調査を目的に台湾中央研究所の設立を提唱していることなどはその証左である。[5]

旧慣調査会は、調査結果を『台湾私法』『清国行政法』『台湾蕃族慣習研究』というかたちで出版している。『台湾私法』は本編三巻六冊、付属参考書七冊の通算一三冊、『台湾蕃族慣習研究』は全八巻という膨大なもので、いずれも京都帝国大学法科大学教授岡松参太郎の編述である。岡松は、『台湾私法』の序で「本書著述ノ目的ハ私法ノ範囲ニ属スヘキ台湾古来ノ法制・慣習ヲ網羅セントスルニ在リ」[6]、公法と私法が「分化ヲ欠キ公法私法相混淆スル」[7]ゆえに公法の範囲も著述する旨の断りが記述されている。

『清国行政法』は織田万の編述で、六巻七冊におよぶ文献的制度調査である。織田は自著について「彼の行政法は日本人に清国行政法の大要を知らしむる目的で編纂した」[8]ので、清国人向けに記述したものではない。しかるに「清国行政法は清国でどしどし漢訳され既に三通りも訳本が出て居る」[9]ので、編者としては清国人向けに編訳したいと語っていた。

旧慣調査の中心人物である岡松参太郎は、東京帝国大学法科大学、大学院を卒業後、ヨーロッパ留学を経て帰国した一八九九年、開設された直後の京都帝国大学法科大学教授に就任し民法の教鞭をとる。その直後に児玉と後藤の要請を受けて彼は臨時台湾土地調査局の嘱託として台湾旧慣調査に従事することになる。彼を後藤に推薦したのは東京帝国大学法科大学の一年先輩で、後藤の下で土地調査事業を実務的に支えてきた中村是公であった。中村はその後藤の満鉄総裁就任にともない同道して満鉄へ移り後藤の跡を継いで第二代目の満鉄総裁を務めている。[10]

ところで植民地化後の台湾での総督府の最重要課題は、治安の安定であり植民地財政の独立だった。膨れ上がる植民地財政支出の増加をどう軽減するかは、朝野をあげた大問題だったのである。[11] 児玉・後藤両者は、「土匪」鎮圧と財源確保の切り札を土地調査事業に求めた。同事業による土地業主権（所有権）の確定を通じて「土匪」と「良民」

を峻別し、土地調査事業と並行して行われた大祖権整理事業で小祖戸を業主、つまりは土地所有者＝納税者と認定し、他方納税者という立場から解放された大祖権者は、公債取得者として、その上層部は金利生活者に転じていったのである。土地調査事業中に実施された地位等則収穫調査は課税対象地の等則確定を厳格なものとし、隠田の減少をもたらし課税対象面積を増加させ租税収入の増加を生み出した。土地調査事業を通じて、良民の認定＝課税基盤の確保＝小祖戸の認定という連鎖を完成させたのである。[12]

土地所有権を明確にすることが「行政百般の基礎」だと位置づけた児玉・後藤がこの事業に着手して最初に直面した問題は、複雑きわまる土地所有関係だった。しかも土地に関する権利は、律令第九号（一八九八年七月）に基づき台湾の旧慣によるとなれば、[13]旧慣の調査は「台湾立法ノ基礎ヲ作ル」ためには不可欠である。[14]

一九〇一年一〇月勅令第一九六号に基づき「臨時台湾旧慣調査会」がスタートした理由である。事実旧慣調査事業は、一八九八年以降実施された土地調査事業にとっても必要だった。なぜなら台湾の煩雑な土地所有関係に基づく業主権の確定は、旧慣調査とその習熟なくしては不可能なことだったからである。というのは土地調査事業は幾多の抵抗に遭いつつも、[15]大局的には一九〇四年に成功裡のうちに幕を閉じたといわれる秘密が、裁判ではなく「和解」にあったからである。「和解といふことをしなかつたならば高等委員会への不服申し立てといふものは、幾らあつたらうかそれは非常な数に上つたに相違ない」[16]というこの事業の責任者中村是公の発言はそのことを言いあてている。では「和解」とは一体何か。「業主権」確定をめぐる紛争は、規定によれば地方庁に置かれ地方長官が命ずる委員四名をもって構成される地方土地調査委員会の審査に委ねられた。そしてもしその審査結果に不服な場合には高等土地調査委員会に「申し立て」を行うことができた。この高等土地調査委員会は総督を会長に、総督の奏薦宣行する委員六名をもって構成されていた。しかし実際には、紛争は、地方土地調査委員会に持ち込まれる前に土地調査事業の地域拠点である派出所で「和解」処理されていたのである。実際には「所謂大岡流儀に遣れますし、又手続も訴訟法なんといふものもなければ老若男女誰でも来て争へる、弁護士は入らず、金も入らねば手間も取らぬといふのですから、裁判所へ往つて弁護士に懸つたり、永くひきずり廻はされたりするよりは手つ取り早く始末を付けるのが良いといふ所からしてずんずん派出所に持ち出してくる」[17]かたちの「即決主義」を建前として、別名「調査局大明神」と称された調査担当官が結論を下したのである。結論を下す際に担当官が旧慣調査で得た知識を前提に判断を下したことは容易に想像できることである。[18]事実、臨時台湾土地調査局と旧慣調査会とは人的面で交流が見られた。たとえば「高橋秀如及ヒ臨時台湾土地調査局属山本留蔵ニ旧慣調査事務補助ヲ嘱託シ、松井哲夫総督府雇ヲ命ス」[19]や「元臨時台湾土地調査局嘱託木梨良三郎旧慣調査事務嘱託ス」[20]などは、多くの事例の一つである。

紛争の大半は地方土地調査委員会に出る前に「和解」処理され、地方土地調査委員会で審議された一六四万七三七四筆のうち高等土地調査委員会への不服申し立ては四〇〇七筆、わずかに〇・二％にすぎず、最終的に高等土地調査委員会で業主の不服申し立てが認められたのは一三八五筆、異議申し立て総数の〇・〇八％にすぎなかった。[21]

児玉と後藤は、この土地調査事業に台湾縦貫鉄道建設、港湾事業建設を加えたプロジェクトを三大事業と位置付け、これらの事業の資金源を台湾事業公債に求め、公債発行の要の位置に台湾銀行を据えることで、台湾統治の骨格をつくり上げていった。土地調査事業による租税源の確定と治安の安定、縦貫鉄道と高雄・基隆港湾整備、日本への接続による台湾物流の日本経済圏への包摂、さらに金融機関の中心たる台湾銀行の創設による円経済圏への包摂により、台湾は日本占領前は強固だった大陸との連携を分断されて文字通り日本の植民地体制に組み込まれていくこととなったのである。この基礎作業の上に台湾物産の雄たる糖業の育成政策が展開されていった。[22]

こうした後藤の調査活動重視の上にたつインフラ整備・事業拡張の姿勢は、信夫清三郎が彼を「科学的政治家」と特徴づけ、[23]また前田康博が「政治企業家」と称した所以でもある。[24]しかし台湾総督府民政長官時代までの彼に限定して考えてみれば、彼の調査活動の基盤には医学を修め内務省衛生局長として内務行政を合理的に実施するという位置付けが明瞭であり、有能な官僚としての自然な姿が現れているのである。台湾総督府の官僚となることで、はじめて調査の目的に異民族統治という観点が加わり、医学による「蛮地」の文明化を切り札とした統治の視点が加味されていく。のちの「文装的武備」につながる発想の原点は、台湾時代における一連の調査に裏付けられた統治政策にあったのである。

注

(1) 後藤の生涯については、とくに断りがないかぎり、前掲鶴見祐輔『後藤新平』第一―四巻によっている。また一九〇〇年の厦門事件に関しては柏木一朗「台湾総督府と厦門事件」(安岡昭男編『近代日本の形成と展開』巌南堂書店、一九九八年)参照。

(2) 青柳達雄『満鉄総裁中村是公と漱石』勉誠社、一九九六年。

(3) 『社報』第一号、一九〇七年三月二九日付、および第二三号、一九〇七年四月二五日付。

(4) 「中国旧慣の調査について――天海謙三郎氏をめぐる座談会」、『東洋文化』二五号、一九五八年三月、六一頁。

(5) 後藤新平の調査機関設立と関連し、その発想を後藤の経歴から解き明かした拙稿「後藤新平と満鉄調査部」(前掲『近代日本と満鉄』)に関し、高橋泰隆氏は書評のなかで「後藤というとアプリオリに調査と結び付けるが、そもそも後藤がはじめて調査に着目したのではなく、事実は大内丑之助の発案によるもので、後藤は彼を台湾に招き、岡松参太郎に旧慣調査を委嘱した」(『歴史評論』六〇七号、二〇〇〇年一一月)と述べている。高橋氏は出典を明示していないが、察するに伊藤武雄『満鉄に生きて』(勁草書房、一九六四年)に依拠して述べているのだろう。伊藤武雄はいう、「もっともこの旧慣調査については、後藤新平の文化センスと一般に解されていますが、そもそもの発案者は大内丑之助という人の創案でした」。この人物はドイツ留学後植民政策を勉強し帰国。「台湾の民政長官〔民政部長の間違い〕に赴任しようとしていた後藤新平に面談を求め、植民政策のあるべき姿について説き及ぶこと数時間。後藤はかれを台湾に随行することになった人だそうです。その船中『植民行政意見』として脱稿、後藤に提案した意見書中に、植民地統治に、その土地の旧慣調査の欠くべからざるゆえんが委曲をつくし、その具体的方法まで及んで書きつらねられてあったとのこと」(二一頁)。高橋氏はおそらくこの伊藤の記述に依拠して右のようなコメントをされたのだと思う。しかし大内丑之助の「植民行政意見」なる文書は著者は未見である。後藤新平文書にもないし、後藤新平記念館蔵書のなかにも見られない。鶴見祐輔『後藤新平』(勁草書房)にも見当たらない。また最近資料整理された早稲田大学東アジア法研究所「岡松文書」研究会『早稲田大学図書館所蔵岡松家旧蔵文書資料仮目録(未定稿)』にも出てこない。もし高橋氏が伊藤武雄の『満鉄に生きて』の「もっともこの旧慣調査については、後藤新平の文化センスと一般に解されていますが、そもそもの発案者は大内丑之助という人の創案でした」という記述を前提にして、先のように記述され、もって、彼の「調査癖」を『国家衛生原理』から説き起こしていこうとする著者の論旨を批判される点には疑問を感ずる。

（6）岡松参太郎『台湾私法』五頁。

（7）同右。

（8）『台湾日日新報』一九〇七年八月七日。

（9）同右。

（10）岡松参太郎の台湾での活動については、春山明哲「台湾旧慣調査と立法構想――岡松参太郎による調査と立案を中心に」、同「資料紹介　法学博士・岡松参太郎と台湾――『台湾ノ制度ニ関スル意見書』解題」（『台湾近現代史研究』第六号、一九八八年）および前掲『岡松参太郎の学問と政策提言に関する研究』参照。また、中村是公については前掲『満鉄総裁中村是公と漱石』参照。

（11）土地調査事業の経過とその事業の内容については、拙稿「初期台湾占領政策について（二）」（『駒澤大学経済学論集』第八巻第二号、一九七六年九月）参照。

（12）臨時台湾旧慣調査会『台湾旧慣調査事業報告』台湾日日新報社、一九一七年、四頁および前掲『後藤新平　科学的政治家の生涯』参照。

（13）福島正夫「岡松参太郎博士の台湾旧慣調査と、華北農村慣行調査における末弘厳太郎博士」、『東洋文化』二五号、一九五八年三月、二七頁。

（14）同右書、三四頁。

（15）台湾土地調査事業がいかに激しい台湾島民の抵抗を受けたかについては、臨時台湾土地調査局『清賦一斑』一九〇〇年、同『臨時台湾土地調査局第一回事業報告』～『同第五回事業報告』および拙稿「初期台湾占領政策について（二）」（『駒澤大学経済学論集』第八巻第二号）参照。

（16）臨時台湾土地調査局『台湾土地調査事業概要』六六頁。

（17）『台湾日日新報』一九〇七年八月七日。

（18）臨時台湾旧慣調査会の第一部部長だった岡松参太郎は『台湾日日新報』紙上で「本島の民事に関する旧慣調査の必要なるは言ふ迄もなきことなるが将来に於て若し本島特殊の法典編纂等のことあるが如き場合には此が基礎たる者旧慣に外ならず現に土地調査上に於ての不便不利又は之れなきが為め法院に於て普通旧慣と認めらるるものも之を認めずとの判決を受けつゝあるが如き其不便実に一として止まらず去れば之が為め岡松法学博士其主任となり佐藤法学士等も此程嘱託となり専ら諸種旧慣調査の材料蒐集に従事中」（一九〇〇年七月二二日）という。

(19)『明治三四年台湾総督府公文類纂　永久進退』第三巻。
(20)同右書、第八巻。
(21)前掲『台湾土地調査事業概要』六六頁。
(22)拙稿「初期台湾占領政策について(二)」(『駒澤大学経済学論集』第八巻第二号)参照。
(23)前掲『後藤新平　科学的政治家の生涯』参照。
(24)前田康博「後藤新平」、神島二郎編『現代日本思想大系一〇　権力の思想』筑摩書房、一九六五年。

第二節　満鉄調査機関の設立と活動

一　満鉄調査機関概要

満鉄調査部の設立は一九〇七年四月である。満鉄の創立は前年の一一月であるので、創立五カ月後ということになる。前述したように創立当初の満鉄本社は総務部、運輸部、鉱業部、地方部、調査部の五部から構成され、調査部は中心部局の一つを形成していた。これと並行して一九〇八年一月には東京支社内に満洲及朝鮮歴史地理調査部が、同年一一月には東亜経済調査局がそれぞれ開設され、調査活動を展開している。そのほか一九一〇年四月には鉱業部地質課が改組され地質研究所がスタートし、同年五月には中央試験所が満鉄傘下で活動を開始した(1)。満鉄一社にしては多すぎるとも思われる多数の研究機関が設立されたことになる。これも創立時の後藤の意向が強く反映された結果とみてよいだろう。

もっとも当時は満鉄自体が、その事業をスタートさせたばかりで、きちんとした調査環境が整備されていたわけではない。「総裁各理事とも雑居制であつて食堂で総裁以下各理事が食事をしてゐるときでも、社員は自由に食堂に這入つて来て食事をしたもので、此の空気は社内に浸透して調査員も自然新興清新の感激に興奮しつつ文字通り命を的に懸命に働いた。然し社員の活躍舞台は実に乱暴不整頓なもので大戦後のすさんだ気分と未開拓の荒涼とが四方に漲つて居た」(2)というのが当時の実状であった。

実態はともあれ、機構をみれば、調査部、地質研究所、中央試験所などは、かつての台湾民政長官時代の台湾総督府調査課、台湾旧慣調査会、台湾中央研究所などのイメージを引き継いだものとみることができよう。ただ後藤にとって台湾時代と異なっていた点は、前者が政府機構であったのに対して満鉄は民間会社で政府の監督を受けたこと、いま一つは台湾時代には児玉源太郎という総督の後楯があったのに対して、満鉄では彼自身がトップに立ったということである。台湾時代以上に行政的手腕が求められていたといってよかろう。官僚から経営者兼政治家への転換が必要とされたともいえよう。後藤が満鉄を含む満洲の経営を遂行するに際し、彼の考え方を表現した「文装的武備」なる言葉は、台湾時代からの彼の統治経験の集大成であると同時に、植民地官僚から植民地行政官として政治家への道を歩みはじめたときの彼の理念を表現したものとみることができよう。彼の後の幸倶楽部での講演の表現を使えば「文装的武備」とは、「文事的施設を以て他の侵略に備へ、一旦緩急あれば武断的行動を助くるの便を併せて講じ置く事」(3)だという(4)。つまり植民地支配は、単に武力に頼るだけでなく、教育、衛生、学術といった広い意味での「文事的施設」を駆使する必要があり、植民地の人々の間に日本に対する畏敬の念が生じれば、いざという場合に他国からの侵略に抗することができるというものであった。そして「文事的施設」の中核をなすものが調査機関に他ならなかった。

二　満鉄調査部

ところで一九〇七年四月に発足した調査部の業務は、前述したように一般経済の調査に関する事項、旧慣の調査に関する事項、図書の保管に関する事項であった。

台湾で活躍した後藤を筆頭とする中村・岡松の三者は、後藤の満鉄総裁就任と同時に満洲へと異動した。中村は副総裁として、岡松は理事として、それぞれ一ランクアップしての異動であった。[5]

満鉄調査部といっても当時の調査部は、調査活動という意味では、経済調査、旧慣調査、露西亜調査の三班に分かれ、それ以外に監査班と統計班があり、調査部全体で一〇〇人前後、うち経済、旧慣、露西亜合わせて一五～一六名、監査班は一〇名内外、残りは統計班といった陣容だった。[6] 経済調査の主任は森茂、旧慣調査は宮内季子、露西亜調査は森御蔭で、旧慣調査班はわずかに三人で広大な中国東北の地域の調査を担当していた。[7]

調査内容を見ると、経済調査は当初は満蒙の一般産業の実態調査であったが、その調査範囲はしだいに拡大し蒙古、シベリアに及び、調査対象も農、商、財政、鉄道、水運、交通、地理などを網羅し、さらにロシアの一般調査にまで拡大していった。[8] 彼らは、一九〇七年の発足以来二三年までに調査報告書一七、調査資料五六、調査彙報三〇、交渉資料一四、特報その他一四、満蒙全書一四の合計一四五点の出版物を出していた。[9]

旧慣調査はおもに当時の土地現行法の調査であったが、調査範囲は時期が下るごとに中国国内法、条約などに及び、一九二三年までに五四点の調査報告書や著作を出版している。[10] 彼らの手で一九一三年から一五年にかけて『満洲旧慣調査報告書』全九巻が刊行されるが、調査未了のものを残した出版となった。[11]

統計調査としては、調査部発足以来、『南満洲鉄道株式会社　統計年報』と『南満洲鉄道株式会社　営業一斑』が出版された。このほか満洲および中国各地の主要港の輸出入状況調査が行われ、これらは一九一七年から『北支那貿易年報』として継続出版された。[12]

以上は各調査部局の活動の概要であるが、中国東北をめぐる情報の収集と発信という意味では多くのエネルギーが注がれ、それなりの成果が世に問われたが、満洲統治という意味でどれだけ調査が活用されたかというと、限定されたものであったと言わざるをえない。

たしかに実際の土地収用のさいには、彼らの土地慣習に関する知識が有効に活用された。たとえば安奉鉄道の拡張工事に際しては、満鉄に土地問題の専門家がいないため、彼らが急遽、奉天・安東間の沿線の土地慣習を調査し「この沿線一帯にある土地の地目とか、その土地についての売買手続とか、権利者の確認方法とか、つまり本当の権利者から確実に土地を買収するには、どういう手続を取るべきかという概念を与える一種の教科書を編述[13]」し、これが「すぐ実用に供され[14]」た。事実、満鉄の創業期には土地紛争が多発した。創立当初の満鉄が引き継いだ土地には「占領地、其他未確定又ハ係争中ノ数多ノ土地ヲ包含[15]」し、ために「交渉続出[16]」し「附属地ヲ確立スル能ハス[17]」という状況だった。紛争を解決し、新たに実測し土地所有権を確定する作業は、附属地確立の第一段階だった。社史には、実測の結果「九百余万坪ヲ増加[18]」してひとまず作業を終えたとあるが、その作業の蔭に旧慣調査班の活動があったことは前述した彼らの活動から容易に推定できることである。

これまでの考察から明らかなように、こと満鉄調査部に関するかぎり、スタート時の陣容は台湾時代と比較すると統計作成、図書整理に偏していてこれまでの調査活動とは程遠かったようだ。したがって、世にいわれるほどは大きな成果をあげないままに、〇八年一二月には調査課となり、後藤が満鉄を去るとともに調査部も規模を縮小していくことになる。

三　東亜経済調査局の発足

後藤・岡松の構想で発足した満鉄傘下の調査機関に東亜経済調査局がある。一九〇八年一一月にスタートした東亜経済調査局は、大連ではなく東京支社内に置かれ活動を開始した。東亜経済調査局は、「日本及会社ノ参考ト為ルヘキ世界的経済材料ヲ蒐集シ併セテ此等ノ事項ニ関スル各方面ノ諮問ニ応スル[19]」目的で開設された。情報収集と情報発信の両方の機能を併せ持った機関が東京に出現したのである。したがって、その任務は、大きくいって「企業経営者に対する知識の供給機関」「文書の整理保存」「専門図書館」としての機能、「内外の諮問並びに仲介機関」であることが求められた。[20]「本局ノ指揮ハ南満洲鉄道株式会社理事帝国学士院会員法学博士岡松参太郎ニ当リ而シテ其業務ノ指揮ハ……独逸『ダンチヒ』工科大学経済学教授タル博士『チース』ニ委嘱セリ」[21]と記しているように岡松参太郎が指揮をとったが、業務全般に関してはチース博士が担当した。

東亜経済調査局のなかでも重視された機能は、新聞・雑誌・各種刊行物の収集と整理、とりわけ「文書の整理保存は調査局の任務中最も重要なるものに属し」[22]ていた。必要な資料・データを迅速に取り出すためには、膨大なデータが絶えず一定の基準で整理されていなければならない。これを指導したのがドイツのダンチヒ工科大学教授のチース博士であったわけだが、チースは「巴里『クレディ・リヲ子ー』銀行ノ経済調査」なる報告書を残している。[23]彼は一九一三年まで東亜経済調査局を指揮していた。チースが一一年三月に任期満了で帰国すると、彼に代わって同じドイツから内務省の参事官ウィードフェルトが招かれ、一八年八月に任期満了すると、これまた同じドイツのマンハイム高等商業学校教授ベーレントが招かれている。

チースらが案出した整理法とは、まず内外の経済関係の新聞・雑誌・各種刊行物・報告書をくまなく集め分類室に収蔵することだった。そしてこれを「調査機関及新聞制度」「銀行及貨幣制度」「鉱業」「鉄道」「財政」「商業及経済状態」「工業」「殖民及移民」「農業」「東亜諸国経済状態及外国貿易」「水運」「社会政策、政治、行政、法律、学校」「交通制度及商業機関」の一三類に分類したのである。さらにこの類を項に、項を目に分ける。したがって目の数は二千有余に上った。そして資料は一目ごとに一箱に収められ必要に応じて取り出せるようにしたのである。たとえば「中国の炭鉱」を調査したいとすれば、第三類の鉱業部、一一項の石炭、六六目の中国を索出すれば、必要なデータが得られるというのである。[24]また新刊図書・雑誌は、到着後重要で調査に役立つと思われるものを選択し交通、殖民、農工、商業、雑の六項に分け、一九一五年三月以降機関誌『経済資料』の末尾にリストを作り紹介し、主だったものについては簡単な内容紹介記事を掲載した。『経済資料』は随時出されていたが、一六年九月からは毎月刊行された。こうした基礎データは大変役に立ったという意見もあるが、逆に検索作業が煩雑で、ほとんど利用者がいなかったという意見もある。[25]

情報の収集と同時に東亜経済調査局は情報の発信も行っていた。先に紹介した「東亜経済調査局設置ノ趣旨」なる文章が日本語以外に英語とフランス語で発表されたことは注目に値する。[26]東亜経済調査局は設立後、時日を経ずして「会社又ハ其他ノ依頼ニ依リ作成サレタル意見書、報告書等既ニ二百余冊ニ達セリ」[27]という状況だった。『経済資料』第一巻第一号「調査報告書目録」に記載されたリスト（編纂ものも含む）をみると調査機関関係一四点、鉄道関係四二点、移民および殖民関係一七点、労働問題二一点、財政および金融関係一〇点、産業関係三一点、水運関係五点、東亜関連四七点、雑一二点、合計一九九点を数えている。[28]

四　満洲及朝鮮歴史地理調査部

満洲及朝鮮歴史地理調査部（以下歴・地調査部と省略）が開設されたのは一九〇八年一月のことであった。歴・地調査部は、前述した東亜経済調査局と同じ満鉄東京支社の建物のなかに置かれていた。[29]

同調査部の責任者は、当時東京帝国大学文科大学教授だった白鳥庫吉であった。白鳥庫吉は一九〇一年から〇三年暮れまで欧州諸国に留学したが、そのとき当地での東洋史学の隆盛に刺激を受け、東洋の研究に東洋人が率先してあたるべし、との信念を強め、西洋人が未だ手がけていない満洲・朝鮮地域こそ、日本人が世界に先駆けて学術研究せねばならぬ場所だと確信したという。彼は、〇五年初頭に東洋史学の学者を集めて学会の結成を図るが、多くの賛同を得られず時期尚早で失敗、作戦を変えて少数の篤学者を集めて実績を作ろうと資金集めにかかるが、東奔西走すれど実業家・政治家が見向きもしない状況だった。そんなとき文部次官だった沢柳政太郎の紹介で面会した後藤新平が白鳥の計画に賛同し、満鉄がバックアップするかたちで歴・地調査部が誕生をみたというわけである。[30]したがって、この調査活動は満鉄の必要性から出たというよりは、後藤の個人的つながりから生まれた性格が強い。

発足当初の部員は、白鳥を主任に松井等、稲葉岩吉、箭内亙の四名だった。すぐこれらに池内宏、津田左右吉の二名が加わり合計六名で調査研究が始まった。のちに松井は国学院大学教授、稲葉は朝鮮総督府朝鮮史編集主任、箭内、池内はともに東京帝国大学教授、津田左右吉は早稲田大学教授のポジションを得てアカデミズムで活躍するが、いずれも歴・地調査部時代の研究があずかって大きかったことは疑いない。歴・地調査部は一三年に白鳥、箭内、松井、稲葉の四名共著で『満洲歴史地理』二冊およびドイツ語翻訳本二冊・付図を、池内が『文禄慶長の役』を、津田が『朝鮮歴史地理』二冊をそれぞれ上梓して、その研究成果を世に問うたのである。

たしかに基礎研究としては重要であったに相違ないが、満鉄の活動にどれだけ寄与したかとなると疑問である。白鳥が当初予定していた予算案は五年間で二万円（内訳は図書購入費三〇〇〇円、満洲実地踏査費七〇〇〇円、編纂費一万円）、年間四〇〇〇円であった。[31]これを六人で使うわけだから資金は潤沢だった。白鳥がソウルに行ったさい統監府が図書館をつくる予定で集めさせ、中途で計画が変わったため古書店の倉庫いっぱいに詰まっていた朝鮮史の貴重本を一冊七〇銭平均で倉庫丸ごと買い取る、などという荒業も可能だったのである。[32]「一万や二万の金は何処からでも出ると思つて、僕は独断で買込んで了つた」[33]とは白鳥の古書買いのエピソードである。

後藤とその方針を受け継いだ中村まではこうした贅沢が可能だったが、一九一三年に野村龍太郎が総裁に、伊藤大八が副総裁になると状況は一変する。合理化の対象となって満鉄から切り離され、一九一四年末からは東京帝国大学文科大学校に年間三〇〇〇円（後には五〇〇〇円から八〇〇〇円に増額された）寄付するかたちで事業が継続された。[34]

五　中央試験所

中央試験所は一九〇七年一〇月、関東都督府令第五五号に基づき設立された。当時、関東都督府の顧問を兼任していた後藤新平の意向が強く反映していた。発足当初の中央試験所は、仮の事務所を大連市児玉町の元商品陳列館内に置いていたが、〇八年一月には同じ大連の伏見台に移転し体制を整えて、同年六月試験規程を発布し七月から業務を開始した。[35] 初代の所長は慶松勝左衛門で、「一般公衆ノ試験依頼ニ従事」[36]する、ごく小規模な試験所に過ぎなかった。慶松は「薬学会の明星」と称され、[37] 北里柴三郎の推薦でこのポストに就任した。

しかし、「従来ノ規模ヲ以テシテハ到底産業ノ発達ヲ促進スルニ足ラス尚急速ニ調査研究スヘキ事項多キヲ看」[38]、「事業益発展シ急速ニ設備ヲ完成スルノ必要」[39]から一〇年五月に満鉄に移管され、総裁直属の機関として機構が大々的に拡充された。新たな所長には東京工業試験所所長の高山甚太郎が就任し、機構も一二年五月の改革で、八部門（分析・製造化学・製糸染織・窯業・醸造・衛生化学・電気化学・庶務）構成をとり、一三年一〇月には製造化学を応用化学に、衛生化学を衛生に、電気化学を電気化学および豆油製造業に組織を変更し、一四年五月には「部」を「科」に改めた。[40] 新所長となった高山は「化学界の最長老」[41]といわれ、彼もまた慶松同様北里の推薦で中央試験所に入所した。ちなみに北里と後藤新平とは同じ医学を専攻したものとしてほぼ同じ時期にドイツへ留学し、その後も後藤が北里のために伝染病研究所の設立に奔走するなど、両者は親交を深めていた。[42] 中央試験所の人事もこうした関係をバックに進められたのだろうと想定される。高山の所長就任と同時に前所長の慶松は衛生科長となり、一九年に高山が所長を辞任すると、その後任として第二代の所長に就任している。一般には高山をもって初代所長と称していた。[43]

中央試験所は、分析・鑑定から製造・試験とその事業化にいたるさまざまな事業を展開していた。分析・鑑定の依頼件数および手数料に関しては、一〇年度に二六〇七件、二八〇五円だったのが、一六年度には四五二〇件、一万七四九円にまで上昇している。[44] 人員も一九一二年に職員・雇員・嘱託・傭員含め合計九〇人だったのが、一四年には三七〇人に、二〇年には六一八人へと増加している。[45]

またこの間、中央試験所は数多くの新規事業をものにしていた。中央試験所の最大の特徴は、単に基礎研究を行っただけでなく、工業化を手がけ、それで見通しのついたものは企業化したのである。それが、中央試験所の特徴でありまた強みでもあった。[46] 中央試験所は、その付属工場として製糸工場、染織工場、醸造工場、豆油製造場、脂肪酸工場、耐火煉瓦工場、陶磁器工場、硝子工場、セメント試験室などを有していた。こうした付属工場を使って企業化の目途をつけ、成算のあるものは企業化されていった。たとえば豆油製造場や脂肪酸工場は、工業化の見通しが立ったため一五年九月に経営の一切を鈴木商店に譲渡したのである。[47]

六 地質調査所

地質調査所の前身は、満鉄創立当初鉱業部内に置かれていた地質課にある。この課は「地質調査ニ関スル事項」を扱う、となっていたが、その主な仕事は撫順炭鉱の地質調査を行うことにあった。したがって事務所も満鉄創業直後の一九〇七年五月から同年一〇月までは、撫順炭鉱内に置かれていた。初代の地質課長には、木戸忠太郎が就任した。同年一〇月に撫順炭鉱の地質調査がひとまず完了すると事務所を大連の児玉町に移し、満洲全域さらには東部蒙古方面の鉱産地の調査、満洲南部の組織的地質調査に着手している。こうした調査の拡張過程で、事務所も大連児玉町から一九〇九年二月に本社内へ、同年一一月に伏見台の中央試験所内に、一四年八月児玉町へと目まぐるしい移転を繰り返している。名称も一〇年四月に地質研究所へと変更している。[48] 所属人数を見ても一九一二年に二三人だった人員は、一四年には一三人に減り、二〇年にはふたたび二六人へと増加している。[49]

地質調査所が実施した満洲全域の地質調査は多岐にわたる。満洲の鉱産資源の探査・開発が主たる業務であるが、その開始は撫順炭鉱の地質調査で、その後〇九年の鉱床発見以来、継続調査が実施された。一三年には大石橋・海城地域で菱苦土鉱《マグネサイト》および滑石鉱が発見され、二四年以降三〇年まで復州、煙台、本溪湖などで礬土頁岩《ばんどけつがん》が発見された。耐火煉瓦や軽金属の原料として期待されたのである。二七年には安奉線沿線で石版印刷用の石材が発見され、二九年には関東州甘井子で製鉄用の石灰石が埋蔵されていることが判明した。このほかすでに発見された資源でも撫順炭鉱の埋蔵量調査や撫順油母岩の調査、廟児溝、弓張嶺といった鉄山調査、満洲に広く分布している砂金や金鉱調査など、多岐にわたる調査が実施された。

七　奉天公所

満鉄は、各種業務を行うために自己の出先機関として各地に公所を開設したが、その最初の機関が一九〇九年五月奉天に開設した奉天公所だった。前身は〇七年六月陸軍少佐佐藤安之助を責任者に開設された長春交渉事務所だったが、「後事件の頻発するに伴ひ支那官憲首脳者の所在地たる奉天に事務所を設けて交渉せしむるを便なりとし[50]」佐藤を所長に奉天公所を開設した。国家の正式の交渉機関としては領事館があるが、満鉄のように「満洲各地に渉リ百般ノ事業ニ従事スルモノニ在リテ国交以外亦交渉ヲ重ネ公事以外亦折衝ヲ見ルノ案件決シテ尠少ニアラス会社茲ニ見ル所アリ業務開始後奉天城内ニ地所ヲ購ヒ一公館ヲ建設シ支那事情ニ通暁シ交渉事務ニ熟練ナル者ヲ選ヒ支那官憲ニ対スル応接交渉ノ機関タラシメ同時ニ常ニ支那官場及商会ノ動静ニ留意シ調査報告ノ任ニ当ラシムル[51]」というのが公所設立の目的だった。具体的に手がけた課題は、長春土地買収、新奉、吉長鉄道関係案件、安奉線用地買収、京奉線延長問題、撫順炭鉱協商問題、ペスト防疫、合弁での鞍山鉄鉱開掘問題など「枚挙ニ遑アラス[52]」という情況だった。こうしたなかでは辛亥革命のような「清国動乱[53]」についても情報収集にあたったことが想定される。

奉天公所に続いて、一九一七年三月には哈爾浜《ハルビン》公所が、一八年一月には北京公所と鄭家屯公所が、同年四月には吉

林公所が、二二年七月には斉斉哈爾《チチハル》公所が、二四年六月には洮南公所がそれぞれ開設されている。(54)

注

(1) 南満洲鉄道株式会社『南満洲鉄道株式会社十年史』一九一九年、八九八―九〇八頁。満鉄初期の調査部の活動についての研究著書・論文としては、序章で挙げたもののほか、楊韶明「満鉄初期調査機関及其活動概述」(〝近代中国東北鉄路与日本〟国際学術研討・交流会、一九九七年八月・中国瀋陽)、蘇崇民『満鉄史』(山下睦男・和田正広・王勇訳、葦書房、一九九九年)参照。また資料集として、遼寧省檔案館編『満鉄的成立――満鉄檔案選編』上下巻(遼海出版社、一九九八年)参照。

(2) 満鉄弘報課『満鉄と調査』一九四〇年、四頁。

(3) 前掲鶴見祐輔『後藤新平』第二巻、八一五頁。

(4) 幸倶楽部での講演日時については不明である。

(5) 岡松参太郎は、京都帝国大学法科大学教授兼務での理事就任であった。

(6) 「中国旧慣の調査について――天海謙三郎氏をめぐる座談会」、前掲『東洋文化』二五号、五三頁。

(7) 同右書、五三―五四頁。

(8) 前掲『満鉄と調査』一三頁。

(9) 同右書、一四―一五頁。

(10) 同右書、一二―一三頁。

(11) 前掲『東洋文化』八二―八九頁。

(12) 前掲『満鉄と調査』一五頁。

(13) 前掲『東洋文化』七四頁。

(14) 同右。

(15) 前掲『南満洲鉄道株式会社十年史』七三四頁。

(16) 同右。

(17) 同右。

(18) 同右書、七三五頁。

(19) 前掲『南満洲鉄道株式会社十年史』九〇五頁。

(20) 「大企業と経済調査機関」、東亜経済調査局『経済資料』第一巻第三号、一九一五年七月。この論文は、表題の通り大企業における経済調査機関の役割を紹介したものであるが、東亜経済調査局にも該当するといってよかろう。
(21)「東亜経済調査局設置ノ趣旨」一九〇八年一一月、早稲田大学東アジア法研究所「岡松文書」研究会『早稲田大学図書館所蔵岡松家旧蔵文書資料仮目録(未定稿)』満鉄関係11―4。
(22) 同右書、三頁。「資料事項目次」
(23) 前掲『早稲田大学図書館所蔵岡松家旧蔵文書資料仮目録(未定稿)』満鉄関係11―4。
(24) 前掲『経済資料』第一巻第一号。
(25) 石堂清倫・野間清・野々村一雄・小林庄一『十五年戦争と満鉄調査部』原書房、一九八六年、一〇―一二頁。
(26) 前掲『早稲田大学図書館所蔵岡松家旧蔵文書資料仮目録(未定稿)』満鉄関係11―2。
(27) 前掲『南満洲鉄道株式会社十年史』九〇七頁。
(28)「調査報告書目録」、前掲『経済資料』第一巻第一号。
(29) 白鳥庫吉は質問に答えて「チースというドイツ人、其の先生が親玉になつて指揮して居つた経済調査部(東亜経済調査局)、其の同じ建物の中に歴史地理の研究所というものがあつた」と述べている(「白鳥博士と滝川博士との交談筆記」、『後藤新平文書』R―三八―三四―四)。
(30) 白鳥庫吉「後藤伯の学問上の功績」、『白鳥庫吉全集』第一〇巻、岩波書店、一九七一年、三八六頁。
(31) 白鳥庫吉「満洲歴史地理編纂の急務献策」、『後藤新平文書』R―三八―三四―一。
(32) 前掲「白鳥博士と滝川博士との交談筆記」。
(33) 同右。
(34) 同右。
(35) 前掲『南満洲鉄道株式会社十年史』八九八頁。
(36) 同右。
(37) 佐藤正典『一科学者の回想』私家版、一九七一年、四二頁。
(38) 前掲『南満洲鉄道株式会社十年史』八九八頁。
(39) 同右。
(40) 同右書、八九八―八九九頁。
(41) 前掲『一科学者の回想』四三頁。
(42) 前掲『後藤新平』第一巻、四三七―四四〇頁。
(43) 杉田望『満鉄中央試験所』徳間書店、一九九五年、三八頁。

(44) 前掲『南満洲鉄道株式会社十年史』九〇三―九〇四頁。
(45) 南満洲鉄道株式会社『営業一斑』一九一四年、一九二〇年、一九二一年。
(46) 中央試験所のスタッフだった森川清は「満鉄中央試験所と丸沢先生」と題する座談会のなかで「中央試験所は、理研とは違った大きな特色を持っていたんです。それは、基礎研究だけでなく、そうした研究成果を実際に応用するということですね。ですからパイロット・プラント部門が付設されていて、工業化研究もやったわけです。そこで見通しのついたものは、実際に工場を建設し、生産まで持っていった。いうなれば、資源開発から生産までという一貫した研究をやっていたわけです。それが中央研究所の、ほかの研究機関とは違う大きな特色でした」と語っている（丸沢常哉『新中国建設と満鉄中央試験所』二月社、一九七九年、一八二頁）。
(47) 前掲『南満洲鉄道株式会社十年史』八九九―九〇二頁。
(48) 満鉄地質調査所『地質調査所要覧』一九三四年、一―二頁および前掲『南満洲鉄道株式会社十年史』九〇四頁。
(49) 前掲『営業一斑』一九一四年、一九二〇年、一九二一年。
(50) 松本豊三編『南満洲鉄道株式会社第三次十年史』下、一九三八年（龍溪書舎復刻版・下、一九七六年、二五五一頁）。
(51) 前掲『南満洲鉄道株式会社十年史』九〇頁。
(52) 同右。
(53) 同右。たとえば辛亥革命の動向と奉天公所との関係については、さしあたり井村哲郎「辛亥革命と満鉄――奉天公所の情報活動を中心に」（『東アジア』第一五号、二〇〇六年三月）参照。
(54) 前掲『南満洲鉄道株式会社第三次十年史』下、二五五一頁以下参照。

第三節　後藤新平の植民地統治思想とその後の調査活動

一　初期満鉄調査部の活動の特徴

初期満鉄調査部の活動は、後藤の台湾での調査活動や調査機関の設立の経験を踏まえ、より体系化されたかたちで展開された。台湾総督府民政長官時代に後藤が関与した調査機関は、総督府調査課、旧慣調査会、台湾中央研究所などであるが、満鉄総裁となると調査部、東亜経済調査局、歴・地調査部、中央試験所、地質調査所など、その調査領域は急激に拡大する。社会科学・自然科学とりまぜてバランスよく配置され、しかも東京に拠点を設けるなど、明らかに総合的情報収集・対外情報発信機関を目指していることがうかがえるのである。

満鉄の場合、台湾という限定された地域での情報収集・発信とは明らかに異なる、海外を意識した発想が見られるのである。たしかにその反面で、台湾時代の調査活動と比較すると個々の機関の予算規模・人員は減少し、表面的には力を弱めた感が強い。しかし、台湾統治を主眼に旧慣調査に大きな比重をかけた台湾時代と、国際環境が流動的で、周囲に情報の受発信網を広げるため全機関にまんべんなく資金とスタッフを振り分けた満鉄調査機関では、環境と課題が異なるゆえに生じた相違は当然だったといえよう。しかし、こうした各組織の連携を通じた総合的情報機関への道を模索する前に後藤は逓信大臣として満洲を去らざるを得なかったのである。(1)

こうした台湾時代と満鉄時代における後藤による調査機関のつくり方の相違は、後藤が調査機関にどのような課題を課したかという、その役割の相違に起因する。台湾時代には、土地調査事業が「軍事民政の便を為す(2)」ものとして重視され、それを完遂するための旧慣調査に重きが置かれたのである。その結果が、旧慣調査への資金と人員の重点的投入となって現れた。ところが、満鉄の場合は、「文装的武備」の一環として総合的調査機関の出現が望まれた。世界からの情報の収集、世界に向かっての情報の発信、その分析と総合が求められた。台湾は日本の領土として国際的に認知された場所であり、したがって住民をいかに統治の場に巻き込むかが重要だったのである。ところが満洲の場合は、ここが日露戦後も列強の争奪の地であることには変わりなく、国際的な動向をキャッチすることなく安定的統治・運営を行うことは困難だった。つまりは、満洲での旧慣調査は附属地行政や鉄道用地の買収のために必要ではあったが、もはや台湾のような重要性はもたなかった。むしろ国際情勢の変化をキャッチ・分析しそれを有効利用することが緊急かつ重要な問題だったのである。こうした相違を生むいまひとつの条件として、後藤新平を支えた岡松参太郎の活動があろう。岡松は、欧州留学を通じて、調査機関の機能や役割、その実態を調査し、後藤新平に報告書を提出した。後藤新平は、岡松参太郎の提案をまって調査機関の具体的設立に踏み切ったのである。その意味では、満鉄時代の調査機関は、後藤・岡松両者の共同作業で展開されたと見るのが正確だろうと思われる。(3)

二　満鉄調査部の一時的低迷

初代の後藤新平が一九〇八年七月に、二代目の中村是公が一三年一二月にそれぞれ総裁を退き、そしてブレインだった岡松参太郎が一九一四年一月に理事を退くと、満鉄調査部を筆頭に創立期に活躍した調査機関はいっせいにその力を減少させる。後藤がいかに満鉄設立にあたって細かい点まで留意して事業を進めていたかは、創立当時、満鉄が発行していた『社報』をみれば明らかである。(4)しかしそれはあくまでも満鉄機構内での調査部の位置であって、具体的にいかなる課題をどのように進めるかといった具体案は設立後の課題だったと思われる。しかし彼らはそれをつめる暇もないままに辞任し、後藤は逓信大臣のポストに就任した。

調査部は、一九〇八年の職制改正で総務部事務局の下で庶務課とならぶ一課となり、一九一四年の改正で総務部の下に置かれ、一八年には社長室直属となる。(5)東亜経済調査局も不活発となっていく。不要部門と目されたのは歴・地調査部であった。この部局は、野村龍太郎が総裁のとき、副総裁の伊藤大八の意向で廃止となったことは前述した。

こうした一連の動きは、満鉄の経営方針そのものが、この時期大きく変わってきたこととも無関係ではなかった。元来満鉄は、国策的側面と資本の論理が絶えず交錯している点に特色がみられたが、この時期になると、草創期の脆弱な存立基盤を補強しつつ中国東北社会のなかで認知された企業として、安定した経営基盤を求める資本の論理が前面に出はじめたのである。(6)資本の論理からすれば、「文装的武備」を実現する装置としての調査部や各種研究機関の比重が相対的に低下することはやむをえない動きだったといえよう。

三　後藤新平と調査機関

では、後藤新平にとって調査機関とはいったい何であったのか。調査機関が、彼の考える特定の政治課題を実現するための手段であったことは間違いない。したがって、その調査機関の位置付けは、彼の政治課題の内容に規定されて変化していったのである。

後藤の調査機関の位置付けは、三つの段階に分類できる。第一段階は台湾総督府民政長官時代のそれで、台湾統治のための調査活動であった。旧慣調査はその中核の位置を占めていた。第二段階は満鉄総裁時代のそれで、満鉄の国際的認知を含め「文装的武備」を実現するための総合情報機関としての調査活動であった。後藤のなかで調査機関の位置付けに大きな変化が出てくるのは、第一次世界大戦後の大調査部実現に向けての彼の動きが出たときだった。

後藤は、寺内正毅内閣総辞職後の一九一九年三月から一〇月まで欧米各国を歴訪、帰国後の二〇年五月に大調査機関設立構想を打ち出した。原案は、ブレインの岡松参太郎の筆になるものである(7)。後藤・岡松が考える大調査機関とは、総理大臣を首長とし、優秀なる人材を集めた産業参謀本部としての機能を有する国家的機関としてのそれであった。この機関の長は、「有力傑出ノ人物」か、あるいは「総理大臣自ラ其首長ヲ兼任」し、各省との調整をしながら「報国的観念」をもって事業に参加し、重要案件については「閣議ニ列席シ意見ヲ述フル」としていた(8)。彼らは、国策決定に大きな役割を果す内閣付属の調査機関の設立を想定していたのである。これは、原敬との間で交渉が行われたが、予算面での条件で折り合いがつかずに流産の憂き目を見ている。彼らの大調査部構想を「医師を原型とする彼の〝理性の独裁〟的統治思想の集大成」であり、三〇年代政党政治の終焉とともに登場した革新官僚の「経済参謀本部論」の源流に該当するもの(9)、とみる見方が出てくる所以であろう。第一次大戦下のヨーロッパでの総力戦体制の経験を見聞し、その影響を受けて日本に類似の機関をつくろうとしたという意味で、たしかに彼らの大調査機関設立構想は三〇年代の革新官僚や軍内の総力戦構想につながる一面は持っている。しかし反面で首長は「閣議ニ列席シ意見ヲ述フル」、あるいは「総理大臣自ラ首長ヲ兼任」としているように、議会制を前提に調査機関の活動に縛りを入れることも忘れない。その意味では、彼らの調査機関構想は、台湾民政長官時代、満鉄総裁時代を通じて変わらなかった、つまりは政策実現の道具としての調査活動の域を出るものではなかった。そして日本国内に帰ってからの後藤は、本国での統治理念を明確にできないままに政治の主流の座から降りていく。政党政治の理念をもった原と第一次大戦後の政治理念を発見できなかった後藤、どちらが政治の主流になるかは、一目瞭然だった。

注

(1) この点について野間清は、後藤新平は「調査活動を具体的にどのように組織するかということにまでは、じっさいには、案がまとまらないうちに逓信大臣におなりになったというのが、実情ではなかったかと思われます」と述べている。前掲『十五年戦争と満鉄調査部』四頁。
(2) 竹越與三郎『台湾統治志』博文館、一九〇五年、二一〇頁。
(3) 岡松参太郎の最近の研究に関しては、前掲『岡松参太郎の学問と政策提言に関する研究』参照。
(4) 拙稿「満鉄社報　解題」(『南満洲鉄道株式会社社報』マイクロフィルム版、柏書房、一九九四年) 参照。
(5) 前掲『満鉄と調査』八—九頁。
(6) 満鉄の国策と資本の二面性については金子文夫『近代日本における対満州投資の研究』(近藤出版社、一九九一年) 参照。
(7) 浅古弘「概要報告」、前掲『岡松参太郎の学問と政策提言に関する研究』。
(8) 前掲鶴見祐輔『後藤新平』第四巻、第二章参照。
(9) 溝部英章「後藤新平論——闘争的世界像と〝理性の独裁〟(一)(二)」、京都大学『法学論叢』第一〇〇巻第二号、第一〇一巻第二号、一九七六年一一月、一九七七年五月。

おわりに

以上、後藤の活動を跡付けながら彼が抱いていた調査機関構想の変遷を追跡して、その特徴と彼の行動のなかでの位置を明らかにしてきた。後藤の調査好きはつとに有名である。しかしその実現の背後に岡松参太郎がいたことを忘れるべきではあるまい。たしかに後藤は、岡松の助言を入れながら、政治の戦略的課題への調査活動の対応については台湾民政長官時代、満鉄総裁時代を通じてそれなりに体系化をすることはできた。しかし、彼が本国に帰還し、本国政治のなかで政治の戦術的課題（国策的課題）への調査活動の対応を模索する事態に直面したとき、彼はそれに回答を出すことに失敗したのである。大調査部構想が、総力戦構想に結びついたものと断定することもできず、さりとて政党政治と結びついたものとも断定できないままに調査部構想だけが一人歩きして、予算額の多寡をめぐる政争の具として利用され葬られていったことはそれを如実に物語る。その意味では、調査活動が彼の政治課題と連動して華やかだったのは満鉄総裁時点まででであったといっても過言ではない。

第二章　ロシア革命と満鉄調査部の本格的稼動　1917〜1926

はじめに

一九一七年のロシア革命の勃発から一九二〇年代にかけて、満鉄調査部が担った重要課題の一つに旧ソ連調査があった。当時の満鉄の置かれた歴史的・地理的位置からすれば、それは故なきことではなかった。なぜなら国防の第一線で調査活動をすることが最重要任務であった満鉄調査部としては、ロシア革命の結果生まれた社会主義国ソ連の動向は、装いを新たに出現した仮想敵国として重要な調査・分析の対象となったからである。[1]ソ連を主要敵とした関東軍もこうした満鉄調査部の活動を支援した。この結果、ロシア革命以降満鉄調査部はソ連関連の調査機構を急速に拡張した。調査活動と出版活動を通じて満鉄調査部露西亜係は、当時の日本のロシア研究をリードするかたちとなった。満鉄調査部は、『大阪毎日新聞』に支援されて膨大な調査資料と調査研究書を世に送り出した。このなかで、満鉄調査部は、情報を収集するだけでなく、それを分析し総合することで調査機関への脱皮を図りはじめたのである。

一九二〇年代前半まで満鉄調査部は、ロシア革命にともなうシベリア、沿海州、北満の政治、経済の変動を中心に調査活動を展開した。ところが二〇年代後半になると、二四年の米国排日移民法以降の対米関係の緊張とソ連との国交調整の動きに連動して旧ソ連に関する調査対象をロシア革命関連からシベリア、沿海州そのものに関する事情調査へとシフトさせていった。初代満鉄総裁で調査部の設立に積極的だった後藤新平が日ソ国交回復に熱心であったことも満鉄の調査活動に大きな影響を与えた。他方、こうした活動を通じて満鉄調査部は関東軍との緊密な連携関係をつくり上げていったのである。

本章は、満鉄調査部のロシア研究に焦点をあてて、その調査活動の具体的姿に迫るものである。本章の構成は大きく(一)ロシア革命と満鉄調査部、(二)日ソ国交回復と満鉄調査部の二部に分かれるが、その前提としてロシア革命が日本社会に与えた影響を最初に論じておく必要がある。

注

(1) 一九九〇年代以前のロシア革命に関する研究史では、さしあたり日ソ歴史学シンポジウム組織委員会編『革命ロシアと日本——第一回日ソ歴史学シンポジウム記録』(弘文堂、一九七五年)、小山弘健『続日本社会運動史研究史論』(新泉社、一九七九年)、伊集院立「『戦間期』研究の成果と課題」(歴史学研究会編『現代歴史学の成果と課題Ⅱ3』青木書店、一九八二年)が、九〇年代以降では、ボルシェヴィズム批判の視点からR・パイプス『ロシア革命史』(西山克典訳、成文社、二〇〇〇年)が、文化史の視点から桑野隆『夢みる権利』(東京大学出版会、一九九六年)が、レーニンの伝記としてはR・サーヴィス『レーニン』上下(河合秀和訳、岩波書店、二〇〇二年)、H・カレール=ダンコース『レーニンとは何だったか』(石崎晴己ほか訳、藤原書店、二〇〇六年)が、スターリン主義については富田武『スターリニズムの統治構造』(岩波書店、一九九六年)、亀山郁夫『磔のロシア』(岩波書店、二〇〇二年)がある。なお本書の第二章第一節一および二は小林英夫・佐々木隆爾「『冬の時代』からの脱却」(『歴史学研究』第五一五号、一九八三年四月)に依っている。本書への転用を了解していただいた佐々木氏の厚意に感謝したい。

第一節　ロシア革命と満鉄調査部

一　ロシア革命と日本政府の動き

まずロシア革命の勃発以降の日本政府の対応を見ておこう。一九一七年の二月革命に続き十月革命が勃発すると、時の寺内内閣はこれに大きな関心を寄せ情報蒐集活動を開始した。日本政府は、すでに、一九一七年春から夏にかけて外相の本野一郎を通じ、ペトログラードの内田康哉駐露大使に対し、事態の重大性を伝え、ロシア軍の状況、二月革命の進展状況についての情報蒐集を指令すると同時に、一七年六月、満鉄理事の川上俊彦をロシアに派遣し、二月革命以降のロシアの状況を視察させていた。この事件への満鉄の対応の早さが注目されよう。川上は、帰国後の一七年一一月一五日に本野外相に対し、二月革命以降十月革命勃発までの詳細な「露国視察報告書」を提出していた。十月革命勃発直後の一七年一一月一〇日には、早くも在モスクワ駐在総領事代理より革命勃発を報じた「首都ニ於ケル革命ノ状況ニ関シ報告ノ件」なる電文が本野外相のもとに届けられ、革命が全く新しい局面に入ったことを伝えた。(1)

以降、ロシア駐在大使、ロシア各地の領事館から逐一ロシア革命を報ずる電文が届き、一一月中旬、革命の烽火がペトログラードからモスクワをはじめ各地に拡大し、しだいに反革命勢力を追いつめていったこと、一一月二四日には新政府首長にレーニンが、外務人民委員にトロツキーが就任、ツァー政府の残した秘密外交文書の公開を宣言したこと、トロツキーの手で対独休戦および講和提議がなされたこと、などが数日遅れで本野外相のもとに届けられていたのである。(2) 以上のことからわかるように、この時期、日本政府は、満鉄、駐露大使、駐露領事の報告を通じ、ロシア革命の推移を注意深く追跡していた。

では、ロシア革命の内実について、当時の日本の政策担当者たちはどのような理解力を示していたのか。当時は、

「過激派の暴動」といった抽象的把握が一般的であったが、先にあげた内田康哉と川上俊彦の両名は、比較的早い時期からロシア革命の実態を正確に把握していた。彼らのうち一方は駐露大使で他方は満鉄理事と役職は異なっていたが、ロシア革命の渦中に身をおいていたという点では共通していた。

駐露大使を辞して帰国、原敬を訪れた一九一八年四月四日、内田はロシア革命の状況を原に次のように語ったという。「過激派は露国の人心に投じて起りたるものにて全国を風靡し、之に抗争する何等のものなし。即ち多年圧制の帝室を廃し、貴族富豪の財産を分割し、四年間も苦しみたる戦争を中止したるがごとき、皆な露国人民の渇望せしものにて、之に対抗すべき中産以上の階級も所謂知識階級も兵屏息して声なし」[3]と。革命を指導し、わが国の国体とあい容れざる私有財産制度否定の一連の政策を実施、ロシアの地に新社会制度をもたらした「過激派」と称されたボルシェヴィキは、実は民衆のロシア皇帝への要求を体現したものなのだ、というロシア革命観が内田の談話の基底を流れていた。

内田同様、ロシア革命を体験した川上も、革命勃発直後に書いた「露国視察報告書」において、ロシア革命に至る歴史、鉄道、財政状況、講和の可能性に言及するなかで、「労兵会」を軸に、「社会主義ノ普及ヲ画策」するボルシェヴィキの活動にふれ、「速ニ戦争ヲ停止センコトヲ企図シ将来政治上及経済上ノ危機ニ乗シテ政権ヲ掌握シ以テ彼等最後ノ目的タル社会的革命ヲ遂行セントスルニ至ルハ蓋シ自然ノ勢」という見通しを述べていた[4]。川上の報告書は、十月革命勃発直後の比較的早い時期に書かれたものだけに、内田ほど鮮明ではないが、にもかかわらず、この十月革命が、ロシア民衆の意向を代弁し、その強い支持の下、私有財産制度を否定する社会主義革命につき進むものであることを感知していたのである。彼らは、ロシア革命が、ロシア民衆の不満の爆発に起因するロシアの特殊現象だと理解していた。

内田、川上の意見は、当然のことながら、当時の主だった政府要人、寺内首相を筆頭に、本野、原はもとより、この時期のわが国の外交政策決定に重要な役割を演じた臨時外交調査会のメンバーにも伝えられていた。もっとも、シベリア干渉戦争に積極的だった川上の意見は、臨時外交調査会で報告され寺内の対露外交政策に影響を与えたが、[5] 逆に、「外務省内部で出兵反対の最強硬論者」[6] と称された内田の意見は、干渉戦争積極論者だった本野のもとでにぎりつぶされ、調査会では報告されなかった。[7]

報告を受けた政府首脳の面々のロシア革命に対する反応はどうであったか。彼らの多くはロシア革命そのものというよりは、シベリア情勢やそこへの出兵に多くの注意をむけた。当時、寺内が記した日記によれば、一九一七年三月一六日付で「一三日来露都ニ於テ革命的騒乱ヲ発生ス」と記したあと、一八年三月五日には「世上露国ノ瓦解ニツキ西伯利亜《シベリア》出兵論盛ナリ」と記していた。[8]

たしかに、政府首脳はシベリアに多大な関心を寄せていたが、それは、主に世界の軍事的均衡がどう変化したかに着目し、それを利用して勢力拡張の機会をつかもうとしてきた日本の政府首脳の関心の置き方と無縁ではなかった。しかし、シベリア干渉戦争に対する対応については、本稿の主題ではないので、立ち入ることは避け、ここでは、ロシア革命の満鉄調査部への影響という課題に即し、その関連をみておくこととしよう。

ロシア革命が、単なる政権交代ではなく、一九一七年末新たにロシアに登場したボルシェヴィキ政権は、資本主義制度そのものを覆そうとする潮流に道を開くものだ、という認識を比較的早い時期から持っていたのは、アメリカのウィルソン政権、なかでも、国務長官ランシングだった。アメリカの大戦参加を支持し、反ボルシェヴィキの社会主義者だったウォーリング (W. E. Walling) から新著を贈られたランシングが、一九一八年二月一五日、ウィルソン宛に書き送った書翰はそのことを物語っている。

「ウォーリング氏は、ほとんどすべてのヨーロッパの国々で現行社会秩序を脅かしつつあり、アメリカにおいてさえも無視できなくなるであろう勢力〔ボルシェヴィズム〕について、鋭い判断をくだしています。それは、今日表面化しつつあり、いろんな意味で君主専制よりも恐るべきものであるあの危険物〔ボルシェヴィキ独裁〕は無知による独裁であります。前者は少なくとも秩序を重んずるのですが、後者は無秩序と無政府状態を作り出すのです。……ウォーリングの報告書を読んで私はこれまでにも増して我々のボルシェヴィキ対策は正しかったし、今後も継続すべきだとの確信を強めています」[9]。

一九一八年当初、ウィルソン政権内に、ロシア革命に比較的穏健な対応をするハウス＝ロビンソン・グループと強硬な姿勢をとるランシングに代表される国務省グループがあり、アメリカ政権内部の分裂を反映して両派は対立していたが[10]、一八年春以降シベリア干渉戦争実施が明確になる段階で、強硬派のランシングの発言権が強まるにつれ、アメリカ国内での社会主義運動取り締まりも強化されはじめたのである。一八年から一九年にかけて、アメリカの各州では、次々と「犯罪的サンディカリズム法」「州治安維持法」「赤旗禁止法」などが制定され、ロシア革命にシンパシーを持つ左派の労働運動と社会主義運動は厳しい規制を受けた。

ランシングに代表されるアメリカ政府当局者の動きは、ロシア革命の反資本主義的性格を彼らなりの視点から比較的早い時期に正確に受け止め、その対策を研究した事例だったといってよい。こうしたアメリカの動きと比較すると、日本の政府当局の視点は、ロシア革命そのものに対する関心よりは、その結果生ずるであろう東アジアの勢力均衡の変化に注がれていたといっても過言ではない。

二　日本の知識人のロシア革命観

このことは当時の日本の識者たちのロシア革命やソビエト認識にも現れていた。

「ペトログラードで暴動発生」「ケレンスキー内閣倒壊」の報道を、『東京朝日』、『大阪朝日』、『大阪毎日』など大手新聞各社が紙面に掲載したのは、一九一七年一一月一〇日のことであった。この一一月一〇日以降、各社は、寄せられる外電や特派員報告をもとに、さまざまな噂や憶測をまじえて十月革命以降のロシアの政局の推移を報道していく[11]。これら十月革命勃発の報道に接した人々はいかなる反応を示したか。記録として今日残されたもののなかには社会主義者のものが多いが、たとえば、山川均は、ロシア革命勃発直後の感想を、「研究会でロシア革命の話をしたのですが、どうも涙が出て話ができなかった」と語り[12]、当時山川同様社会主義者だった赤松克麿も、「勇気と希望を与えてくれた」と述べていた[13]。荒畑寒村も、その『寒村自伝』のなかで、ロシア革命が与えた印象を語り、革命勃発当初、「ロシア革命の性質についても、労兵会と呼ばれたソヴィエトの組織についても、新政府を構成した政党に関しても、ほとんど知るところがなかった」とも記していた[14]。

社会主義者たちが書き記したロシア革命印象記の基底を流れる共通点は、ロシア革命に対する感動とロシア革命についての無知、この二つの印象の併存であった。彼らはたしかに感動した。しかし、ロシア革命のなんたるかを受け止める準備とそれを理解する理論的基盤を持った上での感動ではなく、「新時代」が到来したという感覚的受け止め方に終始していた。その意味では、麻生久が次のように書き記したことは、この時期の社会主義者の感覚的感動の一端をいみじくも物語っている。

「あらゆる物が、駈け足で、其儘目的地に行き着きでもするかの様に、何の苦労もなく、何の障害もなく、揚々として進んでゐた。そしてそれは手をのばしさへすればすぐに届くのであった[15]」と。

では、なぜ、日本の社会主義者はかくも無邪気に感動し、ロシア革命のなんたるかに無知であったのか。その最大の原因は、アジアの片隅にあって第一次世界大戦が生み出した深刻な社会変動の歴史を体験せず、ヨーロッパの社会主義者たちが一様に経験した戦争・帝国主義・平和についての深刻な問題提起も知らなかったことである。彼らは、何も知らないままに、第一次世界大戦とロシア革命の激変のなかに投げ出されたのである。荒畑の表現を借りれば、彼らは「五里霧中[16]」の状態にあった。

ロシア革命のなんたるかは、その後、新聞報道、特派員報告、外国の新聞、雑誌、著作を通じ次々と情報が提供されてくる。また、社会主義者も、一九一九年以降、新聞、雑誌を通じロシア革命の報道を本格化させる。一九年四月『社会主義研究』を創刊した堺利彦、山川均らは、二〇年六月の第三巻第五号を皮切りに毎号ソビエト情報を報じ、同じ一九年四月『日本労働新聞』の編集を担当した荒畑寒村も、一九年一〇月『労働運動』を創刊した大杉栄も、誌面にロシア革命の紹介を織り込んでいく。一八年一二月、麻生久、赤松克麿、宮崎竜介らが結成した東大新人会も、翌一九年三月、機関誌『デモクラシイ』を出し、「海外時評」のなかでロシア革命の進展状況を報じていた。

一七年の十月革命を感覚的に受け止めた社会主義者たちは、一九—二〇年にかけて、ロシア革命のなんたるか、をしだいに模索しはじめたのである。

模索の仕方も、当初は、荒畑が「五里霧中」と表現したように、手探りでの出発だった。この時期彼らが紹介した欧米の思想家の多くは、平民社時代から知られていた人物が中心で、レーニン、トロツキーといったロシア革命の指導者の名前はなかなか出てこない。一七年一〇月『新社会』に堺利彦は、レーニンの「ロシアの革命」を翻訳、紹介したが、これなどは、むしろ稀な例だったのである。ロシア革命を扱った論文も、当初は、紹介がおもで、当然のことながら論評も主観的で断片的だった。一九年二月、『新社会』に、堺は「ボリシェヰキの建設的施設」を発表、ロシア革命とロシア革命後のソビエト政治の特徴、労農独裁政治の機能、土地の国有及び分配、工業の社会化、労働組合の理論、銀行の国有など二五項目にわたる諸点を紹介したが[17]、これとても、「新聞紙上に現われる電報にせよ、通信にせよ、とかく切れ切れのものばかりで、つじつまが合わなかったり、誇張があったり、はなはだしきは悪意の中傷があったりして、どうも要領をつかむことがむつかしい[18]」状況下で、「可否賛否の意見態度は別の問題として、とにかく事実を事実として見ておく必要がある[19]」という意図で、「レーニン、トロツキーらの労農政府がやっている新社会の組織を略記する[20]」目的で執筆したものであった。

堺がいみじくも指摘したごとく、この時期、わが国で出されたロシア革命の著書はロシア革命に賛同を示すか、それを嫌忌し反対するか、のいずれかであり、その立場で、ロシアの実状の一側面を強調するものが多かった。二〇年四月から八月までの訪露紀行文である布施勝治『労農露国より帰りて』、同じく、一九年五月—二〇年八月までロシアですごした中平亮『赤色露国の一年』などはその一例であろう。

布施の『労農露国より帰りて』は、大阪毎日新聞社の記者として、ロシアでの旅行体験を綴ったルポルタージュで、入国許可を得て取材していることもあって、比較的客観的に労農ロシアを見ているが[21]、中平亮の場合、無許可で入国し、死の危険を抱えつつロシアに滞在し、ソビエト・ロシアの実状をつぶさに観察した体験をもつだけに布施とはややニュアンスを異にする。彼は、この社会を「人類解放の理想の下に行なはれて居る」、「恐怖手段」をもってする専制政治と位置づけ、「人類解放」の名の下に専制政治を謳歌することは出来ぬ、と結論づけていた[22]。

中平の著作に典型的に見られるように、この時期のロシア革命に関する書物は、事実に即してその実態を究明するというよりは、狭い体験や思い込みをもとにロシア革命を謳歌するか嫌忌するか、賛成するか反対するか、を基調にしていた。そうした動きに比較すると満鉄の調査活動は、対象を突き放して客観的かつ冷静に観察していたといえるであろう。

三　ロシア革命と満鉄調査部の動き

全般的状況

理事の川上俊彦をロシアに派遣しその実状を調査したように、満鉄は隣国ロシアの政治動向に深い注意を払っていた。ロシア革命の影響で生まれた満鉄調査部の機構上の大きな変化は、ソビエト・ロシアに関する調査が本格化したことだった。満鉄調査部は設立直後から露西亜班を有していたことは前述したが、「北満の実態調査」が中心で「資料の収集、情報捕捉とそれらの紹介」が中心だった[23]。発足当初の満鉄調査部の調査の主眼は旧慣調査にあった[24]といわれており、したがって調査部設立当初は、ロシア調査が最重要課題だったわけではなかった。

満鉄が、ソビエト・ロシアに関する本格的調査活動を開始するのは、一九二三年以降のことである。この年に庶務部調査課に露西亜係が置かれ、『露文翻訳労農露国調査資料』、『露文翻訳調査資料』、『露亜経済調査叢書』、『労農露国研究叢書』など多くのロシア関係書物を出版していくこととなる。

この動きは、ハルビンにおける満鉄の活動にも現れる。一九二三年四月の職制改正により、それまでの哈爾濱公所は哈爾濱事務所へ改称され、新たに調査課が新設された。新設された哈爾濱事務所の「主要の事項は北満洲及之に接壌せる極東露領の基本調査[25]」であった。満鉄は、革命の勃発によるロシアの崩壊と政治的激動を北満からシベリアに向けて勢力拡張を図る絶好の機会と考え、その拠点として哈爾濱事務所を新設した。哈爾濱事務所は開設以降『哈調資料』、『哈調時報』、『哈事資料』、『哈運資料』の発行に着手した。

こうした積極的な出版活動の前提として満鉄は、ロシア革命後大量のロシア関係文献の蒐集に努力してきた。ひとつは通称「オゾ文書」と呼ばれる大量のロシア語文献の購入である。満鉄は一九二三年に開設間もない満鉄哈爾濱事務所を通じて、ザバイカル軍管区にあったオゾ図書館の蔵書二万冊を購入した。「而して精査の結果右の中には極東を中心として旧全露及中央亜細亜に関する地理、歴史、経済、政治、軍事等に関する欧州戦前までの尤も貴重なる調査資料約四千冊を有することが明瞭になった[26]」。

くわえて一九二三年九月から一二月までの四カ月間、満鉄調査課は露西亜係主任であった宮崎正義を中心にソビエト各地を旅行すると同時に、資料蒐集を行っている。すなわち一九二三年「莫斯科《モスクワ》に於て開催せられたる全露農産博覧会に参加し一一名の社員を出品委員として欧露に派遣したる時、特に調査課員宮崎正義氏に命じて一千有余部の労農露国調査資料を蒐集せしめたるが帰来其選択に係る宣伝を目的とせざる政治、経済、財政、社会等の各部門に亙る重要資料数十編を露語に堪能なる数名の人士に翻訳せしめ今回之を刊行することとしたのである」。満鉄調査課は五年間にロシア語原書約五万頁、日本語に換算して約七万五千頁、つまり平均五百頁の翻訳書一五〇冊の出版計画を一九二三年以降実施することとし、その計画の実現に第一歩を踏み出した[27]。

この計画の中心人物が満鉄調査課露西亜係の宮崎正義であった。この時期宮崎は頻繁に日本に戻り、大阪毎日新聞社と出版についての打ち合わせを行っている。宮崎が残した一九二七年一〇月二二日の「内地出張日記」には次のように記されている。

「一〇月二二日（午前晴、午後曇り、稍《やや》むし暑し）

朝八時起床。一〇時大毎社〔大阪毎日新聞社のこと〕訪問、小倉、市川両氏と会見。当方申出の原案通り契約書作成に賛成、様々話す。小倉の例の如き調子、兎に角愉快でない男である。兎に角、当方から何一つ言質を与へぬ事とし、従前の如く継続することにしたのは先ず成功と言えよう[28]」。

交渉の結果はともかく、その過程で何か齟齬をきたした如くで、詳細なことは不明であるが、不機嫌な論調が日記を覆っている。当時ソビエト・ロシアに関する文献が乏しかった時期に百冊を超えるシリーズの出版を行うことにともない、その過程で各種トラブルが生じたであろうことは想像に難くない。しかし、この出版の結果、満鉄はロシア問題の権威ある機関としてその名を高めたし、またそれを指導した宮崎も、ロシア専門家として名声を高めたのである。また、大阪毎日新聞社も満鉄が蒐集した貴重な資料の出版元となることによって言論界に重きを成していった。

この間の事情を『毎日新聞百年史』は次のように述べていた。一九二五年「二月、大毎本紙一万五千号の記念事業の一つとして『労農露国研究叢書』が刊行された。南満洲鉄道会社が、オゾ図書館の蔵書二万余を購入、さらに露国文献三万余を集めて調査研究したもので、編集は満鉄調査課が行った。引続き『露亜経済調査叢書』が出版された。この出版は以降、昭和五年まで続くが、前者は六冊で、露国の政治、経済はじめ全般にわたる研究報告であり、後者は、特に極東地区の経済事情の研究で『露領極東の農業と植民問題』、『外蒙共和国』、『満洲植物誌』など五十数冊に及ぶ。また当時、他社に先がけて布施勝治、黒田乙吉を派遣し、深い関心を示していたため、わが社には露西亜関係の出版が多く、アジア研究に伝統的の強さを持っていた」[29]という。

当時ソビエト・ロシア研究は一種のブームとなり、当時調査部員ならずとも多くの満鉄社員がソビエト・ロシアに関心を抱いた。例えば、満鉄最後の総裁となった山崎元幹は、一九一六年に東京帝国大学法科大学政治学科を卒業し、直ちに満鉄に入社して総務部交渉局第一課に勤務し、一八年一月には職制改正で総務部文書課に移っているが、この間にロシア革命に直面し「入社早々ロシア人に就てロシア語の勉強を始め」たという。[30]

こうして一九三〇年六月にはそれまでの庶務部調査課は総務部調査課に改変されるが、そのもとに置かれた露西亜係は引き続きソビエト・ロシアの調査活動を担当している。こうした調査課のロシア調査活動は、一九三一年九月の満洲事変の勃発とその翌年一月に設立された満鉄経済調査会の設立において大きく変化することとなる。

ロシア革命をめぐる満鉄の調査活動

では満鉄調査部は、ロシア革命に関し、どのような出版活動を展開したのであろうか、またその活動はどのような特徴をもっていたのであろうか。

満鉄調査課がロシア革命の動向とその後のソビエト政権の推移に深い注意を払っていたことはいうまでもない。しかし当時満鉄調査課が逐次刊行していた機関誌『資料彙存』(一九一五年一〇月創刊)のロシア革命勃発後の第一二号(一九一八年刊)をみると、ロシア革命に関する記述は見られない。またその後継誌である『満鉄調査時報』(一九一九年一二月創刊)でもロシア革命後のソ連動向が紹介されるのは第六号(一九二〇年九月)以降のことであった。

革命勃発当時の満鉄調査課のロシア調査活動の中心は森御蔭であった。森は、一九〇八年満鉄入社以降前掲『資料彙存』各号に数多くの北満、シベリア調査報告を寄せていた。[31]彼はまたロシア革命後の一九一八年七月に『東露ニ於ケル時局ノ真相』と題する小冊子のなかで、第一次世界大戦中のシベリアにおけるイギリス、アメリカ、日本及びドイツ人、チェコ軍の動きに触れ、またボルシェヴィキのシベリアにおける活動にも言及していた。森はこの小冊子の多くのページをシベリアにおける各国の動向に割いてはいるが、ロシア革命の動きにも注意を払い、「過激派ト反過激派」の項のなかで次のように述べていた。「過激派員ハレーニン政府ノ共産主義発表セラルヽヤ純過激派ト共ニ盛ニ知識階級者（反過激派）ニ対抗シ本年三、四月頃迄ニハ東露地方殆ト彼等ノ掌中ニ帰セリ然ルニ今ヤ（六月末）過激派員ノ大部ハ其乱暴ナリシヲ覚リシト占領シタル各種ノ鉱山、製造所、工場等ノ採掘運転、将タ原料品ノ仕入先等ノ知識ナキトニ依リ大ニ困憊ヲ極メ反過激派ニシテ前諸所有主タル有産知識階級者ノ一日モ早ク来ランコトヲ望ミ居レト反過激派員ハ有力ナル後援ヲ得サレハ其ノ復帰ヲ諾セサル理ノ然ラシム所ナリ[32]」と記していた。

さらにまた満鉄総務部調査課の庄司鐘五郎は「大正八年一月ヨリ三月ニ至ル間西伯利亜全線等視察ノ命ヲ承ケ出張ノ際得タル材料ヲ輯録」して『「オムスク」市ト「オムスク」政府』を発表している。これはシベリアにおける反ボルシェヴィキ側の動きを詳細に記述した記録であると言えよう[33]。

一九二二年になると満鉄社長室調査課から二つのソ連に関する研究書が出されている。一つは小林九郎『露領沿海地方及北樺太[34]』、今一つは宮崎正義『近代露支関係の研究[35]』である。小林九郎は一九一〇年東京外国語学校卒、一四年満鉄入社、二〇年には調査課露西亜係主任の役職にあり、宮崎正義は一七年五月にペテルブルグ大学政治経済学部を卒業、その年の七月には満鉄運輸部に就職し、二三年五月に総務部調査課露西亜係主任に命ぜられている。彼は一九年五月に同じ満鉄調査部調査課の名で『時局ト東清鉄道』を出版していたが、引き続き第二作として近代露支関係の研究を世に送り出してロシア研究の専門家としての頭角を現しはじめていた[36]。

一九〇八年設立された満鉄内の調査機関である東亜経済調査局もロシア革命以降ソビエト・ロシアに関する調査活動を開始した。同局が発行している『経済資料』（第四巻第四号、一九一八年四月）は、巻頭論文に「露国産業革命論」を掲げてロシア革命に論評をくわえていた。同論文は、ロシア革命を「大規模にして且つ複雑なる現象は人類の経過し来れる歴史中初めて発見せる事件にして、或点に於ては到底仏国革命等の比に非ざるべし」としたうえで、この革命を指導した社会主義が政権を掌握し得たのは、ひとえに「無教育にして利己心に富みたる温良農民及労働者等が、飢と寒気（Golodnoi Kholodno）とに堪ゆる能はざるに至れるが為めなり」とし、ロシア資本主義の発展の特殊性に考察の目を向けていた。[37] たしかにロシアは急速な資本主義的発展を遂げたが、その展開は極度に奇形的で、その内容は、中産階級（中企業者）を欠いた資本家と労働者のむき出しの衝突の姿だった。その結果が極端に破壊的で急激な革命を生み出した、としたのである。ロシア革命は、ロシアの特殊現象であるとする見解であるが、その後もこうした視点は満鉄調査部のロシア観を強く規定することとなる。

続いて『経済資料』（第五巻）には「露国の外債破棄と債権諸国の対策」が掲載されている。これはヨーロッパ出張中の大連管理局営業課員簗島信司がスイス・ベルンから出した報告書であるが、一九一八年のソビエト政府の外債破棄の経緯、その理由、ソビエト政府の理想、債権破棄に対する債権国の対策をフランス、イギリス、中立国、同盟国に関して論じている。[38] そしてこのロシア国債の破棄に対する各国の世論を紹介している。続いて第五巻には「露国の農政問題」が紹介されている。ここでは農奴解放から説き起こし、ロシア革命後における共同耕作制度の内容、その合理性が論じられている。[39] この他、「露西亜ソヰエット共和国の財政及び経済的地位」ではソビエト政府の財政状態の困難さ、紙幣の乱発、外債の破棄を論じ、最後に石炭、石油、セメント、綿花、砂糖、軍需品、食糧品の生産状況とその不足の実状を紹介している。[40]

一九二〇年発行の『経済資料』（第六巻）になると「露国製糖業事情」がロシア人の生活に欠くべからざる調味料である砂糖の生産状況に光をあてて、その沿革と甜菜栽培の実状、その製造過程、消費状況、輸出入状況について触れている。[41] 同じ六巻のなかには「露国ソビエット政府の農業政策」も論じられている。ここではソビエト政府による土地の社会化に関する法令、そのもとでの農業状態と危機下におけるソビエト政府の食糧政策が紹介されている。[42]

いずれにしても右記の事柄から判断できるように、この時期の東亜経済調査局はロシア革命勃発後のソビエト社会の実状を欧米資料を中心にしながらも独自のネットワークを加味してかなり詳細に把握していたと思われる。その東亜経済調査局発行の『経済資料』創刊号（第一巻第一号、一九一五年三月）ですらその「創刊の辞」ともいうべき巻頭文の中で「不幸にして昨夏以来、欧州戦乱の未だ終息せざる為め、英、仏、露、白、独、墺、等の諸国より到着すべき図書刊行物等は、全く杜絶せられたるの実あり、今に恢復の期を予知し難し。従て本誌の資料とする所、尚ほ未だ意の如きを得ざるものあり。内容為めに予期の半ばを充たすに足らず。加之《くわうるに》、局員不足の為め、編次輯成も、亦能く所期の如くなる能はざるは、当調査局の特に遺憾とする所なり。此点に就ては、切に大方の諒察を乞ふ」(43)と述べており、依拠すべき資料、文献の不足を嘆いていた。

東亜経済調査局や満鉄調査課の研究動向を見ると、彼らの関心はロシア革命の動向そのものよりはそれにともなう北満、シベリア事情の変化やソ連の政治経済システムにより多くの関心が集中しており、日本政府の関心事と密接に連動しながら研究が進められてきたように思われる。

いずれにしても、前述したように一九一七年から二〇年代初頭にかけて日本国内における有識者が様々な形でロシア革命を論じ、労農露国の実状を紹介しているが、そういう識者たちの論調と比べると、東亜経済調査局や満鉄調査部のロシア認識は大戦中の不自由さがあるとはいえロシア語をはじめとする外国語文献を扱い慣れていることから一次史料に近い分だけ正確で具体的であった。

注

（1）George F. Kennan, *Soviet-American Relations, 1917-1920, I, Russia Leaves the War*, Princeton University Press, 1956, p. 279 参照。

（2）外務省編『日本外交文書』大正六年第一冊、五六〇頁以下、及び菊地昌典『ロシア革命と日本人』筑摩書房、一九七三年、

第一部二、第一章参照。

（3）原奎一郎編『原敬日記』四、福村出版、一九六五年、三七八頁。

（4）前掲『日本外交文書』大正六年第一冊、五七〇頁以下参照。

（5）前掲『ロシア革命と日本人』三七頁。

（6）細谷千博『シベリア出兵の史的研究』有斐閣、一九五五年、一一六頁。

（7）前掲『原敬日記』四、三七九頁。

（8）山本四郎編『寺内正毅日記　一九〇〇―一九一八年』京都女子大学研究叢刊五、一九八〇年、七三七、七五七頁。

（9）*Foreign Relations of the United States,* Lansing Papers, II, 1918, p. 353.

（10）詳しくは、前掲『シベリア出兵の史的研究』第三章参照。

（11）前掲『ロシア革命と日本人』第一部二、第二章、第二部一、第一章参照。

（12）山川均『社会主義への道は一つではない』合同出版、一九五七年、一六八頁。

（13）赤松克麿『日本社会運動史』岩波書店、一九五二年、一四九頁。

（14）荒畑寒村『寒村自伝』上巻、筑摩書房、一九六五年、二二八頁。

（15）思想の科学研究会『改訂増補　共同研究　転向』上、平凡社、一九七八年、六九頁。

（16）前掲『寒村自伝』上巻、二〇二頁。

（17）川口武彦編『堺利彦全集』第四巻、法律文化社、一九七一年、三〇九頁以下参照。

（18）同右。

（19）同右。

（20）同右。

（21）布施勝治『労農露国より帰りて』大阪毎日新聞社、一九二一年。

（22）中平亮『赤色露国の一年』朝日新聞社、一九二一年、七―八頁。

（23）井村哲郎編『満鉄調査部――関係者の証言』アジア経済研究所、一九九六年、三三〇頁。

（24）原覚天『現代アジア研究成立史論』勁草書房、一九八四年、三四三頁。

（25）佐田弘治郎編『南満洲鉄道株式会社第二次十年史』一九二八年、一二六〇頁。

（26）『亜細亜露西亜の国土と産業』露国農務省移民局編、古沢敏太郎訳、上巻、国土編（満鉄庶務部調査課、一九二四年）一頁。

なおオゾ文庫については河田いこひ『「オゾ文庫」――満鉄に買い取られたロシア軍所属図書館』、中見立夫「『満鉄露書伝説』をめぐって」（近現代東北アジア地域史研究会ニューズレター第七号、一九九五年一二月）参照。

(27)「露文翻訳労農露国調査資料発刊の辞」、露国共産党中央委員会編『革命後の露国農林村経済状態』南満洲鉄道株式会社庶務部調査課訳、一九二四年、一頁および二頁。
(28) 宮崎正義「内地出張日記」(宮崎正衛氏蔵)。
(29) 毎日新聞社百年史刊行委員会編『毎日新聞百年史』毎日新聞社、一九七二年、五三二頁。
(30) 満鉄会『満鉄最後の総裁山崎元幹』一九七三年、六四二頁。
(31) 前掲『満鉄調査部――関係者の証言』七六三頁。
(32) 森御蔭『東露ニ於ケル時局ノ真相』一九一八年七月。
(33) 庄司鐘五郎『「オムスク」市ト「オムスク」政府』満鉄総務部調査課、一九一九年三月。
(34) 小林九郎『露領沿海地方及北樺太』満鉄社長室調査課、一九二三年。小林九郎の経歴は前掲井村哲郎編『満鉄調査部――関係者の証言』七六〇頁による。
(35) 宮崎正義『近代露支関係の研究』満鉄社長室調査課、一九二二年。
(36) 宮崎正義については、拙著『「日本株式会社」を創った男　宮崎正義の生涯』小学館、一九九五年参照。
(37) 東亜経済調査局『経済資料』第四巻第四号、一九一八年四月、一―二三頁参照。
(38) 同右書、第五巻第一号、一九一九年一月、一―六一頁参照。
(39) 同右、六二―一二四頁参照。
(40) 同右書、第五巻第八号、一九一九年八月、三五―五七頁。
(41) 同右書、第六巻第一号、一九二〇年一月、一七―三八頁。
(42) 同右書、第六巻第三号、一九二〇年三月、一三四―一四二頁。
(43) 同右書、第一巻第一号、一九一五年三月、四―五頁。

第二節　日ソ国交回復と満鉄調査部

一　日ソ国交回復の動きと挫折

対ソ関係修復の動き　ロシア革命以降極東に生じたいま一つの動きは、ワシントン体制の成立であった。ソ連を排除したこの体制の成立は、明治以来の日本の外交政策の一大転換を意味した。日露戦争から日英同盟と日露協約を軸に推進された日本外交の基本構図は、ロシア革命による帝政ロシアの崩壊で抜本的な修正を迫られ、それと同時にロシアの勢力圏であった北満は権力空白地帯となり、日本が新たに進出する可能性を持つ地域に変わった。

こうした動きのなかで、ワシントン体制に対抗し対ソ関係を再建する動きが現れる。この動きのリーダーの一人が、「政界の惑星」とよばれ初代満鉄総裁を歴任した後藤新平だった。後藤は、在中ソ連代表アドルフ・ヨッフェ招請を契機に、日ソ国交回復とロシアの「沿海州植民構想」の動きを積極化させた。こうした後藤の動きを支えた背後には、一つには、たえず傍流ながら日本外交に影響を与えた反英米＝反ワシントン体制の動き、二つには、北満利権をめぐる中国ナショナリズムに対する日ソ提携の必要性、三つには「対ソ提携論」を支えた海軍＝薩派の存在、などをあげることができよう。(1) こうした親ソ集団が、後藤を中心に、後藤を対ソ交渉のチャンネルとしながらゆるやかな共同行動をとることとなるのである。

後藤は、一九二三年のカラハンの北満視察と張作霖との会談に見られる中ソ接近の動きや二四年の中ソ国交回復、東支鉄道に関する奉ソ協定（「中ソ共同経営」）が実現するなかで、「日露支関係ノ根本義」を発表する。

彼はこのなかで、「南満鉄道会社ハ単ナル一営利会社ニアラズシテ帝国国策ノ一大象徴タリ。実ニ東西文明融合ノ大動脈タル任務ヲ帯ベルモノナリ。而シテ此ノ使命ヲ果サンガ為ニハ日支露三国ノ親善提携ヲ堅実ナラシメ」ることが前提である、として日満支三国の親善提携の重要性を強調し、その下で「満蒙及図們江附近ノ現在及将来ヲ開発シ、帝国ノ経済的及文化的利益ヲ増進スルニ方リ露国トノ関係（支那ハ勿論）ヲ無視シ、之ヲ疎隔ノ状態ニ放置シテ果シテ何ノ成功ヲ予想シ得ベキ乎」と問う。しかしこの地においては「鮮人頻リニ其ノ不平ヲ露人ニ訴ヘテ日本排斥ノ宣伝ニ従事シ、且ツ労農露国ノ名ヲ利用シテ陰謀ノ具ニ供シツヽアルナリ。故ニ若シ長ク之ヲ放任シ置ク時ハ朝鮮統治ノ困難益々甚タシキヲ加ヘ、鮮人相率ヒテ露領ニ移リ、日本移住ノ数ニ幾倍シ遽《にわか》ニ如何ナル形成ヲ馴致スルヤモ測リ知ルベカラズ」と主張する。

この地が重要なのは「人口問題及産業政策上ヨリ観タル日露ノ関係ナリ。沿海州後貝加爾《バイカル》地方ヨリサガレン、勘察加《カムチャツカ》ニ至ル広漠ノ地ハ将来有為ノ民族ニ対シ自然ノ懐ヲ開キツヽアリテ、幾十万乃至幾百万ノ人口収容力ヲ有スルニ止マラズ、石油、石炭其ノ他ノ鉱産ヲ始メトシ、森林、漁業等ノ豊富ナル天然資源ヲ包蔵ス。是レ豈《あに》所謂造物者ガ産業原料ノ窮乏ニ悩ミツヽアル帝国臣民ノ開発利用ヲ促スベク吾等ノ眼前ニ提供スルモノニアラズヤ」と沿海州、シベリアの有望性に着目し、「対米移民ノ既ニ殆ンド絶望的ナルニ比スレバ決シテ忍ビ難キコトニアラズ、況ンヤ日露ノ提携成リテ其ノ物資原料ヲサガレン、西伯利亜《シベリア》ニ収ムルノ途開ケナバ、現ニ日本ニ対シテ封鎖的政策ヲ執リツヽアル支那ノ如キ、必ズ其ノ態度ヲ一変シテ、彼レガ資源ヲ開キ彼等自ラ進ンデ其ノ原料ヲ日本ニ提供シ来ラン」とその期待を述べている。

後藤は更に続ける。そもそも「日露両国ノ関係ハ、之ヲ国策ノ運用上ヨリ観察シ、将タ之ヲ経済産業其ノ他諸方面ヨリ考究シテ至緊至密一日モ疎隔スベカラザル自然的並ニ必然的約束ヲ有」すると。たしかに「露国ノ革命ニ依リ日露ノ関係ハ忽チ激変セリ。而シテ当時予ガ衷心ヨリ震慄ヲ禁ズル能ハザリシハ労農露国ガ支那ニ対シテ行ヒタル声明ナリキ。即チ旧露国政府ガ不当ナル圧迫手段ヲ以テ得タル利権ヲ支那ニ還付スト称シ、東清鉄道ヲ支那ニ与フベク宣言セルコト是ナリ」。このソ連政府の「宣言」を聞いて後藤は驚愕したという。なぜなら「我東西文明融合ノ大使命ヲ果タスベキ大陸発展ノ大動脈タル南満鉄道ハ本来東清鉄道ノ一支線ニアラズヤ。随ツテ若シ東清鉄道ニシテ無条件的ニ支那ノ掌握スル所トナラバ満鉄ノ機能ハ著シク其ノ影響ヲ受クザルヲ得ザルノミナラズ、延《ひ》ヒテハ帝国国策ノ基礎ヲ震撼スル虞《おそれ》ナシトセズ」とするからである。

つまり「対露政策ハ決シテ単ナル露国相手ノ問題タルニ止マラズシテ実ハ対支問題解決ノ関鍵タリ、同時ニ対米問題解決ノ秘論タルコトヲ」。また「日露関係ノ意味スル所ハ即チ日支関係及ビ日米関係ニ対スル重大性ヲ有スト。換言セバ露国ヲ離シテ日支親善ノ対策ヲ実現シ能ハザルト同時ニ、米国ノ圧迫ヲ自制セシムル方策アルヲ知ラズ。将又《はたまた》支那ニ於ケル排日問題ハ日露握手ノ余勢ヲ利用スルノ外、策アルヲ知ラズ」と。ロシアとの親善関係が決定的に重要であると結論づけている[2]。

後藤の言わんとすることを一言でいえば、一九二四年のアメリカでの排日移民法制定による対米関係悪化を契機とする「日ソ提携」論の台頭の中で、中ソ接近による東支鉄道を通じた北満へのソ連の影響力の拡大に対抗し日ソ提携を通じて中ソ接近を牽制し、北満進出を図るべしとするものであった。後藤は自らが会頭を務める日露協会を通じて「日ソ提携」論を積極的に宣伝しはじめた。この活動の一環として前述したように後藤はヨッフェを招請し日ソ国交回復の動きを具体化しようとしたのである。

他方一九二四年五月に清浦内閣の陸軍、海軍、大蔵四省協定は「対支政策綱領」を策定した。この「綱領」によれば、「支那ノ施政改善（財政整理産業改良等）ニ対シ進ンテ好意的援助ヲ与フルト共ニ其ノ内政ニ関シ切ニ干与セサルノ方針」を執るが、満蒙に関しては「北満方面ニ向テ新ニ進路ヲ開拓スルノ方針ヲ取リ此ノ見地ヨリシテ更ニ左記諸点ニ付格段ノ考慮ヲ払フコト」とした上で、「就中南満洲鉄道ト聯繋スル鉄道網ノ敷設ヲ促進スルト共ニ土地租借ノ途ヲ啓キ産業ノ開発及邦人ノ発展ヲ助成スル」こと、および「南満洲鉄道会社ヲ以テ満蒙ニ封スル我経済的施設ノ根幹タラシメ其ノ機能ヲ十分ニ発揮セシムル為政府ニ於テ会社ノ業務其他ニ付必要ナル改善ノ途ヲ講スルコト」としていた[3]。つまりは、清浦内閣は一九二四年に東支鉄道以北の北満地域に積極的に進出し、満鉄と連繋する鉄道網の敷設を推し進めることを四省協議で決定する。この動きは、折りから起きた第二次奉直戦争での張作霖の関内政治との関連で、張が有利に立つために北満で日本に譲歩した結果に他ならなかった[4]。

日ソ基本条約の締結とその後

一九二三年二月の後藤・ヨッフェの個別会談を契機にはじまった日ソ国交樹立へ向けた交渉は、六月以降は政府間非公式交渉へと発展し、さらに難航の末にようやく二五年一月に日ソ基本条約が締結された。条約は七カ条から構成され、外交関係の樹立、ポーツマス条約の効力の確認、漁業協約の改定、通商条約の締結、日ソ平和友好関係の維持、ソビエトの天然資源の日本への供与、批准書の交換が盛り込まれ、さらに北樺太の石油、石炭開発権の日本獲得が謳われていた。この条約締結を契機に日本軍は北樺太から撤退した。

この日ソ基本条約に行き着くスタートに後藤・ヨッフェの個別会談があったことは言うまでもない。後藤は、日ソ基本条約が締結された後の二五年二月に「日露復交と太平洋政策の確立」と題する論文の中で次のように論じている。まず条約締結に携わった関係者の労を慰めると同時に、両国親善の前提には両国民の了解が必要だとした上で、「単に官僚的乃至形式的外交手段によりて新政樹立の後の露国と善良なる新政権を開立することは容易の業に非ずと信ぜられたのである」とし、日露国交回復の先決条件として、

「一・露国においては我国に対する所謂赤化宣伝の無効無益なるを知らしめ、日本に於ては赤化恐怖病を一掃し、之れに依つて両国親善の前提を開立すること

二・両国民間相互の健全なる諒解を得ることは日露両国の共存共栄の根本である。故に何等かの機会を以て此健全なる国民的諒解の端緒を啓き、然る後更に進んで之を国交関係に補充することあらば幸甚の至りである」

と論じた。

その後で後藤・ヨッフェ会談の概要を述べ、さらに、「将来世界の大乱は欧亜同盟と南北亜米利加聯盟との争覇戦に発端するだらうと推せられる……此場合日露両国の提携は当《まさ》に欧亜同盟の中堅となるべきである」とし、「『日露両国の親善は我国の太平洋政策を確立し、延ひて東洋平和の基礎を安定するに欠くべからざる要件たる而已《のみ》ならず、人天の理法により世界全人類の為に一大貢献を為すものである』と高調しつゝある所以」だとしたのである。

したがって「今後日露両国民が其の親善関係を緊密ならしめて行くならば、両国民の福祉を増進し欧亜民族共存共栄の大義を成就し得る而已ならず、日本は之に依つて太平洋政策を確立し、露国は極東平和の確保に依つて世界に於

る同国の地歩を向上せしめ得るのである」と結論づけた。もっともその後で、「但し茲に注目を要するは日露国交恢復の結果、英米の対露、対日、対支の方策には自ら一大変化を生ずるに至るであらうと思はれることである。就中極東に於る日露米支四カ国の関係は益々複雑微妙なるものとなつて現はるゝに至るべく、我国の国際的立場は一面に於て有利なる地歩を確立し得たると同時に、他面に於ては対支政策其他に於て一層慎重なる考慮を払はねばならぬ重大なる立場に在るものと思ふ」と付け加えることを忘れなかった。(5)

国交回復後のシベリア開発を目指して、後藤は極東資源調査会の設立と極東拓殖会社の設立へと邁進する。まず後藤は、極東資源調査会の設立を提唱する。彼が考えた委員会の設立趣意書は以下の通りであった。

「極東資源調査会設立趣意書

極東に接壌せる二大隣邦、我大日本帝国とソウイエト社会主義共和国連邦との和親協調を其経済的相互依存に求めて両国の福利民富を図るは吾人の一大任務なり。

惟ふに人口問題の解決と生産資源の充足とは我帝国の直面せる重要案件にして彼我国民の等しく是れを熟知する所なり。

茲に於て吾人は世界の宝庫として無限の富源を包蔵せる極東西伯利亜の開発に資せんと欲し、微力を省みず極東資源調査会を設立しソウイエト国民と協力して極東資源の真相を徹底的に探究し彼我与論の喚起に努め以て富源開発の助成機関たるの一大使命を果さむと欲す。大方の諸彦希くは吾人の趣旨に翼賛せられんことを。

大正拾五年七月

極東資源調査会」(6)

そして、「極東資源調査会々則」として第一条で「本会ハ極東資源調査会ト称ス」とした後でその目的として、第二条で「本会ハ日露両国ノ親善ヲ図リ極東露領ニ於ケル拓殖企業通商貿易ノ助成機関タルヲ目的トス」とうたっていた。

その具体化の一つとして、後藤は、「極東拓殖株式会社」構想を打ち出しその具体化をも図りはじめる。後藤の言う「極東拓殖株式会社」構想とは、「広ク両国ノ民衆ニ宣伝シ特ニ極東露領ニ於ケル特許区域及其付近ニ於テハ移民並ニ一般農民ノ為農業資金及農具ヲ貸与シ農事ヲ指導奨励シ以テ其経済生活ノ安定向上ヲ図リ進テハ衛生医療ノ保健事業ヨリ児童教育、購買組合、公園倶楽部等ノ諸設備ヲモ整ヘ極東ノ一角ニ平安ニシテ清新ナル一天地ヲ開拓セントスルモノ」であった。(7)

この後藤のロシア調査活動に日露協会のメンバーや満鉄調査課露西亜係が関連を持ったことは想像に難くない。(8)後藤と満鉄調査課露西亜係が関連を有していたことを立証する具体的資料はない。しかし満鉄調査課露西亜係が、後藤のこうした活動に基礎データを提供した可能性があることは、後述する満鉄調査部の出版物の傾向とあわせ水野謙太郎の「後藤伯と予」という回顧によっても推察することができる。

「其後、伯は又、シベリア開発の調査に着手せられた。……伯は此れに就て、具体的計画を立て、数字的調査までせられたのである。その案成るや、……その意見を加藤高明伯に提示して、年々八千万円の支出を要求したのである」。(9)

この資金を前提に、こうした後藤の調査活動を具体的に担ったグループは、彼が創設した満鉄調査部以外にはあり得なかった。

しかし後藤の構想は中途で挫折を余儀なくされた。一九二三年九月に発足した山本権兵衛内閣の内務大臣として関東大震災の復興に着手した後藤も、発足四カ月後の一二月の虎ノ門事件で山本内閣が総辞職したことで政治家として腕をふるう夢は挫折したからである。その後前述したようにヨッフェ招待から始まる日ソ国交回復の運動のなかで、彼が最後の力を振り絞って活動したのがソ連訪問であった。田中内閣時の一九二七年一二月から翌二八年二月にかけてソ連を訪問した後藤の最大の関心事は、難航していた漁業交渉の解決と念願の極東拓殖株式会社の具体化であった。

しかしこうした後藤の努力も訪ソ翌年の一九二九年四月の後藤の死によって全ては消え去ることとなる。

二　調査部のソ連調査

ハルビンでの満鉄の活動　では、この時期、どのようなソ連調査が満鉄で実施されたのか。

一九二三年四月の職制改正により、それまでの哈爾濱公所は哈爾濱事務所へ改称され新たに調査課が新設されたこと、新設された哈爾濱事務所は開設以降『哈調資料』、『哈調時報』、『哈事資料』、『哈運資料』の発行に着手したこと、については前述した。

哈爾濱公所は、一九一八年から二三年までの五年間に六冊のロシア関係の書物を出版している。平均すれば年一冊の割合で出している計算になるが、一冊を除いて他は二三年に集中している。公所は全体的に言って後の哈爾濱事務所の活動と比較すれば決して活発とは言えない状況であった。

職制改正で誕生した哈爾濱事務所は積極的に出版活動に乗り出している。一九二三年の開設以来初年度だけで一三冊の小冊子を出版している。『哈調資料』は二八年までに合計で五八冊の資料集を出版している。内容は多岐にわたるが、その中心はソビエトそのものと言うよりはシベリア地方におけるソビエトの動向にその調査の中心が集まっている。

その内訳を見ると、一つはソ連の政治経済に関する全体的紹介である。『露西亜社会主義連邦（ソウエート）共和国民法』、『ツェントロサユーズ（全露消費組合中央連合会）最近の業績』、『労農露国政治年表』、『露国労農政府組織表』、『ソウエートニーゼゴロド定期市より見たる労農露国の経済状態』といった著作はこれに該当しよう。いま一つは極東露西亜および北満に関するさまざまな角度からの現状報告とそれに関連した研究である。『労農西伯亜の近情』、『哈爾濱における日本人関係諸会社商店一覧』、『北満における小麦と製粉業』、『労農極東沿海県之近況』、『労農極東沿海県農事視察報告』などはそれに該当しよう。三つ目は東支鉄道に関する諸調査である。『東支鉄道営業成績』、『東支鉄道警察之概要』、『東支鉄道穀物輸送統計』、『東支鉄道年報』などがそれである。

これらの出版量の点から見れば、第一のソ連の政治経済に関する資料はさほど多くはない。逆に第二、第三の量は圧倒的に多い。哈爾濱事務所調査部が一九二六年以降出版していたのが『哈調時報』であるが、その内容を見てみるとソ連の政治動向を多く取り上げている。

このほか哈爾濱事務所は一九二六年以降、七冊の『哈事資料』を出版し、同じ哈爾濱事務所の運輸課も二八年以降、『哈運資料』と呼ばれる鉄道関係の年報を一〇冊ほど出している。これらはいずれもロシア語の翻訳資料を中心としている。

満鉄調査部露西亜係の活動

この時期満鉄調査部のなかでも露西亜係が新たな活動を開始した。満鉄調査課は一九二四年以降『露文翻訳労農露国調査資料』を出版し、二六年までに計三六編の翻訳資料を出している。また二四年以降『露文翻訳調査資料』を出版し、翌二五年までに計一一冊、号外一冊、合計一二冊のソ連に関する調査資料も出版している。これらの翻訳活動を前提にして満鉄調査課露西亜係は二六年以降三二年までに計九〇冊に及ぶ『露亜経済調査叢書』と、二五年以降『労農露国研究叢書』全六巻を大阪毎日新聞社から出版している。『労農露国研究叢書』第一巻は一九二五年九月刊行で、菊判で四五四頁の分厚いものであった。「露国の統治組織と機構」がタイトルで、第一編のソウェート社会主義共和国連盟では第一章が連盟の統治組織、第二章が連盟各共和国国家組織大要となっており、第二編の露西亜社会主義連邦ソウェート共和国では第一章が国家組織大綱、第二章以下第六章までが中央統治諸機関の解説となっていた。そして最後は露国の各連盟共和国概要となっており、露西亜社会主義連邦ソウェート共和国以外の共和国の紹介が行われていた。いわば、第一巻はソ連統治機関概要とも言える巻であった。

第二巻は一九二五年一一月刊行で、菊判五一四頁。ソビエトでの外国人の位置と工業・労働問題がその対象であった。第三巻は一九二五年一一月刊行で、菊判四九三頁。二三年から二四年にかけてソ連共産党が発表した産業関連資料を翻訳したもので、革命後の農村実態と国営企業の概要が紹介されていた。第四巻は一九二六年五月刊行で、菊判五〇八頁。「ソウェート連邦通商事情」「ソウェート連邦外国貿易の制度及び組織」がテーマで、ソ連と貿易をする業者のための基本資料が提供されていた。第五巻は一九二六年六月刊行で、菊判四一一頁。いずれも二三年のソ連の資料の訳出で、ソ連が直面していた農業と工業の発展のアンバランスの是正についての意見と決議を中心に、それと関連した資料が掲載されていた。第六巻は一九二六年九月刊行で、菊判四七四頁。「労農露国の社会保障」「労農国家と教会」「労農露国の言論機関」「露国の地方統治機構」「労農露国の軍事」を訳出したもので革命後のロシア人の社会生活に焦点を当ててその実態を紹介した。

いずれも一九二二年から二三年にかけてソ連で出版された書物で、日本では入手不可能なものが選択され訳出されていた。全六巻でほぼ三〇〇〇頁、それを二五年九月から二六年九月までのわずか一年間の間に完成させたのである。

この作業と並行して宮崎正義たちは『露亜経済調査叢書』を刊行した。これも宮崎たちが一九二三年から二四年にかけてソ連で収集した資料を訳出したものである。『満洲植物史』(全六巻八冊、一九二七―三四年)、『露領沿海地方の自然と経済』(上下二冊、一九二七年)、『露領極東の林業と林況』(一九二七年)、『露領極東地誌』(上下二冊、一九二七年)、『露領黒龍州の気候・土壌・植物研究誌』(上下二冊、一九二七年)、『露領黒龍州の畜産業』(上下二冊、一九二七―二八年)、『露領極東の資源と産業』(一九二八年)、『亜細亜露西亜の住民』(一九二八年)、『北満洲と東支鉄道』(上下二冊、一九二八年)、『露領極東の森林利権』(一九二八年)、『露領極東の鉱業利権』(一九二五年)、『露領極東の魚類及毛皮資源』(上下二冊、一九二九年)、『極東露領に於ける黄色人種問題』(一九二九年)など三一年までに判明しただけでも八三冊の本が刊行されている。いずれも菊判で一五〇頁以上、なかには一五〇〇頁をこえる大部のものも含まれていた。一九二七年頃後藤の極東拓殖株式会社構想と関連して、露領極東の資源関連の資料集が多数出版されていることがわかる。森林利権のみならず[10]、露領極東の鉱業、農業、畜産、水産業全体のロシア側調査結果の吸収が図られたのである。

この他に宮崎たちは一九二四年以降満鉄調査課の名で『露文翻訳労農露国調査資料』を刊行する。これは一〇〇頁以下のものが多く、『労農露国の社会保障』『露国の国営事業』『露国農村経済統計』など小冊子が数多く含まれていた。いずれにしても、これまで紹介してきた著作の多くは翻訳を中心としたものであって、大半は研究書というよりはソ連の紹介を主眼としていた。満鉄調査部の各機関はこの時期ロシア文献の翻訳を通じてロシアの紹介を図るとともに極東露領の実状に関する基礎的データを提供していたのである。

三　調査部の拡充と中国ナショナリズムへの対応

調査部の拡充

ロシア革命勃発後多くの有能な人材が満鉄調査部入りをしたことは前述した。事実調査部員の学歴を見ると第一次大戦を契機に大きく変わってきていることがわかる。学歴と入社年度が明らかな調査部員三三五名の分布を見れば[11]、大戦以前は、東亜同文書院や東京外国語学校出身者が多かった。たとえば天海謙三郎（一九〇八年）は東亜同文書院、小林九郎（一九一〇年）は東京外国語学校出身といった具合である。ところが一九一八年以降になると大川周明（一九一八年）、嘉治隆一（一九一九年）、笠木良明（一九一九年）佐野学（一九一九年）など東京帝国大学卒業者が急増する。一八年四名だった東京帝国大学卒業者は一九年には一〇名と激増する。二〇年になると波多野鼎、石浜知行、伊藤武雄、貴島克己、奥村慎次らの名前が現れ、その数は一二名となる（**表1**参照）。

こうした急増を生み出した理由は、第一次世界大戦後に社会主義の影響が拡大する状況下で、満鉄調査部の活動が社会的注目を集めたことがあげられる。折りから東京帝国大学に誕生した社会運動団体「新人会」のメンバーが多数満鉄調査部に入社したことは偶然ではなかった。とりわけ東京帝国大学新人会の有力メンバーで、一九年には満鉄入社、東亜経済調査局で活動し、二〇年には満鉄を退社し早稲田大学に転じ講師時代の二二年に日本共産党に入党した[12]

表１　大学別・入部年度別満鉄調査部入部者数推移

（人）

入社年	東京帝国大学	東亜同文書院	京都帝国大学	その他	不明	計
1907	2	—	1	1	—	4
1908	—	1	—	1	—	2
1909	—	—	—	—	—	0
1910	—	1	—	1	1	3
1911	1	1	—	1	1	4
1912	1	—	—	1	1	3
1913	1	—	—	—	1	2
1914	1	—	—	2	1	4
1915	2	—	—	—	—	2
1916	2	—	—	—	—	2
1917	—	—	—	2	—	2
1918	4	—	—	1	1	6
1919	10	4	—	2	1	17
1920	12	—	—	4	—	16
1921	3	1	2	—	3	9
1922	6	1	1	—	—	8
1923	2	—	—	2	2	6
1924	5	2	1	2	—	10
1925	—	1	—	—	2	3
1926	3	2	1	1	2	9
1927	3	3	2	3	2	13
1928	3	1	3	5	1	13
1929	4	1	2	3	3	13
1930	—	2	—	2	3	7
1931	3	—	2	—	—	5
1932	6	—	2	1	—	9
1933	6	2	3	5	11	27
1934	7	4	4	3	6	24
1935	6	2	3	6	7	24
1936	1	1	1	5	6	14
1937	2	1	—	5	8	16
1938	5	1	2	5	1	14
1939	6	1	2	7	9	25
1940	3	—	1	3	8	15
1941	2	—	—	1	—	3
1942	—	—	—	—	1	1
1943	—	—	—	—	—	0
1944	—	—	—	—	—	0
入部年不明	7	2	3	6	18	36
総計	119	35	36	81	100	371

注：①網掛けの箇所は、各大学中退、退学者を含む数字。
②その他には、上記３大学を除く他大学、高等学校を含む。
③正式な入社年が判明しない者に関しては、各箇所所属年度に含む。
④ここでは履歴の判明した部員数のみ掲示している。
出所：井村哲郎編『満鉄調査部——関係者の証言』アジア経済研究所、1996年、715-814頁より作成。

佐野学の果たした役割は大きかったという。[13] もっとも同じ一九年に東京帝国大学を卒業し満鉄に入社し、佐野と同じ東亜経済調査局にあって大川周明らと右翼運動中心組織の猶存社、行地社同人となる笠木良明などもいたわけだから、思想的には左右両派を包んで、いわば時代の最先端を満鉄調査部は走っていたことになる。二つめの理由には第一次世界大戦後の不景気の中で満鉄調査部が帝大卒業者の特権を行使できる好職場になったことがあげられよう。[15] しかもこの時期満鉄調査部は拡大過程にあったのである。一八年六人だった満鉄調査部の新入社員は一九年に一七人、二〇年には一六人を数えていた。

『満蒙全書』の出版

こうした調査部の活動の拡充のなかで出版されたのが『満蒙全書』であった。一九二一年から二二年にかけて満蒙文化協会から出版された。第一巻から第五巻までの執筆編集責任は社長室調査課であったが、第六巻と第七巻は組織変更にともない庶務部調査課に変わっていた。『満蒙全書』の内容は多岐にわたる。第一巻は地理から始まり戸口、気象、民族、風俗、行事、宗教、教育に及んだ。第二巻は行政、国際関係、財政、軍事で、第三巻は農業、林業、畜産業、水産業、第四巻は工鉱業であった。第五巻は商業、貿易、交通、水運で、第六巻は法制と移民及殖民と続く。最後の第七巻は都市と索引で埋められていた。全七巻からなる『満蒙全書』は、文字通り満蒙を知るための百科全書であった。頁数も最後の第七巻が一三〇頁と小ぶりなのを除けば、第一巻から第六巻までいずれの巻も一〇〇〇頁を優に超えていた。

執筆陣も満鉄調査部の総力をあげたものであった。古参の調査部員に加え伊藤武雄、野中時雄、竹内虎治、安盛松之助、高久肇などの名前が散見される。彼らの多くは後に満鉄調査部の幹部として成長していくが、当時は入社したての新人だった。伊藤の場合には第二巻軍事の項であったが、執筆を言い渡されたときは「実のところ当惑して[16]」しまったし、野中時雄の場合は、人手が足りず農業畜産以外に専門外の気象の分野を執筆させられたという。[17]

中国ナショナリズムへの対応　一九二〇年代中国は激しいナショナリズムの高揚の時代を迎える。一九一一年の辛亥革命による清朝の崩壊後の軍閥抗争の嵐のなかで一九一九年五月には五・四運動が始まり、その年の一〇月には中国国民党が誕生し、二年後の二一年七月には上海で中国共産党が結成され創立大会が開かれている。中国の新しいナショナリズムの動きは、軍閥抗争の動きの基底で確実に中国の統一を目指す潮流へと拡大していった。二五年五月には上海の共同租界に入ったデモ隊にイギリス警官が発砲し死者を出した五・三〇事件を契機に各地に反帝国主義運動の波が広がった。同年六月には香港労働者のストライキが勃発し広がりを見せはじめていた。

満鉄は極東ロシア情勢に加え、こうした中国本土のナショナリズムに対応する調査活動を開始する。一九二一年には北京に駐在事務所が開設され、伊藤武雄の手で二四年五月以降『北京満鉄月報』が創刊される。初代の編集者は伊藤で、二七年一月からは彼の海外留学にともない宮本通治に交代した。伊藤は北京駐在事務所に派遣されて以降中国共産党の指導者李大釗を訪ね、折りから中国で燃え上がったストライキの高揚を調査するために第一次香港ストライキ（一九二二年三月）、開灤炭鉱スト（一九二二年九月）、五・三〇事件やそれに続く第二次香港ストライキをつぶさに観察していた[18]。またこうした動きを伊藤は創刊した『北京満鉄月報』に各号で取り上げ分析した[19]。

注

（1）本章第二節一のベースになった論文として吉村道男「一九二〇年代後半における日ソ協調の模様——後藤新平の沿海州植民構想を中心に」（細谷千博編『太平洋・アジア圏の国際経済紛争史　一九二二—一九四五』東京大学出版会、一九八三年）がある。史料を含め多くの示唆をうけた。またワシントン体制後の日本のソ連外交については酒井哲哉『大正デモクラシー体制の崩壊』（東京大学出版会、一九九二年）から多くの示唆をうけた。

（2）後藤新平「日露支関係ノ根本義」、『後藤新平文書』R五三—一七—一。

（3）外務省編『日本外交年表並主要文書』下巻、一九六六年、原書房、六一—六三頁。

(4) 坂野潤治『近代日本の外交と政治』研文出版、一九八五年、一七一頁。
(5) 後藤新平「日露復交と太平洋政策の確立」、『外交時報』第四八五号、一九二五年二月一五日。
(6) 「新聞雑誌に現われたる伯の対露意見種々」、『後藤新平文書』R五三―一七―一二。
(7) 「極東拓殖会社創立関係　T一四年七月頃」、『後藤新平文書』R六〇―八―二。
(8) 今日岩手県水沢市にある後藤新平記念館を訪れ、後藤が生前とりそろえた図書、資料類を見てみると前述した極東露領関連著作がおさめられている。こうしたことから判断すると、後藤が満鉄調査部のスタッフを使って関連資料をとりそろえたと推論してもあながち的はずれではない。
(9) 吉村道男「一九二〇年代後半における日ソ協調の模様」(前掲『太平洋・アジア圏の国際経済紛争史　一九二二―一九四五』一一七頁)、三井邦太郎編『吾等の知れる後藤新平伯』東洋協会、一九二九年、六六―六七頁参照。
(10) 小島麗逸「満州林業調査史」、小島麗逸編『日本帝国主義と東アジア』アジア経済研究所、一九七九年、二五七頁。
(11) 以下あげる数値は前掲『満鉄調査部――関係者の証言』「満鉄調査関係者人物録」による。ここに掲げる数値は同書に掲載された履歴の判明した者に限定されているので、実数値ではない。
(12) 佐野学著作刊行会編『佐野学著作集』第五巻、一九五八年、「年譜」。
(13) 伊藤武雄『満鉄に生きて』勁草書房、一九六四年、四八頁。
(14) 永井正編『笠木良明遺芳録』笠木良明遺芳録刊行会、一九六〇年、「笠木良明年譜」。
(15) 当時の満鉄調査部員の採用について、伊藤武雄は「試験といっても、今日のような、やれ成績証明書の提出だとか、むずかしい筆記試験などはなく、簡単な面接があって採用になったのでした」「当時の帝大卒にとっては満鉄は別に苦労してはいらなければならないところではなかったのです」と語っていた(前掲『満鉄に生きて』四九頁参照)。
(16) 前掲『満鉄に生きて』六五頁。
(17) 「丁度同僚諸君が執筆中に私が満鉄に赴任したもんだから、君、農業篇(四〇八頁)を書くようにと命ぜられた。畜産篇は農事試験場の松島さんが書くというんで相当に勉強して農業篇を書いたわけです。それで、待てど暮らせど畜産篇を送ってこないもんだから、農学士だったら書けるじゃろうということで畜産篇(三一八頁)も引受けてしまいました。挿絵の写真だけは松島さんが送ってきて、そしてなかなか本文は送らない。仕方なく私が書いたわけです。それが揃わんと『満蒙全書』第三巻が印刷に廻せんものだから、つい私は、農業の部と畜産の部を書き、そのほか執筆者の故障で気象篇(七二頁)まで担当させられました。これらのお陰で文献上の知識を得て新米の調査員の私には、その後の調査研究にたいへん役立つわけです。この全書は、当時としては満州における政治、経済、社会調査の金科玉条となっていたわけです」(野中時雄「私の満鉄での調査の跡」、兵庫農科大学『農業経済』第三号、一九五八年一一月、一〇三頁)。

(18) 前掲『満鉄に生きて』六二頁。
(19)『アジア経済資料月報』一九七二年臨時増刊参照。

おわりに

以上、満鉄調査部の活動を、(一) ロシア革命前後、(二) 日露国交回復交渉前後、(三) 中国ナショナリズムへの対応に焦点を当てて考察した。この三期に共通する調査活動の特徴点は、国際情勢に留意しつつも日本の関心が、列強の勢力バランスの崩れやナショナリズムの動向を突いていかに北満やシベリア、華北地域にその政治的・経済的影響力を拡大するかにあり、調査の主力もその点に集中していることであった。ロシア革命についても主たる関心はそれによる極東シベリアの勢力バランスの変化にあり、ワシントン体制下でも中ソ接近やアメリカの極東進出を警戒して、いかにソ連と国交を回復し北満や沿海州の経済利権を獲得してそれを日本経済圏の一翼に組み込むか、新しい中国ナショナリズムの動きにどう対応するかにその関心がおかれていた。満鉄調査部もこうした基本国策に沿ってその調査活動を展開したのである。

第三章　臨時経済調査委員会の活動　1927~1930

はじめに

本章では一九二七年一一月、山本条太郎社長のもとで設立された臨時経済調査委員会の活動を検討する。二七年七月山本条太郎が満鉄社長に就任すると組織の実務合理化に着手し、「社業に直接有効な資料を提供すべき調査機関を設置すべし」[1]との趣旨のもとに同年一一月新たに臨時経済調査委員会を設立した。この委員会は、社長室調査課長時代に『満蒙全書』を企画し、当時満鉄本社審査役だった石川鉄雄を委員長に、満鉄の各部署の予備員を活用する目的も兼ねて四部構成で設置され、多方面にわたる調査を実施し、最盛時には一三〇名の人員を擁して活動したが、二九年八月山本条太郎社長の退任とともに推進主体を喪失し、調査成果を生かすことなく三〇年六月にその幕を閉じた。[2]臨時経済調査委員会は、山本条太郎の満鉄経営の目標と特徴を明確に示す調査課題と職員構成をもった調査機関にほかならなかった。また満鉄が当面する課題を調査するために調査部とは別組織をつくって活動を展開するパターンは、満洲事変後の満鉄経済調査会の先駆けを成すものでもあった。本章では、同委員会の活動の実態を追うことを通じて、山本条太郎の満鉄経営の特徴に迫ることとしたい(3)。

注

(1) 松本豊三編『南満洲鉄道株式会社第三次十年史』一九三八年、二三七六頁。
(2) 同右書、二三七六―二三七七頁。
(3) 臨時経済調査委員会に関しては、拙著『満鉄』(吉川弘文館、一九九六年)八三―八九頁、李力「論満鉄臨時経済調査委員会的特産調査」(シンポジウム「近代中国東北鉄路与日本」中国瀋陽、一九九七年八月)、加藤聖文「松岡洋右と満鉄」(小林英夫編『近代日本と満鉄』吉川弘文館、二〇〇〇年)、佐藤元英「田中内閣の対中国経済発展策と満鉄」(同前)参照。

第一節　山本条太郎と松岡洋右

一九二七年四月の田中義一政友会内閣成立にともない、同年七月、満鉄社長には政友会系の山本条太郎が、副社長には松岡洋右が就任した。以降山本・松岡の両者による満鉄経営が開始された。

山本は三井物産に入社後上海勤務で貿易手腕を発揮し、一九〇一年には弱冠三四歳で上海支店長に就任している。帰国後は三井物産理事、常務取締役を歴任、工場、鉱山の経営に着手した。二〇年には政友会に入党し衆議院選挙に立候補し当選、その後は政界にあって重きをなし二七年には幹事長に就任している。政友会の幹事長として山本は「産業立国策」を掲げ、人口問題、食糧問題、金融恐慌・失業問題の解決を主張し、そのため「満蒙分離」を前提に、該地の鉄道網の拡充による満洲開発の促進を強調した。また満洲を農業、鉱工業および移民受け入れ地とするため満鉄を活用する方針をとり、「大満鉄主義」「満鉄第一主義」を掲げ、権力の集中化を図ったのである。(1) この方針を実現するため山本は、自ら満鉄社長となり腹心の松岡洋右を副社長にそえて満鉄経営に乗り出すこととなる。

松岡は、アメリカのオレゴン大学を卒業後外務省に入り外交官としてのスタートを切っている。首席で外交官試験に合格した松岡は、赴任地上海で山本条太郎と邂逅し、「刎頸の交わり」を結び、一九二一年には満鉄の理事に就任し、その後山本の下で副社長として活動した。(2)

山本と松岡は、満鉄の経営再建に乗り出す。具体的には、山本は就任後に製鉄事業、製油事業、肥料工業の振興、化学工業（マグネシウム、アルムニウム工業）、移民拓殖の必要性を訴え、「経済化」および「実務化」を標語に傘下会社の統廃合を図り経営合理化を促進したのである。また山本は、懸案の満鉄敷設問題を松岡と計らって具体化し、張作霖との交渉を通じて吉敦延長線（吉会線）、長大、吉五、洮索、延海の五線の敷設に関する基本的合意を締結した。しかしこの件は、細目の交渉を進める前に張作霖が爆殺されたため交渉は中断してしまった。(3)

山本は、こうした一連の政策を実現するために新たに臨時経済調査委員会を創り、ここに実際の立案にかかわる調査活動を委託することとなる。従来の調査部と並存して設置された臨時経済調査委員会は、より実践的な課題の調査が求められたのである。

注

（1）前掲「田中内閣の対中国経済発展策と満鉄」参照。
（2）松岡洋右に関しては、さしあたり三輪公忠『松岡洋右』（中央公論社、一九七一年）、デービット・J・ルー『松岡洋右とその時代』（長谷川進一訳、TBSブリタニカ、一九八一年）参照。
（3）山本条太郎翁伝記編纂会『山本条太郎伝記』（一九四二年）参照。

第二節　臨時経済調査委員会の構成

臨時経済調査委員会は一九二七年一一月一八日付達甲第一一八号「臨時経済調査委員会規程」に基づき設立された。山本の社長就任が同年七月であることを考慮すると、就任後の引継ぎその他のことから判断すれば比較的早い時期に発足したことになる。

まず、臨時経済調査委員会の内容を見ておこう。同規程によれば、「本社ニ臨時経済調査委員会ヲ設ク」（第一条）とした後で「委員会ハ社長ニ直属シ次ノ調査ヲ為スヲ以テ目的トス」（第二条）とし、具体的に同委員会は「満蒙ノ経済事情ニ関シ会社各調査機関ノ未調査ニ懸ル事項ニシテ緊急調査ヲ要スルモノ」（同前）や「経済調査ノ基本タルヘキモノノ統計的調査」（同前）を行う目的で設立された。委員会は、「委員長及委員若干名ヲ以テ之ヲ組織ス」（第三条）としたうえで、「委員長及委員ハ社長之ヲ命ス」（同前）としていた。委員会は四部構成となっており、各部に幹事一名を置き、幹事は委員長の申請で社長が任命するとしており（第五条）、また委員会には委員長の申請で社長が任命する常務幹事が置かれ、庶務を担当することとなっていた[1]（第六条）。

四部構成のうち、第一部は交通、港湾、工場、電気を、第二部は金融、満蒙牛、外商、特産輸送機関、大豆などの実業を、第三部は水田、林業、土地制度、畜産、鉱山・鉱物といった資源調査を、第四部は華工、税制、国勢、物価といった労働、社会、地方事務を含む民勢調査を担当することとなっていた[2]。もっとも調査課題のなかには、沙河口工場における日華両工の能力比較のように第一部に入れるべきか、もしくは第四部に所属させるべきか、判別に苦しむものもあった。

委員会のメンバーを見てみよう。委員長兼第一部幹事には審査役兼育成学校長・育成青年訓練所主事だった石川鉄雄が、委員兼第二部幹事には興農部商工課の五十嵐保司が、委員兼第三部幹事には哈爾濱事務所調査課長の佐藤貞次郎が、委員兼第四部幹事には社長室情報課の石本憲治がそれぞれ任命された。このほか、満鉄の各部局から予備員が集められ(3)、調査活動を補助した(4)。第三部幹事の佐藤貞次郎は、廃止された哈爾濱事務所から転じて来たように合理化で事務所閉鎖、人員削減となった箇所から集められたものも多く、その結果、委員の多くは「多年社業に携はり卓越した基礎的智識と豊富な経験とを有した人によつて占められ(5)」ており、並立して活動していた調査課が実務を歴任した者でないメンバーによって占められていたのとは著しい対照をなしていた(6)。山本や松岡らの満鉄首脳陣は、調査員が他の箇所で長年の経験を有したベテラン揃いであったため、課題は与えたものの、実際の調査活動は、彼らの経験に任せて比較的自由に行わせた、というのが実状に近いものであったようだ。

注

(1)『南満洲鉄道株式会社社報』第六一八九号、一九二七年一一月一九日。
(2) 前掲『南満洲鉄道株式会社第三次十年史』二三七七—二三八〇頁。
(3) 臨時経済調査委員会の常務幹事だった野中時雄は、当時を回想し次のように述べている。山本条太郎が人員整理を実施した結果多数の余剰人員が出た。彼らを解雇せずに、「予備員という制度を設けて、おそらく二千何百という人だったと思うが、月給はやるけれど会社に出て来んでよいと、予備員制度というのをひいた」。この予備員を遊ばせておいたのではもったいないということで、経済調査をやらせることとした。これが臨時経済調査委員会の出発点だと述べている(野中時雄「私の満鉄での調査の跡」、兵庫農科大学『農業経済』第三号、一九五八年一一月、一一二頁)。
(4) 前掲『南満洲鉄道株式会社社報』第六一八九号、一九二七年一一月一九日。
(5) 前掲『南満洲鉄道株式会社第三次十年史』二三七六頁。
(6) 同右書、二三七七頁。

第三節　委員会の調査活動

一　全体的活動

では各委員会はどのような活動を展開したのか。各部の活動を見てみることとしよう。

第一部の活動は交通、港湾、工場、電気部門の検討であったが、出版された報告書は、『敦化哈爾濱間鉄道予定線踏査報告』、『満鮮国境横断鉄道と終端港』、『松花江の水運』、『遼陽付近を中心とする太子河の流勢と洪水記録』、『沙河口工場に於ける日華両工の能力比較』、『大連港仲継貿易振興委員会報告書』の六種類である。このなかで、鉄道に関しては「鉄道港湾業務を鞅握した人が携はつたので適切な調査が行はれた[1]」というように比較的詳しいもので、『敦化哈爾濱間鉄道予定線踏査報告』、『満鮮国境横断鉄道と終端港』の二つが報告書として残されている。満洲東部地域に利権を伸ばしていこうという山本の構想からすれば、満鉄幹線を東に敦化まで延ばす支線は重要であったし、さらに満洲朝鮮国境を横断して延びる鉄道の位置はいっそう重要だったといえよう。

第二部は、金融、満蒙牛、外商、特産輸送機関、大豆などの実業調査であったが、印刷に付された報告書三五編のなかには、『丸粕輸出試験報告・欧州に於ける満洲大豆工業の現況』、『満洲大豆品質等級査定に関する調査』、『日本内地に於ける家畜飼料の需給』、『満洲に於ける外商の勢力』、『満蒙牛日本輸出に関する調査』、『大連に於ける主要外商と其業態』、『混保大豆規格調査』、『大豆ニ関スル調査報告書』が成果としてあげられる。このなかで、『大連に於ける主要外商と其業態』は極秘ということもあって、著者は現物を目にしてはいない。この印刷状況から判断できるように第二部の主要な課題が大豆輸出とその規格化にあったことは明白である。

第三部は水田、林業、土地制度、畜産、鉱山・鉱物といった資源調査を主体にした調査活動を展開した。報告書としては『吉敦沿線水田候補地調査報告書　附日本内地朝鮮台湾産米増殖に関する方策（要約）』、『吉林省ニ於ケル土地整理ニ関スル法律』、『支那毛皮』、『本邦及朝鮮に於ける無煙炭の需給並満洲無煙炭に関する調査』、『満蒙に於ける工業用家庭用燃料需要調査報告書』、『高粱稈蒐集調査報告書　附製紙原料トシテノ高粱稈』、『黒龍江省植民ニ関スル省単行土地法令』、『満洲主要都市の木材需給状況』、『日本内地ニ於ケル撫順炭及本邦炭ニ関スル調査』、『田師付溝炭ノ販売考察並需要予想』、『支那羊毛』が出されている。

第四部は華工、税制、国勢、物価といった労働、社会、地方事務を含む民勢調査を担当することとなっていたが、調査報告として残されていたものは『満鉄各箇所使役華工調査報告』、『満鉄各箇所使役華工調査報告調査諸表』、『在満法人現状調査要覧』、『帝国植民地課税一覧』などであった。

二　大豆輸出問題と臨時経済調査委員会

臨時経済調査委員会が比較的多くのレポートを残しているのは大豆関連である。満鉄の収益を創立以来一貫して支えていたのが大豆と石炭であったことを考慮すれば、山本が大豆に着目し、その輸出振興策を考えるのは自然の流れだったといえよう。ましてや一九二七年から二九年にかけては金融恐慌から世界恐慌にさしかかる時期であり、満鉄の収益が大きく揺らいでいたときであったから、山本がここに重点を置いて収益改善をはかることは当然ともいえる処置だった。

臨時経済調査委員会が出した大豆関連報告書は、『丸粕輸出試験報告・欧州に於ける満洲大豆工業の現況』、『満洲大豆品質等級査定に関する調査』、『日本内地に於ける家畜飼料の需給』、『混保大豆規格調査』、『大豆ニ関スル調査報告書』などをあげることができる。

なかでも重要視されたのは大豆等級を設定し規格を統一すること、および大豆粕の日本への輸出増加を図ることであった。後者に関していえば、昭和期に入り硫安などの化学肥料の日本農村への普及にともない大豆粕の需要が減少したため、『日本内地に於ける家畜飼料の需給』においては、大豆粕の肥料から家畜飼料への転換の可能性が検討されたのである。

しかしこの間の一番の重点は、大豆等級を設定し規格を統一することであった。これは満鉄が実施していた大豆混合保管制度を拡大するためには不可欠の前提だった。大豆混合保管制度というのは、満鉄沿線の駅で大豆発送を依頼したものは、依頼した際受けとった証券を持参さえすれば、送った大豆が到着していなくても最終地大連に集積された大豆を以ってこれに代え所定の大豆を受け取れるという制度で、大連での混乱を避けスムーズに荷受を可能にするために一九一九年暮から実施された制度なのである。(2) しかしこれを円滑に実施するには規格の統一が絶対的な前提となる。これまでは、各駅ごとに出回りの時期に出回り高に応じて試料を採取して農事試験場に送り、標準品を作りこれを査定会議にかけて決定していたのである。臨時経済調査委員会では、こうした煩雑さを省略し、より合理的な基準の模索を求めて検討を開始したのである。

一九二九年三月に出された『満洲大豆品質等級査定に関する調査』では、種類が多く品種が混交して雑種が多いこと、また同じ大豆でも乾燥度が違えば出油率が大きく異なること、それゆえに産地別での大豆の品質等級の決定は非常に困難であると結論で述べていた。ところが三〇年二月に出された『混保大豆規格調査』になると、等級設定が困難な作業であることは認めつつも、まず黄、白眉、改良、黒、青の五種類の大豆に分割し、外観および完全粒・不完全粒の比率によってそれぞれ特等・一等・二等・三等に分割し、標準見本を設定し、これを基本に出回り大豆の等級の設定を試みたのである。そして輸移出の際、大連埠頭において検査証明書を発行しもって品質の保証を試みようという提言だった。大豆混合保管制度を編み出したという田村羊三の戦後の回顧談によれば「この制度を完成するのには、目で見ただけではいかん、規格を定め、水分はいくらとか油分または重量と容積の関係はどうとかいう規定をつくらねばならないと主張してきましたが、とうとう実施にはいたりませんでした[3]」と述べているようにこの臨時経済調査委員会の提言は実現しなかった。

三　鉄道問題と臨時経済調査委員会

では、山本体制のもと張作霖との交渉で最も大きなウエイトを占めた鉄道問題に関してはどうであろうか。山本が構想していた鉄道敷設交渉の眼目は、吉敦延長線（吉会線）、長大、吉五、洮索、延海の五線の敷設権を張作霖との交渉で獲得する点にあった。したがって、この鉄道に関する調査が臨時経済調査委員会に委ねられたことはいうまでもない。現在我々が見ることができる鉄道関連の調査資料は『敦化哈爾濱間鉄道予定線踏査報告』および『満鮮国境横断鉄道と終端港』の二つである。『敦化哈爾濱間鉄道予定線踏査報告』に出てくる敦化・哈爾濱間の鉄道というのは、満蒙五鉄道のひとつである吉会線の一部から哈爾濱に延びる線路をさすが、この地域の予定線の踏査は山本の五鉄道敷設計画と連動して重要な意味をもっていたのである。その意味では『満鮮国境横断鉄道と終端港』も同様の重要性をもっていた。なぜなら、吉会線の延長は、中国東北と朝鮮との国境線に達するので、海港に出る可能性を探ることは、吉会線の経済的価値を評価する上でも重要な点であった。また同委員会が調査した『吉敦沿線水田候補地調査報告書』も日本の食糧問題を解決し、あわせて吉会線の経済的価値を高めるためにも必要な作業であった。吉敦線が開通するならば、「吉林省面積の約三分の一強、其広さに於て約吾が北海道に匹敵する地方[4]」の開発が可能となり、「同鉄道は更に東に延び海に至りて日本海に[5]」達し、その経済的価値は大きく飛躍すると考えられたのである。『吉林省ニ於ケル土地整理ニ関スル法律』も同様の意味をもっていた。将来水田候補地を確保するためにも複雑な土地所有に関係した旧慣を調査しておくことは必須の前提であった。もっとも『吉林省ニ於ケル土地整理ニ関スル法律』は、そのタイトルにあるように法律の紹介に留まって、その実態調査にまでは及んでいなかった。

四　物産調査と臨時経済調査委員会

臨時経済調査委員会は、中国東北の物産調査にも多くのエネルギーを注いでいた。『支那毛皮』は、上下二冊本であるが、上巻では中国での毛皮の生産、流通・取引、輸出状況を検討し、下巻では中国での毛皮取引市場の実状を検討している。また『本邦及朝鮮に於ける無煙炭の需給並満洲無煙炭に関する調査』は、満洲に埋蔵されている無煙炭の商品価値を確定するため、日本や朝鮮での無煙炭需給状況を調査したものである。また『日本内地ニ於ケル撫順炭及本邦炭ニ関スル調査』は、満鉄撫順炭の日本国内での販売状況を調べるため、その市場関係、用途などを調査したものである。『満蒙に於ける工業用家庭用燃料需要調査報告書』は満鉄社内炭の満蒙での需給状況を把握するため満鉄沿線およびその奥地市場を踏査し、踏査地の官衙、工場、商家、農家に就いて事情聴取を行い、将来の東北全域の満鉄社内炭需要増加予想を策定したものである。『高粱稈蒐集調査報告書　附製紙原料トシテノ高粱稈』は中国東北で豊富に産する高粱稈をパルプ・製紙工業原料に利用し得る可能性を調査したものであった。『満蒙牛日本輸出に関する調査』は、満蒙牛を肉牛として日本市場に輸出し得るか否かを検討したもので、満蒙牛の一般的考察、輸出市場調査、大連を通じた輸出市場の趨勢、輸出採算、屠殺施設状況、冷蔵輸送機関、青島牛・朝鮮牛の日本輸出趨勢などが調査された。『満洲主要都市の木材需給状況』は中国東北での木材需要量を調査したもので、東北各都市での木材需給、取引状況、価格などに関して調べたものである。この種の調査報告は、全体的に満鉄の石炭の販売・輸出促進および中国東北の資源の発掘・商品化、日本市場への輸出の可能性について論じたものが大半であった。

注

（1）前掲『南満洲鉄道株式会社第三次十年史』二三七七頁。

(2) 満鉄鉄道部『混保十五年史』一九三六年、および山崎元幹・田村羊三『思い出の満鉄』龍溪書舎、一九八六年、一四八―一五五頁。
(3) 同右書、一五三頁。なおこの大豆品質等級査定はその後も論議の対象となり、一九三六年一一月の経済調査委員会でも検討事項となっていた(満鉄産業部『特産検査制度打合会ニ関スル件報告(昭和一一、一一、九経済調査委員会議事報告)』一九三六年一一月)。
(4) 臨時経済調査委員会『吉敦沿線水田候補地調査報告書』一九二八年、一頁。
(5) 同右。

第四節　臨時経済調査委員会の機能と役割

臨時経済調査委員会は一九三〇年六月一四日に改正職制実施にともない廃止された。同委員会が廃止される以前の二九年八月には山本条太郎が社長の地位を退き、松岡洋右も山本とともに副社長の座を降りていた。最初の報告書が完成するのが二八年一二月で山本・松岡両者が辞任する二九年八月までに完成していた報告書はわずかに七部にしか過ぎず、他は調査進行中であり、それらが完成して報告書となるのは彼らが辞任したあとのことであった。「会々出来上つた調査資料を活用する時期になつて両社長の更任を見其の抱負は具体化せられなかつた憾があつた」[1]というのが『南満洲鉄道株式会社第三次十年史』の総括の弁であった。

しかし当面する重要課題に応えるために調査部と並行して臨時に調査委員会をつくって立案に関連した活動を展開するといった臨時経済調査委員会方式は、次章で論ずる満洲事変後の満鉄経済調査会に引き継がれていく。仔細に見ると臨時経済調査委員会が山本・松岡の要望にこたえるものであったのに対し、満洲事変後の満鉄経済調査会は関東軍参謀石原莞爾らの要望にこたえるものであり、その諮問内容も前者が満鉄の経営方針に役立てることにあったとすれば、後者は満洲国の方針立案にあったというように相違は見られた。しかし時局の要請にこたえるべく調査機関を別途設立する点を見ると、両者は著しく酷似していた。

注

(1) 前掲『南満洲鉄道株式会社第三次十年史』二三八三頁。

おわりに

臨時経済調査委員会は、山本条太郎と松岡洋右の構想が生み出した調査部の構想の所産だったといえる。合理化のなかで余剰となった人員を活用して、実践的な課題を調査、提言させるという方式は、これまでに見られぬ新しい調査活動のあり方だったからである。調査部門以外の箇所から臨時経済調査委員会に投入された人員のなかには、鉄道関連から転じ同委員会の交通部門で調査活動を展開したケースに見られるように、従来の経験を生かしてこれまでの調査部になかった独自な調査書を作成した事例も見られたからである。しかし、多くの場合には、調査活動に手間がかかり、報告書を取りまとめるのに時間を要し、山本・松岡が一九二九年に辞任したこともあって、報告書が満鉄の方針作成に反映されないままに終焉を迎えた。その意味では臨時経済調査委員会は、大きな課題を残したといえなくもない。しかし、他方で、従来の調査部と並行して臨時に調査機関を創り、時局に適応した調査活動を展開するという臨時経済調査委員会の着想は、満洲事変後に関東軍が調査部とは別に設立した経済調査会に連なっていくこととなる。

第四章　満洲事変後の満鉄調査部　*1931～1936*

はじめに

満洲事変後に関東軍の強い要請を受けて誕生したのが本章で述べる満鉄経済調査会であった。満洲占領後の占領地行政を経済面から支えたこの機関は、関東軍の「経済参謀本部」と別称されたように、占領期から満洲国建国初期の経済政策立案を担当したのである。経済調査会には、調査部の主要メンバーが移ったこともあって、事実上の調査部活動を担うこととなった。この調査会は、満洲での経済統制案を立案しただけでなく、設立を先導した宮崎正義らは、中途で日本へ活動舞台を移し日満財政経済研究会を創り、日本国内にあって統制経済を立案していた官僚群と合体して五カ年計画立案への道を進むこととなる。この過程で満洲での経済統制案は日本を含む帝国全体の統制案へと拡張されることとなる。本章は、前半で経済調査会の活動を、後半でその日本への拡張過程を追うものである。

第一節　経済調査会成立前史

一　問題の所在

経済調査会がつくられたのは満洲事変の翌年の一九三二年一月、満洲国の建国直前のことだった。そしてこの機関が廃止されるのは一九三六年一〇月だった。この数年の間、経済調査会は事実上の満洲国の政策立案機関として重要な役割を果たした。しかも、ここで立案された諸案件はさまざまな意味でアジア太平洋戦争下の日本経済に大きな影響を与えた。この機関を検討することなくして戦時の日本の経済政策を語ることはできないと思われる。

ところで、満鉄経済調査会については、これまでもいくつかの研究成果が発表されている。[1] しかしここでは、満鉄経済調査会の最初の「正史」ともいうべき『満鉄経済調査会沿革史（昭和八年九月一五日迄）』（貴島克己執筆）に依拠しながらこの「正史」の基礎となった原史料にあたりながら経済調査会の活動状況を検討することとしたい。

二　満洲事変と満鉄

満洲事変の勃発　一九三一年九月一八日に満洲事変が勃発した。関東軍はこの日、満鉄の線路が爆破されたことを口実に張学良の拠点である奉天の北大営（奉天軍閥の兵営）を奇襲した。日本から二八センチ砲を分解して持ち込みこれを組み立て巨弾を北大営めがけて撃ち込むなど、心理作戦を織りまぜた日本の攻撃で張学良軍は短時間に駆逐された。加えて張学良が部下に指令した「無抵抗・撤退」の命令が日本軍の作戦行動を容易にした。こうした指令を張学良が出した理由は蔣介石の指示によるところが大きいが、なぜ無抵抗を命じたかに関して後に彼は「日本軍があそこまでやるとは予想だにしていませんでした」、「私は日本はこの軍事行動によって、我々を挑発しようとしているのだと思いました」[2]と回想している。

関東軍は引き続き奉天城を占領するとともに満鉄沿線に沿って兵を進め、短期間のうちに満鉄の沿線地域を占領した。それを可能にしたのは、関東軍の作戦に満鉄が全面的に協力したことが大きかった。満鉄の協力がなければ、関東軍の短期間での満洲占領作戦はありえなかった。関東軍は政府の不拡大方針を無視して作戦を進行させた。九月二一日には林銑十郎朝鮮軍司令官が朝鮮軍を率いて無断で国境を越えて吉林から北満へと向かい、一〇月にはいると関東軍は張学良が仮政府をおいた錦州を空爆し和平の動きを封じた。関東軍は、張学良から離反して日本軍に降った張海鵬軍を使って黒龍江省の軍閥馬占山を攻撃させ、一一月にはチチハルを占領した。一二月にはいると関東軍は錦州へと進み、翌三二年一月該地を占領した。こうして事変勃発から四カ月で、関東軍は満洲の主要都市と鉄道沿線地域の制圧に成功したのである。

こうした事態にたいして三二年一月にはアメリカのスチムソン国務長官が抗議声明を発し[3]、国際連盟も事態究明のためにリットン調査団の派遣を決定した。リットン調査団は三二年二月にヨーロッパを出発し、アメリカ経由で日本へと向かった[4]。関東軍首脳は当初は満洲直接占領を構想していた。ところが軍中央の反対もあって次第に独立国を樹立する方向へとかわっていった。すでに三一年一一月には、奉天特務機関長の土肥原賢二の手びきで天津に潜んでいた清朝最後の皇帝溥儀の満洲入りが強行されていた。関東軍はリットン調査団が満洲に来る前に占領を既成事実化するために、三二年一月から準備を進め、抗日運動を武力でおさえて三月一日に建国を宣言し、溥儀を執政に長春を新京と改めて首都とし、年号を大同と定めて満洲国をスタートさせた。同年九月に、日本は満洲国との間で日満議定書を締結してこれを承認した[5]。

満洲国の建国　一九三二年三月に満洲国が建国された。満洲国を演出した中心人物はいうまでもなく関東軍の幕僚たちであった。満洲事変勃発時の関東軍司令官は本庄繁中将で、参謀長は三宅光治少将、そのもとに板垣征四郎大佐、石原莞爾中佐、竹下義晴中佐、片倉衷大尉らが幕僚として作戦指導を行っていた。占領地行政は三一年一二月に設立された統治部が担当していた。統治部長には東北帝大から満鉄に入社し、外務省、陸軍省の嘱託、関東軍財務顧問を経験し、満洲の事情に明るかった駒井徳三が就任した。ところが三二年八月の異動で軍司令官は本庄繁中将から武藤信義大将に、参謀長は三宅光治少将から橋本虎之助少将そして小磯国昭中将に交替した。軍司令官は中将から大将に参謀長は少将から中将へとそれぞれ一ランク上昇しスタッフの数も大幅に増員されて、全体的に軍中央からの統制が強化された。(6)幕僚たちも板垣、竹下を除いて半数近くが満洲を去った。板垣は関東軍司令部付として満洲国執政顧問になり、竹下もまた関東軍司令部付としてハルビンにあったが、石原は陸軍兵器本廠付として東京に去り、片倉もまた第一二師団参謀に転出した。

満洲国の内政を指導する統治部は三二年二月に特務部に改編され、八月には参謀長兼任として小磯国昭が部長に就任した。それまで部長だった駒井徳三は満洲国建国と同時に国務院総務長官に転出した。いずれにしても関東軍の力が大幅に増強されたのである。

中国側でも満洲国を担う新しい人物が登場した。その頂点に立ったのは溥儀であった。辛亥革命で清朝皇帝の座を追われた溥儀は天津に身を寄せていたが、満洲事変直後に脱出、三二年三月の満洲国の建国には執政という名で満洲国の頭首の座に就いた。関東軍の幕僚たちは当初は満洲軍事占領をめざしたが、中途で軍中央の意向も入れて溥儀を頭首とする独立国案に変わった。石原莞爾も独立国建設案に転向した一人であった。溥儀もまた関東軍の力で満洲の地に復位できることに期待をかけた。こうして溥儀を頂点に清朝の復活に期待をかけるグループが満洲国建国の一翼を形成した。鄭孝胥はその代表であった。彼は復辟（清朝の復活）を強く期待して溥儀と行動をともにし、満洲国建国と同時に国務総理の地位に就いた。このほかに満洲国の建国に参加したのは張学良と距離をおき、復辟に共感する親日派の政治家、官吏、武人たちであった。参議府議長の張景恵は馬賊の頭目で、張作霖に認められてハルビンを中心に勢力を拡大した。彼は鄭孝胥が失脚した三五年五月に国務総理に就任し、四五年八月までその職にあった。監察院院長には于冲漢が就いた。彼は日本留学経験があり日本語が堪能で、袁金凱とならぶ奉天文治派の代表の一人だった。袁金凱は張作霖とはそりが合わず不遇をかこっていたが、事変後は参議府参議として建国に協力した。民政部総長には臧式毅が就任した。彼は事変後関東軍の手で軟禁され、日本軍に協力することを約束してはじめて解放された経歴をもつ。これと対照的に日本に積極的に協力をしたのが、財政部総長になった吉林省の熙洽だった。彼は日本の陸軍士官学校出身で、日本軍が吉林省に進出するとこれに積極的に応じた。複雑な動きをしたのが軍政部長に就任した馬占山だった。彼はいったん関東軍に協力する動きを示しながらふたたび反旗をひるがえし、ソ連経由で満洲を脱出し、ヨーロッパを経て中国に戻り抗日戦を続けた。このほかに外交部総長は謝介石、実業部総長は張燕卿、司法部総長は馮涵清、そして交通部総長は丁鑑修。いずれも清朝との距離が近く、日本留学などを通じて「親日派」と見なされ、張学良との間には距離を持つ面々であった。(7)

このように満洲国が建国され、国の体裁が整いはじめたものの、当初満洲国の治安は不安定だった。抗日土着武装勢力が出没し各地で武装闘争を繰り広げたからである。日本軍憲兵隊の調査によれば、満洲事変勃発直後の三一年末で抗日土着武装勢力の兵力一〇万、翌三二年六月時点でその数三〇万を数えていた。(8)従って、しばしば列車などが彼らの攻撃の的となった。建国直後の満洲を訪問した東京帝大教授の矢内原忠雄も一九三二年九月、ハルビンの南の五家駅の近くで彼らの襲撃を受けた。(9)

こうした抗日土着武装勢力の活動に対し、関東軍は様々な対策を講じていた。とくに三二年三月の満洲国成立以降は、各地に清郷委員会を組織し治安の維持に軍事力を集中した。そして三三年後半以降になると、清郷委員会を引き継いだ治安維持会をつくり、保甲制度(一〇戸をもって一牌となし、牌を集めて甲を創り、警察管轄区内の甲をもって保を形成した）を実施して治安の確保に努めた。この治安維持会は関東軍参謀長を委員長に軍政・民政部次長を副委員長、日満両軍関係者を委員とする関東軍主体の治安組織であり、省では地区部隊参謀長を委員長に、日満軍警関係者を委員に、県では県長を委員長に守備隊長を顧問にして日満軍関係者、商会長、農会長を含む地方有力者を構成メンバーとしていた。この治安維持会が中心となって治安維持工作全般、つまり「帰順工作」「宣撫工作」「戸口調査」「武器回収」「自衛団の組織・育成」が行われたのである。こうした治安対策の整備によって関東軍の力が農村に及びはじめるのは一九三五年以降のことだった。[10] 治安の「安定」とともに、経済調査会を中心にした満洲国統治政策が推進されることとなる。

満洲事変と満鉄『社報』

一九三一年九月一八日満洲事変が勃発、関東軍が満洲全域で軍事活動を展開すると、満鉄はその作戦活動の一翼を担って活動した。しかし、多数の満鉄社員が事変発生翌朝爆破現場を見に行ったという回想[11]に見られるように、緊迫した状況は乏しいし、『社報』をみるかぎり、社告、示達、通達、法令抄録、雑録どれ一つとっても九月一八日前後に事変と関連した記事を見いだすことはできない。「事件」が起きたこと自体が報じられていない。しかしその後の『社報』の記事を追ってみると、満鉄が事変に深く関わったことが事後的に明らかになっていく。

満鉄『社報』のなかで、満洲事変に関する最初の記事が出てくるのは、一〇月一三日付『社報』である。同『社報』は、満洲事変の戦死者三九名の遺骨を列車輸送すべし、というものであった。[12] しかし、より明白になるのは、翌一九三二年一月七日付社報第七四一六号「訓諭」である。そこでは、総裁の新年の「訓諭」として「事変勃発以来我社一同カ皇軍ノ活動援助ノ為身命ヲ賭シテ各任務ニ尽瘁セラレタルニ対シテハ茲ニ更《あらた》メテ感謝ノ意ヲ表ス」という趣旨が述べられていた。[13] ここに満鉄が関東軍の作戦に最初からかかわっていたことが明白となる。

その後は、『社報』には事変の慰問や感謝状の贈呈といった記事が登場してくる。一九三二年一月一二日付「社員ニ対シ感謝状並慰問金寄贈」では、関東軍に協力して事変に参加した満鉄社員に対して、大連市の日本人や東京の満鉄関連会社従業員が「街頭ニ立チテ大連市民一般ヨリ喜捨ヲ仰キ其ノ心ヨリ献ケラレタル金一〇〇円也ヲ贈呈シ以テ大連市民ノ方々ト共ニ謹テ感謝ノ意ヲ表シマス」[14]なる慰問金の寄贈が行われたとある。

満鉄が、事変勃発以降関東軍に協力、その軍事作戦の展開に影響を与えたことは以上の通りだが、作戦終了まで大いに貢献したことは、事変勃発一年後の『社報』のなかで報じられた関東軍司令官の社員への感謝状によって具体的に知ることができる。たとえば、事変勃発一年後の一九三二年八月三一日付『社報』は、冒頭に「関東軍司令官ヨリ社員ニ対スル感謝状」を掲げ、感謝状の全文を掲載していた。[15]

満鉄社員の活動がいかに関東軍の作戦を容易にしたかこの一事を以てしても窺い知ることができよう。

注

(1) 満鉄経済調査会の活動を取りまとめた最初の著作は、彼ら当事者（貴島克己）による『満鉄経済調査会沿革史』（一九三三年）であろう。この書物は、一九九八年復刻される（遼寧省檔案館・小林英夫編『満鉄経済調査会史料』柏書房、一九九八年）まで入手が困難であった。本章は、『満鉄経済調査会史料』の「改題」（小林英夫執筆）に加筆修正を加えたものである。これに先行する研究としては、原朗「一九三〇年代の満州経済統制政策」（満州史研究会編『日本帝国主義下の満州』所収、御茶の水書房、一九七二年）、山田豪一『満鉄調査部』、草柳大蔵『実録満鉄調査部』、拙著『「日本株式会社」を創った男　宮崎正義の生涯』、同『満鉄』および『経済調査会立案調査書目録』第一巻―第三巻（本の友社、一九九六年）などがある。

(2) NHK取材班・臼井勝美『張学良の昭和史最後の証言』角川書店、一九九一年、一二三―一二四頁。

(3) スチムソン声明に関しては、篠原初枝『戦争の法から平和の法へ』（東京大学出版会、二〇〇三年）第四章及び井上寿一『危機のなかの協調外交――日中戦争に至る対外政策の形成と展開』（山川出版社、一九九四年）、クリストファー・ソーン『満州事変とは何だったのか』（草思社、一九九四年）参照。

(4) H・シュネー『「満州国」見聞記――リットン調査団同行記』金森誠也訳、新人物往来社、一九八八年。

(5) 拙稿「日本の『満州』支配と抗日運動」、野沢豊・田中正俊編『講座中国近現代史』第六巻、東京大学出版会、一九七八年。

（6）吉田裕「関東軍」、浅田喬二・小林英夫編『日本帝国主義の満州支配』時潮社、一九八六年。

（7）浜口裕子『日本統治と東アジア社会』（勁草書房、一九九六年）第三章及び山室信一『キメラ』（中央公論社、一九九三年）参照。

（8）奉天軍閥の残留部隊から土着勢力や共産軍への反日運動の担い手の変化と満洲社会の改編に関しては、前掲拙稿「日本の『満州』支配と抗日運動」参照。

（9）矢内原忠雄はその模様を「匪賊に遭った話」のなかで次のように述べていた。「突然車体の烈しい動揺で目が覚めました」。「列車が止り、電燈の消えたのは、匪賊がレールをはずして待ち伏せしていたため脱線したからであります」。「幸い客車は一つも脱線しなくてすみました。急停車と同時に左手の側から小銃の急射撃を受けました。それは私が列車内からの発砲であると初め思い違いしたほど耳許近く響きました。匪賊は暫らく射撃した後、一種異様な叫び声を挙げて列車に飛び込んで来ました」。「私どもは部屋の鍵を内側から掛けて静かにしていました」。その間五〇分、「やがて機関銃の発射の音をたてながら救援列車の近づく音。その汽笛の響が前方からも後方からも聞えます。双城堡からとハルビンからと救援が到着したのです」。「列車の付近には満洲国の兵士が警戒に立っています。やがてまた合鍵で部屋の戸を開けて、今度は日本人の声で安否を問うて来ましたので危険がまったく去ったことを知り、私どもも起き上がりました。それは賊が引上げて後約一時間位で、午前零時半頃であります」。『矢内原忠雄全集』第二六巻所収、岩波書店、一九六五年、八五―八六頁。

（10）清郷委員会、治安維持会、保甲制度などの治安対策の詳細に関しては前掲拙稿「日本の『満州』支配と抗日運動」参照。

（11）石堂清倫・野間清・野々村一雄・小林庄一『十五年戦争と満鉄調査部』原書房、一九八六年、一六頁。

（12）満鉄『社報』一九三一年一〇月一三日付によれば以下のようなものであった。

◎鉄宮乙第四八号

満洲事変戦死者遺骨三九個ヲ輸送ス下記ノ通取計フヘシ

昭和六年十月一二日　　鉄道部長

一、輸送区間　公主嶺大連間

二、輸送月日及列車　十月一五日　第一二列車

三、輸送方法　第一二列車機関車ノ次位ニ大連所属「イ1」一輛連結専用ニ供ス仍テ大連駅ハ一三日第一五列車ニテ「イ1」一輛ヲ公主嶺宛回送ノコト

四、専用車ニハ護衛トシテ将校以下六名乗車ス

五、専用車料金ハ諸口仮払金、総務部庶務課、雑口（時局費）ニ振替処理ノコト

（13）満鉄『社報』一九三二年一月七日付には以下のように記されていた。

「訓諭
（副総裁宛）
昭和七年ノ新春ヲ迎フルニ当リ遥ニ貴職始メ理事社員各位ニ祝意ヲ表ス
昨年事変勃発以来我社一同カ皇軍ノ活動援助ノ為身命ヲ賭シテ各任務ニ尽瘁セラレタルニ対シテハ茲ニ更《あらた》メテ感謝ノ意ヲ表ス
今錦州占領ニ依リ和平ノ曙光ヲ見ルニ至リタルモ時局愈重大ヲ加ヘツツアル際有終ノ美ヲ完ウスル為各位一層ノ御奮励ヲ希フ
右全社員ニ御伝ヘ乞フ
昭和七年一月四日
総裁」

（14） 満鉄『社報』一九三二年一月一二日付ではつぎのように述べている。

「社員ニ対シ感謝状並慰問金寄贈（総、人事課）
感謝状（社線外派遣満鉄鉄道従事員宛）
今次ノ事変勃発以来多大ノ危険ヲ冒シ厳寒ト戦ヒ真ニ粉骨砕身至難ノ業務ニ従事シテ皇軍ト共ニ帝国ノ威信ト生命線確保ノ為ニ日夜尽瘁セラルル御労苦ニ対シ衷心ヨリ感謝ノ誠ヲ捧ケマス
茲ニ私共相謀リ御労苦ノ万一ニ報ントト街頭ニ立チテ大連市民一般ヨリ喜捨ヲ仰キ其ノ心ヨリ献ケラレタル金一〇〇円也ヲ贈呈シ以テ大連市民ノ方々ト共ニ謹テ感謝ノ意ヲ表シマス
今ヤ各位ノ使命益重キヲ加フルニ当リ帝国ノ為各位ノ健康ヲ祈リ益御奮闘アランコトヲ切ニ希上マス
昭和六年一二月二九日
大連市山城町五修養園満洲連合会内
修養園大連七支部連盟
修養園大連　白百合会
慰問金（東京支社長宛）
東京市本所区江東橋汽車製造株式会社東京支店従事員御一同ヨリ東京支社ヲ通シ時局ノ為派遣中ノ社員ニ対シ鄭重ナル謝辞ヲ述ヘラレ尚慰問金七一円二三銭寄贈アリタリ」

（15） 満鉄『社報』一九三二年八月三一日付では以下のような記事が掲載されていた。

感謝状
客歳九月一八日満洲事変勃発スルヤ社員各位ハ能ク今次事変ノ重大性ヲ認識シ真ニ軍民一致ノ範ヲ垂レタリ
抑々大作戦ハ鉄道ナクシテ遂行シ難ク機動作戦ハ愈々之ニ依テ光彩ヲ放ツ
神速ナル関東軍ノ行動ハ実ニ帝国ノ実力ヲ背景トスル貴鉄道厳存ノ賜ナリ

而モ武装ナキ社員各位カ繁劇ナル軍事輸送ニ従ヒツツ勇躍シテ危地ニ赴クトコロ伝統ノ日本精神ノ発露トハ謂ヘ本職ノ尤モ欣快トシ尤モ感謝ニ堪ヘサル所ナリ
唯々兇刃ニ斃レタル社員ト遺族トヲ想ヘハ寔ニ断腸ノ思アリ
茲ニ大命ニ接シ終生思出ノ地タルヘキ満洲ヲ離ルルニ方リ社員各位ノ偉績ト後援トニ対シ衷心ヨリ感謝ノ意ヲ表ス

昭和七年八月八日

関東軍司令官陸軍中将従三位勲二等功三級　本庄　繁

南満洲鉄道株式会社総裁伯爵
林　博太郎殿

第二節　満鉄経済調査会の誕生

一　経済調査会の誕生

満洲国の建国当初、満鉄調査部のなかには、一部の部員を除き関東軍との協力に積極的な人物は少なかった。第一に満鉄のほうがはるかに歴史が古く、したがって老舗意識が強く、関東軍を見下す雰囲気があったことがある。第二には一九二〇年代にマルクス主義の影響が満鉄調査課のなかに広がりはじめ、どちらかといえば軍に対して非協力的であることをよしとする傾向が強かったことがある。したがって調査課全体の雰囲気は軍に協力的ではなかったといえる。

むろんそうした雰囲気と異なる動きをみせる満鉄調査課員もいた。調査課長の佐田弘治郎はその一人であったし、調査部員でロシア専門家の宮崎正義なども同じ動きをみせた。佐田は調査課長時代に積極的に軍との交流を心がけていた。彼は、学習院を卒業後の一九〇五年に三井銀行に入行したが一一年には満鉄に転じ、調査課長として活動した。専門は富籤論で、二七年には写真集『奉天昭陵図譜』(南満洲鉄道株式会社、一九二七年)を、三〇年には彼の専門領域である富籤論について『時局救済国本確立共済富籤国営論』(中日文化協会、一九三〇年)を上梓していた。さらに三一年一月には旅順の関東軍司令部で講演を行っている(1)。

こうした関東軍と満鉄調査課の交流の基盤を前提に、事変後の一九三一年一二月に関東軍の手で統治部が組織されると、多数の満鉄調査課員が引き抜かれてここに所属して統治政策の立案に従事した。さらに満洲での経済建設工作を行う国策的機関を設立するために、関東軍参謀の石原莞爾と竹下義晴の両中佐は、新たな調査機関の設立を満鉄調査課に働きかけはじめた。

前掲『満鉄経済調査会沿革史』によれば、満鉄調査課の宮崎正義は、この要請に応えて二〇名ほどの調査課員を組織して奉天(現、瀋陽)に新機関を設立したが、関東軍からより大きな機関の設立を要請され、再度組織化に着手した。宮崎は、当時本社外事課長だった奥村慎次と語らって大規模な調査機関の設立に乗りだし、石原重高、岡田卓雄、松木俠らの満鉄の課長や主任クラスの中堅幹部を組織して、奉天事務所長の宇佐美寛爾や本社総務部次長兼調査課長の石川鉄雄、本社総務部次長の山崎元幹らを説得して設立準備にとりかかった。三二年一月八日に関東軍参謀の石原莞爾、片倉衷と松木俠、宮崎正義、石原重高の五名は奉天のヤマトホテルに会合し、より大規模な調査部を創ること、委員長には満鉄理事の十河信二を推薦することを申し合わせたという(2)。

宮崎らはこの結果を江口定條満鉄副総裁を筆頭とする満鉄幹部に報告し了解を取り付けると、さらに一月一七日に板垣征四郎、石原莞爾両関東軍参謀と細部の詰めを行い、一月一六日付で関東軍参謀長の三宅光治から江口定條あての設立依頼状が発送された。

「満蒙ニ於ケル諸般ノ事情調査並建設的方策及計画ノ研究立案ニ関シ軍ノ諮問ニ応シテ之ト協力スル為ニ貴社ニ於テ有力ナル大調査機関ヲ奉天ニ設立相成度此段及御依頼候也(3)」。

これを受けて満鉄は一月二一日に重役会議を開きこれを承認し、一月二六日に職制を発表した。(4)「経済調査会規程」は四条から成っていた。第一条では、奉天に経済調査会を置くことが述べられ、第二条では、総裁に直属し経済計画に関する調査・立案を掌ることが謳われていた。第三条では、構成員として正副委員長各一名、委員、幹事、調査員若干名をおくこと、委員長は理事のなかから総裁が任命し、他のメンバーは、委員長の申請により総裁が任命することが定められていた。第四条では、必要があるときは随時委員をおくことができる、となっていた。

同時に定められた「経済調査会各部事務分掌内規」によれば、調査会は五部から構成され（第一条）、第一部は、「経済一般ニ関スル調査及立案」「他部ニ属セサル調査」（第二条）を、第二部は「産業、植移民及労働ニ関スル調査及立案」（第三条）を、第三部は「交通ニ関スル調査及立案」（第四条）を、第四部は「商業及金融ニ関スル調査及立案」（第五条）を、第五部は「法政一般及文化ニ関スル調査及立案」（第六条）を担当することとなっていた。さらに部には主査をおき、各主査は委員をもって当て（第七条）、幹事は「会務ノ処理ニ関スル事項」「他部ニ属セサル事項」を担当することとなっていた。(5)「経済調査会各部事務分掌内規」はその後の経済調査会の活動の展開のなかで、活動内容に即してさまざまな手直しが行われることとなる。

経済調査会の委員長には十河信二（満鉄理事）が、副委員長には石川鉄雄（前総務部次長兼調査課長）がそれぞれ就任した。十河は、戦後は国鉄総裁として、また新幹線実現の推進者としてもその名が知られているが、一高から東京帝国大学を卒業後長く鉄道院に勤め、一九三〇年からは満鉄理事に就任していた。委員には山崎元幹（総務部長で委員を兼ね、三二年一〇月四日理事に任命、委員を解かれた）、田所耕耘（監理部次長で委員を兼ねる）、根橋禎二（技術局次長で委員を兼ねる）、宇佐美寛爾（奉天事務所長で委員を兼ねる）、久保孚（撫順炭鉱次長で委員を兼ねる）、中宮崎正義（第一部主査を兼務）、奥村慎次（第二部主査を兼務）、佐藤俊久（元鉄道部次長で第三部主査を兼務）、中島宗一（前地方部庶務課文書係主任で第四部主査を兼務）、岡田卓雄（第五部主査を兼務）がそれぞれ就任した。幹事には、第一部主査の宮崎正義と調査課長の伊藤武雄が就任した(6)。

二　経済計画の立案・実施組織

満鉄経済調査会の目的は、満鉄の一機関でありながらあくまでも満洲国全体の経済計画を立案する点にあった。

「経済調査会ハ、形式的ニハ満鉄ノ機関テアルカ、実質的ニハ軍司令官統率ノ下ニ在ル軍ノ機関テアツテ、純然タル国家的見地ニ立ツテ、満洲全般ノ経済建設計画ノ立案ニ当ルヘキテアル、従ツテ満鉄会社自体ノ利害ヲ超越シテ、時トシテハ満鉄ノ利益ニ反スル計画立案ヲナス事モアルカモ知レナイ、要ハ国家ノ大局カラ見テ、如何ニ満洲ノ経済的開発ヲナスヘキカニ関シ調査立案ヲスヘキテアルト云フ事ヲ社義トシテ決議シタノテアリマス。……満洲ニ於ケル経済的権益ノ確保ニ就テ、如何ナル目標ニ向ツテ進ムヘキカト申シマスト、我国ノ国民経済ノ自給自足、国防経済ノ独立ト云フ事タト信シマス。……国民経済ノ自給自足ヲ確立セムトスルニ就テハ日満両国ヲ打ツテ一丸トシ、所謂単一経済圏ヲ形成致シマシテ、之ニ統制経済政策ヲ樹立スル事カ必要タト考ヘマス……経済統制ハ之ヲ権力統制ト任意統制ノ二ツニ分ケテ考ヘナケレハナラヌカト考ヘマス。権力統制ト申シマスノハ、国家ノ権力ヲ以テ強制シテ企業ニ羈束ヲ加ヘル事テアリマス。任意統制ト申シマスノハ、企業家自身カ任意ニ相談ヲ致シマシテ、其ノ生産販売等ニ就テ協定ヲシテ自ラ束縛ヲ加ヘルモノテアリマス。……関東軍ノ特務部（顧問会議）カ中心トナツテ、其ノ下ニ経済調査会（計画局）カスタツフトナツテ所謂経済参謀本部ヲ形成シテ、満洲ニ於ケル経済統制ノ局ニ当ルト言フ事カ適当テアル(7)」。

これは一九三二年八月に、橋本虎之助に代わって参謀長兼特務部長に就任した小磯国昭に対して十河信二が経済調査会とはなにかを簡略に解説した一文である。十河の説明の要点は、経済調査会は単なる調査機関ではなく調査・立案機関として関東軍の手足となって活動することが期待されている機関であること、総裁に直属するのでたしかに満鉄の機関ではあるが、国家目的のためには満鉄と対立することもあえて辞さずという基本方針をもつこと、経済統制には権力統制と任意統制の二種類があること、経済調査会は満洲での経済参謀本部の役割を果すことなどであった。経済調査会の特徴を簡潔に言い当てているといえよう。

経済調査会には、まず委員長をトップに正副委員長と部長、主査、幹事からなる委員会が組織された。これが最高機関で、ここで大綱が決定された。委員には満鉄本社各部の部長や次長、調査会各部の主査または幹事が任命された。この委員会の下にはさらに部がおかれたが、それは五部から構成されていた。委員会で決定された調査立案計画にしたがってそれを具体化することが部の役割であった。部はそのもとに数個の班と称する作業グループをもち、これらをとりまとめるために主査がおかれた。幹事は委員会の事務局を担当した。

そして初代委員長には十河信二が、副委員長には石川鉄雄が、委員には山崎元幹、田所耕耘、根橋禎二、宇佐美寛爾、久保孚が、そして各部主査には宮崎正義、奥村愼次、佐藤俊久、中島宗一、岡田卓雄が、幹事のポストには宮崎正義と伊藤武雄がそれぞれ就いたことは前述のとおりである。

宮崎は第一部主査兼幹事となった。第一部は経済全般に関する調査立案を担当し、かつ第二部（産業、植移民、労働）以下、第三部（交通）、第四部（商業、金融）、第五部（法制一般）までを統括する位置にあるわけだから、宮崎はこの調査会のまとめ役だった。しかも彼は伊藤と並んで会務を担当する幹事のポジションについたのである。宮崎は文字通りの中心人物だった。

満鉄経済調査会はその後委員長が十河から河本大作に交替し、委員も、武部治右衛門（商事部長、三二年六月委員兼任となる）、石原重高（鉄道部付参事、三二年一一月委員兼任となる）、伊藤太郎（鉄道部連運課長、三二年一二月委員兼任となり、同月佐藤俊久の満洲国入りとともに第三部主査に命ぜらるる）、中西敏憲（地方部長、三三年三月委員兼任となる）、石本憲治（総務部長、三三年五月委員兼任となる）、貴島克己（三三年九月に委員兼幹事から哈爾

図1　経済調査会機構図Ⅰ（1932年1月26日）

総裁――経済調査会（奉天）
正副委員長各一名並びに委員、幹事及び調査員で構成

- **第一部**［主査―調査員］
  - ・経済一般ニ関スル調査及立案
  - ・他部ニ属セサル調査
- **第二部**［主査―調査員］
  - ・産業、植移民及労働ニ関スル調査及立案
- **第三部**［主査―調査員］
  - ・交通ニ関スル調査及立案
- **第四部**［主査―調査員］
  - ・商業及金融ニ関スル調査及立案
- **第五部**［主査―調査員］
  - ・法政一般及文化ニ関スル調査及立案

部主査ハ委員ヲ以テ之ニ充ツ

出所：遼寧省檔案館・小林英夫編『満鉄経済調査会史料』第2巻、柏書房、1998年、128-129頁より作成。

濱事務所産業課長に転出、かわって第二部第五班主任内海治一代が委員兼幹事となる）などの出入りがあり、さらに三四年九月には委員会を拡充するために新たに小川卓馬（前開原地方事務所長）、佐藤義胤（第二部第一班主任）、三隅英雄（第二部第二班主任）、実吉吉郎（第二部第三班主任）、三浦義臣（第五部第一班主任）、田中盛枝（第五部第二班主任）らが補充された。[8]

三　経済調査会の組織と人員

機構　まず、前述した発足当初の機構を図示してみよう。「経済調査会規程・経済調査会事務分掌内規（昭和七年一月二六日付）」をもとに図示すれば、**図1**のようであった。[9]

さらに発足一年後の一九三三年四月の組織を「経済調査会各部事務分掌内規」で図示すると、各部・各班の内容は以下のようになっていた。[10]基本的枠組みに変化はないが、部は少ないところで三班、多いところでは九班に分類され、各業務を分担していくこととなる（**図2**）。

発足当初から続いていた五部構成が大きく変わるのは、以下述べるような経緯で第六部が新設されてからである。具体的には、一九三五年一月九日付の南次郎関東軍司令官から林博太郎満鉄総裁宛要望「対支経済的施策ニ関シ一段ノ考慮ヲ払ハレンコトヲ切望シマス」[11]を受けて、満鉄

図２　経済調査会機構図 II（1933年４月）

- **第一部**
  - **第一班**（１、経済計画案ノ総合ニ関スル事項　２、経済統制ニ関スル研究及立案　３、統計集成及一般経済統計　４、他部班ニ属セサル調査及立案　ヲ掌ル）
  - **第二班**（１、産業調査ニ関スル事項　２、産業統計ノ作成ニ関スル事項　３、日満産業関係ノ調査ニ関スル事項　ヲ掌ル）
  - **第三班**（１、商業及金融ノ調査ニ関スル事項　２、商業及金融統計ノ作成ニ関スル事項　３、日満商業及金融関係ノ調査ニ関スル事項　ヲ掌ル）
  - **第四班**（１、労働及移民ノ調査ニ関スル事項　２、労働及移民統計ニ関スル事項　ヲ掌ル）
  - **第五班**（１、支那一般事情調査　２、満支経済関係調査　３、満洲ト列国［日支露ヲ除ク］経済関係調査　ヲ掌ル）
  - **第六班**（１、ソ連一般事情調査　２、ソ連満蒙関係調査　ヲ掌ル）
- **第二部**
  - **第一班**（農業ニ関スル調査立案　ヲ掌ル）
  - **第二班**（林業ニ関スル調査立案　ヲ掌ル）
  - **第三班**（畜産業及水産業ニ関スル調査及立案　ヲ掌ル）
  - **第四班**（重工業一般ニ関スル調査及立案　ヲ掌ル）
  - **第五班**（炭鉱業ニ関スル調査及立案　ヲ掌ル）
  - **第六班**（金属鉱業ニ関スル調査及立案　ヲ掌ル）
  - **第七班**（其他工業ニ関スル調査及立案　ヲ掌ル）
  - **第八班**（植移民ニ関スル調査及立案　ヲ掌ル）
  - **第九班**（労働ニ関スル調査及立案　ヲ掌ル）
- **第三部**
  - **第一班**（鉄道［軌道ヲ含ム］ニ関スル調査及立案　ヲ掌ル）
  - **第二班**（道路ニ関スル調査及立案　ヲ掌ル）
  - **第三班**（水運［河運及海運］ニ関スル調査及立案　ヲ掌ル）
  - **第四班**（港湾ニ関スル調査及立案　ヲ掌ル）
  - **第五班**（空運ニ関スル調査及立案　ヲ掌ル）
  - **第六班**（通信［電信、電話、無電、ラジオ、郵便］ニ関スル調査及立案　ヲ掌ル）
  - **第七班**（治水ニ関スル調査立案　ヲ掌ル）
  - **第八班**（都市計画ニ関スル調査及立案　ヲ掌ル）
- **第四部**
  - **第一班**（貿易ニ関スル調査及立案　ヲ掌ル）
  - **第二班**（国内商業ニ関スル調査及立案　ヲ掌ル）
  - **第三班**（金融ニ関スル調査及立案　ヲ掌ル）
- **第五部**
  - **第一班**（法政一般ニ関スル調査及立案　ヲ掌ル）
  - **第二班**（財政一般ニ関スル調査及立案　ヲ掌ル）
  - **第三班**（関税ニ関スル調査及立案　ヲ掌ル）
  - **第四班**（国際関係ニ関スル調査及立案　ヲ掌ル）
  - **第五班**（教育及文化ニ関スル調査及立案　ヲ掌ル）

出所：前掲『満鉄経済調査会史料』第２巻、135-143頁より作成。

図3　経済調査会機構図Ⅲ（1935年2月26日）

経済調査会
- 幹事室
  - ・会務ノ処理ニ関スル事項
  - ・立案ノ総合ニ関スル事項
  - ・他部ニ属セサル事項
- 第一部
  - ・経済一般ノ調査立案ニ関スル事項
  - ・他部ニ属セサル調査ニ関スル事項
- 第二部　・農林、畜産、水産及工鉱業ノ調査立案ニ関スル事項
- 第三部　・交通ノ調査立案ニ関スル事項
- 第四部　・商業及金融ノ調査立案ニ関スル事項
- 第五部　・法政一般、労働及植民ノ調査立案ニ関スル事項
- 第六部　・東亜経済ノ調査立案ニ関スル事項

出所：前掲『満鉄経済調査会史料』第2巻、146-148頁より作成。

経済調査会がそれに必要な機関の設置を検討しはじめて以降である。

この結果、三五年一月一八日付で「対支経済施策箇所設置ニ関スル件」が作成された。ここで示された満鉄経済調査会の試案内容は「調査機関」としては「経済調査会ニ第六部ヲ新設シ」「支那事情及満支、日支間ノ経済関係ノ調査立案ニ関スル事項」を掌理せしめ、「執行機関」としては総務部ニ東亜課ヲ新設シ」「対支関係渉外事項ニ関スル事項」を掌理せしむるというものだった。[12]

東亜課新設に関しては、試案の段階で総裁から一月二一日付で「東亜課ト云フカ如キ対外的ニ刺激ヲ与ヘ易キ機関ヲ公然設置スルヨリハ社内ニ委員会ヲ非公式ニ設ケ之ヲ政府ニ通告シ置クコトヲ適当ト認ム[13]」という疑義が出ていた。これに対し総務部長から「余リ懸念ノ要無シト思料セラル[14]」旨の回答が出されていた。

「対支経済施策箇所設置ニ関スル件」に対する関東軍の意見書は、三五年二月五日付で関東軍参謀長の西尾寿造から満鉄副総裁宛に送られている。これによれば「暫行的措置トシテ同意スル所ナリ但シ将来之ノ種事業ノ特質ニ鑑ミ諸元分立ノ弊ニ陥ラサル如ク成ルヘク速ニ統制ノ実体ヲ成形セシムルコトニ配慮相成度且又（三）ニ掲ケラレタル理事ニハ当然経済調査会委員長河本理事ヲ選任セラルルモノト解シテ貴案ニ同意可致此旨御諒承相成度」として「（三）右経済調査会及東亜課ノ業務ハ一理事ヲシテ一元的ニ統轄セシムルコト[15]」という経済調査会の試案に対して、関東軍は具体的に河本大作をその任に当てるように要

望していた。こうした経緯を経て三五年二月二六日に第六部が新設された。

一九三五年二月二六日付の経済調査会の機構図を示せば、図3の通りであった。[16] 会務の処理を担当する幹事室が新設され、「東亜経済ノ調査立案」に当たる第六部が付け加わっていることがわかる。

一九三五年四月八日付の「経済調査会規程中一部改正ニ関スル件」に添えられた「経済調査会事務分掌内規（案）」でさらに詳しく見れば、図4の通りであった。[17]

このなかで、「経済調査会第六部事務分担」を示せば以下の通りであった。[18]

◇主査一（野中時雄）
◇総合班　主任一（野中時雄）　調査員三（大平正美ほか）　事務助手一
◇基礎調査班　主任一（坂田謙吉）　調査員一八（兼任含め）　事務助手八
・農林牧関係　調査員二（石井俊之ほか）　事務助手一
・工鉱業関係　調査員五（中楯壽郎ほか）　事務助手一
・商業、交通、金融関係　調査員六（中村英男ほか）　事務助手二
・財政関係　調査員二（林田和夫ほか）　事務助手一
・政治外交関係　調査員三（清水盛光ほか）　事務助手三

野中時雄を主査に、総合班が調査員三名、基礎調査班が主任を含め一九名、内農林牧が二名、工鉱業が五名、商業、交通、金融が六名、財政が二名、政治外交が三名など二三名を数えている。

ところで、この経済調査会第六部は、一九三五年一一月二二日付で廃止されている。[19] しかし、この後「昨昭和十年

図４　経済調査会機構図Ⅳ（1935 年 4 月 8 日）

- 幹事室
  - 庶務班（１、庶務　２、文書　３、人事　４、他部班ノ主管ニ属セサル事項ヲ掌ル）
  - 経理班（１、予算及決算　２、諸勘定ノ審査及整理　３、諸給与ノ支払　４、物品ノ請求、配給及保管　ヲ掌ル）
  - 会務班（１、委員会事務　２、事業計画　３、立案ノ総合　ヲ掌ル）
- 第一部
  - 世界経済班（１、世界経済情勢ノ調査研究　２、極東経済圏ノ調査研究　ヲ掌ル）
  - 満洲経済班（１、満洲経済ノ一般的調査研究　ヲ掌ル）
  - 北方班（１、北方一般事情調査研究　ヲ掌ル）
  - 統計班（１、商業及金融ニ関スル統計ノ作成　２、産業ニ関スル統計ノ作成　３、交通ニ関スル統計ノ作成　４、其ノ他統計ノ集成及研究　ヲ掌ル）
- 第二部
  - 農業班（１、農業及農産ニ関スル調査立案　２、農業経営ニ関スル調査立案　ヲ掌ル）
  - 林業班（１、森林ニ関スル調査立案　２、林場権ニ関スル調査立案　ヲ掌ル）
  - 畜産班（１、畜産ニ関スル調査立案　２、塩業ニ関スル調査立案　３、漁業ニ関スル調査立案　ヲ掌ル）
  - 工業班（１、工業ニ関スル調査立案　ヲ掌ル）
  - 鉱山班（１、鉱業ニ関スル調査立案　ヲ掌ル）
- 第三部
  - 鉄道班（１、鉄道ニ関スル調査立案　２、通信ニ関スル調査立案　ヲ掌ル）
  - 道路班（１、道路ニ関スル調査立案　２、自動車交通ニ関スル調査立案　３、空運ニ関スル調査立案　ヲ掌ル）
  - 水運班（１、水運ニ関スル調査立案　２、港湾ニ関スル調査立案　ヲ掌ル）
  - 水利班（１、水利ニ関スル調査立案　２、治水ニ関スル調査立案　ヲ掌ル）
  - 都市計画班（１、都市計画ニ関スル調査立案　ヲ掌ル）
- 第四部
  - 貿易班（１、貿易ニ関スル調査立案　２、関税ニ関スル調査立案　ヲ掌ル）
  - 商業班（１、内国商業ニ関スル調査立案　ヲ掌ル）
  - 特産班（１、特産取引ニ関スル調査立案　ヲ掌ル）
  - 金融班（１、金融ニ関スル調査立案　ヲ掌ル）
  - 翻訳班（１、特殊関税資料翻訳ニ関スル事項　ヲ掌ル）
- 第五部
  - 諸税班（１、一般税制ニ関スル調査　ヲ掌ル）
  - 外事班（１、外事ニ関スル調査　ヲ掌ル）
  - 法制班（１、土地制度及旧慣ニ関スル調査　２、経済法制ニ関スル調査　ヲ掌ル）
  - 労働班（１、労働ニ関スル調査立案　ヲ掌ル）
  - 植民班（１、植民ニ関スル調査立案　ヲ掌ル）
- 第六部
  - 総合班（１、東亜経済ノ総合的調査立案　ヲ掌ル）
  - 基礎調査班（１、東亜経済ノ基礎的調査研究　ヲ掌ル）

出所：前掲『満鉄経済調査会史料』第２巻、161-169 頁より作成。

図5　経済調査会機構図Ⅴ（1936年6月8日）

- **幹事室**
  - **庶務班**（1、庶務　2、文書　3、人事　4、他部班ノ主管ニ属セサル事項ヲ掌ル）
  - **経理班**（1、予算及決算　2、諸勘定ノ審査及整理　3、諸給与ノ支払　4、物品ノ請求、配給及保管　ヲ掌ル）
  - **会務班**（1、委員会事務　2、事業計画　3、立案ノ総合　ヲ掌ル）
- **第一部**
  - **満洲経済班**（1、満洲経済ノ一般的調査研究　ヲ掌ル）
  - **東亜経済班**（1、東亜経済ノ一般的調査研究　ヲ掌ル）
  - **統計班**（1、商業及金融ニ関スル統計ノ作成　2、産業ニ関スル統計ノ作成　3、交通ニ関スル統計ノ作成　4、其ノ他統計ノ集計及研究　ヲ掌ル）
- **第二部**
  - **農業班**（1、農業及農産ニ関スル調査立案　2、農業経営ニ関スル調査立案　ヲ掌ル）
  - **出廻班**（農産物ノ出廻ノ調査立案　ヲ掌ル）
  - **林業班**（1、森林ニ関スル調査立案　2、林場権ニ関スル調査立案　ヲ掌ル）
  - **畜産班**（1、畜産ニ関スル調査立案　2、塩業ニ関スル調査立案　3、漁業ニ関スル調査立案　ヲ掌ル）
  - **工業班**（1、工業ニ関スル調査立案　ヲ掌ル）
  - **鉱山班**（1、鉱業ニ関スル調査立案　ヲ掌ル）
- **第三部**
  - **第一鉄道班**（1、満洲ノ鉄道及通信ニ関スル調査立案　ヲ掌ル）
  - **第二鉄道班**（1、東亜ノ鉄道及通信ニ関スル調査立案　ヲ掌ル）
  - **道路班**（1、道路ニ関スル調査立案　2、自動車交通ニ関スル調査立案　3、空運ニ関スル調査立案　ヲ掌ル）
  - **水運班**（1、水運ニ関スル調査立案　2、港湾ニ関スル調査立案　ヲ掌ル）
  - **水利班**（1、水利ニ関スル調査立案　2、治水ニ関スル調査立案　ヲ掌ル）
  - **都市計画班**（1、都市計画ニ関スル調査立案　ヲ掌ル）
- **第四部**
  - **貿易班**（1、貿易ニ関スル調査立案　2、関税ニ関スル調査立案　ヲ掌ル）
  - **商業班**（1、内国商業ニ関スル調査立案　ヲ掌ル）
  - **特産班**（1、特産取引ニ関スル調査立案　ヲ掌ル）
  - **金融班**（1、金融ニ関スル調査立案　ヲ掌ル）
  - **翻訳班**（1、特殊関税資料翻訳ニ関スル事項　ヲ掌ル）
- **第五部**
  - **諸税班**（1、一般税制ニ関スル調査　ヲ掌ル）
  - **外事班**（1、外事ニ関スル調査　ヲ掌ル）
  - **法制班**（1、土地制度及旧慣ニ関スル調査）
  - **労働班**（1、労働ニ関スル調査立案　ヲ掌ル）
  - **植民班**（1、植民ニ関スル調査立案　ヲ掌ル）
- **第六部**
  - **第一北方班**（1、亜細亜北部地方経済ノ総合的調査立案　ヲ掌ル）
  - **第二北方班**（1、亜細亜北部地方経済ノ基礎的調査研究　ヲ掌ル）
  - **資料班**（1、亜細亜北部地方ノ資料蒐集、整理保存　ヲ掌ル）

出所：前掲『満鉄経済調査会史料』第2巻、183-194頁より作成。

十月関東軍司令官ヨリ総裁宛『現下ノ国際情勢就中此ノ間ニ処スル日満両帝国ノ将釆ニ鑑ミ蘇聯邦特ニ其ノ極東、外蒙古及其ノ接壌地域ニ関シ益広汎且深刻ナル調査研究ヲ行フコト極メテ緊切且重要ナリト認ムルニ付此ノ際一段ノ拡充ニ就キ至急何分ノ配慮アリタキ旨』要望アリタル」ことと「関東軍前記一般的要望ニ対応スル具体的要求カ既ニ軍社ノ間ニ部分的ニ協定実行セラレタル結果第一部北方班ハ現在既ニ調査員四十名ノ多数ヲ使用スルノ外ナキニ至リ業務多端ニシテ一班トシテ統制スルコト機構上適当ナラサルニ至[20]」り、第六部は再び三六年六月八日に再現する。

第六部復活時点での経済調査会の機構図を示せば**図5**の通りである[21]（経済調査会分掌内規）。

なお、この経済調査会も、一九三六年一〇月に産業部が創設されるにともない、そこに吸収されることで消滅する。

予算・決算　次に、この時期の経済調査会の予算と決算の推移を見てみることとしよう。

まず、最初に「昭和六年度予決算対照表」を掲げよう[22]（**表2**）。この表について、「昭和六年度経済調査会業務成績考査調書[23]」は次のように述べていた。

「経調経費ハ六年度決算五〇、八八五・六六円ニシテ更正予算額三三、七〇六円ニ比シ一七、一七九・六六即チ五〇％強ノ増加ナリ僅々二箇月間ノ予算ニ於テカカル増加ヲ来シタルハ人員当初ノ予定ニ倍加シ之ニ伴フ俸給給料諸手当旅費ノ増額ニ原因ス但シ経調設立ニヨル会社経費ノ増加ハ（1）調査会所属者ノ大部分ハ従来ヨリノ社員ニシテ其ノ人件費ハ従来会社ノ負担セシモノナルコト（2）調査課業務ノ大部分ヲ経調カ継承セルコト等ノ事実ヨリ二箇月間ニ約三万円ト概算セラル」と述べ、その増加理由を指摘していた。発足当初予想できない出費で予算超過の状態だったことがわかろう。

一九三二年度の「業務成績考査調書」は未見である。また翌年の三三年度の「業務成績審査調書」には、予算・決算に関する言及はない。しかし翌々年の三四年度の「業務成績考査調書[24]」では、三三年度の決算のみ判明するので、

表2　予決算対照表（1931 年度）

（円）

項目	令達予算額	増減			更正予算額	決算額		増減	
		追加又ハ組替額	流用額						
			増	減					
経済調査会									
俸給	4,920				4,920	9,680	78	4,760	78
給料	1,863				1,863	1,556	02	306	98
金建	1,569				1,569	1,556	02	12	98
銀建	294				294			294	00
臨時給料	235				235	192	41	42	59
金建	210				210	172	40	37	60
銀建	25				25	20	01	4	99
諸手当	2,654				3,866	7,673	29	3,807	29
在勤手当	2,111				2,111	3,633	26	1,522	26
家族手当	48				48	216	65	168	65
嘱託手当	420	1,212			1,632	3,737	49	2,105	49
待命手当									
雑手当	75				75	85	89	10	89
税金公費									
旅費	10,400				10,400	20,448	58	10,048	58
交通及通信費	2,152				2,152	919	32	1,232	68
図書費	1,560				1,560	4,134	97	2,574	97
文具費	500				500	823	06	323	06
備品費	3,800				3,800	4,332	75	532	75
第一消耗品費	350				350	106	54	243	46
第二消耗品費									
交際費	1,000				1,000			1,000	00
修繕費	500				500	20	00	480	00
雑費	2,400				2,400	995	49	1,404	51
財産除却費									
減価償却費									
金建人夫費	100				100			100	00
銀建人夫費	60				60	2	45	57	55
合計	32,494	1,212			33,706	50,885	66	17,179	66

出所：前掲『満鉄経済調査会史料』第３巻、71、205-270 頁より作成。

表3　経費予決算並前年度決算との比較増減表（1934 年度）

（円）

科　目	A　1934年度 令達予算額		B　1934年度 決算額		C　1933年度 決算額		B対A		B対C	
総務経費総係費										
俸給	141,066	00	141,066	03	114,104	29	△	03	26,961	74
金建給料	35,734	00	32,782	25	37,166	09	2,951	75	△ 4,383	84
嘱託給	198,750	00	198,749	78	118,838	44		22	79,911	34
金建臨時給料	7,543	00	7,365	07	4,203	65	177	93	3,161	42
在勤手当	52,444	00	52,336	54	42,451	75	107	46	9,844	79
家族手当	2,063	00	1,642	38	1,899	51	420	62	△ 257	13
雑手当	18,745	00	16,091	46	15,809	87	2,653	54	281	59
旅費	265,916	00	265,915	80	155,878	84		20	110,036	96
文具費	12,216	00	12,174	64	7,970	01	41	36	4,204	63
刊行物費	69,607	00	69,606	84	28,309	99		16	41,296	85
備品費	4,735	00	4,724	29	13,684	81	10	71	△ 8,960	52
社内消耗品費	565	00	477	25	426	28	87	75	50	97
社外消耗品費	4,847	00	4,839	17	6,303	25	7	83	△ 1,464	08
金建諸税	170	00	168	00	74	39	2	00	93	61
銀建諸税	—		—		614	00	—		△ 614	00
社内通信費	2,452	00	2,448	16	3,221	00	3	84	△ 772	84
社外通信費	3,790	00	3,657	43	6,283	66	132	57	△ 2,626	23
交際費	6200	00	6,200	83	3,032	08	△	83	3,168	75
臨時費	100,000	00	100,000	00	109,955	00	—		△ 9,955	00
補助費	50,000	00	50,000	00	50,000	00	—		—	
手数料	290	00	215	80	358	00	74	20	△ 148	20
借家費	5,400	00	5,275	00	2,019	35	125	00	3,255	65
金建労役費	77,917	00	77,757	76	51,465	78	159	24	25,291	98
銀建労役費	488	00	432	11	527	64	55	89	△ 95	53
社内補修費	1,150	00	1,134	90	233	72	15	10	901	18
社外補修費	1,060	00	1,054	51	237	20	5	09	817	31
雑費	58,822	00	58,746	26	17,111	71	75	74	41,634	55
償却費	800	00	437	52	310	80	362	48	126	72
除却費	—	2	235	15	——		△ 235	15	235	15
別途給与費										
賞与費	65,623	00	92,120	00	79,369	37	△26,497	00	12,750	63
退職慰労金	85,940	00	53,001	52	53,144	29	32,983	48	△ 142	77
社宅費	51,587	00	68,952	21	42,411	11	△17,365	21	26,541	10
合　計	1,325,920	00	1,329,608	66	967,848	02	△ 3,688	66	361,760	64

出所：同右。

以下、三三年の決算額と三四年の予算・決算額を掲げておく（**表3**）。

一九三三年と三四年の予決算を比較すると、嘱託給、俸給と旅費が決算で増加を続けている。活動が軌道に乗りはじめたことを反映してであろうが、刊行物費も増加している。決算額合計も三三年度の九七万円弱から一三三万円弱へと急増していることがわかる。

一九三四年の予決算の数値について、「昭和九年度経済調査会業務成績考査調書」（別冊）[25]は次のように述べていた。

「本年度経費決算額一、三三九、六〇八円六六ニシテ内総係費勘定ノ支出ハ一、一一四、八六二円二六ナリ、之ヲ前年度ニ比スレハ経費総額ニ於テ約三六一、七六一円ノ増額ヲ示シ、総係費勘定ニ於テ三三二、二五〇円ヲ増加セリ

本年度経費ノ前年度ニ比シテ著シク増加セル主ナル理由ハ経調業務ノ全般的拡大ニ伴フ人件費ノ激増ト更ニ之ニ付随スル刊行物費、雑費等ニ於テ支出、増加ヲ来セルニ因ルモ就中兵要給水、資源調査関係ニ於ケル嘱託給、旅費、金建労役費、雑費等ノ支出ノ増加ニ基クモノニシテ本年度資源調査関係経費ノ前年度ニ比シテ激増ヲ示セルハ前年度ニ於テハ下半期ヨリ着手セルニ対シ本年度ハ年度当初ヨリ調査ニ従事セル等ノ理由ニ因ルモノナリ尚本年度臨時費ノ前年度ニ比シ著シク減少ヲ示シタルハ前年度ニ於テ臨時費支弁ノモノヲ本年度ハ雑費支弁トセルニ因リ、従テ本年度雑費支出額ノ多キモ其ノ一半ハ右ノ理由ニ基クモノナリ」

費用が嵩んでいく様が理解できよう。

人員　次に人員の変遷を検討しよう。

まず「経済調査会人員構成表」[26]（**表4**）を見てみよう。

一九三一年度の人員構成について、「昭和六年度経済調査会業務成績考査調書」[27]は次のように述べていた。

「六年度末ニ於ケル人員ハ創立後日尚浅ク未タ充実セス経調ハ業務ノ性質上関東軍、本社各部ト密接ナル関係アリ

表４　経済調査会人員構成表

（人）

		月俸者	雇員	傭員	準傭員	臨時傭員	嘱託	合計
1931年	現在員	70	14	16	14	—	14	128
1933年度末	定員	88	14	34	—	—	—	136
	現在員	89	19	34	14	22	137	315
1934年度末	定員	133	20	50	—	—	—	203
	現在員	120	14	46	11	17	104	312
1935年度末	現在員	120	14	46	11	17	89	297

出所：前掲『満鉄経済調査会史料』第３巻、69-70、151、277頁より作成。

之等ト充分密接ナル連絡ヲ計ル必要アリ関東軍トノ連絡ハ両者ノ本部奉天ニアリテ相当円滑ニ行ハレツツアルモノノ如キモ満鉄各部トノ連絡ハ不充分ナルモノト認メラル経調内各部ノ業務ハ相互ニ密接ナル関係アリ各部ノ緊密ナル協力ニ依テ始メテ効果ヲ挙ク可キ項目不少之等ノ連絡ハ充分ナリトハナシ難キモノアリ」。彼らの勤務状況は、「六年度出勤率ハ月俸者九九・八八％日給者九五・〇七％ニシテ大体良好、遅刻早退殆トナク居残リハ会務処理繁忙ノタメ庶務班ハ毎日三、四時間以上時間外勤務ヲ続ケタリ」と述べていた。

一九三三年度の数値は、機構、予決算のときと同様はっきりした数値を得ることはできない。わずかに「昭和八年度経済調査会業務成績審査調書」[28]によれば、「現在月俸社員一三四名（兼務者五六名ヲ含ム）嘱託三一名日給者四六名ヨリナリ五部各班調査立案ニ力メ本年度ノ如キモ重要ナル調査立案項目二六一ニ及ヒ予期ノ成績ヲ挙ケツツアリ」といった概数を得るだけである。

しかし「昭和九年度経済調査会業務成績考査調書」（別冊）[29]によれば、予決算同様に一九三三年度末と三四年度末の数値を得ることができる。**表４**は、三一年と合わせた三三、三四、三五年の表を一覧できるようにしたものである。[30]

「昭和九年度経済調査会業務成績考査調書」（別冊）[31]は、「本年度末ニ於ケル定員並現在員ヲ見ルニ定員二〇三名ニ対シ現在員ハ三一二名アリテ定員ヨリ一〇九名ノ増員ナリ　之ヲ前年度末ニ比スレハ定員ニ於テ六七名ノ増加ヲ示シ現在員ニ於テ三名ノ減少ヲ見タリ」「本年度嘱託数カ前年度ニ比シ著シク減少セルハ昭和十年

表5　経済調査会人員配置表（1934年4月1日現在）

	月俸者	雇員	傭員	准傭員	臨時傭員	嘱託	臨時嘱託	計
副委員長及会付	3	1	—	—	1	92	5	102
幹事付	9	1	20	7	13	—	—	50
新京出張所	4	—	3	3	—	—	—	10
東京出張所	3	1	1	3	—	5	—	13
第1部	35	3	6	—	1	8	2	55
第2部	11	—	—	—	2	3	—	16
第3部	11	2	2	—	—	9	—	24
第4部	11	1	2	1	5	2	8	30
第5部	11	—	—	—	—	1	1	13
総計	98	9	34	14	22	120	16	313

出所：前掲『満鉄経済調査会史料』第2巻、277頁。

表6　経済調査会配置人員表（1934年8月20日現在）

	月俸者	雇員	傭員	嘱託	准臨	准傭員 見習代用	計
副委員長及会付	3	1	—	19	—	—	23
資源給水調査	—	—	—	91	—	—	91
幹事付	9	3	25	—	6	7	50
新京出張所	5	—	3	—	3	—	11
東京出張所	3	1	1	6	3	—	14
第1部	37	3	7	15	7	—	69
第2部	12	—	—	3	2	—	17
第3部	12	2	2	10	2	—	28
第4部	11	1	3	10	6	—	31
第5部	9	—	—	1	—	—	10
総計	101	11	41	155	29	7	344

出所：同上書、第2巻、230頁。

表7　経済調査会人員配置表（1935年3月31日現在）

	月俸者	雇員	傭員	准傭員	臨時傭員	嘱託	臨時嘱託	計
副委員長及会付	5	—	1	—	—	51	6	63
幹事付	5	5	15	8	13	—	—	46
新京出張所	8	—	3	1	2	—	—	14
東京出張所	3	1	2	2	—	5	1	14
第1部	25	2	8	—	1	15	—	51
第2部	17	—	2	—	—	2	1	22
第3部	12	3	2	—	—	10	—	27
第4部	14	1	7	—	—	3	6	31
第5部	21	2	4	—	—	3	1	31
第6部	10	—	2	—	1	—	—	13
総計	120	14	46	11	17	89	15	312

出所：同上書、第3巻、277頁。

一月資源調査関係嘱託四八名ヲ満洲国ニ転出セシメタルニ因ルモ転出数ニ比例シテ減少セサルハ第六部ノ新設第一部ノ増員等ニヨリテ嘱託ノ補充ヲ為セルニ因ル」[32]と述べていた。以下一九三四年四月一日、[33]同年八月二〇日、[34]三五年三月末[35]現在の人員を部局・職階別に示せば**表5・6・7**の通りである。資源給水調査との関係で一九三四年に増員がみられるが、三一〇名前後で推移していることがわかる。

四　経済調査会の活動

時期区分　では、一九三二年一月以降三六年九月までの四年半におよぶ経済調査会の活動はどのようなものであったのか。ここではその全貌を知るために、いくつかの時期に分けて経済調査会の活動を見てみることとしよう。[36]

「昭和九年度経済調査会業務成績考査調書」では、調査会の活動を四期に分けて、次のように特徴づけている。

第一期（昭和七年一月ヨリ同年六月迄）
本会ノ創造時代ニシテ此ノ間本会内部ノ組織ヲ制定シ軍トノ協力ノ下ニ満蒙経済建設ニ関スル各般ノ調査立案ヲ急キ満洲経済統制策ヲ決定スルトコロアリタリ

第二期（昭和七年七月ヨリ同八年三月迄）
満洲経済開発第一期計画ノ樹立時代ニシテ本会ハ関東軍ノ「満洲経済建設（ママ）要綱」ノ決定ト相俟テ満洲産業開発ノ基本案作成ヲ目標トシテ計画立案並調査ニ努力シタリ

第三期（昭和八年四月ヨリ同九年三月迄）
満洲経済開発方策ノ基本的立案ヲ完成シ更ニ軍ノ協力ノ下ニ満洲資源ノ一般的調査並経済的基本調査ニ主力ヲ注キタリ

第四期（昭和九年度）

本会ヲ関東軍ニ隷属スル機関ト謂フ過渡的状態ヨリ脱セシメテ会社恒久的機関タルノ意識ノ下ニ活動セムトセル時代ニシテ従来ノ定員及予算ニ対スル無拘束制度ヲ廃止スルト倶ニ本会内部ノ整備拡充ヲ図リ殊ニ昭和十年二月東亜経済ノ調査立案ヲ目的トスル第六部ノ新設セラルルニ至リ従来ノ本会活動ノ地域的制限ヲモ撤廃シ其ノ活動分野ヲ南北支那ニ迄拡大スルニ至レリ。(37)

第四期は一九三五年三月までであるが、華北を中心とした諸般の活動を含めて経済調査会が活動を終了する三六年九月までの時期を第四期に含めて考えることとしよう。ここでは、この時期区分を踏襲しながら経済調査会の各時期の活動を見てみることとしたい。

第一期の活動(一九三二年一月―六月) 第一期の目標は「創業時代」のため「内部ノ組織ヲ制定」し「満蒙経済建設統制策」を策定すること、具体的には「満洲統制経済及日満統制経済ノ確立」を図ることであった。この目的のために経済調査会は三二年一月二九日の第一回会議以降連日のように会議を開催し、次のような項目を設定した。

立案ノ基礎トナルヘキ基本方針ハ

第一　日満経済ヲ単一体ニ融合シ両者ノ間ニ自給自足経済ヲ確立ス

第二　国防経済ヲ確立(国防資源ノ開発)

第三　人口的勢力ヲ扶植

第四　満洲経済ヲ自由放任ニ委セシメス国家統制ノ下ニ置クコト(38)

こうした事業を推進するにあたって、経済調査会委員長十河信二は、満鉄経理部長に次のような全面支援の要請文を送っている。

特ニ御同意乃至御協力ヲ得タキ事項

一、貴部（局、所）ニ於テ所蔵セラルル調査立案書類〈ニシテ本会業務ニ関係アルモノ〉（差支ナキ限リ全部）ノ提供又ハ借覧ノ便宜ヲ計ラレタキコト　尚右書類ノ目録ヲ可成早ク作成提供セラレタキコト（提供又ハ借覧書類ノ保管ニ関シテハ本会幹事宮崎正義〔奉天駐在経済調査会委員兼幹事〕並伊藤武雄〔大連駐在、総務部調査課長兼経済調査会幹事〕ノ両人ニ於テ直接ノ責任ヲ負フモノトス）

二、本会事業ニ対シ貴部（所、局）所属員ヲシテ進ンテ協力セシメラレタキコト(39)

言わんとすることは、満鉄への全面的な協力要請に他ならない。十河の要請にもかかわらず、というべきか、十河がこうした要請をせねばならなかった、というべきか、新生の経済調査会は満鉄の全面的協力なくしては活動できなかったのである。

これ以外に経済調査会がかかえていた問題は、極端なまでの事務所不足だった。出発した経済調査会のための事務所が準備できなかったのである。一九三二年二月に満鉄の奉天社員倶楽部に移転したが、極端な住宅難でスタッフを十分に収容できず、第一部と第五部の一部が移駐したにとどまった。全体的に、出発したばかりのためさまざまな齟齬を生み出していたのである。「奉天社員倶楽部ヲ事務室トシテ使用方ノ件」によれば、次のようになっていた。

奉天満鉄社員倶楽部ヲ下記条件ニ依リ当会事務室トシテ使用致度ニ付キ御異議ノ有無至急電報ヲ以テ御回示相煩度

記

一、経済調査会ヨリ使用料トシテ月額金七〇〇円ヲ社員倶楽部ニ仕払フコト

二、社員倶楽部ハ昭和七年二月一日現在使用人其ノ他設備一切ヲ原状ノ儘経済調査会ニ引渡シ次ノ経費ヲ支出スルコト

イ、使用人ニ対スル給料、臨時給料、諸手当及被服費

ロ、公衆電話、社内電話各一基通話料

ハ、電燈、給水、暖房ニ要スル費用

ニ、清潔保持、植木手入其他従来社員倶楽部カ建物管理上慣行セル雑事ニ要スル費用

三、前記経済調査会ノ仕払金額ニ比シ社員倶楽部ノ負担カ著シク少額ニ過クト認メラルル場合ハ経済調査会ノ仕払額ヲ低減スルコトアルヘシ(40)

これに対する回答は、二月六日付で「貴会ニ於テ奉天社員倶楽部建物ヲ当分使用セラルル件別便電報ヲ以テ承認ノ通テアリマスカ右ハ時局柄会社業務ノ進展上応急止ヲ得サルモノトシテ一時的ニ承認スルモノニシテ久シキニ亙リ社員共同ノ福祉機関ノ機能ヲ停止スルコトハ好シカラサル儀ニ付可成速急ニ他ニ適当ナル建物ヲ物色御移転ノ事ニ御配慮被下度右ハ当然御考慮ノ事トハ存シマスカ念ノ為申シ進メマス」(41)となっていた。

この状況は当分続いたようで、五月三日付では「当会事務室中庶務班、第二部室、第四部室ハ、左記ノ通ニシテ狭隘ニ付適当ナル室割当方至急御考慮願度。尚外ニ目下申請中ノ嘱託四名ニ対スル執務室モ必要ニ付併セ御配慮相願度」(42)となっており、八月二七日付でも「首題ノ件ニ関シテハ先ニ経調庶第二〇号四五ヲ以テ重ネテ御配慮ヲ願ヒオケルカ尚第三部及第五部ノ人員増加ノ関係上現在ノ事務室ニテハ机ノ置場モ無ク執務困難ナル現状ニ付至急何分ノ御考慮相煩度」(43)と訴えていた。事務所不足はその後も続き、三二年九月に関東軍司令部が新京（長春）に移転するにともない経済調査会も新京移転を余儀なくされ、ふたたび事務所不足に悩まされることとなるが、この点は第二期の項で再度言及しよう。

では、彼らはどのようにこの間の活動を総括していたのか。まず、彼ら自身の総括の弁を聞こう。「昭和六年度経済調査会業務成績考査調書」は言う、「六年度業績トシテハ設立後僅々二箇月ヲ経過セルニ止マルヲ以テ未タ具体的ニ提示シ得ルニ至ラサレトモ満蒙統制経済樹立ノ意図ノ下ニ広ク満蒙ノ経済一般ニ関スル調査ニ着手シ成案ヲ急キツツアリ」(44)と。昭和六年度は一九三二年一月の発足から年度終わりの三月までの僅か二カ月間であった。昭和六年度に

行う予定の調査項目は二〇〇余。調査員は専属の調査員委員と幹事含めて一二八名で、これに兼務調査員六四名を加えると総勢一九二名。総経費は五万円であった。

「批判点」は多岐にわたる。主だったものをあげれば、一つは「満蒙・日満統制経済ノ確立」という「指導原理」が徹底されず、「会全体カ渾然タル有機体トシテ活動スル域ニ達セリト云ヒ難」く「指導原理ヲ普及徹底セシムルニ付一段ノ工夫ヲ要ス」ことであった。[45] さらに「組織権限」の面でも問題を残した。経済調査会は軍の機関なのか、それとも、満鉄の機関なのかという創立期から論議されていた問題であったが、経済調査会が発足した後もこの問題は決着がつかず、「経済調査会カ軍ノ機関タルコトニ重点ヲ置ク限リ満鉄自体ノ利害トハ何処カニ矛盾ヲ生スルニ至ルヘシ」[46]といった状況だった。これを改善するため満鉄の利益を考慮し、経済調査会の立案をチェックする機関を満鉄サイドにつくる必要性を述べていた。三つ目としては、人員配置の問題で、五部門相互の連携が緊密ではなく、関東軍との連絡は緊密でも会社内部の連絡は十分ではなかったという。

第二期の活動（一九三二年七月―三三年三月）　第二期の目標は「満洲経済開発第一期計画ノ樹立時代」のため、「満洲国経済建設綱要」を策定するための計画立案と調査に向けられた。同「綱要」は第二期が終了する一九三三年三月に最終決定された。

さて、満洲国の基本経済方策を確定するにあたり、十河は三二年九月に特務部長に着任したての小磯に六点にわたる基本方針を述べていた。小磯は三二年八月八日付で、関東軍参謀長兼特務部長として満洲に赴任したが、その就任の挨拶で、「経済建設ノ重大性ニ就テ」「関東軍ノ特性発揮ニ就テ」「軍参謀部第三課トノ関係ニ就テ」「経済調査会トノ関係ニ就テ」「満洲国政府トノ関係ニ就テ」の五点にわたって言及し、「経済調査会トノ関係ニ就テ」は「満鉄経済調査会ハ特務部ノ陣容完備ニ先チ此種機構ノ必要ヲ自覚シ進テ献身的活動ヲ企図シ既ニ七ケ月以前カラ業務ヲ開始シテ居リ相当深刻ナル研究ヲモ重ネテ居ツタ実情ニ鑑ミラレ其調査資料ヲ利用セラルヘキハ勿論提携研究ニ従事シ其ノ利用ニ遺憾ナキ様ニ致シ度イト思フノテアリマス」と述べていた(47)。

こうした前向きの小磯を前に、十河は大要次のような基本方針を述べた。「根本方針ノ第一ハ、対満洲国ノ関係テアリマス。満洲国ノ政治、行政ハ満洲国人ヲシテ之ニ当ラシメル、日本トシテハ成可ク深入リヲセス大綱ヲ誤マラシメナイ程度ノ指導ニ止メテ余リ干渉カマシイ事ハ避ケルト云フ事カ根本方針ノ第一」であると。中国人は面子を重んずる国民であるから政治的な面では中国人を前面に立てよ、と十河はいう。「之ニ反シテ経済的方面ニ於テハ、日本ハ何処迄モ満洲ニ於ケル経済的権益ヲ確保スル事ニ努力シナケレハナラナイト思ヒマス。之カ根本方針ノ第二テアリマス」。

政治は中国人の面子を立てるため彼らに表面上譲っても、経済はあくまで日本側のコントロールの下に置かねばならぬ、と主張する。ではどういうかたちでコントロールするのか。「満洲ニ於ケル経済的権益ノ確保ニ就テ、如何ナル目標ニ向ツテ進ムヘキカト申シマスト、我国ノ国民経済ノ自給自足、国防経済ノ独立ト云フ事タト信シマス」「斯クノ如ク我国民経済ノ自給自足ヲ確立セムトスルニ就テハ日満両国ヲ打ツテ一丸トシ、所謂単一経済圏ヲ形成致シマシテ、之ニ統制経済政策ヲ樹立スル事カ必要タト考ヘマス。之カ根本方針ノ第三テアリマス」。統制を行うには一定の計画経済を作成する必要があるし、理想をいえば日満あげて統制政策を施行する必要があるが、当面は新国家満洲国で行う方がやりやすい。統制には権力統制と任意統制の二つがある。権力統制というのは国家が権力的に企業を統制する方法であり、任意統制というのは企業家が任意に相談して協定して自らを縛るものである。十河が主張するのは権力統制の実施であって任意統制ではない。また、統制の範囲であるが、生産・交易・分配・消費のうち、統制すべきは生産部門の統制である。なぜなら比較的実施が容易で、しかも効果が大きいからだ。この点が、生産から流通、消費に至るまで全面的に統制している社会主義国と違うところである。

「次ニ統制ニ関スル最高機関、指導機関ト申シマスカ、或ハ計画機関ト申シマスカ、統制ノ最高機関ハ日本側ニ於テ之ヲ掌握シナケレハナラヌト考ヘマス。之カ根本方針ノ第四テアリマス」。日本が関東州や満鉄付属地をもっている現状では、満洲国と日本はその統制の条件が相違し、両国の関係は複雑であるが、この二つの国を統制できる機関としては関東軍をおいて外にはない。具体的には、関東軍司令官を長に、関東軍特務部が中心となって、その下で経済調査会がスタッフとなって経済参謀本部を形成して統制に当たるべきである。

ところで「満洲ニ於ケル経済統制ニ於テ直接事業経営ノ衝ニ当ルヘキ枢軸的実行機関ハ満鉄ヲ措イテ外ニナイト信スルノテアリマス。之カ根本方針ノ第五テアリマス」。日本国家が自ら統制に乗り出すことができない条件下では、とりあえず、満鉄会社に事業を集中し、ここが総合的に事業経営を展開することが最良である。満鉄が中心となって運営すべきか他の機関をつくるべきかについては種々の議論が出たが、もし満鉄に企業経営を委せるのであれば、満鉄自身改革をくわえる必要があるし、なににもまして「統制ニ関スル最高機関」が満鉄を監督できるようなシステムをつくらなければならない。

続いて十河はいう。「満洲国ノ経済的建設ノ為、所謂経済参謀本部ニ於テ調査立案スルモノハ総合的ノ計画テナケレハナラヌト思ヒマス。之カ根本方針ノ第六テアリマス」。立案者は個々の分野のエキスパートなので独立の計画としてはすぐれていても、総合性がないと統制計画としては意味をなさない。

経済調査会と特務部が「一心同体」で進むならこうした課題を実現することは容易であろう、と述べて特務部が「ドシドシ吾々ヲ御使ヒ下スツテ」計画の実現を推進することを求めたのである。[48]

これにたいして小磯は「経済調査会カ満洲経済開発上極メテ重要ナ機関テアリ、関東軍特務部ト唇歯輔車ノ関係ニ在ルコトハ申ス迄モナイ所テアリマス」とした上で、「特務部ト経済調査会トカ一心同体トナツテ業務ヲ進ムルコトカ特ニ切要ト信シマス」と述べ「特務部ト経済調査会トノ連繋ニ付テハ従来或ハ未タ十分テナカツタ点モアルヤニ聞キ及ンテ居リマスカ、小磯カ此度就任ニ当リマシテハ特ニ特務部職員ニ対シ経済調査会ノ使命ノ重大性ヲ述ヘ之ト密接ニ提携スヘキコトヲ要望シタ次第テアリマシテ、此ノ点ニ付テハ今後モ十分ニ所期ノ目的ヲ達成シタイト考ヘテ居リマス」(49)と決意のほどを述べていた。

特務部と経済調査会との立案をめぐる打ち合わせ会議の進行状況は、「経済調査会関係会議要録」によってその概要を知ることができる。この「要録」には、関東軍関係は一九三二年二月一八日以降、経済調査会関係は同年二月二九日以降の会議の名称、会議場所、日時、参加者、議案提出者、書類番号が記載されている。これによれば、関東軍関係の会議は三二年二月が一回、四月が一回、七月が一回、八月が無しと少ないが、九月以降になると急増を開始する。九月が一三回、一〇月が一五回、一一月が一三回、一二月が二一回、翌年一月が一三回、二月が九回、三月が二二回。経済調査会関係は、一九三二年二月が二回、三月が三回、四月が三回、と低調であるが、その後会議数は増加を開始する。五月には九回、六月には一七回、七月には一七回、八月には一九回、九月には一四回といった具合である。その後は若干減少して一一月四回、一二月五回となる。いずれも三二年後半になると会議数は最高潮に達し、関東軍、経済調査会ともに「満洲国経済建設綱要」作成に向けて全力稼動していることがわかる。(50)

もっとも、この間も第一期同様、経済調査会の事務所の不足は解決されていなかった。一九三二年九月の関東軍司令部の新京(長春)移転にともない、経済調査会も本部を新京に移転させる準備を開始する。九月一三日付「長春移転ニ伴フ事務所ノ件」によれば「現在長春ニ在ル社有建物ハ勿論市中側建物ニシテ事務室ニ使用可能ナルモノハ其ノ全部ヲ軍ニ於テ借上方予約済ナル為不得已　一、軍借上建物内ノ一部ヲ割愛シテ貰フカ　二、長春地方事務所内ノ一室ヲ割愛シテ貰フカ(地事〔地方事務所〕ハ十月一日迄ニ経理係ヲ残シ現在ノトコロヨリ社員倶楽部ヘ移転ノコトニ決定ス)　三、新ニ支那家屋ヲ探シテ改修スルカ此ノ外方法ナシ」と述べて、事務所の確保の困難なことを指摘していた。さらに、「関東軍司令部長春移転ニ伴ヒ当会ヲ代表セシメ委員兼第一部主査参事宮崎正義ヲ長春ニ在勤セシムルニ付テハ現在長春ニハ社宅及市中側ニ於テモ適当住宅無之且ツ借入甚タ困難ナル状態ニシテ尚軍トノ連繋上ホテル滞在ヲ必要トスルニ付現地ニ於テ適当ナル宿舎ノ都合ツク迄当分ノ間ヤマトホテルノ一室ヲ単身社宅ノ代用トシテ臨時借上支給方特別ノ御詮議願度」といった窮状が出現したのである。[51] 結局は、「新京出張所ハ満洲国並軍トノ連絡ノ為ニ昭和七年十一月新京ニ開設セラレ」[52]たが、そのためにヤマトホテルの一室が確保されたのである。事務所不足のため「昭和七年一〇月達乙第三号」によって、「都合ニ依リ昭和七年一〇月二五日以降当分ノ間経済調査会ノ事務ハ之ヲ大連ニ於テ行フ」[53]ことが決定されて、規定上は、経済調査会の本部は奉天から新京に移転したことになってはいたが、実際は大連から移動することはなかった。

第三期の活動（一九三三年四月―三四年三月）　第三期は第二期における「満洲経済開発方策ノ基本的立案」の完成をうけて「軍ノ協力ノ下ニ満洲資源ノ一般的調査並経済的基本調査」[54]を行うことであった。

こうしたなかで、創立以来一貫して経済調査会を実際的にリードしてきた宮崎正義は、小磯国昭の命を受けて満洲を離れて東京へ移住することとなる。密命を帯びた宮崎の東京行きの真の目的は、東京に於いて経済統制のプラン作りを行うことであった。前述したこの事実を史料で跡づけてみよう。

一九三三年九月三〇日付の八田満鉄副総裁宛の小磯の電文はそれを物語る。「関東軍嘱託タル貴社経済調査会宮崎正義ヲ東京ニ在勤セシメ日満経済ブロックニ於ケル経済統制方策ノ研究立案ヲ委嘱致シ度キニ就テハ貴社ニ於テ右目的ノ為メ適当ナル機関ヲ東京ニ設ケラルル様御取計相成候ハハ最好都合ニ存シ此段及御依頼候也」[55]。

宮崎は、東京に着くと小磯と八田の密命を実現すべく東京事務所の開設に奔走し研究会の立ち上げに着手した。なお、「東京出張所ハ日満統制経済ノ整調並日本政府要路トノ連絡ノ為ニ昭和八年十二月東京ニ開設セラレタ」[56]が、「十五日ヨリ丸ビル五階五一一区乃至五一三区内ニ経調東京出張所ヲ開設致シ早速各区間ニ別紙略図（省略）ノ如ク三菱側ニ於テ全経費負担ノ上間仕切致シ呉ル丶様支社ヲ通シテ三菱ヘ交渉致シ之カ見積ノ結果間仕切所要額概算四百二十余ニシテ三菱側全額負担ハ困難ニ付キ両者折半支払ニ願度トノ回答ニ接シマシタ」[57]と報告していた。

東京での宮崎の活動は「関東軍ノ東京駐在員ナルニ依リ其意味ニテ所要ノ報告其他往復文書等ハ直接関東軍ヘモ送付相成様致度[58]」と小磯から命ぜられたように、直接関東軍と繋がっていた。関東軍から彼に与えられた密命は「尚貴職御上京ノ際小職ヨリ貴職ニ申上ケタル通リ満洲ヲ含メル日本関係全地域ノ経済建設計画ヲ中央政府ニ対シ援助促進セラレ其ノ結論トシテ満洲側ニ於テ分担施設スヘキ部分ヲ明カニセラレルコトハ目下中央ノ政情ヨリシテモ或ハ困難カトモ察スルカ併セテ御留意ノ上何分ノ御尽力煩シ度シ[59]」といったものであった。

宮崎の動きに象徴されるように、経済調査会の活動は明らかにその重点を東京へと移転しはじめる。では第三期はどのような活動を行ったのか。「昭和八年度経済調査会業務成績審査調書」[60]によれば第三期に着手した計画は全部で二七五件（うち中止及び未着手は二七件）である。第一部は第一班一四件（うち中止六件、以下同様）、第二班三二件（四件）、第三班一三件（二件）、第四班八件（一件）、第五班二一件（七件）、第六班一二件、第二部は第一班一〇件、第二班一五件、第三班一二件、第四班三〇件、第五・六班二件、第三部は第一班一九件、第二班一三件、第三班五件（一件）、第四班五件（三件）、第五・六班欠、第七班七件、第八班四件、第四部は第一班五件、第二班五件、第三班六件、第四班五件、第五部は第一班一六件、第二班一六件（三件）となっていた。全体的に調査立案のうち実態調査活動が増えると同時に、年報の編集や執筆といった案件が増加を開始する。

次にこの期の評価を見てみよう。まず、「要旨」は「経済調査会ノ業績ハ大体良好ニシテ予期ノ成績ヲ挙ケツツアリ」とした上で「形式ハ会社ノ機関ナルモ実質ハ必スシモ会社ノ指揮命令ノ徹底スル組織ニ非ス故ニ之ヲ改メテ分離スヘキ部分ハ分離シ残スヘキ部分ハ純然タル会社ノ機関トナス必要アリト思考ス」と述べて、出発当初から問題となっていたこの機関の性格をめぐる問題点を指摘していた。[61]この点については「審査調書」の「批判」の項で再び触れよう。

「業績ノ概要」は「現在月俸社員一三四名（兼務者五六名ヲ含ム）嘱託三一名日給者四六名ヨリナリ五部各班調査立案ニ力メ本年度ノ如キモ重要ナル調査立案項目二六一ニ及ヒ予期ノ成績ヲ挙ケツツアリ」、「『ブレイーントラスト』トモ謂フヘキ本会ノ活動モ目覚シク満洲国ニ於ケル重要産業ノ建設立案ニシテ本会ヲ経由セサルモノナク之亦之カ調査モ各方面ニ亙リ頗ル広汎ニシテ北支停戦協定後ハ其ノ調査ノ区域ヲ北支方面ニ迄拡張セリ」と述べていた。[62]一九三三年頃から次第に調査の重点を満洲国から華北へと移しはじめたことを示唆している。いずれにしても調査活動そのものは順調であったと総括していた。

では、どのような問題点を抱えていたのであろうか。昭和八年の「審査調書」の「批判」はいう。

「本会ノ如キ実際上会社組織中ニ完全ナル統制ヲ保チ得サル機関ノ存在ヲ許スコトハ臨機的処置トシテハ不已得トスルモ既ニ満洲国ニ於ケル経済政策ノ大部分ノ決定セル今日ニ於テハ会社自ラ経済調査機関ヲ必要トスル以上之ヲ本来ノ会社ノ機関トシテ其ノ本来ノ業務ニ従事セシムヘキナリ」とした上で、もし軍が必要とするのであれば、「斯ノ如キ方面ノ人々ハ一時非役トシテ軍ヲ援助シテ可ナリト思考ス」としていた。[63]経済調査会の活動が終盤を迎えたこの時点でも相も変わらずその性格をめぐり見解の相違が出ていたことがわかる。

第四期の活動（一九三四年四月以降）　一方で、満鉄の内部の機構整備が進むと同時に、他方で調査課題が満洲国から華北そして華中といった中国本土に転換していく時期に該当する。またこの時期になると、それまで経済調査会をリードしてきた十河信二が委員長を辞任し河本大作と交代している。十河は委員長辞任後は興中公司の社長として引き続き華北での満鉄の活動に側面から携わることとなる。経済調査会の調査活動も満洲国内でのそれは中心ではなくなり、調査の主力は華北へと移っていく。

まず「昭和九年度経済調査会業務成績考査調書」[64]によりながら、この期の活動の概要を見てみることとしよう。第四期に着手した立案調査案件は全部で五二五件に急増する。内訳は会付きが一〇件、幹事室会務班が一〇件、第一部が一四六件（第一班一四件、第二班二五件、第三班一四件、第四班四八件、第五班二七件、第六班一八件）、第二部が一六八件（第一班四一件、第二班三七件、第三班三三件、第四班四八件、第五・六班九件）、第三部九七件（第一・六班二五件、第二班二六件、第三班八件、第四・五班は欠、第七班一二件、第八班二六件）、第四部五三件（第一・第二班一四件、第三班二四件、第四班一四件、第五班一件）、第五部三六件（第一班一三件、第二班一七件、第三班六件）、第六部五件という内容になっていた。この時期になると、調査立案案件は、具体的な政策の展開に照応して細部に及ぶものとなる。したがって、案件もその数を増すのである。

ところで、第四期になると、満鉄経済調査会の性格をめぐる設立当初の論争は一定の結論を見出したことがわかる。同調書の「経済調査会今後ノ動向ニ関スル意見」[65]はいう。まず「当初ノ目的ヲ達成セリ」としたあとで、「重役会議ハ先ニ本会ヲシテ従来ノ軍トノ従属関係ヲ廃シテ会社恒久的機関トス可ク社議ヲ決定セリ」とし、創立以来続いていた論争は、ここに一応の決着を見ることとなったのである。こうしたことになった理由の一つは「現在ニ於テハ緊急ヲ要スル重要問題極メテ少ク、九年度ノ如キモ最高委員会ハ開催セラレス、委員亦熱意ヲ失フニ至リ」、そのために「社内各部ニ散在セル調査機関並之ニ類似スル機関ヲ新設産業調査部（仮称）ニ於テ総合統制スルコト」が必要となったためであった。

「関東軍トノ関係」について言えば、「経済調査会カ緊急ナル満洲ノ事態ニ善処スヘク、軍ノ機関トシテ事実上之ニ従属セルハ過渡的状態トシテ已ムヲ得サリシモノト認ム」るにしても、「乍然今日ニ於テハ満洲ニ於ケル事態モ略安定ヲ見タルニ依リ最早斯ル過渡的状態ヲ持続スルノ要ナキモノト認ム」としていた。かつての関東軍との密接な関係は消え失せている。したがって、「総裁ハ軍ノ最高顧問トシテ関東軍ノ重要諮問ニ答ヘ、重要建言ヲ為ス可キ地位ニ在ルニ拘ラス其ノ統制下ニ在ル会社一機関ヲ特ニ軍ノ従属機関トシテ会社ノ意志ト別個ニ直接軍ノ重要諮問ニ答へ、重要建言ヲ為サシムル要ナカルヘシ」としていた。「勿論今後必要ナル調査立案ニ関シ、軍ト協力シ、之ヲ援助スルニ吝ナラスト雖斯ル場合ニ於テモ常ニ会社ノ自主性ヲ失ハサル様留意スヘキ要アリト認ム」という付帯条件はつけていた。

これまで経済調査会が担ってきた調査・立案機能は、「満洲産業開発ニ関シテハ満洲国カ国家的義務ニ於テ為ス可キモノ又同国国力ニ於テ為シ得ルモノハ速ニ同国調査機関ニ委ネ今後ハ社業発展ニ必要ナル方面ノ調査立案ヲ第一義トシ此ノ根本方針ノ下ニ同国調査機関ト協力シ之ヲ援助スヘキモノト認ム」と結論づけていたのである。

つまりは、満洲国の官僚機構が整備され、企画立案能力が増加した今、経済調査会の役割と使命は事実上終わり、調査部は満鉄本来の会社の一部としての調査活動に戻りつつあったのである。

これと関連して調査会内部の機構のなかにもさまざまな変化が現れる。たとえば、第三期までは、「定員並経費予算ニ対シテモ事実上殆ト無拘束状態ニ放任セル感アリタリ」(66)という状況であったが、第四期は「特務部又解体セラレ本会ノ斯ル過渡的変態的運用ノ必要性ノ減シタルヲ認メ茲ニ従来ノ軍トノ従属関係ヲ廃シテ会社恒久的機関トシ更ニ定員及予算ノ無拘束制度ヲモ廃スルニ社議決定ヲ見ルニ至リテ本会ノ事業経営方針モ漸ク其ノ軌道ニ乗リタルモノト謂フヘシ」(67)と述べていた。

また「規程上ノ改正ヲ行フ事ナク」、「主査並幹事ノ権限ニ関シテハ本年度ニ於テハ未タ成文化サレタル規程ナカリキ」状況で、「総裁直属ノ機関ナルモ其ノ組織ニ於テハ社内各機関ト著シク其ノ趣ヲ異ニシ委員長ノ統制下ニ委員会六部一室（幹事室）ヲ以テ構成セラル（九年度末）」(68)状況だったが、「昭和七年一月本会ノ創設セラレテヨリ本年度末即チ昭和十年二月前記新職制ニ変更セラルルニ至ル迄未タ一回ノ改変ヲ見タル事ナキモ、事実上ニ於テハ関東軍ノ要求ニ基キ屢変革セラルル所アリタリ。即チ本会ハ創設当初ニ於テハ奉天ニ設置セラレタルモ、関東軍司令部ノ新京移駐ニ伴ヒ、昭和七年十月本会モ亦規程上新京ニ設置セラルルニ至レリ、而シテ本会業務ハ種々ノ都合上当分ノ間大連ニ於テ行フ事トナリタルモ、新京トノ連絡ヲ密ニスル必要アリテ同年十一月軍トノ連絡機関トシテ新京ニ本会新京出張所ヲ開設セリ、其ノ後東京政府ト軍トノ連絡ノ必要切ナルモノアリテ翌八年十二月軍ノ要求ニ基キ右連絡機関トシテ本会東京出張所開設セラレ幹事並調査員ノ駐在ヲ見ルニ至レリ」[69]という変遷ぶりだった。

部局という点でも「本会カ昭和七年一月創設セラレテヨリ間モナク幹事ノ下ニ庶務班設置セラレ、更ニ同年九月ニハ経理班ノ新設セラレタルアリ、而シテ翌十一月ニハ前記新京出張所ノ開設行ハレ、更ニ昭和八年四月ニハ第一部ノ業務内容ニ変更アリ、同年末ニハ東京ニ前記東京出張所ノ新設ヲ見ルニ至レリ、其ノ後昭和九年二月従来ノ軍トノ従属関係ヲ廃シテ本会ヲ会社恒久的機関トスルニ社議決定ヲ見ルニ及ヒ本会各部ヲ更ニ数個ノ各班ニ分類シ、内容ノ改善ヲ図ル所アリタルモ、此ノ間何等規程上ノ変更ヲ行フコトナク、遂ニ昭和十年二月第六部新設ヲ機ニ始メテ規程上ニ於テモ前記新職制ノ如キ変革ヲ行ヒタリ」[70]といった変遷であった。

「昭和十年度ニ入リテ副委員長、主査並幹事室幹事ノ事務専決内規ノミハ制定セラレタルモ」、「各部各班ノ担当業務ノ重複又ハ混乱セルモノアリ例ヘハ第一部ニ於ケル第二班第三班第四班ニ於テ各班同シク統計業務ヲ担当スルカ如キ第二部ニ於ケル第五班第六班ノ業務ノ如キ更ニ又第三部ニ於ケル第三班第四班及第四部ニ於ケル第一班第二班ノ業務ノ如キ何レモ類似業務ヲ分班セル等業務分担上無統制ノ感アリタルモ本年度末第六部ノ新設ニ伴フ組織ノ改正ニ於テハ此等ノ重複混乱ヲ一掃シ加フルニ各部各班ノ名称ヲ可及的容易ニ業務内容ヲ示スカ如キ名称ヲ付シタルハ適宜ノ処置ナリト認ムルモ第四部貿易班、商業班、翻訳班ノ業務ハ一班ニ総合統制セラレテ可ナルヘシ」[71]といった状況だった。

五　宮崎正義の統制策

満鉄経済調査会の立案調査のなかで初期の中心課題の一つが統制経済案の作成だった。満鉄経済調査会のなかにあってその中心人物は、宮崎正義だった。宮崎は「日満経済の融合」「自給自足経済の確立」「国防経済の確立」「人口的勢力の扶植」にくわえて「満洲経済を自由放任に委せしめず国家統制の下に置くこと」を強調し、その具体案作成に乗り出した。(72)

一九三二年六月に奉天の満鉄理事公館で、第一回の関東軍と経済調査会の合同会議が開催された。満洲の経済建設を推し進めるための基本方針を決定する重要な会議であった。橋本参謀長や石原参謀、竹下参謀といった関東軍の面々、そして十河委員長を筆頭とする経済調査会の主だったメンバーが顔をそろえた。この席で宮崎は、「満洲経済統制策」と銘打った資料を配布し、これに基づいて日満経済の歴史と現状を簡略に説明した。

「満洲経済統制策」は、八章二五九頁から成る前編「満洲経済建設ノ根本政策」と、四章七五頁から構成される後編政策編から成り立っていた。

前編では、世界恐慌から説き起こし「資本主義ハ生産ノ無政府性ノ上ニノミ存立シ得ルカノ如ク見エル。世界経済恐慌ハ修正スルコトノ出来ナイ無統制ナル生産競争ノ重圧ノ下ニ恐ルベキ世界経済機構ノ破綻ヲ来タサントシテイル」と述べて、日本の現状にふれ、日本の経済発展に果した資本主義の役割は否定できないが、「ソノ反面ニ於イテ旧制度ガ次第ニ爛熟シ来タルトトモニ、真正ナル企業家精神ハ営利ノ追究ニ幻惑サレテ堕落スルニ至ッタ。即チ企業支配階級ノ不合理ナル利潤獲得及ビソノ浪費ハソレデアル。サラニ之ヲ具体的ニ云フナラバ、蛸配当、自社株価ノ操縦、重役賞与ノ過大、株主配当ノ過多等々ニ現ルル一部階級ノタメノ株式組織応用ハソノ一ツナリ」として、現状の資本主義の欠陥について指摘した。

そしてこれを克服する方策こそ日満「両国ノ産業的経済的融合」「日満経済ブロック経済ノ確立」であり、「コノ目標ヘノ推進ノ為ニ、基本的ナ方策トシテ導カルルモノハ、目先ノ営利ニ囚ワレザル所謂統制経済ト人的要素ノ扶植ヲ主眼トスル移植民政策ノ実行デアル」と結んでいた。こうした基本視角のうえに満洲経済の発展とその特質、日満経済関係の現状、日本の満洲経営の沿革、満支関係の沿革、満ソ経済関係、満洲とその他列強の関係が記述されていた。

こうした状況把握を前提に後編の政策編では、経済建設の基本原則として「日満経済ヲ単一体ニ融合シ合理化スルコト」「国防経済ヲ確立スルコト」「不抜ノ日本経済勢力ヲ満洲ニ移植スルコト」「国民全体ノ利益ヲ基調トスルコト」を掲げ、右記の目標達成の為には経済統制が重要だが、その際の統制は「総合的意図或イハ計画アルヲ要スル」とし、その目的に沿って、国家統制としてはその強弱にしたがい法制的・管理的・経営的統制があり、経済的統制としては、契約的・助成的・資本的統制があるとした。問題はこうした統制のやり方を上手に使って目的を達成する必要があるわけで、国営企業については管理的あるいは経営的統制を、基礎産業・国防産業・交通事業については管理的統制を、それ以外については「当分民間ノ経営ニ委カス」こととしたのである。(73)

宮崎は、明らかにソ連の経済統制とは異質の経済統制のあり方を模索していた。つまり、国家による全面的統制ではなく、国家統制を必要とする分野とそうでない分野を分けて国家目的にしたがってそれを使い分けることを考えていたのである。そこには明らかにソ連の影響がみられるが、ソ連のやり方そのものではなく、それを日本の当時の土壌のなかに応用していこうとしたのである。

六　松井春生と内閣調査局

ところで、経済調査会での統制案作成と並行して日本国内でも統制案の作成が進行していた。その中心人物の一人が松井春生であった。松井春生は一八九一年に三重県に生まれている。三重一中から一高を経て一九一六年に東京帝国大学法科大学政治学科を卒業している。彼の卒業した第一次世界大戦中は、日本全体が大戦の好景気に燃えていたときだった。同じ一六年に東京帝国大学を卒業して官界入りした人物には内務官僚では大達茂雄、安井英二が、大蔵官僚では石渡荘太郎、青木一男らがいた。

松井は内務官僚として東京府・内務部庶務課を振り出しに千葉県理事官・視学官、法制局参事官を経て二七年には資源局書記官として資源局で総務課長兼企画課長に就任し、日本の総動員計画を立案する中心人物となっていったのである。以降、彼は一貫して資源局畑を歩んで、日本の総動員体制づくりに邁進すると同時に統制経済体制づくりに専念することになる。

こうした経験をふまえて三四年に出版したのが『経済参謀本部論』であった。彼はこの本のなかで経済参謀本部の設置の必要性を強調した。彼も宮崎と同様に、世界恐慌下では経済を野放しにしておくのではなく統制を加える必要性を指摘した。その際、統制の形態には「絶対的社会主義統制経済」「部分的国家社会主義統制経済」「指導的統制経済」「統一的統制経済」の四つがあるが、松井は最後の「統一的統制経済」こそが望まれる統制の形態だと述べた。最初の二つはいずれもソ連の統制経済を念頭に置いたもので、前者は革命直後のソ連の計画経済を、後者はネップ以降のソ連の計画経済をさす。三番目の「指導的統制経済」なるものは、資本主義体制の枠内での国家の指導による統制全般をいう。これに対して最後の「統一的統制経済」は「指導的統制経済」を一歩進めたもので、国家の経済政策を計画的に統一して実施しようというものであった。(74)

それを具体化するための機関が経済参謀本部に他ならなかった。それは、各省庁の見地を総合し統一するためにも、議会や政府の足らないところを補う意味でも必要であった。したがって、それは、経済の専門家を集めた常設の「頭脳的組織」として設置することが予定されたのである。松井の試案によれば、「帝国経済会議」と題する経済参謀本部は「内閣総理大臣の監督に属し、帝国経済政策の合理化に付審議立案し、其の成案を閣議に提出する」(75)となっていた。

同じ経済の統制という点から出発しても、宮崎と松井ではその意図する内容は異なっていた。宮崎は統制の方法を思索したのに対し、松井は議会とは相対的に独立した統制立案機関の設置を考えた。少なくとも三〇年代前半では両者は異なっていたが、三〇年代中期になると両者は一体化することになる。

松井の構想が具体的姿をとって現れたのが内閣調査局で、岡田啓介内閣のブレイン組織として三五年五月に発足したのである。この機関の設立には陸軍から永田鉄山、官僚としては後藤文夫、吉田茂、馬場鍈一が、政党からは社会大衆党の亀井貫一郎らが参加していた。松井は調査官としてここに加わったが、調査官には松井以外にも鈴木貞一、奥村喜和男、和田博雄などが顔を揃えていた。その他に専門委員には多彩な顔ぶれが揃っていた。これは日本で最初の「経済参謀本部」であり、総合国策機関の誕生であった[76]。

この機関はやがて宮崎たちが立案した五カ年計画と連動して組織の拡大が要請され、一九三七年五月には内閣調査局に代って企画庁が成立した。これが資源局と統合され企画院に拡大するのは三七年七月の日中戦争勃発以降の一〇月のことであった。

しかしこの過程を論ずるためには、満洲にその端を発し、その後、日満一体で展開された宮崎たちの一連の活動を見てみなければならない。

注

(1) 佐田弘治郎の履歴に関しては、『時局救済国本確立共済富籤国営論』(中日文化協会、一九三〇年)参照。
(2) 前掲『満鉄経済調査会史料』第一巻、八四―八六頁。
(3) 同右書、第二巻、一九頁。
(4) 同右書、第二巻、一二六頁。
(5) 同右書、第二巻、一二八―一二九頁。
(6) 同右書、第一巻、八七―八八頁。
(7) 「十河委員長『経済調査会ノ事業概要　新任小磯関東軍特務部長ニ対スル説明速記』昭和七年九月二二日午前一〇時特務部会議室ニ於テ」、同右書、第三巻、一八―三八頁。
(8) 同右書、第一巻、九九―一〇〇頁。
(9) 「経済調査会規程・経済調査会事務分掌内規(昭和七年一月二六日付)」、同右書、第二巻、一二八頁。
(10) 「経済調査会各部事務分掌内規」、同右書、第二巻一三五頁―。
(11) 同右書、第二巻、三五頁。

(12)「対支経済施策箇所設置ニ関スル件」、同右書、第二巻、四一、四三頁。
(13)同右書、第二巻、四七頁。
(14)同右書、第二巻、五〇頁。
(15)同右書、第二巻、六三―六五頁。
(16)同右書、第二巻、一四六―一四八頁以下。
(17)「経済調査会事務分掌内規（案）」、同右書、第二巻、一六一―一六九頁以下。
(18)同右書、第二巻、一五三頁。
(19)同右書、第二巻、一〇八頁。
(20)同右書、第二巻、一七八―一七九頁。
(21)同右。
(22)同右書、第三巻、七一頁。
(23)同右書、第三巻、三九―七一頁。
(24)同右書、第三巻、一二九―三一一頁。
(25)同右。
(26)同右書、第三巻、六九―七〇頁。
(27)同右書、第三巻、三九―七一頁。
(28)同右書、第三巻、七三頁。
(29)同右書、第三巻、一二九―三一一頁。
(30)同右書、一五一、二七七頁。
(31)同右書、第三巻、一二九、三一一頁。
(32)同右書、第三巻、一四九、一五〇頁。
(33)同右書、第三巻、二七七頁。
(34)同右書、第二巻、二三〇頁。
(35)同右書、第三巻、二七七頁
(36)『満鉄経済調査会史料』のなかで、経済調査会の活動とその特徴を時期区分して記述したものは「昭和九年度経済調査会業務成績考査調書」（注37参照）である。このほかに経済調査会の活動を時期区分したものは、前掲『南満洲鉄道株式会社第三次十年史』、前掲『昭和十年度満鉄調査機関要覧』などがある。「昭和九年度経済調査会業務成績考査調書」は、そうしたもののなかでは比較的古いものであろう。
(37)「昭和九年度経済調査会業務成績考査調書」、前掲『満鉄経済調査会史料』第三巻、一三四―一三五頁。
(38) 前掲『満鉄経済調査会沿革史』第一巻八九頁にもみられる。
(39) 十河信二「経済調査会ノ事業ニ対シ協力方依頼ノ件」、前掲『満鉄経済調査会史料』第三巻、四〇九―四一〇頁。
(40)「奉天社員倶楽部ヲ事務室トシテ使用方ノ件」、同右書、第二巻、二五一頁。
(41) 同右書、第二巻、二五七頁。
(42) 同右書、第二巻、二六三頁。
(43) 同右書、第二巻、二六六頁。
(44) 同右書、第三巻、四一頁以下。
(45) 同右書、四二頁。
(46) 同右書、四三頁。
(47)「特務部長訓示」、同右書、第三巻、三六七頁以下。
(48)「経済調査会ノ事業概要」、同右書、第三巻、一六頁以下。
(49)「小磯特務部長挨拶要旨」、同右書、第三巻、三六二頁以下。
(50)「経済調査会関係会議要録」、同右書、第五巻、三三三頁以下。
(51)「長春移転ニ伴フ事務所ノ件」、同右書、第二巻、二七〇、二八四―二八五頁。
(52)「昭和九年度経済調査会業務成績考査調書」、同右書、第三巻、一三九頁。
(53) 同右書、第二巻、二八二頁。
(54) 同右書、第三巻、一三五頁。
(55) 同右書、第二巻、三〇頁。
(56)「昭和九年度経済調査会業務成績考査調書」、同右書、第三巻、一三九頁。
(57) 同右書、第二巻、三〇二頁。
(58)「経済調査会東京支部ト関東軍トノ連繋ニ関スル件」、同右書、第二巻、二九頁。
(59) 同右書、第二巻、二七頁。
(60) 同右書、第三巻、七二頁以下。
(61) 同右。
(62) 同右。

(63) 同右。
(64) 同右書、第三巻、一一七頁以下参照。
(65) 同右書、第三巻、一二三―一二八頁。
(66) 同「別冊」、同右書、第三巻一三六頁以下参照。
(67) 同右。
(68) 同右。
(69) 同右。
(70) 同右。
(71) 同右。
(72) 満鉄経済調査会『満洲経済統制策』南満洲鉄道株式会社、一九三二年。
(73) 同右。
(74) 松井春生『経済参謀本部論』日本評論社、一九三四年。
(75) 同右書、二九一頁。
(76) 古川隆久『昭和戦中期の総合国策機関』(吉川弘文館、一九九二年)第一章参照。

第三節　日満政策集団の結合と五カ年計画

一　永田鉄山の死

一九三〇年代前半の経済統制政策の中心人物の一人は永田鉄山だった。彼は一九一〇年代に体験した第一次世界大戦を研究し、その後は軍における統制経済の推進者として次第に重きをなしてきていた。永田は満洲占領に関しても石原らに暗黙の了解を与えていた。永田は満洲事変の前年の秋、ひそかに奉天を訪れ、石原と会談している。そのとき永田は二八センチ榴弾砲二門を、奉天独立守備隊に配備することを密約し、この砲二門が事変の数カ月前に極秘に日本から運び込まれ、戦闘の口火を切って張学良軍が駐屯する北大営に向けて発射されたことはすでに述べた。

その後彼は陸軍省軍事課長から参謀本部第二部長を経て三四年三月には陸軍省の軍務局長に就任した。この間彼は陸軍予算の適正化、対満機構の一本化、国策綜合調査機関の実現などに奔走する。彼は着実に日本の総力戦体制づくりに邁進していた。(1) 彼が相沢三郎中佐に刺殺されたのは、この作業に没頭していた三五年八月のことだった。皇道派と統制派の血みどろの抗争のなかで、統制派の元凶と見なされ暗殺されたのである。永田は総力戦体制構築の中途で倒れたために、その評価は不明なところが多い。しかし、現実の日本の総力戦体制構築は満洲関係者と日本側の日満双方が、就中《なかんずく》満洲から帰国した満洲組の官僚や軍人が先導するかたちでつくられていった。(2)

二　日満政策集団の結合者・宮崎正義

軍の中枢にいた永田や陸軍の幕僚たちと接触し、研究会を通じて彼らを学者や研究者、満鉄のスタッフに紹介する役を演じたのが満鉄経済調査会の宮崎正義だった。宮崎が一九三三年五月副総裁の八田嘉明に呼ばれ、東京に出たことは前述したが、彼は東京文京区小日向台に居を構えて活動を開始した。(3)

彼は統制経済に関心を持つ学者、政治家、軍人、官僚を組織して研究会づくりを始めた。必要な経費は満鉄の八田副総裁から支給されていた。軍人では当時軍務局長だった永田鉄山が中心メンバーの一人になった。永田とともに関東軍司令部時代からの付き合いだった整備局動員課長の横山勇や、古くからの友人で軍務局課員だった秋永月三がメンバーになった。満洲事変時の関東軍参謀だった板垣征四郎、竹下義晴、片倉衷なども時たまではあるが顔を出した。やがてこの研究会に三井銀行調査部次長だった泉山三六や日本銀行の副総裁だった津島寿一が参加しはじめた。学者では東京帝国大学経済学部教授で、財政学を担当し、反マルクス主義の立場でナチスの統制経済を研究していた土方成美がこれに協力した。こうして宮崎を中心に統制経済に関心を持つ者たちの集まりができはじめたのである。(4)

この会合に宮崎の盟友、石原莞爾が出席したという記録は見あたらない。当時石原は歩兵第四連隊長として仙台に赴任していた。当時の列車時刻表によれば、仙台から東京までは汽車で七時間から八時間かかる距離だった。急行で朝の一〇時に仙台を発っても東京に着くのは午後の四時半過ぎ、普通列車で八時半に仙台を出れば東京に着くのは四時過ぎであった。日帰りできる距離ではなかった。たとえ熱心な石原といえどもそうたびたびは上京できなかったと想定される。

三　日満財政経済研究会

先に述べたように一九三五年八月、永田鉄山が相沢中佐の凶刃に倒れた。軍では統制経済を推進する中心人物を失ったのである。宮崎たちにとっては打撃だったが、これと前後して石原が歩兵第四連隊長から参謀本部作戦課長に抜擢されて仙台から東京に赴任してきたことでその打撃は補填された。

作戦課長時代に石原が抱いた最大関心事は、ソ満国境におけるソ連軍の動向だった。極秘の資料を見て石原は驚愕した。ソ満国境でのソ連軍の充実ぶりは石原の予想をはるかに超えるものだった。ソ連と日本の兵力差をみれば、事変直後の一九三二年九月時点では師団数でソ連四対日本三、航空機数で二対一だった。航空機はともかく師団数では大差はなかった。ところが三五年段階になると師団数で一四対五、航空機数で九五対二二へと較差が拡大していた(5)。しかも装備の近代化という点では、ソ連軍の充実ぶりは目を見はるものがあった。したがって両者の兵力差は数字以上に大きかったのである。

しかもソ連側の防御陣地をみれば、東部国境は黒龍江沿いに厚いトーチカ陣地が構築されていた。ウラジオストック周辺も同様に幾重にも及ぶ陣地で固められていた。北部や西部の国境線はまだ薄い陣地がつくられているにすぎなかったが、これが補強されるのは時間の問題と思われた。特に東部戦線は蟻の這い出る隙間もないほどにギッシリと幾重にも陣地が重なっていた(6)。

石原は宮崎にこれに対抗するプラン作りを依頼した。費用は参謀本部から機密費が一〇万円支給された。それまで満鉄から出されていた一〇万円の調査費と合わせて合計二〇万円が活動資金となった。宮崎は組織活動を開始し東京帝国大学経済学部教授の土方成美から当時経済学部助手だった古賀英正（後の直木賞作家南條範夫）と、助手ではないが同じ東京帝国大学出身の関口猛夫を紹介された。土方ゼミではこのほかに満鉄調査部にいた長守善が調査員として名を連ねた。

「宮崎さんは実に温厚な人だったね。石原さんとは親しかった。よくふたりはあっていたよ。昼飯なんか二人で向かい合って食べていた。石原さんは胃の具合が悪いんでお粥のようなものを食べていたけれどね。私は東京帝大の助手から宮崎さんの研究会に移ったんだ。日満財政経済研究会といっていたけれどね。とにかく給料はよかった。助手時代の給料が六〇円だったのに宮崎さんのところに移ったら一六〇円で二倍以上になったんだから。仕事は論文を書くことだ。私が最初に書いたのが、『英国重工業及日本同種工業との比較に関する研究』と『英国財政の現状に関する研究』だったな。宮崎さんができばえを見てね。まあいいんじゃないか、というんで合格したわけだ[7]」。

宮崎が一九三八年一月に書いた「日満財政経済研究会業務報告書」のなかで「外国経済事情」として関係各方面に配布した資料のなかに、古賀が書いた「英国重工業及日本同種工業との比較に関する研究」「英国財政の現状に関する研究」がのせられている[8]。

日満財政経済研究会の事務所は、最初は日本橋の野村證券のビルの最上階に置かれていた。しかし仕事が軌道に乗ると秘密を保持するために一戸建ての家が望ましいということで、六本木の外務省所有の民家（麻布区桜田町八番地）に移転した。

調査の重点は、ソビエトと対決してこれに勝利するための日本版五カ年計画を樹立することだった。そのために必要な財政計画、資金計画、産業政策を樹立し、かつ外国でのこれらの経験の蒐集に努めることが当面の課題だった。

調査対象となった国々はドイツ、ソビエト、アメリカ、イタリア、フランスだった。

「とにかく急げということで、がむしゃらに作業をした。徹夜なんてしょっちゅうだった。いまと違って若かったし、他のメンバーも若かったからできたんだと思う」[9]。

古賀は当時を振り返ってこう回顧するが、古賀の共同作業者はほとんどが新卒学卒者だった。主だったメンバーをあげれば今野源八郎（一九三〇年、東京帝大経済学部卒）、小田博資（三一年、東京帝大法学部卒）、平瀬巳之吉（三七年、東京帝大経済学部卒）、木村禧八郎（三八年、慶大経卒）、秋山隆太郎（三二年、九州帝大法文・法科卒）、越村信三郎（三三年、東京商大卒）、玉置寛（三二年、東京商大卒）らで、いずれもが二〇歳代の青年だった[10]。

毎年一〇人前後のスタッフが補充されていったから、この研究会が閉鎖される一九四〇年までに職員数は五〇人前後に達していた。嘱託としてこの研究会に協力した者も何人かいる。著名な人物をあげると、法社会学者で戦後は早稲田大学、東京都立大学（現首都大学東京）教授で、教授職を擲《なげう》って小繋《こつなぎ》事件の弁護に努めたことで有名になった戒能通孝なども一時この研究会で働いていたし、当時横浜高商の教授で戦後は神奈川大学教授となる岡野鑑記などもここで調査活動を行っていた。

四　計画案の立案

宮崎正義は古賀らの若手を動員して日満経済計画の立案作業に全力をあげた。また、彼らは、軍関連の機密データは参謀本部から、経済関係のデータは関連各省や企業から入手して作業を進めた[11]。

彼らが作成しようとした計画案とは、日満軍需工業を短期間のうちに急速に拡大させ日本を強大な軍事大国に育成しようというものだった。作業を開始してから半年たった三六年夏に、宮崎たちは一冊の計画書を作成した。三六年八月一七日付で発表された「昭和一二年度以降五年間歳入及歳出計画　付緊急実施国策大綱」がそれである。

宮崎は完成した資料を前に、八月一七日と八月二一日に参謀本部と陸軍省の面々にこの「大綱」の概要を説明した。

この案の要点は、三七年以降の日本財政の歳入と歳出を確定したことで、その後の計画の出発点を確定した点にあった。さらにこの確定作業を通じて軍事費の幅を決定し、それを有効に使うために「あるべき政治体制」を提唱したことにあった。「あるべき政治体制」とは、一つに現行の内閣制度を廃止し総理大臣と四人の国務大臣で構成される国務院をつくること、そして国務大臣のもとに一一の省と省長官を設けることだった。この国務院が最高指導部となって省長官が国務大臣の命をうけて省務を遂行する、いわば中央集権的機構をつくろうという点にあった。いま一つは、産業分野別にそれぞれ異なる統制政策を展開することであった。たとえば電力や航空機、兵器といった産業は国営とし、石油、石炭、鉄鋼、自動車、化学などの産業分野はカルテル統制を実施し、それ以外の分野は民間の自由競争にまかせる。そして三つには、これらの結果として、何にもまして豊かな国民生活を保証することであった。租税負担の軽減、医療制度の整備と国庫補助の充実、失業対策の整備がなされていることだった。

最後に、こうした課題をやり遂げるためにも、この先一〇年間の平和を絶対条件にしたことだった。日本が大規模な戦争に巻きこまれると、そのための出費が膨大になり先に挙げた課題を行う資金がなくなることを恐れたのである。

宮崎たちはこの一カ月後に「昭和一二年度以降五年間歳入及歳出計画」から満洲部分だけを分離するかたちで「満洲ニ於ケル軍需産業建設拡充計画」を作成している。これは文字通り昭和一二年度以降一六年までの五年間の満洲での鉄鋼、石炭、電気、自動車、金、アルミニウム、マグネシウム、ソーダ灰、苛性ソーダ、硫安、パルプ、塩、綿花、小麦の増産目標が細かく設定されていた。たとえば鋼の増産目標は年間一二〇〇万トン、うち日本が八〇〇万トンで満洲は四〇〇万トンが予定されていた[12]。

宮崎は完成直後の九月に日満財政経済研究会委員の酒家彦太郎をともなって参謀本部と陸軍省の幹部にこの案を説明し、同月に渡満して、関東軍参謀長板垣征四郎と満鉄総裁の松岡洋右に「昭和一二年度以降五年間歳入及歳出計画」と「満洲ニ於ケル軍需産業建設拡充計画」を提示、説明していた。

宮崎たちは、満洲案に引き続き、その二カ月後の三六年一一月には「日満経済ブロック」における日本本国の軍需産業拡充計画の全貌を示す目的で「帝国軍需工業拡充計画」を完成させ、宮崎は参謀本部と陸軍省の要員にこの案の説明をした。

ところで、満洲側では「満洲ニ於ケル軍需産業建設拡充計画」を受けてその具体化が急ピッチで進行した。陸軍省の片倉衷、主計将校の平井豊一、沢本理一、岡田菊三郎が中心になって案の具体化をはかり、石原莞爾の了解をとって片倉は沢本とともに渡満、具体案を関東軍参謀長の板垣征四郎と参謀の秋永月三に提示してその実施を依頼した。関東軍はこの依頼を受けて三六年一〇月に湯崗子温泉に満鉄、関東軍、満洲国の主だった幹部を招集して三日間会議を開き、この会議で満洲で実施する五カ年計画の素案を完成させたのである。この湯崗子温泉の会議については後述する。この会議以降は計画作成は実務的詰めの段階に入り、三六年一一月二五日には軍務課で「満洲産業五カ年計画取扱要領」が決定された。ここで、満洲五カ年計画の遂行とともにこれと並行して日本での五カ年計画の具体化を推し進めること、満洲産業開発計画のうち満洲だけで遂行し、日本産業を圧迫しない分野については直ちに実行する、日満の連携が必要な分野については、日本での五カ年計画の確立を待ってこれを併行処理することが決定されたのである。こうして翌三七年一月には関東軍司令部の手で「満洲産業開発五カ年計画要領」が決定され、これが満洲国政府に渡されて満洲国の国策として具体化されていくのである。(13)

こうして成立した満洲産業開発五カ年計画の内容を一言でいえば、一九三七年以降四一年までの五年間に二五億円の資金を投下して、満洲の鉱工業、特に軍需工業の基礎をなす鉄鋼、石炭、人造石油、軽金属工業の飛躍的増産を企図し、さらに自動車、航空機産業を育成する点にあった。具体的には一九三七年から四一年までに、銑鉄を八五万トンから二三五万トンへ、鋼材を四〇万トンから一五〇万トンへ、石炭を一一七〇万トンから二七一六万トンへ、アルミニウムを四千トンから二万トンへ、人造石油をゼロから八〇万トンへと増加させるというものであった。[14]

注

（1）総力戦体制の構築に関しては、拙著『帝国日本と総力戦体制』（有志舎、二〇〇四年）参照。纐纈厚「戦時官僚論」、『岩波講座　アジア太平洋戦争』2、岩波書店、二〇〇五年。
（2）小林英夫『日本株式会社を創った男　宮崎正義の生涯』（小学館、一九九五年）参照。
（3）宮崎正衛氏（東京都大田区田園調布在住）へのヒヤリングに依る（一九九五年一月一五日）。
（4）前掲『日本株式会社を創った男　宮崎正義の生涯』一一一頁。
（5）防衛庁防衛研修所戦史室編『大本営陸軍部』一、朝雲新聞社、一九六七年、四〇〇頁。
（6）防衛庁防衛研修所戦史室編『関東軍』一、朝雲新聞社、一九六九年、二〇九―二一〇頁。
（7）古賀英正氏（東京都杉並区浜田山在住）へのヒヤリングに依る（一九九五年六月一日）。
（8）島田俊彦・稲葉正夫編『現代史資料』八、みすず書房、一九六四年、七〇一頁。
（9）古賀英正氏へのヒヤリングに依る（一九九五年六月一日）。
（10）前掲『日本株式会社を創った男　宮崎正義の生涯』一二三頁。
（11）古賀英正氏へのヒヤリングに依る（一九九五年六月一日）。
（12）中村隆英・原朗編『日満財政経済研究会資料』日本近代史料研究会、一九七〇年、第一―三巻。
（13）宮崎正義「日満財政経済研究会業務報告書」、前掲『現代史資料』八、六九五―七〇二頁。
（14）「満洲産業開発五年計画綱要」、同右書、七一九―七二九頁。

第四節　産業部の設立と五カ年計画の実施

一　産業部の設立

五カ年計画が満洲で実施されるまでに具体化された一九三七年初頭を前後して、満鉄調査部の機構にも大きな変化が現れる。それは三六年一〇月の産業部の設立だった。満洲事変直後に組織され満洲国の経済政策立案を先導してきた経済調査会は、この産業部に吸収されることとなる。

設立された産業部は、その傘下に旧経済調査会、旧計画部、旧地方部農務課・商工課、旧総務部資料課の一部そして農事試験場、満洲資源館、地質調査所、獣疫研究所などを収めていた（図6）。「従来分散しつゝあつた調査研究機

図6　産業部機構図

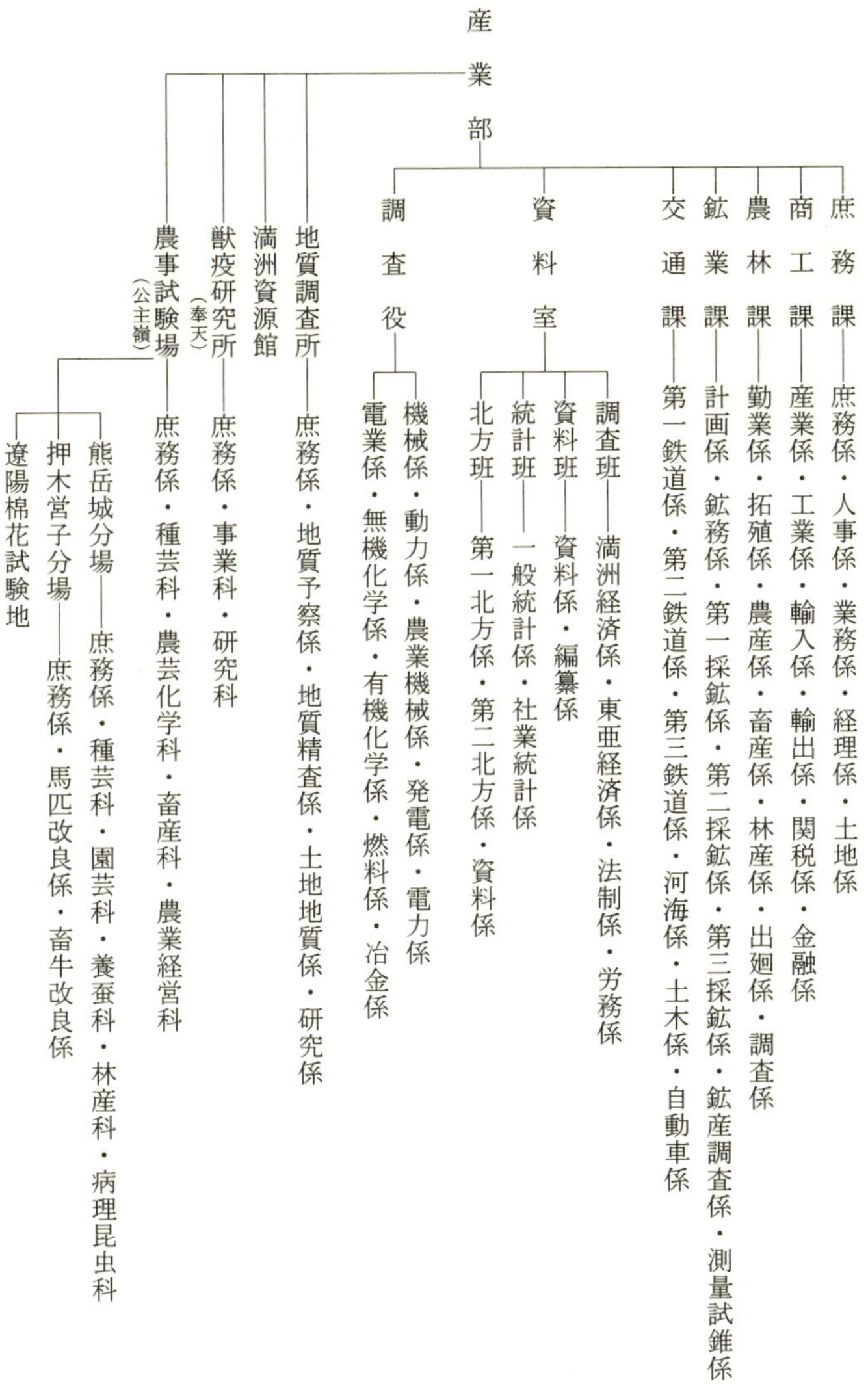

出所：前掲『南満洲鉄道株式会社第三次十年史』2396頁。

関及びその実行機関を一体系に統轄し、以って技術的専門的知識と経済的認識との有機的結合によって産業開発の全面的活動」(1)に寄与するために組織されたというのである。

三六年一一月二五日に開催された第一回産業会議の席上、総裁の松岡洋右は、産業部の設立は、「満鉄産業関係機関ヲ一元的ニ統制シテ産業部ヲ新設シ満洲産業開発ノ新事態ニ備ヘ」る点にあると指摘したあとで、「満鉄ノ主要使命ハ満鉄カ日満両国ノ国策ニ順応シテ満蒙ノ経済開発ニ努力スルコト」、「満鉄ハ一元的タルヘキトイフコト」の「二ツノイデオロギー」を想起すべきだと述べていた。つまり「綜合的計画的産業開発ノ時期ニハイラムトシテ居」る「此ノ重大ナル時期ニ当ツテ、新設産業部カ関東軍、満洲国ニヨク協力シテ満鉄本来ノ使命ヲ貫徹スヘキ」であり、新設「産業部ハ社内産関係業務ノ総テヲ一元的ニ統括スヘキ任務ヲ持」つと言うのである。(2)続いて阪谷希一産業部長は、産業部の使命は、「鉱産資源ノ開発」「未耕地開拓」「北支開発」を軸とした「報国ノ大業」ともいうべき「綜合的重要資源開発計画」の推進にあると強調した。(3)

産業部は、設立以降商工課、農林課、鉱業課、交通課、資料室、獣疫研究所、地質調査所、農事試験場、北満経済調査所、新京事務局、そして中途から天津事務所、北支事務局、上海事務所が加わって産業開発計画が推進されていく。各課や研究所、調査所、試験場などは、各月ごとの課題の実行と達成に全力があげられ、月一回以上の会議が開催された。なかでもこの計画が日・満・北支での資源開発、工業振興、北満での日本人農業移民促進に懸かっていただけに、そうした課題と関連した部局での活動が活発だった。逆に上海事務所などの活動は、必ずしも積極的ではなく、毎月出される『業務月報』にも掲載がない場合も見られた。また三七年五月になると後述する大陸経済会議への資料準備の動きなどが天津事務所で現れはじめる。(4)

二　経済調査委員会の設立と活動

産業部の設立と同時に「経済ニ関スル重要計画ノ審議並調査ノ統一連絡ニ当ラシムル」ため新たに経済調査委員会が設立された。この経済調査委員会は、正副委員長、委員、幹事若干名から構成される委員会で、「重要計画ノ審議並調査の統一連絡」に当たるとあるように、満鉄のなかにあって、「対内的には社業の推進に当り、対外的には満洲及び北支に於ける経済建設の枢機に参画する機能[5]」を持つものであった。かつて経済調査会は、満鉄の組織にして、関東軍の意向を受けて国策業務を展開したため、社業との間で絶えず軋轢が生じた点を指摘した。ここでは、そうした問題を調整するため、関東軍や支那駐屯軍、満洲国と連絡し、国策の策定と具体化を行うと同時に、鉄道と産業の両部門を調整しつつ社業の統一を図る「横断的連絡[6]」組織が必要とされたのである。この組織の幹事に鉄道総局産業課長が就任した理由もそこにある。[7]

経済調査委員会は、早くも三七年一月には「満洲産業開発五箇年計画ノ中マグネシウム計画打合会」が「協同組合研究小委員会」「代用燃料小委員会」「年報打合会議」「統計打合会議」「免税特権打合会議」「満洲鉱業株式会社設立案審議会」と並んで開催されている。[8]その後も「鉄分科会」「農業政策審議会」「運輸分科会」「労働小委員会」「石炭・石炭液化幹事会」など産業開発五カ年計画と関連した分科会が月一回以上の割合で開催されていた。

三　五カ年計画の具体化

一九三六年末から三七年前半にかけて満洲で先行した産業開発五カ年計画は、これまで見たような具体的進展をみた。こうした計画は、満洲だけでなく朝鮮でも展開されていた。三〇年代前半から朝鮮総督宇垣一成の推し進めた朝鮮工業化政策は、宇垣を引継いだ総督南次郎のもとで、日満朝鮮財界代表を集めて三六年九月に開催された朝鮮産業経済調査会において具体的に審議された(9)。

五カ年計画推進と連動した満洲や朝鮮での一連の動きは、一九三七年七月東京の首相官邸で開催された中央経済会議へと収斂していくこととなる。中央経済会議は、日満支および朝鮮を含めた内外地の生産力拡充政策を審議するもので、一般議員一八名、特別委員一六名から構成されたが、一般議員のなかには、金融部門からは津島寿一(日銀)、児玉謙次(正金)が、産業界からは鮎川義介(日産)、藤原銀次郎(王子製紙)、津田信悟(鐘紡)、小林一三(東電)、村田省三(大阪郵船)、松本健次郎(石炭連合会)、八田嘉明(東北興業)、古田俊之助(住友合名)が、農村経済では酒井忠正(帝国農会)、石黒忠篤(産組中金)が、朝鮮、満洲、南洋群島関係では有賀光豊(朝鮮殖産銀行)、野口遵(日本窒素)、安川雄之助(東拓)、松江春治(南洋興発)、大蔵公望(東洋協会)が選出され、会長には近衛文麿(総理大臣)が、幹事長には井野碩哉(企画庁次長)が就任した(10)。こうして初顔合わせで、日本と満洲・朝鮮を含む内外地の五カ年計画実施体制が整備されたのである。この動きは、次章で述べるように三七年七月勃発した盧溝橋事件と戦火の拡大のなかで大きな変更を余儀なくされることとなる。

注

(1) 満鉄産業部『満鉄資料彙報』第一巻第五号、一九三六年一一月、二七頁。
(2) 「総裁訓諭」、満鉄産業部『業務月報』一一月分、一九三六年一一月、一一―五頁。
(3) 同右書、六―一一頁。
(4) 「天津事務所調査課」、前掲『業務月報』五月分、一九三七年六月、九八頁。
(5) 前掲『満鉄資料彙報』第一巻第五号、二三頁。
(6) 同右書、二四頁。
(7) 同右。
(8) 「庶務課(主要会議)」、『業務月報』一月分、一九三七年二月、八―九頁。
(9) 詳しくは、拙著『増補版「大東亜共栄圏」の形成と崩壊』御茶の水書房、二〇〇六年、第三章第三節参照。

(10)『東京朝日新聞』一九三七年六月二七日および『読売新聞』一九三七年七月二一日。

第五節　華北分離工作と満鉄

一　乙嘱託班の結成と活動の開始

一九三五年二月、満鉄経済調査会のなかに新たに第六部が新設されたことは前述したが、このなかで満鉄調査部は関東軍・支那駐屯軍と連動しながら盧溝橋事件へと連なる華北分離工作への道に全面的に関与していくことになる。

これらの動きの出発点となったのは、一九三一年九月の満洲事変であった。これを引き金に三二年三月に満洲国の成立、三三年二月に熱河作戦の展開、塘沽停戦協定の締結があり、ここまでがその第一段階であった。しかし三五年になると新しい動きが現れる。広田外交と蔣介石政権の対日宥和政策のなか、つかの間の日中友好ムードが流れる裏で、六月、日本軍部の河北省、チヤハル省進出をねらった梅津・何応欽、土肥原・秦徳純協定が締結され、緊張は一挙に高まる。これと前後して陸軍の中央にも、また支那駐屯軍・関東軍のなかにも華北五省を蔣政権から切り離し、これを分離独立させ、第二満洲国をつくり、該地の資源を開発し、日本の高度国防国家建設の基礎にしようという動きが積極化した(1)。三五年七月、支那駐屯軍の出した「北支新政権の発生に伴ふ経済開発指導案」はその意図を明示したものであった。このなかで支那駐屯軍は同年前半までの情勢を次のように判断し、以下のような対策を立案していた。

そこでは、まず華北において、日本軍は「新政権の樹立に向つて進みつゝある」(2)としたうえで、その下で「吾人は此建設期間中に苟も所有機会を捉へ交通資源及金融等の万般に亙り投資し、将来の為に確乎不動の権益を設立するを緊要とす。而して権益を設定するに既存権益の拡張及充実より始むべしと唱ふる者あるも、既存権益は既に権益とし

表8　丙嘱託班活動概況

1935年	7月3日	関東軍参謀長名をもって満鉄副総裁宛経済調査員5名の支那駐屯軍司令部派遣を要望
	7月31日	支那駐屯軍への調査員5名派遣決定
	8月3日	関係調査員一同支那駐屯軍嘱託を命ぜられる
	8月10日	主査会議打合せ（金融，財政，経済に関する支那駐屯軍の調査立案項目の検討）
	10月	調査立案完了
	11月9日	主査会議（丙嘱託班関係報告書審議，決定案として軍宛提出手続）
	11月15日	支那駐屯軍関係者，甲嘱託班関係者，満洲中央銀行員，天津事務所長立会の下，丙嘱託班員調査結果報告会開催
	11月20日	丙嘱託班解散

出所：支那駐屯軍司令部乙嘱託班総務班『乙嘱託班調査概要』北支・産業調査書類第1編第1巻（1937年）より作成。

て存在し新政権の強化と共に拡大こそすれ決して衰滅すべきものに非ざるを以て、之等は其儘とし国防上必要なるものより始め、成可く速に新権益の獲得に邁進するを要す[3]」と述べていた。つまり、華北に新政権をつくり出し、この新政権の下で国防上の重要資源を可及的すみやかに確保する必要性を述べていた。その前提として、この時期、資源調査活動が重要な意味を持ちはじめたのである。

関東軍・支那駐屯軍・満洲国政府一体のもとで、甲、乙、丙という名称で調査団が組織された。満鉄経済調査会も積極的にこの作業に協力しはじめた。

まず、調査団の編成状況を検討してみることとしよう。これらの調査団は三五年七月以降編成されはじめるが、それを構成する調査班は、その出身別および調査機関別にそれぞれ甲、乙、丙嘱託班と命名された。

満洲国から派遣され、おもに「北支経済産業開発及統制に関する諸般の研究調査」を目的に編成された調査班は、甲嘱託班と命名された。この班は二二名の調査員より構成され、第一班（通貨及金融）、第二班（財政及貿易）、第三班（政治及外交）、第四班（産業）、第五班（交通）という形で全体が五班に分けられていた。これに対し、乙および丙嘱託班は、満鉄経済調査会派遣の調査員より構成されていた[4]。ただし、丙嘱託班は三五年五月二四日に関東軍参謀長宛支那駐屯軍参謀長から華北経済調査員派遣依

表9　丙嘱託班調査内容

一．中支ヨリ独立シタル場合ノ北支金融対策（案）
一．北支ノ形勢一変ヲ利用シ日本ハ如何ニ北支金融経済界ニ進出スヘキカ
一．天津ノ通貨ト金融機関 （北支ノ形勢一変ヲ利用シ日本ハ如何ニ北支金融経済界ニ進出スヘキカ付録）
一．天津ニ於ケル金票統制案
一．天津ニ於ケル金票調査 （天津ニ於ケル金票統制案付属書）
一．北支財政関係調査報告書
一．日満支経済依存関係
一．北支特ニ戦区ノ税関ヲ撤廃若ハ緩カニスル方法
一．対北支貿易促進案

出所：遼寧省檔案館・小林英夫編『満鉄経済調査会史料』第4巻、柏書房、1998年、434頁。

頼があり、「活動概況」表（**表8**）から明らかなように、同年七月三日、関東軍の満鉄八田副総裁宛依頼に基づき編成された調査班であり、当初から調査員五名、調査期間三カ月を予定した小規模な企画であり、おもに、「北支が中支より独立した場合を前提にした」（一）金融、（二）経済、（三）税制、（四）貿易の調査だった。この調査班は同表にみるように、後述する乙嘱託班が本格的調査を開始する同年一一月には調査を基本的に完了し、解散していた。こうした経緯を考えれば、この調査班は経済問題を中心に、後述する乙嘱託班の先発隊として予備調査を担当する役割を担っていたとみることができよう。丙嘱託班の詳細な調査項目については、**表9**を参照願いたい。(5)

では、満鉄経済調査会の主力で構成した乙嘱託班はどのような編成経過をたどり、どのような課題を調査したのだろうか。まず、編成過程を同班の「活動概況表」（**表10**）に依拠してみることとしよう。これによれば、丙嘱託班の編成依頼に遅れること一カ月後の八月二〇日に、支那駐屯軍は関東軍を介して満鉄に華北経済調査員の派遣を要請し、九月四日、満鉄は経済調査会第六部主査参事野中時雄の天津派遣を決定している。

こうして天津に派遣された野中を中心に一〇月一日には乙嘱託班が編成された。当の野中は天津派遣決定前の同年四月から五月にかけての一カ月ほど天津、北平、大同、太源などを旅行し、華北の実態調査を行っていた。(6)

では、乙嘱託班は、何を課題に編成されたのか。それを知るためには、一

表10　乙嘱託班活動概況

1935年	7月29日	支那駐屯軍司令部，「北支新政権の発生に伴ふ経済開発指導案」発表
	8月20日	支那駐屯軍，関東軍を介し満鉄に北支経済調査員派遣要請
	9月4日	満鉄経済調査会第6部主査参事野中時雄を天津常駐幹事として天津に派遣決定
	10月1日	乙嘱託班事務所開設，乙嘱託班長，野中時雄就任
	10月2日	支那駐屯軍，軍決定になる「乙嘱託班調査綱領」を乙嘱託班に提示
	10月11日	乙嘱託班主査会議開催（おもに，乙嘱託班調査細目要領および予算作成の件検討），第1回満洲国（甲嘱託班）満鉄（乙嘱託班）調査員懇談会開催
	10月20日	乙嘱託班主査会議開催（「乙嘱託班調査細目要領」決定に関する会議）
	10月22日	10月2日の支那駐屯軍「乙嘱託班調査綱領」を具体化する形で，「乙嘱託班調査細目要領」決定
	10月23日	乙嘱託班予算案完成
	11月13日	満鉄重役会議，北支情勢の変化にともない所定調査コースの進捗困難と判断
	12月2日	現地調査隊の使用する自動車の軍用車扱いおよび護衛兵の貸与に関する軍の保証をとりつける
	12月10日	昭和10年度北支経済調査実施計画並びに予算案，原案通り決定
	12月17日	支那駐屯軍司令部「北支産業開発指導綱領」立案
1936年	4月11日	経済調査会「北支経済調査継続実施に関する件」（経済班および工業班は昭和10年度限り乙嘱託班としての調査を打ち切り当該業務を天津事務所調査課で継承，鉱山，鉄道，港湾の各部門は昭和11年度もひきつづき調査継続）

出所：前掲『乙嘱託班調査概要』より作成。

○月二日付で支那駐屯軍が定めた「乙嘱託班調査綱領」を見てみる必要があろう。この「綱領」は、先の「北支新政権の発生に伴ふ経済開発指導案」を踏まえ、この調査の基本方針を「国防上緊急開発を要する須要資源並経済勢力を拡充強化する上に必要なる主要経済部門の開発計画」を求め、「日満財政経済の現在並将来」に必要な資源を開発するため「列強に優先して重要利権を獲得」するための具体案を作成することにおいていた[7]。この課題を達成するため、乙嘱託班は、鉱業、工業、鉄道、港湾、経済の五班に分けられたのである。

この支那駐屯軍作成の「乙嘱託班調査綱領」を受けて、乙嘱託班は数度の会議を開き、一〇月二二日に「乙嘱託班調査細目要領」を決定している。これは先の「綱領」をいっそう具体化したものであり、「総括表」にみられるように、調査班の編成、人

表11　乙嘱託班調査細目要領（総括表）（1935年11月）

	総務		鉱山		工業	鉄道		港湾		経済	合計	
	第1次	第2次	第1次	第2次	第1次	第1次	第2次	第1次	第2次	第1次	第1次	第2次
人員（人）	8	8	36	58	13	45	6	3	56	10	115	128
調査期間（月）	4	16	3	12	3	3	3	4		3	20	31
調査費予算（円）	30,606	37,900	108,597	35,400	46,067	182,656	226,000	24,621	156,000	28,012	420,559	455,300
調査項目	調査・立案計画および業務促進並びに連絡・統制に当る		鉱産および地質に関する調査・立案		各種工業調査および水力・電気調査	新線建設関係および既設鉄道に関する調査・立案		港湾建設関係および水運・治水・水力電気に関する調査・立案		金融・貿易・農畜産に関する調査・立案		
調査地域	天津駐在		河北・綏遠・山東・山西 河南・満洲（一部）		天津・青島 済南・唐山 龍畑・秦皇島	北支各省		北支一帯の河川および港湾		河北・山東 綏遠・山西		

注：前掲『乙嘱託班調査概要』41-60頁の表参照。
出所：「北支経済調査実施ニ関スル件」『山崎元幹文書』（小田原市立図書館蔵、特10号ノ82）より作成。

員、調査期間、予算、調査項目、調査地域を具体的に定めていた（表11）。調査班は先の「綱領」の五班編成から新たに総務が加わり、鉱業が鉱山に変更され、全体で総務、鉱山、工業、鉄道、港湾、経済の六班編成へと形を変えていたが、このうちとくに多くの人員を擁していたのは鉱山班、鉄道班、港湾班であった。これらの班には、人員・調査費ともに重点的に投入されていた。いわば、これらの班は乙嘱託班の調査の主力だったのである。「国防上緊急開発を要する須用資源」が主に鉱山資源だったことを考慮すれば、これは偶然のことではなかった。いま一つ留意すべきことは、調査対象が河北省を主体に、チヤハル、綏遠、山西、山東、河南のみならず、「治安其ノ他ノ関係上為シ得レハ鉱山調査ニ在リテハ寧夏、甘粛、新疆、陝西ノ必要地ニ及ハムトス」(8) とされていたことである。中国版図のこれほど奥まで調査対象を拡大すれば、中国に対する主権侵害などは云々する以前の問題になってしまうが、軍部は隠密行動と軍の威力で強硬にこの調査を完成させようとしたのである。たとえば、「北支調査派遣社員心得」によれば、「今般の調査が地理不確実治安動揺せる地域を対象とした排日的分子の危険行為の中に曝されつゝ敢行せらるゝものなるに付整然たる秩序連絡を保ち一

表12　乙嘱託班調査経過説明表（総括表）(1936年3月25日付)

	総務班	鉱山班	鉄道班	港湾班	工業班	経済班	合　計
人員(人)	18	36	55	6	13	23	151
調査期間(月)	6	6	6	9	6	6	39
経費(円)	2,096,700	8,385,400	9,944,500	1,121,800	2,216,100	1,454,000	25,218,500

出所：「北支経済調査実施ニ関スル件」『山崎元幹文書』（特10号ノ88）より作成。

致協力困苦欠乏に耐へて所期の目的を達せざるべからず」[9]とし、各班員はチームワークを守り班長の命令、統轄下に調査活動実施すべし、としていた。だが、こうしたチームワークも、調査班が軍の武力により護衛されない限り意味を持たなかったといってよい。事実、軍はこの調査活動に全面的なバックアップをおしまなかった。次の鉄道班の調査活動に関する一文は、その一端を物語っているといえよう。鉄道班は「……調査用トラックの軍用車扱及各現地調査隊の保護依頼状の発給を受けた。外に護身及防害用具の貸与を要求したが却って調査上の障害となる虞ある為調査の万全を期する意味に於て貸与されなかった」[10]と。

さて、こうして乙嘱託班の調査目標は設定された。三五年一〇月二三日には予算案も完成し、ほぼ一一月を期して[11]各班はいっせいに調査活動を展開していく結果となったのである。

それでは、昭和一〇年度の各班の調査実態はいかなるものであったのだろうか。それを知る為には、一九三六年三月二五日付で経済調査会が作成した「乙嘱託班調査経過説明表」を見てみる必要があろう。まず各班の人員、経費、調査完了事項の概略については、同「経過説明表」所収の「総括表」（**表12**）にみてとることができる。これを一九三五年一一月付の「乙嘱託班調査細目要領」所収の「総括表」（**表11**）と比較してみると、主査、調査員、助手などの人員規模は当初の予定を若干上まわったが、経費に関しては予算に比して大幅に超過していたことがわかる。各班の昭和一〇年度調査の詳細については、この「経過説明表」所収の各班ごとの「調査状態表」から知ることができるが、各表に付され備考から調査活動が必ずしも計画通り進行しなかった様子がうかがえる。たとえば工業班では、アルファベット順に設定されたA―Hの八件だけにとどまっており、残る一三件は未着手に終わっていた（**表**

13)。

では、これらの調査を実際に担った各班の構成員たちはいかなる人物であったのだろうか。同「経過説明表」所収の「乙嘱託班員名簿」（表14）には各班の班員たちの班別、調査上職名、氏名、資格、派遣元が記述されている。原簿

表 13　工業班調査状況表

i）調査綱要

I　調査立案項目
1.製鉄工業　2.皮革工業　3.曹達工業　4.染料工業　5.自動車工業　6.石油工業　7.電気工業　8.製塩業　9.羊毛工業　10.製粉工業　11.硝子工業　12.製紙工業　13.化学工業　14.紡績工業　15.セメント工業　16.煙草工業　17.ゴム靴工業　18.骨粉工業　19.工業地域設定　20.工業金融または助成機関設立　21.工業条件に関する調査立案
II　調査期間
昭和10年10月～昭和11年3月　－　6カ月間
III　調査予算
¥2,229,200-

ii）調査状態表

職名	員数	期間
主査	1	昭和10年10月～
調査員	11	昭和11年3月
助手	1	
計	13	6カ月間

調査事項	
予定	実績
A.紡績工業に関する調査	天津紡績事業に関する方策案
	天津に於ける紡績工業
	中国に於ける日本紡績事情
B.曹達工業	北支曹達工業対策
C.製塩業	華北塩業公司設立要綱案
	長蘆塩田調査報告書
D.硝子工業	北支板硝子工業に関する方策案
	北支板硝子工業に関する調査
E.製粉工業	天津に於ける製粉工業に関する方策案
	天津に於ける製粉工業に関する調査
F.セメント工業	北支に於けるセメント工業に関する方策案
	北支に於けるセメント工業に関する調査
G.石油工業	北支に於ける石油精製会社設立案
H.電気事業(水力電気含む)	天津電気事業統制に対する一考察
	天津に於ける電気事業の現状
	北平電気事業統制に対する一考察
	北平に於ける電気事業の現状

出典　「北支経済調査実施ニ関スル件」『山崎元幹文書』（特10号ノ88）より作成。

表 14　乙嘱託班員名簿

班別	職名	氏名	所属
総務班	主査	野中時雄	天津事務所
	調査員	高橋嘉一	天津事務所
		鹿野芳夫	経済調査会
	他　助手 8 人　天津事務所　2 人　経済調査会　3 人　その他　3 人		
経済班	主査	南郷龍音	経済調査会
	調査員	水野　薫	天津事務所
		前島正道	〃
		上野留一	公主嶺農事試験場
		應徳敏夫	経済調査会
		近藤政光	地方部工事課
		村山直治	経済調査会
		和田喜一郎	〃
		高後虎雄	〃
		中島宗一	〃
		是枝熊吉	〃
		志村悦郎	〃
		日方秀太郎	〃
		岸川忠嘉	〃
		山内五鈴	〃
		大西健吉	〃
		岡田三郎	〃
		石橋東洋雄	〃
	他　助手 5 人　天津事務所　1 人　経済調査会　4 人		
工業班	主査	前島秀博	計画部
	調査員	眞島廣雄	計画部
		岡崎直善	〃
		宮本知行	〃
		末安儀一	総務部
		三品頼忠	天津事務所
		坂口　忠	計画部
		繁本俊雄	〃
		山田　勲	〃
		石井正泰	経済調査会
		福永　登	計画部
		松島國雄	〃
		秋山政男	〃
鉄道班	主査	星田信隆	経済調査会

班別	職名	氏名	所属
鉄道班本部	調査員	桑名弥五郎	天津事務所
		中本弥吉	鉄道建設局
		松山信輔	哈爾浜建設事務所
		伊藤清司	鉄道建設局
		中山高	鉄路総局
		政徳信義	鉄道建設局
		松井成徳	経済調査会
		渡辺清作	〃
		目黒藤政	鉄道建設局
	他	助手3人	鉄道建設局 3人
		通訳5人	経済調査会 2人　鉄道部 1人 鉄道建設局 1人　撫順炭坑 1人
鉄道班第三班	調査員	辻一二三	錦州建設事務所
		近藤利八	鉄道建設局
	他	助手 2人	錦州建設局 2人
		通訳 1人	錦州建設局
鉄道班経済調査部	調査員	岩崎小鹿	鉄路総局
		樋口士郎	〃
		藪村吉之助	〃
		大瀧太吉	〃
鉄道班第四班	調査員	沼崎寧	鉄道建設局
		目黒藤政	〃
	他	助手2人	鉄道建設局 2人
		無電2人	錦州建設事務所 1人　牡丹江建設事務所 1人
		通訳1人	経済調査会
鉄道班第五班	調査員	土井進	錦州建設事務所
		小川新市	鉄道建設局
	他	助手2人	錦州建設事務所 1人　鉄道建設局 1人
		運転手3人	錦州建設事務所 3人
		通訳1人	経済調査会
		ボーイ1人	錦州建設事務所
鉄道班第七班	調査員	渡邊源一郎	鉄道建設局
		山田好一	〃
	他	助手2人	鉄道建設局 1人　哈爾浜建設事務所 1人
		無電2人	錦州建設事務所 1人　牡丹江建設事務所 1人

班　　　　別	職　名	氏　　　名	所　　　属
	通訳１人　総務部 運転手２人　錦州建設事務所　２人 活動手３人　総務部　２人　鉄道建設局　１人		
鉱山班	主　査	永井三郎	計画部
		木原二壯	地質調査所
鉱山班本部	調査員	桑村松二	撫順炭坑
		池田早苗	地質調査所
		和田七郎	経済調査会
鉱山班第一班	調査員	西尾　治	撫順炭坑
		植田房雄	経済調査会
		笹倉正夫	〃
	他　助手２人　撫順炭坑　１人　地質調査所　１人 測量手１人　撫順炭坑 通訳１人　経済調査会		
鉱山班第二班	調査員	田中　澄	撫順炭坑
		尾崎　博	地質調査所
		堀内一雄	経済調査会
	他　測量手１人　撫順炭坑 通訳１人　経済調査会		
鉱山班第三班	調査員	河田学夫	地質調査所
		鈴木治助	〃
		森田日子次	経済調査会
	他　助手４人　撫順炭坑　３人　地質調査所　１人 測量手１人　撫順炭坑		
鉱山班第四班	調査員	山口清次	計画部
		吉澤　甫	経済調査会
		竹山俊雄	地質調査所
	他　助手２人　計画部１人　経済調査会１人 測量手１人　地質調査所 通訳１人　北平乙留学生		
鉱山班第五班	調査員	和田七郎	経済調査会
	他　助手１人　地質調査所 測量手１人　地質調査所		
港湾班	調査員	大竹　章	計画部
		森　俊夫	経済調査会
		杉山繁雄	〃

班　　　別	職　名	氏　　名	所　　属
		中　村　英　雄	天津事務所
		竹　内　虎　治	経済調査会
	他　通訳１人　天津事務所		
軍資料補助員	助手２人　経済調査会　２人		
軍製図補助員	助手２人　経済調査会　１人　地方部　１人		
丙嘱託員	調査員	大　平　正　美	天津事務所
		和　田　喜一郎	経済調査会
		中　楯　壽　郎	東京支社
		高　見　信　雄	天津事務所

出所:「乙嘱託班員名簿」『山崎元幹文書』(特10号ノ88) および前掲『乙嘱託班調査概要』114-126頁より作成。

表15　昭和10年度乙嘱託班派遣箇所別員数調査表

	鉱山	鉄道	港湾	工業	経済	総務	合計
経済調査会	10	6	3	1	17	5	42
計画部	12	—	1	10	—	—	23
鉄道建設局	—	33	—	—	—	—	33
鉄道部	—	1	—	—	—	—	1
鉄路総局	—	6	—	—	—	—	6
総務部	1	4	2	2	6	6	21
撫順炭坑	10	1	—	—	—	—	11
合　　計	33	51	6	13	23	11	137

注：調査時点、重複人員の関連で表13・14の人員数と必ずしも一致しない。
出所：「昭和10年度乙嘱託班派遣箇所別員数調査表」『山崎元幹文書』(特10号ノ88) より作成。

には、このほか給与額、天津軍における待遇や任命月日、さらには生年月日や現籍地、現住所などが詳細に記されている。そのなかでも、とくに満鉄における所属と乙嘱託班での派遣箇所に関しては、同「名簿」所収の「昭和一〇年度乙嘱託班派遣箇所別員数調査表」(**表15**) に整理されている。この表によると乙嘱託班に最も多くの人員を送り出していたのは、やはり経済調査会であり、総計一三七人のうち四二人を占めていた。また、この四二人のうち一七人までが経済班に派遣されていた。経済調査会に次いで多くの人員を送り出していたのは鉄道建設局とその関連部局であるが、これは**表15**では三三人(各地の建設事務所よりの一四人を合算したものか)全員が鉄道班に派遣されている。計画部所属の二三人のうち一〇人は工業班に派遣されていたのである。こうしてみると乙嘱託班は満鉄経済調査会のメンバーを中核に構成されていたといっても過言ではあるまい。その意味では、満鉄経済調査会は、軍に全面的に協力して華北侵略に邁進したこととなる。

二　華北資源調査活動の展開

こうして各班は一九三五年一一月時点からいっせいに調査活動に着手した。調査活動は、第一次（昭和一〇年度）および第二次（昭和一一年度）からなる約一年半をもって完了が見込まれていたが[12]、工業・経済の二班については、第二次調査のみで三六年三月をもって終了することが予定されていた[13]。この方針にしたがって、乙嘱託班六班のうち、工業および経済班は昭和一〇年度調査が終了する三六年三月をもってその調査を打ち切り、残りの班は引き続き昭和一一年度調査を継続実施した。では、なぜ、これら工業、経済の二班は三六年三月をもって調査を打ち切らざるを得なかったのか。これについて、両調査班の調査概要をみてみることにしよう。

まず、工業班であるが、この班は当初、天津、済南、青島を主体に一九種の工業につき、「所謂工業立地条件的考察による調査方法と本邦資本の進出の余地といふ点に重点を置き其の対策を進めた[14]」のである。しかるに、現実には紡績工業をはじめに、八種類の調査にとどまり、また、工業班が出した結論も「現地調査の困難及蒐集資料の不充分さは満足なる結果は得られなかったが日本大陸政策遂行の一資料として一応取纏めることゝした[15]」程度にとどまった。

金融、関税、貿易、農業及び合作社を調査対象とした経済班にいたっては、調査成果はますます惨めなものになっていった。まず、経済班の「総括」の弁を聞こう。

「昭和一〇年一一月三日国民政府は幣制改革を断行し之が実施を各地に通告し北支の支那当局も亦之を遵守実行に着手した。此の幣制改革の通告は恰も乙嘱託班の設置後に発表せられ、これが為日本側の自主的乃至指導的立場よりみたる北支の通貨対策は全く封ぜられた姿となりて従て経済班に於ても北支の通貨工作に関しては、之が立案を中止し姑《しばら》く国民政府の幣制改革の推移を注視し、其の成績を調査する」[16]受身の姿勢に終始することを余儀なくされたのである。このようにして、総務を除く乙嘱託班五班のうち、鉱山、鉄道、港湾を残し、工業、経済の両班は三六年三月で、その調査活動を打ち切った。

だが、中国側の抵抗による現地調査の困難さは、活動を展開していたほかの班にも大なり小なり言えることだった。なぜなら、三五年一一月に国民党政府が実施した幣制統一事業の成功裏の展開は、国民党による中国統一の進行を示す一つの指標であり、華北におけるこの事業の展開は、国民党政府による華北への政治・経済支配の急激な進展を傍証していたからである。たしかに三五年一一月に冀東防共自治委員会が、翌一二月に冀察政務委員会が誕生するが、冀東防共自治委員会はともかく冀察政務委員会は、日本の軍部の意のままというわけではなかったし、日本の密貿易（冀東密貿易）は中国側の激しい反発を招き、反日機運をいっそう助長させた。他方、蔣政権は幣制改革以降欧米との関係を深めながら日本の華北分離工作に対する反対の姿勢を強めはじめた。このことは「北支を中支から独立させ」て新政権を樹立させることを意図していた日本軍部に大きな打撃を与える結果となり、そのための基礎調査を目的とした甲、乙、丙嘱託班の調査前提を揺るがす結果を生み出していたのである。事実、支那駐屯軍の以下の記述は、そのことを裏付けているといっても過言ではないだろう。

「乙嘱託班の設置せられたる際には近き将来北支五省に確固たる独立政権の出現する予想の下に調査立案に着手せるも冀東、冀察両政権の出現を見るに及び当初の調査立案計画に多少の変更を加ふるの余儀無きに立至れり。右は新政権が事前の予想に反し親日的色彩希薄なりしに加ふるに独立政権としての根底不確実なりしに基くものにして、之が為中途に於て予定の立案を中止し単に調査の範囲に止めたるもの少しとせず」[17]。

実は、こうした調査活動の困難さは、三六年三月で調査を打ち切った工業、経済二班にとどまらず、他の三班、つまり鉄道、港湾、鉱山班についても言えたのである。次に、これら三班の活動状況についてみてみることとしよう。

鉄道班はどうだったのか。鉄道班の調査範囲は、北寧、津浦、平漢、平綏、膠斉、隴海、正太等の各鉄道沿線に及んでおり、調査課題は、鉄道の現状、新設線状況、自動車道路、水路状況とその改善案の立案だった。調査は三五年一〇月以降、翌三六年一一月まで一年有余をかけて行われた。だが、資料蒐集、現地調査を含め活動は困難を極めたという。すなわち、資料蒐集においては、「……一般に公表せるものは極めて少く多くは秘密扱なる為之が蒐集には多大の苦心と努力を払ひ結局鉄道関係者を買収して之等資料の搬出を計れるも遂に充分なる成果を挙げ得なかった[18]」し、また、現地調査にあたっても、「支那官憲の圧迫予測外に苛酷にして鉄道当局亦極度に調査を忌否せる為言語に絶する辛苦を嘗め[19]」る結果となったのである。困難な状況下で調査した結果、既設鉄道に関しては、調査結果は「詳細を尽せりとは謂ひ難く[20]」、運輸方面の「真相を把握すること不可能[21]」に近く、鉄道収支の「詳細は判明しなかった[22]」という記述のように、実態の正確な把握は困難であり、新設鉄道に関しても、建設費用、輸送客貨数および営業収支予想を提示するにとどまった。

では、港湾班はどうだったのか。港湾班の調査の主たる課題は、「北支産業開発に伴ふ物資呑吐に最適なる地点[23]」を設定するための港湾現地調査であり、さらに進んで、内陸河川、水力発電候補地調査を含んでいた。調査結果をみた場合、港湾調査に関しては、秦皇島、天津、龍口、芝罘、威海衛、青島、連運港の華北七港のうち、位置、築港施設等を考慮した結果、「天津、青島の二港は何れも現在既に相当の港湾施設と後方連絡の設備を有し将来北支五省の開発に伴ひ背後勢力又益拡大され物資の呑吐港として一層其の重要性を生ずるに至らん[24]」と結論づけていた。その他、水運、水力発電事業に関してはその実態調査結果が、また、水運に関しては若干の対策が付記されたにとどまっていた。

次に、乙嘱託班の最重要調査項目を担当した鉱山班の調査実態を検討してみよう。この調査班は、一九三五年一二月以降翌三六年一二月まで一年間にわたり河北、山東、チヤハル、山西、綏遠各省に散在する「国防上必須の鉱業資源」たる金、砂金、鉄、石炭、鉛、銅、クローム等二六種類、一五九鉱山の実態調査を行った。実態調査は位置、地質および鉱床、品質、埋蔵量、開発は有望か有望でないかについて行われ、鉱山班は、一五九鉱山のうち五三鉱山が有望だと判断していた。(25)

最後に自動車隊調査および給水調査隊の活動状況をみておこう。前者、自動車隊調査は、「自動車交通並道路の実態」を中心に、「省別自動車交通事業の現状、省別道路実態、関係法規」(26)を主たる調査事項とし、後者、給水調査隊は、「平漢鉄道及津浦鉄道沿線に於ける給水調査」を主たる課題にしていた。(27)これらの調査は、いずれも他の班の調査に遅れ三六年一月以降計画が立案され、六月下旬から実地踏査に乗り出し、九月に踏査を基本的に完了した。この調査は、軍事作戦的色彩が前面に出ていたために、実地踏査は鉄道同様著しい困難に直面した。前者の自動車隊調査の場合、「主要幹線の実地踏査に際し支那官憲其の他の妨害甚だしく所期の調査遂行不可能となつた右様事由にて遺憾の点多く正鵠なる資料と謂ふを得ざる」(28)という状況だったし、また、給水隊調査の場合には、「恰も日支関係緊迫せる折柄井戸覗きに類する仕事であり且夫れが陣地築造中の各城外の河川クリークを水源としての立場より調査を敢行した事及多数の試験用トランクを携帯して居つた為支那軍並公安当局者より或は軍事的に或は毒物投入其の他疑惑的に看られ常に官憲に取り巻かれつゝ調査を遂行した為完全を期し得ず」(29)という結果に終わったのである。事実、調査結果も基礎データを得るにとどまり、前者、自動車隊調査の場合には冀東地区自動車交通会社設立案、冀察地区自動車交通会社設立案を作成したのみであり、(30)後者、給水調査隊も「給水状態の外廓を窮ふ」程度だった。(31)

ところで、第六部は一九三五年一一月四日付で廃止されている。廃止の理由に関してはソ連調査との関連は前述した通りだが、これに加えて以下のような理由が付加された。

「今般天津事務所設置セラレ上海事務所ト共ニ現地ニ於ケル調査立案ニ関スル事務ヲ統轄処理スルコトトナリタ

図7　冀東地区略図

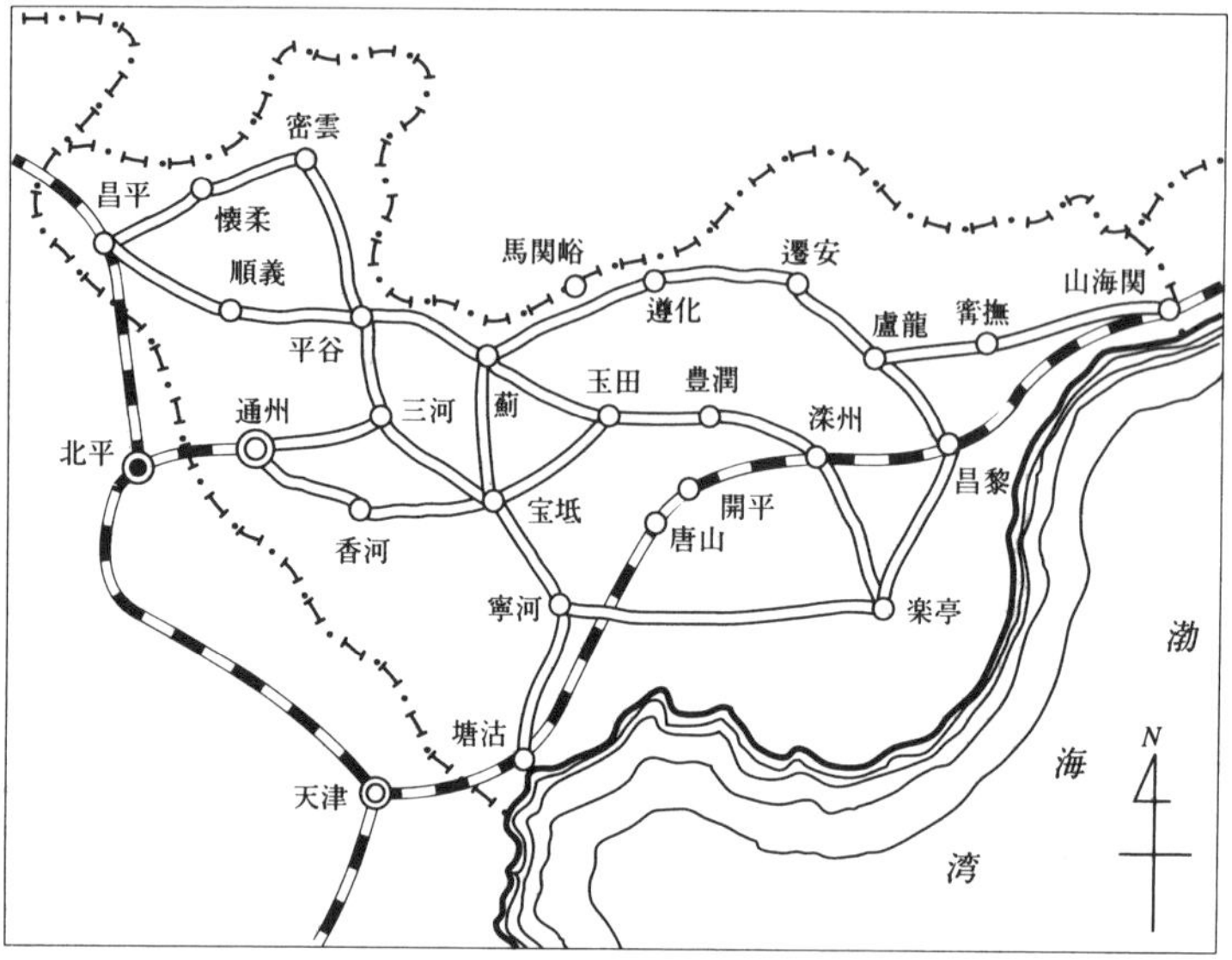

出所：渡辺剛編『冀東』東亜人物研究所、1937年。

ルト共ニ対支経済調査並立案ニ関スル業務ハ益々広汎多岐ニ亙リ経済調査会本部ノ機構ニ於テモ特定ノ一部ヲシテ之ヲ管掌セシムルヨリモ満洲ニ於ケル調査立案ト同様夫々事項別ニ経済調査会各部ヲシテ管掌セシムルコト必要且妥当ト認メラルルニ由リ経調第六部ヲ廃止シ其ノ所管事項ヲ経調各部ヲシテ分掌セシムルコトト致可然哉仰高裁(32)」。

こうして同年一〇月、満鉄天津事務所が開設されるにともない経調第六部は廃止されたのである。

三　天津事務所の開設と調査活動の展開

経調第六部を中心とした資源調査が極秘の秘密調査であったとすれば、開設された天津事務所が中心となって公然と展開した調査が冀東農村実態調査であった。冀東とは、河北省の東部で北は万里の長城と接し、東は渤海に、南は塘沽から延びて天津へと結び、西は北平と接し(33)（**図7**参照）、面積は約四九〇万町歩、九州に匹敵する大きさで、人口は約六〇〇万を数えていた。一九三三年五月の塘沽停戦協定によって非武装地帯とされた地域であるが、三五年六月の梅津・何応欽協定により日本軍の影響力が強まり、一一月には日本軍の手で殷汝耕を委員長に冀東防共自治委員会が結成され、翌一二月には冀東防共自治政府と改称された。この地域の農村調査を行おうというのが冀東地区農村実態調査に他ならなかった。期間は三六年三月半ばから七月後半までの四カ月半、冀東地域の二五カ村を対象とした調査で、伊藤武雄を調査班長に、小野儀七郎を班長代理に、三一人の調査員が参加するかたちで展開された。(34)

三一人の内訳は、冀東政府から日本語が巧みな三人の官吏、満鉄から二三人、伊藤と小野を除く軍嘱託が五人で、満鉄からの二三人のうち経済調査会からが六人、天津事務所からが四人を数えていた。(35) 冀東全域の状況を把握するために典型選択調査を実施し、短期間に官憲や他機関の協力を得て調査を実施しようというのが出発当初の基本方針だった。(36)

この調査を指揮した初代天津事務所長の伊藤武雄は「天津にいても暇なものですから、私は、有閑時間の活用のために冀東地区十三県の農村実態調査の計画をたてました」(37)と述べていた。伊藤はまた、「天津での経済調査会幹事、天津軍顧問、天津事務所長としての一カ年半は日中戦争勃発前の風雲急な時期にあたるが、私は冀東農村実態調査のほかは、仕事らしい仕事はしていません」(38)とも言っていた。この伊藤の回顧談については疑問をさしはさむ論者が多い。原覚天は、伊藤が軍のバックアップのもとで展開したこの調査に関し「軍ならびにそれに呼応した満鉄の一連の動きを背景とするものであり、彼単独の思いつきによるものだったと見ることはできない」(39)と述べ、野間清も対談のなかで控え目ながらも、伊藤が乙嘱託班の組織化から天津事務所の設立、そこでの調査活動にいたるまで軍と結びついて動いていた可能性を指摘している。(40) 冀東地区農村実態調査報告を読む限り、この調査を「有閑時間の活用」だったと考えるのは困難である。伊藤は軍の嘱託として調査を指揮し、冀東政府から三人の官吏、バスのチャーターを受け、官憲の庇護を受けて村に入り実施した調査であり、彼が言うように暇つぶしに調査班を組織したと理解することには無理がある。むしろこの調査は軍と一体化した、軍の統治上必要な基礎調査であったというべきだろう。

調査班は三六年四月二二日に入村し、五月一五日には第一回報告会を行い、七月二五日には伊藤の手で「総括概況報告書」が脱稿されている[41]。そこでは村落の様態、土地所有関係、自治形態、小作制度、公課負担、農村金融、灌漑など一五項目に関する調査が整理されていた。

作成された調査報告書は第一部が冀東地区内二五箇村農村実態調査報告、第二部が冀東地区内十六箇県県勢概況調査報告、第三部が冀東地区内農村産業特別調査報告、第四部が第一回冀東地区内選択農村実態調査概要報告であった。

第一部では表題通り冀東地区内二五カ村がその調査対象となっていた。各村政府機関の役人を同行しての入村調査であったが、村民は警戒してなかなか調査に応ぜず、拒否もあり虚偽もありで、真相に接近するには時間不足だったと報告書の随所で述べている[42]。また村落住民の声として、冀東政府が何たるかを知らざるものが多く、冀東政府は日本人がつくったものであり、冀東政府ができても少しも改善されたところがないこと、政府がなんであれ村民は鼓腹の生活を望むなどといった意見を紹介している[43]。こうした制約条件はあるが、第一部では二五カ村の概況、公租公課、小作慣行、生産状況、経営規模、農家経済、移民・出稼ぎなどが村ごとに記録されている。第二部では「第一部の部落調査と第二部の県政概況とは、部落所属県として不可分離関係に在ると見得れども、各県に関する諸数字は所謂支那官憲統計にして其信憑度頗る薄きこと（夫れ故にこそ、実態調査を施行したるもの）周知の通りなるを以て、各班の最も努力したる部落調査との価値同一ならず（本調査成績中には、必ずしも然言ひ得ざるものなきにしもあらざれど）との見地より、之を分離編輯せしめたり[44]」と述べていた。県レベルでの県政概況、行政沿革、産業概況、移民、治水灌漑、教育、治安状況が記述されていた。第三部では冀東内の五県に焦点を絞って県レベルでの土布産業、製紙業、棉作、果樹栽培、畜産の概況を論じていた。第四部では、計画と経過報告、調査成績概評、総括概観報告が記述されていた。

これらの調査がどの程度実際の統治に生かされたのかは定かではない。しかし冀東自治政府が日本軍の意向でつくられたということは、この調査報告をみる限り中国の村民に広く知れわたっていたことがわかろう。

天津事務所調査課の活動は、これだけにとどまらない。冀東農村実態調査も三七年四月下旬から五月にかけて、平谷県、宝坻県、豊潤県、昌楽県に焦点を当てた第二次冀東農村実態調査が実施される。第二回の調査は、それぞれ穀作、土布、綿花、果樹の生産を主とする県を選択して調査を実施した。[45] また天津事務所調査課は、盧溝橋事件勃発前の三七年六月までに『北支経済資料』というかたちで、おびただしい数の調査資料を出版していた。調査範囲は、鉄道、港湾、貿易、棉作、工鉱業、農業、畜産、果樹園など多方面にわたり、調査報告書の出版数は事変直前の三七年五月までに三八輯に上っていた。このなかには先の第二次冀東農村実態調査と関係した調査報告の一部も散見されるが、極秘と打たれた『北支経済資料』第五輯『冀東地区の貿易概況と関税事情』(一九三六年二月)も含まれていた。「序」に「冀東地区の対満陸境(長城線)及海路に於ける貿易状況並関税事情併せて密貿易の状況を概略記述せり」[46]とあるように、「冀東密貿易」と称された「貿易」の実態が、巻末に収録された統計資料とともに記述されていた。

四　中国幣制統一事業の展開

国民政府の幣制改革と満鉄上海事務所

以上、軍部がおし進めていた華北分離工作の経緯とその活動内容について論じた。

では、華北分離工作をおし進め「第二満洲国」を華北五省につくり上げるという日本軍部の当初の構想は、なぜ破綻したのだろうか。中国民衆の反日気運の高揚が一要因であったことは乙嘱託班の記録のなかからもその一端が窺えよう。乙嘱託班の記録をまつまでもなく、当時の日本軍部の行動に対して中国民衆の反感は高揚しはじめていた。[47] 日本軍部の意図を挫いた直接的要因は、こうした雰囲気のなかで一九三五年一一月国民政府が実施した幣制改革の成功だった。乙嘱託班自身が、この改革の結果、「日本側の自主的乃至指導的立場よりみたる北支の通貨対策は全く封じられたる姿」になったと告白していた事実を想起する必要があろう。日本の華北分離工作を破綻においやった国民政府の幣制改革が成功を収めた一カ月前の一九三五年一〇月上海事務所は調査係を設置し中国国民党の幣制統一の動きに関する調査を開始、翌三六年五月その成果を満鉄上海事務所名で『恐慌の発展過程に於ける支那幣制改革の研究』として上梓した。それ以前は「満洲の事態が調査員の総てを満洲に呼寄せた」ため上海を中心とした中国金融調査は手薄であったが、ここに来て急遽調査を開始、結果をまとめるにいたったという。[48] 以下、当時の満鉄調査部の研究を中心に、中国側の幣制改革の動きを見てみよう。

（1）国民政府の幣制改革

一九三五年一一月三日、国民政府は幣制改革を宣言した。この結果、従来の多種多様なまみの銀貨の流通は禁止され、これと兌換された国民政府系銀行の紙幣（中央、中国、交通の三銀行券、一九三六年一月以降これらに中国農民銀行券が加わる）が法幣とみなされ、中国での唯一の通貨とされた。ながくつづいた銀本位制（広義の意味であるが）を放棄し管理通貨制度に移行することにより、最後の、そして最大の銀本位制国である中国は世界通貨史上からその姿を消した。

では、一九三五年時点で一国の幣制が変化するという一大変化が、なぜ、この時点で中国に生じたのか。換言すれば、国民政府はなぜこの時期幣制改革を実施しえたのか。また、この幣制改革の成功は、なぜ日本軍の華北での工作を破綻に導いたのか。以下、この二点に絞り検討を進めよう。[49]

（2）国民政府の幣制改革実施の条件

一九三五年一一月時点で中国の幣制が変化した理由を検討する前提として、幣制改革前の中国の通貨流通状況をみておく必要があろう。幣制改革前の中国では、比較的早くひらけた中国沿岸部を中心にメキシコ銀貨、香港ドル、円銀といった外国通貨が流通し、さらに奥地では銅貨が大勢を占めるという状況で、これに中国で鋳造された袁世凱銀貨や地方銀行、軍閥が発行するおびただしい種類と量の紙幣や銭荘の発行する銭票が重なるかたちで[50]、「通貨は複雑と混乱とを極[51]」めていたといわれていた。

だが、こうした中国の幣制の混乱も、一九二〇年代後半以降の国民革命の高揚と蔣介石による全国統一の動きのなかでそれを克服する動きがあらわれはじめた。それを象徴的にさし示すものは、一九二八年六―七月にかけて上海および南京でそれぞれ開催された全国経済会議および全国財政会議であった[52]。国民革命軍が北京をはじめ華北の長城線以南を占領し、奉天軍閥を東北に駆逐した後、換言すれば、軍閥割拠による中国支配の時代が基本的に終わりをつげ、国民党による全国統一の見通しが一定程度たち、以降の中国の国内建設計画が具体的課題となったところで、その一環としてこの会議は開催され、幣制統一を含む通貨・財政問題が論議されたからである。統一政権設立の見通しのもとでの統一市場と統一通貨圏の形成が現実問題となったといいかえてもよいだろう。

では、この会議でどのような方向が決定されたか。全国経済会議の論議によれば、まず幣制統一や財政整備の前提として中央銀行の創設と銀行制度の整備を強調する。しかる後に新たな純銀単位を有する新国幣を発行し、これをもって従来流通していた多種多様な通貨を回収し以降国家が発券の権限を握ることで幣制統一事業を推進する。その際、究極的に採用すべき幣制は金本位制であるが、いっきょにこの方向をめざすのではなく、まず両を廃し元をもって統一する「廃両改元」政策を実施し、しかる後に金本位制に移行する二段階移行案を提唱していた。この「廃両改元」は上海造幣廠の設立と新国幣の発行をまって一年間の準備期間を置き一九二九年七月に実施する予定だった[53]。この論議をふまえ一九二八年一一月には中央銀行が創設された。

だが、この基本方向は、一九二九年の世界恐慌の勃発による国際国内情勢の変化と一九三一年九月の満洲事変の勃発、関東軍の満洲占領によって大きな変更を余儀なくされた。まず、満洲事変の勃発と関東軍の満洲占領は中国に何をもたらしたか。一つに、関東軍の満洲海関接収が中国側の主要財源である海関収入の減少を生み、中国国内経済建設と幣制改革事業に大きな打撃を与えたことである。[54] 満洲国建国後の一九三二年六月に、「満洲国関税自主宣言」を発した関東軍は、翌三三年一月までに満洲の全海関の接収を完了し海関収入の上海輸送を拒否してこれを満洲国建設の主要財源に利用した。[55] 一九三二年の満洲海関収入は二、六〇〇万元と推定され、[56] これをおさえた関東軍は、この海関収入を最も確実な歳入として予算を組んだが、[57] その際、この関税収入は、一九三二年度の満洲国全歳入の五三パーセントを占めていた。[58] 国民政府の幣制改革と経済建設に充当されるはずの満洲からの海関収入が、そっくり満洲国の新国家建設に充当されたことになる。実際、満洲国の建国は、海関の接収がなければ財政的になりたたなかったといっても過言ではない。二つに、関東軍の満洲占領は、中国側にとってみれば、満洲市場の喪失を意味した。一九三二年以降、満洲、中国間の交易は減少し、日本がそれにとってかわった。とくに、一九三〇年代中期、つまり、日本の満洲統治機構が整備されるにつれて、満洲、中国間の交易は急激にその比率を落としていったのである。この結果、全体の四―五分の一を満洲市場に依存していた中国紡績業は、上海事変の影響ともあいまって大きな打撃をうけた。[59]

この満洲事変による満洲占領が中国に与えた影響に、一九二九年の世界恐慌の勃発、その拡大による国際情勢の変化が加わるかたちで中国の幣制改革の方向は大きく変更を余儀なくされた。国際情勢の最も大きな変化は、主要な欧米諸国が金本位制を離脱し管理通貨制度へ移行したことだった。これによって、中国が向かう金本位制という最終目標が失われると同時に、金のリンクを離れた銀が国際的投機商品に転化するなかで中国の銀本位制が大きくゆさぶられる結果となったのである。一九三三年六月開催されたロンドン世界経済会議の一環として一九三三年八月に主要銀消費国と主要銀生産国八カ国の間で締結されたロンドン銀協定はその出発点であった。[60] ロンドン銀協定の締結によりアメリカは、国際協定に裏付けられて事実上、大量の銀を買上げることが承認されたからである。この協定締結の結果、恐慌期下落していた銀価格は上昇する傾向を示し、世界最大の銀貨国中国の幣制に影響を与える可能性を含んでいた。国民政府財政部長孔祥熙が一九三四年三月、この協定の批准に際し、「本協定が銀価安定の精神に合せずと認めたるときは、自由に適当の行動を取る旨を声明す」[61]と付帯条件をつけていたことは、そうした危惧の念を表明したものと判断してさしつかえなかろう。

だが、孔祥熙の恐れていた事態はすでに進行していたのである。一九三三年一二月に、アメリカは「新産銀買上法」により銀買上げを開始し、一九三四年六月の「銀買上法」の制定により新たに金属貨幣準備における銀の比率が金銀全体の四分の一に達するまで財務省は国内外の銀の購入を義務づけ、そして、一九三四年六月にはアメリカから銀の流出を阻止すべく「銀輸出禁止令」を公布し、つづいて八月には「銀国有令」を制定し銀価格を吊り上げて世界中の銀のアメリカへの吸収をはかったのである[62]。

当時、アメリカがこのように国際的規模で銀価格を吊り上げ、銀吸収をはかったのはなぜなのだろうか。銀価格の上昇が銀貨国(具体的には中国)の購買力を増し、対中貿易の拡大によりアメリカの恐慌離脱に寄与する、というのがアメリカの上院議員ピットマンら、この銀買上政策をおし進めたメンバーの主張だった。だが、この主張は理論的に正しいものではなかった。現実に、このアメリカの銀買上政策が実施された結果、後述するように、中国は金融恐慌にみまわれ、貿易は減少することはあっても増大することはなかったからである。にもかかわらず、前述したロンドン銀協定以降、おりあらば銀価格の上昇をはからんとしたピットマンらの主張が、一九三四年時点で「銀買上法」「銀国有令」という形でアメリカの主要国策となった理由はどこにあるのか。国内的要因を考えれば、世界恐慌以降、その脱出を模索するなかで、アメリカの銀鉱山業者の利害が農業不況に悩むアメリカの西南部農民の要求と結合し、あわせ中国市場への輸出拡大を志向するアメリカ西海岸の企業の利害をつつみこむ形で、ルーズベルトにとって無視できぬ議会勢力になってきていたことがある。だが、この点に関しては日本銀行調査部の興味深い分析と指摘がある。それは、インドのルピー銀貨を媒体にしてアメリカがイギリス市場に食いこむ意図があったというのである。当時、インドの場合、ルピーは、イギリスのポンドとリンクした金為替本位制であり、ために、アメリカの銀買上政策の結果、銀価格が上昇し、これと関連してルピー銀貨が高騰する状況を呈していた。それに対応するには、インドの対ポンド為替相場を切り上げてルピーの限界相場を引き上げるか、さもなければ、ルピー銀貨のかわりに純銀含有量の低い銀貨を鋳造するかしなければならなかった。前者の道をとればインド経済は混乱におちいり、後者の道をとればインド民衆の通貨不信を買う結果となる。いずれの道も採用せずにこれを回避することを望めば、ポンドの対ドル為替相場を引き上げる以外に道はないであろう。この道を採用すれば、イギリスはアメリカに対する輸出競争力を著しく減ずる結果となる。[63]このように、アメリカの銀買上政策は、インドルピーを媒介にポンド切り上げの圧力となったのである。こうした連関を見ればアメリカの銀買上政策の意図は、大変グローバルであったといえよう。

では、この一九三四―三五年時期の銀買上政策は、中国にいかなる影響を与えたのか。アメリカの銀買上政策は、中国からの銀流出を生み、中国経済をデフレの嵐のなかにまきこむ結果となった。このデフレ過程の最大の被害者は、一九三三年三―四月に国民政府が実施した「廃両改元」以降その力を減じ新式銀行群の傘下に急激に組みこまれつつあった銭荘だった。**表16**は、上海における銭荘の営業数および原因別営業停止件数調査であるが、一九三四―三五年時期の上海での銭荘の後退の姿がよみとれよう。この統計は上海の動向をさし示したものであるが、上海以外でも、南京で一九三一年当時六一家あった銭荘が三五年には二五家に、鎮江では三〇家が四家に、無錫では一八家が六、七家にそれぞれ減少しており、恐慌、「廃両改元」をへたなかでの銭荘の後退が上海にとどまらなかったことを示している。[64]これとは逆に、この恐慌過程で、国民政府は、中央銀行を頂点に、中国、交通両銀行に加え、中国農民銀行を新設し、そこへの支配を強めつつ、従来、銭荘の独壇場だった手形交換事業に食いこんでいったのである。一九三三年三月に上海に銀行の手形交換所が創設されるにともない、銭荘の手形業務は、しだいに銀行に蚕食されて

表 16　銭荘営業戸数および営業停止件数（上海）

	銭荘戸数	資本金	銭荘営業停止数			
			整　理	営業停止	改　組	合　計
	家	千元	家	家	家	家
1929年	77	18,527	3	1	—	4
1930	77	19,378	2	1	1	4
1931	76	20,245	4	1	—	5
1932	72	21,385	4	—	3	7
1933	68	21,798	4	—	—	4
1934	65	20,702	2	5	—	7
1935	55	19,380	2	1	—	3

注：① 整理とは、徐々に帳簿を清算整理していったもの。
② 営業停止とは、突然閉鎖したもの。
③ 改組とは、商号あるいは組織の変更を示す。
④ 資本金額は明示がないが、千元が単位だと想定される。
出所：魏友棐「近 15 年来之上海銭業」（『銭業月報』第 16 巻 1 号、1936 年 1 月）114 頁、「支那新式銀行の現勢と其の将来」（『満鉄調査月報』第 16 巻 10 号、1936 年 10 月）47 頁より作成。

表 17　銭荘・銀行手形交換額

	銭荘手形交換総額（A）	銀行手形交換総額（B）	合計（C）	（A／C）	（B／C）
	千元	千元	千元	%	%
1932年	22,715,166	—	22,715,166	100.0	—
1933	20,274,442	1,855,252	22,129,704	91.6	8.4
1934	21,830,587	3,222,118	25,052,705	87.1	12.9
1935年10月	2,324,065	367,008	2,691,073	86.4	13.6
1935年11月	2,087,602	402,811	2,490,413	83.8	16.2

出所：前掲「近 15 年来之上海銭業」115 頁。

いった。その一端を**表17**のなかにみることができる。この表で、銀行がとりあつかう手形交換額は、古い伝統を有する銭荘に太刀打ち不可能だが、急激な伸び率には注目する必要があろう。一九三三―一九三五年の恐慌進行過程で、銀行資本は国民政府との癒着を深めつつ銭荘の基盤に食いこんでいったのである。

イギリスがリース・ロスの派遣を決定したのは国民政府と新式銀行が恐慌過程で着々とその基盤を強化していた一九三五年六月のことだった。日本、中国に出発するにあたり、関係各方面の意向を打診してリース・ロスがえがいたプランは、一千万ポンドの借款を満洲国に与え、満洲国は、中国国民政府の満洲承認を前提に、満洲国喪失の代償として、この一千万ポンドを中国に譲渡する。こうして極東におけるデタント体制をつくろうという案だった。[65]リース・ロスはアメリカ政府の意向を打診することなくカナダ経由で同年九月日本に立寄り蔵相高橋是清をはじめ主要人物と会見し、対中国共同借款への意志を問いただしたのである。明確な返事もえられぬままに離日し中国に向ったリース・ロスは、上海到着後、同様の提案を中国側に示すが、中国側からも承認がえられぬままに、このプランそのものは挫折を余儀なくされるのである。当時、関東軍を中心に華北分離工作がおし進められていた状況を考慮すれば、日中両国が、このリース・ロスの提案に乗ることは事実上不可能だったといってよい。こうしたリース・ロスの動きとは別に宋子文、孔祥熙は財政顧問のロックハート、リンチ、ヤングらと新たな中国幣制改革のプランを作成していた。それは、中国、中央、交通の三銀行券を法幣とし、通貨発行権を中央準備銀行の性格をもつ中央銀行に集中し、銀行および民間所有の銀の国有化を図り、この銀を売却することで外国為替準備を確保し、あわせて借款をうけいれ、ニッケル、銅の補助貨を発行して幣制改革を実施するという案であった。[66]この案は、折りから中国訪問中のリース・ロスの賛同をうけた。さらに、一九三五年一〇月には、この案が煮詰められる形で、一九三五年一一月三日実施の骨子案が作成されたのである。国民政府首脳は、外国人顧問の助けをかりて、ほぼ一九三五年九—一〇月頃には幣制改革原案の作成を完了していたといってよいだろう。

(3) 幣制改革の実施

一九三五年一一月三日、幣制改革が断行された。一一月三日の財政部布告のポイントを示せばつぎのようになろう。まず第一に、一九三五年一一月四日以降、中央、中国、交通の政府系三銀行発行紙幣をもって法幣となす。第二に、前記三銀行以外の通貨の新規増発は許さないが、従来流通していたものについてはさしあたり流通させ、一定期間をもうけて法幣をもって回収する。第三に、法幣準備金の保管およびその発行、回収、兌換事項は、発行準備管理委員会を設置してこれを処理する。第四に、銀貨、地銀等は、その銀含有量に応じ法幣と兌換しなければならない。

第五に、従来、銀本位貨幣単位をもって締結された契約は、満期とともに法幣に基づき決算されなければならない。第六に、法幣の対外為替相場を安定させるために、中央、中国、交通の三銀行は、無制限に外国為替の売買に応じなければならない(67)。つまり、それ以前、元単位の各種通貨および紙幣が流通していた中国の貨幣制度を改め、中央、中国、交通三銀行が発行する紙幣を法幣とし、これをもって各種銀貨および紙幣を回収し、さらに外国為替の無制限売買を通じこの法幣の対外為替相場を安定させようとするものだった。

では、この国民政府の幣制改革は成功したであろうか。この幣制改革の成否は以下の諸点にかかっていた。一つは、国民政府の指令がどこまで中国全土におよぶか、であった。とくに、一九三五年一〇月時点の中国政治情勢をみれば、広東、広西、華北地域は国民政府の支配下になく、華北は、前述したように日本軍の工作対象地として流動的状況を呈していたからである。かかる状況下で、国民政府は、一九三六年七月の広東政府の崩壊と国民政府のもとへの編入にともない、この地に幣制統一事業を実施すると同時に、華北では、天津、青島に発行準備委員会支庫を設置してこの事業の推進に努め、華北の銀行が所有する銀の南送に努めたのである。これに対し華北駐屯の日本軍は、華北の現銀の南京への輸送阻止をはかったが、一九三五年一二月七日付電文によれば「諸情報ヲ総合スルニ中央系銀行ノ現銀（北支現銀ノ主部）ハ刻々減少シ既ニ其過半ヲ失ヒタルニアラザルヤヲ懸念(68)」する情況で、華北現銀の南送は「目下ノ政治情勢ニ於テハ之ガ阻止困難(69)」だと判断していた。華北現銀の南送は、日本軍の対華北工作の推進に大きな障害をもたらした。なぜなら、華北の銀行が所有する現銀を資金ファンドに日本軍のヘゲモニーの下で華北の幣制統一事業を実施し、もって「北支を中支から独立させ」て新政権（親日政権）を樹立せんとした日本軍の思惑は、資金面で見事にはずれたからである。華北に親日政権を樹立する際の植民地中央銀行の設立の可能性を軸に華北金融機関を調査してきた日本軍とその調査機関である乙嘱託班は、前述したように、「日本側の自主的乃至指導的立場よりみたる北支の通貨対策は全く封じられたる姿となり」「北支の通貨工作に関しては、之が立案を中止し姑く国民政府の幣制改革の推進を注視し、其の成績を調査する」状況においこまれていったのである。

この幣制改革の成否は、二つに、欧米諸国が、国民政府の幣制改革を支持するか否かにかかっていた。具体的には、銀の国有化にあたり、在中国外国銀行がこれに協力し自己の保有銀を法幣と交換してくれるか否か、また、国有化した銀を有利な条件で売却し、為替安定基金に転換しうるか否か、だった。前者に関してみれば、イギリスは、一九三五年一一月四日以降、在中国イギリス人の現銀使用を禁止し法幣の使用を命じた。また、在中国イギリス銀行は、自己の手持ち保有銀の法幣への兌換に協力した。その際、外国銀行は譲り渡した現銀に匹敵する法幣を獲得すると同時に年五パーセントの利子支給をうけることができたのである。イギリス系銀行を筆頭に、一九三六年一月一〇日までに、在中国日本銀行を除く外国銀行はすべて自己の手持ち銀貨を法幣にかえ、国民政府の銀国有化に協力した。この結果、外国銀行保有の大量の銀貨を国民政府は法幣との兌換で獲得することができたのである。国民政府の幣制改革に外国銀行が協力した理由は、この幣制改革を阻止できないと判断し、手持ち銀貨を法幣と兌換することが有利だと判断したからに外ならない（むろん日本は例外だったが）。この動きは、一九二九年以降の英米の国民政府承認と国民政府の関税自主権の承認、国民政府との連係強化という動きの延長線上にあることだったといってよいだろう。

だが、問題は、後者、つまり国民政府の銀処理いかんだった。この銀の処分問題は、一九三五年一一月三日の幣制統一事業実施前後期から進められ、英米の思惑がからんで複雑な動きを示したが、銀価格の吊り上げおよび買占めの最大の立役者がアメリカである以上、最終的には米中交渉にその解決を求めざるをえなかったのである。その際、中国側は、いかに有利な価格で銀を売却するかにその主眼があり、アメリカ側は、中国の銀売却の動きのなかで、これをどのように有利に利用するか、が重要だったのである。一九三六年四月、中国側は、上海商業儲備銀行総経理陳光甫を団長とする経済使節団をアメリカに送り、同年五月に銀処分をめぐりアメリカと銀協定を締結した。この協定の結果、中国は七、五〇〇万オンスの銀をアメリカに売却し、三、四〇〇万ドルの為替基金をアメリカに置くことが可能になったのである。[70] その際、アメリカは、法幣のドルリンクを強く希望したが、中国側はこれを拒絶し、いかなる国の通貨ともリンクすることなく法幣の対外価値の維持をはかる政策を実施していった。

以上、幣制統一事業の経緯を検討したが、最後に法幣による旧通貨回収はどの程度実施されたのか、をみてみることとしよう。史料的制約で、その回収経緯を詳細にたどることは不可能だが、在上海大使館石井光次郎の有田外相宛電文によれば、一九三六年八月までに六五パーセントの回収実績をあげ、[71] 一九三六年「年末迄ハ殆ンド全部ノ回収ガ期待セラル、ニアラザル乎[72]」と報じ、また、同じ外務省外交史料館史料綴によれば、幣制改革着手二カ月後の一九三六年初頭ですら、上海を中心とした都市部では、八一・一八パーセントの回収実績を上げたことが報告されていた。[73] この数値が正しいと仮定すれば、国民政府の幣制改革は大成功を収めたとみるべきだろう。

日中経済提携路線の具体化

国民政府の幣制改革の成功と日本軍の華北工作の一頓挫は、日中両国にどのような新しい動きを生みだしたのであろうか。幣制改革と前後する一九三五―三七年時期、日中間に生じた新しい動きは、日中経済提携の具体化だった。三五年一〇月の中国実業団の訪日と三七年三月の日本実業団の訪中の動きはそれを如実に物語る。前者、三五年一〇月の中国実業団の訪日は、この時期、アメリカの銀買上政策の結果生じた、中国のデフレ恐慌と貿易停滞のなかで対日貿易促進を図る点に中国側の主たる目的があったし、三七年三月の日本実業団の訪中は、三五年以降の幣制改革に対する日本側の非協力的態度を変更する点に主たる目的があり、おのおの、その意とする点に相違はあったが、両者の基底には、日中間の貿易促進という、軍部の華北分離工作と異なる動きが存在していたのである。

一九三五年一〇月の中国実業団の訪日の直接的契機をさぐるとすれば、三五年八月八日の孔祥熙国民党財政部長の須磨総領事宛の申し出であろう。つまり「銀行、紡績並ニ一般実業界ノ巨頭ヨリ成ル支那実業視察団ヲ八月下旬赴日セシメ度、右ハ一般実業視察ヲ目的トスルモノナルモ旁日支紡績合作具体案ノ研究ニモ資シ度考ナルニ付日本側ノ意向承知シ度」[74]と。これをうけて、外務省は、八月中旬、須磨総領事に対し、「該視察団ノ出発ヲ少シク延期セシメ其間我国内ノ空気ヲ醞醸セシムルト共ニ（一部ニ反対論アリタリ）我実業家等ニモ研究準備ノ余裕ヲ与フルコト必要」[75]と訓令した。外務省としては一部の反対論、つまり、中国側の真意は、「親日的態度を表示して米国牽制の策に利用せむ」[76]としているという軍部の主張を配慮していたわけである。これに対し、孔財政部長は、八月二〇日再度「観光旁日本ノ実情視察ヲ希望」[77]する旨要請し、外務省は、「視察団ノ目的カ単ナル観光ナルニ於テハ何等差支ナシ」[78]として、これをうける形で、中国実業団の訪日が具体化されていったのである。このように、中国側が訪日を期待した理由は、前述した三五年時点での中国経済の混乱を背景に、これを脱出するために、まず民間レベルにおける日中関係の改善を[79]、具体的には、山東方面で全国経済委員会が実施していた棉花改良増産をふまえ対日棉花輸出を図り対日貿易を促進する点にあった[80]。三五年一〇月九日、中国実業団が日本を訪問した。**表18**は、この時訪問した中国実業団のメンバーである。団長呉鼎昌をはじめ知日派が含まれていることがわかろう。一行は、東京をふりだしに、大阪→京都→神戸→奈良→名古屋を経て東京に一〇月二二日に戻り、この間、各地の政財界指導者と会談し[81]、親善を深め、その成果として日華貿易協会が設立されたのである。たしかに「旅行の結果としては日華貿易協会ができただけ」[82]でみるべき成果はあげえなかったが、訪問した中国側のメンバーが主に北京、上海に拠点をもつ銀行家のリーダーだった点に注目したい。この時期の中国の金融逼迫状況を回避し、これを救済していくことの重要さと日本への期待の大きさが理解できるだろう。しかるに日本側は、政界、財界、軍部ともどもこれに積極的に応える動きはなんら示さなかったのである。

中国実業団の帰国後一〇日たらず後の三五年一一月三日、中国国民政府は幣制改革を断行した。その間の経緯、そ

表 18　訪日中国使節団名簿

	出身地	年齢	出身校	職業
団長・呉鼎昌	四川省	53	東京高商	塩業銀行総経理、四行儲蓄会総務主任
団員・陳輝徳	江蘇省	56	ペンシルヴァニア大	上海銀行公会々長、上海商業儲蓄銀行総経理
〃　兪佐庭	浙江省	48	—	上海市商会々長、四明儲蓄会総経理
〃　周作民	江蘇省	52	京都帝大	北平銀行公会々長、金城銀行総経理
〃　黄賢彬	江西省	58	—	漢口商会々長、漢口大孚銀行董事長
〃　栄宗敬	江蘇省	63	—	申新紡織紗廠総経理、福新麺粉総経理
〃　劉鴻生	浙江省	49	上海セントジョンズ大	招商局総経理、大中華火柴公司総経理
〃　徐新六	浙江省	46	イギリス・バーミンガム大、その他	浙江興業銀行総経理
〃　唐寿民	江蘇省	44	—	交通銀行総経理
〃　銭永銘	浙江省	51	神戸高商	大陸銀行董事長、中興煤鉱公司総経理
〃　郭　順	広東省	51	—	支那紡績連合会々長、永安百科公司総経理、永安紡績紗廠総経理
〃　胡筠庵	—	—	—	中国綿業有限公司当務董事
〃　黄江泉	—	—	—	中国酒精有限公司当務董事長、建源公司総経理
〃　南　夔	—	—	慶応大学	湖北省銀行々長
〃　祝樹網	—	—	東京高工	武昌裕華紗廠々長
団秘書長・劉展超	—	—	—	交通銀行信托部経理
団秘書・周文彬	—	—	—	交通銀行秘書
〃　郭在淇	—	—	—	東亜興業株式会社嘱託
〃　周錫経	—	—	—	塩業銀杭拡行分行経理
事務員・千立沈	—	—	—	

出所：東洋協会『東洋』1935 年 11 月号、63 頁。

表 19　訪中メンバー

氏　名	職　歴
児 玉 謙 次	横浜正金銀行頭取
飯 尾 一 二	同興紡織社長
石 田 禮 助	三井物産常務取締役
堀　　　新	大阪商船社長
豊田利三郎	名古屋商工会議所副会頭
大 平 賢 作	住友銀行常務取締役
加藤敬三郎	朝鮮銀行総裁
藤山愛一郎	日本糖業連合会理事長
秋 山 昱 禧	三菱合資参与
三宅川百太郎	日本生糸社長
宮島清次郎	日清製粉社長
庄 司 乙 吉	東洋紡績社長
油 谷 恭 一	日華実業協会

出所：人事興信所『人事興信録』(1937 年度版) より作成。

の後の状況については、すでにのべたのでここではくりかえさない。日中経済提携の動きが再度登場してくるのは、二・二六事件をへた後の一九三七年に入ってからであった。三七年にいたるといくつかの点で従来と異なる動きがでてきた。一つには、この時期になると中国市場を除く第三国市場への綿布輸出が限界につきあたり[83]、「日本は世界各地の市場において種々の障害を蒙りつつあるが、比較的自由のきく市場は支那なり」[84]という形で、中国市場への輸出拡大志向が綿紡績資本のなかで頭をもたげてきたのである。いま一つは、この時期になると三五年一一月に国民政府が実施した幣制改革事業の成功裡の展開と中国統一の覇者は国民政府であることが誰の目にも明らかになり、その結果、日本のとってきた幣制改革への非協力方針が変更を余儀なくされてきたからである。対中貿易の拡大と幣制改革への協力の意図をこめて、三七年三月一五日、横浜正金銀行頭取児玉謙次が団長となり、日本の財界代表一二名をともなって中国を訪問した。上海で合流した三名を除く一三名の日本代表メンバーは**表19**に示す通りである。中国貿易と深いかかわりあいをもつ物産、綿花、砂糖部門の代表、それに中国と金融的に深いかかわりあいをもつ横浜正金銀行の頭取が訪中メンバーに加わっている点に着目願いたい。

日本の訪中実業団は、三月一六日の蔣介石・児玉会談を皮切りに、孔祥熙、宋子文、張公権、呉鼎昌、周作民ら国民政府首脳、ホール・パッチら国民政府顧問と会談を重ねた[85]。日本の訪中実業団に対し「蔣政権の要人と財界連中の歓待は薄気味悪く感じた程盛大であり懇切を極めた」[86]が、日中間の最大の対立点は、日本軍の華北工作問題だった。児玉自身、彼の回顧談や報告書のなかで「今回の渡支によつて支那朝野の人々が如何に北支の形勢を重大視しているかが分つた」[87]とのべ、また「吾人平和的ノ会談ニ障害ナリシハ何ント云テモ広ク言ヘバ北支、狭ク言ヘバ冀東問題ナリ」[88]とのべているように、「(イ)、冀東政府、(ロ)、特殊貿易、(ハ)、華北一帯を特殊化せんとする日本側の工作、(ニ)、軍用飛行機の自由飛行、(ホ)、特務機関」[89]の解決が先決だった。つまり、華北地域での日本軍の執拗な軍事行動の中止が中国側から提示され、日本訪中実業団は、これへの対応をせまられたからである。この華北問題については、日本訪中実業団はなんらの具体的回答もなさぬままに帰国せざるをえなかったのである。この日本訪中実業団がもたらした唯一の、だがささやかな成果は、在中国日本銀行が、中国側への現銀譲り渡しを実施し、もって国民政府の幣制改革への協力を約束したことにあった。訪中した児玉謙次横浜正金銀行頭取は、「孔祥熙財政部長と話し合い一年前に外国銀行が承諾した同条件で〔現銀の〕引渡しをした」[90]からである。もっとも、それは上海、漢口、広東にある現銀に限られ、北京、天津、青島の分については後日の会談にゆずったのであるが。[91]

注

(1) 本節は満鉄調査部の活動に焦点を当てているので、華北侵略作戦そのものには焦点を当てていない。この点に関しては永井和「日本陸軍の華北占領計画について」(『人文学報』六四、一九八九年)参照。また華北分離工作に関しては、代表的研究として江口圭一『十五年戦争小史』(青木書店、一九八六年)、拙稿「華北占領政策の展開過程――乙嘱託班の結成と活動を中心に」(『駒澤大学経済学論集』第九巻第三号、一九七七年一二月)、中村隆英『戦時日本の華北経済支配』(山川出版社、一九八三年)参照。

(2) 満鉄調査部『支那経済開発方策並調査資料(支那・立案調査書類第二編第一巻其二)』一九三七年、九七頁。

(3) 同右。

(4) 支那駐屯軍司令部乙嘱託班総務班『乙嘱託班調査概要(北支・産業調査書類第一編第一巻)』(一九三七年)四〇七頁以下参照。また、乙嘱託班については前掲拙稿「華北占領政策の展開過程――乙嘱託班の結成と活動を中心に」および、前掲『戦時日本の華北経済支配』参照。なお、甲嘱託班の活動に関する記録は未見である。

(5) 前掲『満鉄経済調査会史料』第四巻、四三四頁参照。

(6) 同右書、第六巻、四七八頁参照。

(7) 前掲『乙嘱託班調査概要(北支・産業調査書類第一編第一巻)』一三―一四頁を参照。

(8) 「北支経済調査実施ニ関スル件」(特一〇号ノ八二)『山崎元幹文書』(小田原市立図書館蔵)。

(9) 前掲『乙嘱託班調査概要(北支・産業調査書類第一編第一巻)』一〇三頁参照。

(10) 同右書、一〇五頁。

(11) 前掲「北支経済調査実施ニ関スル件」(特一〇号ノ八二)。

(12) 同右。
(13) 同右。
(14) 前掲『乙嘱託班調査概要（北支・産業調査書類第一編第一巻）』一四四頁。
(15) 同右。
(16) 同右書、一四八頁。
(17) 同右書、一四六―一四七頁。
(18) 同右書、一五六頁。
(19) 同右。
(20) 同右書、一六二頁。
(21) 同右。
(22) 同右書、一六三頁。
(23) 同右書、一六九頁。
(24) 同右書、一七三頁。
(25) 同右書、一八九―二二七頁。
(26) 同右書、二二八頁。
(27) 同右書、二三一頁。
(28) 同右。
(29) 同右書、二三二頁。
(30) 同右書、二三一頁。
(31) 同右書、二三二頁。
(32) 「経済調査会第六部廃止ニ関スル件」、前掲『満鉄経済調査会史料』第二巻、一〇五頁。
(33) 渡辺剛編『冀東』東亜人文研究所、一九三七年、一頁。
(34) 冀東地区農村実態調査班『冀東地区内二十五箇村農村実態調査報告書』上、一九三六年、二―三頁。
(35) 冀東地区農村実態調査班『第一回冀東地域内選択農村実態調査概要報告書』一九三六年、四―六頁。
(36) 同右書、一―二頁。
(37) 伊藤武雄『満鉄に生きて』勁草書房、一九六四年、二〇四頁。
(38) 同右書、二〇六頁。

(39) 原覚天『現代アジア研究成立史論』勁草書房、一九八四年、七〇八頁。
(40) 石堂清倫・野間清・野々村一雄・小林庄一『十五年戦争と満鉄調査部』原書房、一九八六年、四三―四四頁。
(41) 前掲『第一回冀東地域内選択農村実態調査概要報告書』一二―一六頁。
(42) 前掲『冀東地区内二十五箇村農村実態調査報告書』上、五四―五五頁および同右書、下、一七六―一七八頁。
(43) 同右書、上、三八八頁。
(44) 冀東地区農村実態調査班『冀東地区十六箇県県勢概況調査報告書』一九三六年、一―二頁。
(45) 溝口房雄「第二次冀東地区農村実態調査に就いて」、産業部『満鉄資料彙報』第二巻第八号、一九三七年八月。
(46) 天津事務所調査課『冀東地区の貿易概況と関税事情』一九三六年二月、凡例。
(47) 華北の抗日運動については、野沢豊・田中正俊『講座中国近現代史』第六巻（東京大学出版会、一九七八年）、温済澤『九一八和一二八時期抗日運動史』（中国工人出版社、一九九一年）参照。
(48) 満鉄上海事務所『恐慌の発展過程に於ける支那幣制改革の研究』一九三六年、凡例。
(49) 従来、中国の幣制改革について言及したものとしては、飯島幡司『支那幣制の研究』（有斐閣、一九三七年）、同『支那幣制論』（同、一九四〇年）が戦前の代表的研究としてあり、戦後では、中嶌太一『中国官僚資本主義研究序説――帝国主義下の半植民地的後進資本制の構造』（滋賀大学経済学部、一九七〇年）、伊豫谷登士翁「世界恐慌下に於ける中国幣制改革――一九三〇年代中・米関係の展開」（京都大学経済学会『経済論叢』第一二〇巻第三・四号、一九七七年九・一〇月）、同「一九三〇年代アメリカ銀政策の展開」（同前、第一二一巻一・二号、一九七八年一・二月）、林美莉『抗戦時期的貨幣戦争』（国立台湾師範大学歴史学研究所、台北、一九九六年）、城山智子「上海金融恐慌（一九三四―一九三五年）に関する一考察」（『東洋史研究』五八―二、一九九九年）参照。
(50) 中国の当時の通貨流通状況については、カン『支那通貨論――金及び銀取引の研究』（宮下忠雄訳、東亜同文書院支那研究部、一九三五年）参照。
(51) 及川恒忠『支那の幣制』一九四四年、五頁。
(52) 全国経済会議については、全国経済会議秘書処『全国経済会議専刊』（一九二九年）、全国財政会議については、全国財政会議秘書処『全国財政会議彙編』（一九二八年）、参照。
(53) 同右。
(54) 関税問題については、松野周治「関税および関税制度から見た『満洲国』」（山本有造編『「満洲国」の研究』京都大学人文科学研究所、一九九三年）、久保亨『戦間期中国〈自立への模索〉――関税通貨政策と経済発展』（東京大学出版会、一九九九年）参照。

(55) 満洲国史編纂刊行会『満洲国史』総論（謙光社、一九七三年）二七三頁以下参照。
(56) 米谷栄一『近世支那外国貿易史』生活社、一九三九年、二一三頁。
(57) 星野直樹『見果てぬ夢』ダイヤモンド社、一九六三年、六六頁参照。
(58) 前掲『満洲国史』各論、四六六頁。
(59) 丁佶「支那棉業最近の発達」、日本国際協会太平洋問題調査部『支那経済建設の全貌』日本国際協会、一九三七年、二一三頁。
(60) Dickson, H. L., *Silver Money*. Principia Press, 1939, pp. 248-251, 374-376.
(61) 日本銀行調査局『支那政府一九三二年度、一九三三年度財政報告』一九三五年、三二頁。
(62) 前掲『支那幣制改革の研究』三一頁以下参照。
(63) 日本銀行調査局『米国の銀政策の将来とその影響』（一九三五年）三一頁以下参照。
(64) 潘文安「銭業之過去与将来」、『銭業月報』第一六巻一号、一九三六年一月、四〇頁。
(65) Endicott, S. L., *Diplomacy and Enterprise*. Manchester University Press, 1975, p. 108.
(66) Young, Arthur N., *China's Nation-Building Effort, 1927-1937*. Hoover Institution Press, 1971, pp. 229-233.
(67) 前掲『恐慌の発展過程に於ける支那幣制改革の研究』参照。
(68) 『中国貨幣及幣制関係雑件、幣制改革問題』第三巻（外務省外交資料館蔵）、頁数なし。
(69) 同右。
(70) Young, *op. cit.*, pp. 244, 481.
(71) 前掲『中国貨幣及幣制関係雑件、幣制改革問題』第六巻。
(72) 同右。
(73) 同右。
(74) 東亜局第一課『最近支那関係諸問題摘要』下、一九三五年、五二七頁。
(75) 同右。
(76) 満鉄調査部『支那経済開発方策並調査資料』一九三七年、二四頁。
(77) 前掲『最近支那関係諸問題摘要』下、五二八頁。
(78) 同右。
(79) 児玉謙次『中国回想録』日本週報社、一九五二年、一一五頁。
(80) 村山高「支那に於ける棉花に関する研究」（『大日本紡績連合会月報』第五一四―五一七号、一九三五年七―十月）参照。
(81) 前掲『最近支那関係諸問題摘要』五三〇―五三一頁。

(82) 前掲『現代史資料』八、四一六頁。
(83) 山崎隆三編『両大戦間期の日本資本主義』下、大月書店、一九七八年、一六八頁。
(84) 前掲『中国回想録』一七八頁。
(85) 児玉謙次「訪支録」(一九三七年)、防衛庁防衛研修所戦史室蔵『磯谷廉介中将資料』其二、所収。
(86) 前掲『中国回想録』一八六―一八七頁。
(87) 同右書、一七七頁。
(88) 前掲「訪支録」。
(89) 前掲『中国回想録』一七九頁。
(90) 同右書、一八三頁。
(91) 同右。

おわりに

満鉄経済調査会の活動は、満洲国建国を経済政策面で支えただけでなく、その影響が日本国内の戦時経済建設の柱となる五カ年計画案に及んだという意味で注目すべき内容をもっていた。むろんその発端は満洲国建国過程での調査会の活動にあったことはいうまでもないが、それが日本を包む五カ年計画へと結実していくためには、日本国内での総力戦体制づくりの流れがあり、これが一九三六年段階で結合していく点が見逃されてはならない。五カ年計画は、戦時体制づくりを企図した日満政策集団の結合の姿に他ならなかった。また満鉄調査部の産業部への改編は、満洲での五カ年計画の実施準備にほかならなかった。

第五章　南郷龍音と満鉄経済調査会

はじめに

本章では、視角を変え満鉄調査部で金融問題を担当していた南郷龍音《なんごうたつね》の視点から経済調査会の金融政策の立案活動を見てみたいと考える。

南郷龍音は一九〇一年七月鹿児島県に生まれている。一九二二年六月に上海東亜同文書院を卒業後同年八月満鉄に入社、社長室調査課に勤務している。三二年七月満洲事変後関東軍の手でつくられた経済調査会の第四部金融主任として、満洲国中央銀行の設立と満洲国の幣制統一事業の実質的な責任者となる。その後三六年一〇月からは産業部商工課金融係主任として満洲産業開発五カ年計画の金融部門の立案に携わった。文字通り満鉄の金融問題専門家として満洲国での重要政策の立案に関与していた。(1)

本章では、南郷の活動を通じて満洲国建国から幣制統一、中央銀行設立、五カ年計画立案過程の動きを追ってみることとしよう。[2]

注

（1）小林英夫・加藤聖文・南郷みどり編『満鉄調査会と南郷龍音』社会評論社、二〇〇四年、四〇九頁。
（2）関東軍による幣制統一事業と満洲中央銀行の設立に関しては拙稿「満洲金融構造の再編成過程」（満洲史研究会編『日本帝国主義下の満州』御茶の水書房、一九七一年）、安冨歩『「満洲国」の金融』（創文社、一九九七年）を参照されたい。本章のベースは旧稿にあるが、南郷龍音に焦点をあてて加筆修正を試みた。

第一節 「幣制統一」と中央銀行設立

一 奉天軍閥系銀行の接収

満洲事変勃発直後、関東軍はすばやく奉天軍閥の基幹銀行であった奉天省の東三省官銀号、辺業銀行、中国銀行、交通銀行、遼寧省城四行号連合発行準備庫を接収、続いて吉林省の吉林永衡官銀銭号についても同様の処置を実施した。黒龍江省の黒龍江省官銀号に関しては接収が遅れたこともあり混乱をみたが、他はいずれも短期間のうちに接収を完了した。接収がすばやかったため銀号の資産や帳簿の散逸を防ぐことができたという。[1]この接収活動に南郷が参加していたか否かについては記録が残されていないので不明である。しかし後述する三二年一月開催された幣制及金融諮問委員会で、奉天軍閥系官銀号の資産状況を実務家的視点から発言しており、その点から推察すると接収活動に参加していた可能性は高い。

その後関東軍はこれら官銀号をどのように日本統治に活用するかについて研究活動を開始、奉天において一九三一年一〇月一〇日袁金凱を委員長に金融研究会を開催し奉天の日中銀行、満鉄、商務会の代表者、地方維持委員会、市政当局の代表を招集、東三省官銀号の管理諸規定を定めて早くも一〇月一五日には東三省官銀号、辺業銀行の業務を再開させ、吉林永衡官銀銭号も九月二五日営業を再開した。黒龍江省官銀号は接収時の混乱が響いて満洲中央銀行が設立されるまで再開されなかった[2]。

二　幣制統一と中央銀行設立問題

金融面で関東軍が手がけた最初の作業は幣制統一であった。それまで奉天軍閥の各官銀号が各種紙幣を乱発・発行していたため主要四官銀号が発行する紙幣だけでも「幣種十五、券種百三十六」[3]に及んでいった。そこで新たに満洲中央銀行を設立し満銀券で幣制を統一する作業が占領当初から開始された。三一年一二月一五日関東軍のもとで新たに設立された統治部がこの任に当たることとなった。統治部長は駒井徳三、次長は武部治右衛門、財務課長は五十嵐保司であった。統治部は三二年一月一五日から二〇日まで奉天ヤマトホテルで幣制及金融諮問委員会を開催し、本位制、紙幣の統一問題、中央銀行設立問題、特殊銀行問題、銀行条例問題、日本側金融機関の処理問題など満洲の全般的な金融問題を討議した。南郷は、この会議に金融専門家の一人として出席し幣制問題に積極的に発言をしている。

この会議での最大の論点は、満洲の幣制は金本位制にすべきか銀本位制にすべきか、という問題だった。究極の目標を金本位制に置く点では大半の委員の意見は一致していたが、いかにしてそこに向かって進んでいくかという点では各委員はその見解を異にしていた。松崎寿、色部貢といった朝鮮銀行系の面々は金本位制即時実施を主張し、首藤正寿、南郷など満鉄グループは銀本位制による幣制の統一を経て金本位制に移行することを主張した。松崎、色部の主張は、日本からの対満投資という視角から金本位制を主張したのに対し、首藤らは究極的には金本位制を採用するのが望ましいにしろ、満洲の置かれた政治・経済状況を考慮すれば銀本位制が最も無理なく安全であり、金本位制即

時採用は危険があまりに大きいというものであった。(4)

南郷は六日間の全日程に参加し、首藤を支え満洲官銀号の実績や通貨流通量、満洲通過が貿易を通じいかに上海銀為替市場と結合しているか、など要所要所で実務的観点から銀塊本位制を支持する発言を展開していた。すでに満鉄調査課は三一年一二月に「奉天省幣制改革弁法」を作成し、首藤正寿も三二年一月に「満洲の幣制並に金融に関する意見書」を作成し銀塊本位制による幣制統一を主張していたが、「奉天省幣制改革弁法」の作成に南郷が関わったことは間違いない。(5)

統治部は三二年二月二日に特務部に改組されるが、二月五日統治部が作成した「貨幣及金融制度方針案」は、首藤が提出した「満洲の幣制並に金融に関する意見書」をベースにそれまでの論議を総括したものであった。そこでは満洲国家の新幣制は金本位制を究極目標とするも、いっきょにそれを実施するのではなく現大洋票を法貨に旧紙幣の整理統一を実施すること、国内での制限兌換を国外に対しては上海向け為替を以って兌換に応じること、満洲建国の日を目標に旧官銀号を統合して満洲中央銀行を設立し中央銀行業務を行わせること、満銀券が銀券であるため、同じ銀系紙幣である正金砂票は発行停止、回収が実施されるが朝鮮銀行券は金系通貨であるため引き続き流通が認められること、などが謳われていた。

この統治部案は、二月に統治部が特務部に改組されたことで再検討に付され、三月末に新たに選出された満洲中央銀行創立委員および創立準備員たちの手で練りなおされ修正を加えられて具体化されていくこととなる。

創立委員としては、委員長に五十嵐保司（関東軍統治部財務課長）が、日本人委員には東三省官銀号・辺業銀行の顧問だった竹内徳三郎、川上市松、酒井輝馬、吉林永衡官銀銭号の顧問だった久富治、黒龍江省官銀号顧問だった日岡恵二がそれぞれ就任した。中国人では呉恩培（東三省官銀号総弁）、劉世忠（黒龍江省官銀号総弁）、劉燏棻（吉林永衡官銀銭号総弁）、郭尚文（辺業銀行経理）がその任に就いた。創立準備員には日本側から一六名、のち二名追加されて一八名、中国側から二二名、のち一名追加されて二三名が就任した。内訳は日本側が朝鮮銀行から富田規矩治ら七人、満鉄から川上喜三ら六名、そのほか正金から比嘉良行、正隆銀行から奉天支配人の中川芳三郎、久原商事から渡辺判、鞍山満鉄銑鉄代理販売店から久原克弥、百七銀行から石川洋弥が選出された。(6) このメンバーが同年七月に開行に踏み切る満洲中央銀行の実質的なワーキング・グループとなっていった。

満鉄からは追加というかたちで南郷もこの創立準備員に加わっている。当時南郷は満鉄経済調査会の第四部の金融担当者だったが、経調発足当初の三二年一月には「商業及金融ニ関スル調査及立案」となっており、三三年四月の「分掌内規」によれば第四部は三班に分かれ、第一班（貿易ニ関スル調査及立案）、第二班（国内商業ニ関スル調査及立案）、第三班（金融ニ関スル調査立案）から構成されていた。南郷は第四部の第三班に所属していた。

創立委員会は、まず遼寧四行号連合発行準備庫を解散させその発行紙幣を東三省官銀号に承継させた。また辺業銀行は主要株主が張学良らであったためこれを満洲政府に移管させ、東三省官銀号、辺業銀行、黒龍江省官銀号、吉林永衡官銀銭号の四行を合併して新たに満洲中央銀行を設立することとした。また統治部の当初案では、国内は制限兌換を国外に対しては上海向け為替を以って兌換に応じることとなっていたが、五月九日から一五日にかけて開催された創立委員と財務部の打ち合わせ会で修正が加えられた。一五日横浜正金銀行大連支店長の西一雄、朝鮮銀行大連支店長武安福男、満鉄理事首藤正寿と満洲国財務部、中央銀行創立委員、設立準備員との銀為替兌換制度に関する意見交換により、銀為替による上海向無制限兌換実施は、満洲の実状に適せずとの結論に達し、当初の銀本位制は破棄され、新たに銀為替管理通貨制度を採用し、兌換規定もなく、中央銀行準備金中の金、銀比率も明記されず、単に積立金規定を明記したにとどまる脆弱な貨幣法が制定された。この一連の会議に南郷は創立準備員という資格で参加していた。(7) 南郷の名が残る幣制・中央銀行関連の立案書類はいくつか現存しているが、彼自身のこの時期の日記は現在発見されておらず、彼の日常生活からみた満洲幣制の推移は明らかにすることはできない。

三　幣制統一事業と付属事業整理

満洲中央銀行は一九三二年六月一五日に成立し、七月一日に開業した。最初に手掛けた事業は、満洲中央銀行券をもって旧官銀号券を整理統合することであった。三二年六月に公布された「旧貨幣整理弁法」に基づき二年以内に旧官銀号紙幣を一定の交換比率で回収し、満洲中央銀行券で統一するというものであった。

「創立と同時に継承せし四行号〔東三省官銀号、辺業銀行、吉林永衡官銀銭号、黒龍江省官銀号〕の各種旧紙幣の国幣〔満洲中央銀行券〕換算総額一億四二二三万四八八一円は、財政部令による公定相場換算率適用期限である昭和九年六月三〇日までにはその九三％の回収を見るを得た。更に未回収分に対しても政府は所持者の利益を保護する為尚ほ一箇年間引換期限を延長するの布告を発したる結果、昭和一〇年六月末の旧紙幣回収額累計は一億三八一三万八一二三円五〇銭に達した[8]」。

かくして「九割七分一厘の回収率を示すに至つたが、右引換期間満了日迄に辺疆の地域の政府各機関において受入れたる税金等にて引換未了のものありたるに鑑み、特に此等に対し二箇月間の引換に応ずることとし、茲に旧紙幣の整理事務は康徳二年〔一九三五年〕八月末日を以て回収率九割七分二厘と云ふ世界通貨史上嘗て見ざる好成績を以て完了するに至つたのである[9]」。

幣制統一事業が進行する一方で、旧官銀号が所有する付属機関の整理方針も立案されてきていた。旧官銀号は、三省の中央銀行的機能に加えて一般銀行としての業務を併せ持ち、その傘下に多くの付属事業を擁していた。とくにその付属事業の中枢を占めていたのが大豆の売買を業務とし穀物問屋兼農村金融業者たる糧桟《リャンザン》で、特産大豆の買占めを通じて膨大な利潤を官銀号に提供していた。三井物産といえども彼らの強力なネットワークには対抗できず、大豆買い付けでは彼らの後塵を拝しつづけたのである[10]。

そこで官銀号の解体・再編とともに付属事業の解体も急速に進行する。関東軍参謀部の基本方針[11]は、改組を前提に一定期間存続させるというものであった。即時閉鎖は農民の経済活動に影響するところ大であったからである。したがって満洲中央銀行も一年に限りこの糧桟機構の存続を認め、その活動を保証していた。その間付属事業の解体・再編に関する基本方針も満洲中央銀行実業局を中心に立案された。同局作成の「新公司設立に関する説明書」によれば、付属事業を質屋、糧桟、酒造、代理業、雑貨業の五つに分割し、質業をする興業金融股紛有限公司を中心に他に四公司を設立しようというものであった。この原案をもとに一九三三年五月一二日に関東軍、中央銀行を中心に特務部連合研究会が開催された。その際糧桟の存続をめぐり小磯国昭関東軍参謀長と山成中央銀行副総裁の間で意見の対立を生み出した。小磯は五つの会社を設立するには及ばず、興業金融公司のもとに質屋業を経営せしめ他は全廃すべしと主張したのに対し、山成は社会政策的観点から一挙に全廃するは危険との見解を披露した。[12]結局、この特務部連合研究会での小磯参謀長の見解が通り、糧桟機構の全廃が決定され、質屋業を中心として三三年六月に、大興股份有限公司に旧官銀号付属事業は統合され、再出発することとなる。[13]

注

(1)『満洲中央銀行十年史』康徳九年(一九四二年)、六四—六五頁。
(2) 満鉄経済調査会『満洲通貨金融方策』立案調査書類第二五編第一巻第一号、一九三六年、二頁。
(3) 前掲『満洲中央銀行十年史』八七頁。
(4)「関東軍統治部幣制及金融諮問委員会議事速記録」、小林英夫・加藤聖文・南郷みどり編『満鉄経済調査会と南郷龍音』社会評論社、二〇〇四年、一六一—二八七頁。
(5) 満鉄調査部「奉天省幣制改革弁法」、同右書、一五六—一六〇頁。
(6) 前掲『満洲中央銀行十年史』六七—六八頁。
(7) 統治部財務課「満洲中央銀行創業日誌」、同右書、二八九頁—二九八頁。
(8) 前掲『満洲通貨金融方策』立案調査書類第二五編第一巻第一号・続、一六九頁。

（9）前掲『満洲中央銀行十年史』九五―九六頁。
（10）拙著『増補版「大東亜共栄圏」の形成と崩壊』御茶の水書房、二〇〇六年、第一篇第一章参照。
（11）「東三省官銀号閉鎖及再開顚末」一九三二年一〇月。
（12）「満洲中央銀行付業整理案」、前掲『満洲通貨金融方策』立案調査書類第二五編第一巻第一号・続、四八九―四九〇頁。
（13）拙稿「満洲金融構造の再編成過程」、前掲『日本帝国主義下の満洲』一九一頁以下参照。

第二節　日満幣制統一工作

一　日満幣制統一案

満洲国の幣制の究極目標が金本位制にあり、そこに向かう第一歩として銀為替本位制が採用されたことは前述した。ところが一九三三年頃から金本位制に向かう日満幣制統一の動きが現れた。三三年四月三日に特務部第一委員会は「日満幣制統一の実現に関する要綱案」を提出した。それは「純銀ノ量目二三・九一瓦ヲ以テ単位トシ之ヲ円ト称ス」を「貨幣ノ単位ヲ円ト称シ一円ハ日本金貨幣一円ト同価格トス」と改め「紙幣ハ其ノ表面価格ヲ以テ日本通貨ト交換ス」とし「右実施期間を発令後三箇月トス」としていた。[1] この時期にこうした見解が出てくるのはそれなりに理由があった。「日満幣制統一実現要綱案説明書」によれば、「満蒙富源開発ノ急務」を遂行するためには「資本誘致が不可欠であるが、金銀貨幣制度の変動のため企業家が予測せぬ損害をこうむる。これを避けるため「満洲国の過渡的幣制を改め貨幣本位を日本と同一にして日満間の貨幣相場の変動を根絶し、以て日満経済連繫上の最大障害を除去するの英断に出ずるを要す」るからである、と。「日満幣制統一の実現に関する要綱案」は四月八日の特務部連合研究会で検討俎上に乗せられた。出席者は朝鮮銀行副総裁で関東軍顧問だった鈴木穆を議長に特務部委員、満鉄経調、満洲国当事者の面々だった。要綱案は満洲国の星野直樹らの激しい反対を受け「時期尚早」を理由にこの案は棚上げとなったのである。[2] この会議には経済調査会から田所耕耘、中島宗一、南郷龍音の三名が出席していた。この三名は、同じ経済調査会のなかにあって共に仕事をしていた関係から特に親しく家族づきあいをしていたことが南郷龍音の日記からわかる。

「日曜日。夕食後中島氏宅を訪問せるも病臥中にて面会せず帰途伏見台の有馬兄夫妻を訪ぬ」[3]、「昼食は中島主査と共に田所氏にフン〔奮〕発して貰ふ」[4]、「中島主査親戚一人入院危篤の由、午後一時死亡、三時頃見舞にシカバネ（屍）室に赴く」[5] など。

日満幣制統一問題が再度論議されたのは三三年六月二九日に再開された特務部連合研究会であった。小磯参謀長の命でこの会議には前回猛反対した満洲国関係者は参加していない。反対者不参加のなかで「多少の修正又は条件を附したるも趣旨に於て大体原案通決定」された。[6] 収まらないのは満洲国関係者や彼らの出身母体である日本銀行や大蔵省で、そこから反対意見が噴出した。[7] 結局大蔵省を代表して青木一男が、日本銀行を代表して新木栄吉が渡満し、八月三〇日幣制問題に関する最後の会議の開催を要請、小磯参謀長出席のもとで「日満幣制統一の実現に関する要綱案」の破棄が決定された。

主な理由は、円が不換紙幣となっている状況下では為替相場の安定が第一だが、「日満幣制統一の実現に関する要綱案」にはそれに関する研究がないこと、満洲国幣が銀に対して安定的であるのにわざわざ円建てにする必要がないこと、中国民衆が金になじんでいないこと、日本資本の対満進出の最大の障害は事変後の混乱であって貨幣制度そのものではないこと、日満の連繫同様中満の連繫も重要であることなどを掲げて「現在は日満幣制統一を行ふ可き時期に非ず」と結論付けたのである。[8] しかし「会議の結果特務部原案は放棄することとなりて軍の体面は毀傷さるること少なからざる結果を招来する恐れあり。よつて本問題は最初より存在せざりしものとし新聞には絶対に発表せず有耶無耶の裡に解消せしめて双方の体面を繕ふことに申合せ茲に紛糾せし本問題も一応は落着せる次第なり」[9] として、この問題の幕引きを行った。

二　円元等価への道

一九三四年から新しい事態が出現する。前述したアメリカ政府による銀買占めと銀価の高騰である。この結果銀建ての満洲国幣は急騰、国幣の対日本向け為替相場は三三年八月以降上昇し、三四年八月には一一一円五七銭、一〇月には一一五円三八銭を記録し、金系通貨である金票（朝鮮銀行券）との間の乖離が激しくなった。また三四年に入ると日本資本の対満投資の増加と時を同じくして金系通貨である金票の流通量が増加を開始した。満洲中央銀行設立時の一九三二年七月時点での「国幣発行高一億三千九百万円に対し、鮮銀券の発行高は僅かに七千百万円にすぎなかったが、翌年九月には国幣の一億八千万円に対し一億一千六百万円となり逆に国幣発行高を凌駕するに至った[10]」。

南郷も一九三四年二月の日記の中で「鮮銀券の流通額調査を開始[11]」しているし「満洲事変後における本邦対満投資を三億三千万円と算定[12]」などというのはそれをさしているのだろう。

また彼のこの時期の日記にはしばしば過炉銀、鎮平銀に関する記述が見られ、南郷が、貿易決済通貨として営口を中心に流通していた過炉銀と安東中心に流通していた鎮平銀の流通禁止措置についても研究していることがわかる。

一九三五年時点で国幣の対日本円相場は一〇二円前後であったが、同年七月に通貨価値を銀から切り離すことに決定し八月末には等価に達し九月には円元等価を実現した。この年の五、六月頃の南郷の日記には「午後伊藤武雄氏に通貨問題の真相を話し軍部との連絡方を依頼す[13]」だとか「午前中、国際収支の係数の算定に苦心す[14]」、「午後二時すぎ帰宅し、国際収支の調査をなす[15]」、「午前八時半より経調会議室に於て国際収支打合せ会議開催[16]」、「新京より森脇君来連。国際収支発表計画書を持参す。第四部主査と相談して文字を多少修正し、新京財政部と打合せして本日午後之を公表[17]」、「午前一〇時頃主査会議に国際収支の結果を簡単に報告す[18]」、「午前八時一〇分頃出勤す。主査より予て依頼を受け居たる為替平衡資金を日本に設置する理由書を提出す」[19]といった記述が頻繁に見られる。銀からの切り離しに南郷が実質的に関わったことが窺い知れる。

こうして一九三五年一一月四日に日満両国政府より「日満通貨の等価維持に関する声明」が出され、これに基づき同年一一月八日満洲中央銀行と朝鮮銀行の間で業務協定交渉が開始され、一二月六日協定の成立を見、懸案だった満洲国幣と日本円のリンクが完成したのである。

注

(1) 前掲『満洲通貨金融方策』立案調査書類第二五巻第一号・続、五〇五—五〇六頁。
(2) 『日満幣制統一の実現に関する要項案』に対する鈴木顧問の説明要領並批判」、前掲『満鉄経済調査会と南郷龍音』三〇七—三二一頁。
(3) 「日記の部」、同右書、四四頁。
(4) 「日記の部」、同右書、五一頁。
(5) 「日記の部」、同右書、六二頁。
(6) 前掲『満洲通貨金融方策』立案調査書類第二五巻第一号・続、五一六頁。
(7) 「日満幣制統一問題に就いて」、同右書、三一一頁。
(8) 前掲『満洲通貨金融方策』立案調査書類第二五巻第一号・続、五八九—五九四頁。
(9) 同右書、五九〇頁。
(10) 『満洲日報』一九三四年一一月七日。
(11) 「日記の部」、前掲『満鉄経済調査会と南郷龍音』四五頁。
(12) 「日記の部」、同右書、四六頁。
(13) 「日記の部」、同右書、九五頁。
(14) 同上。
(15) 「日記の部」、同右書、九六頁。
(16) 「日記の部」、同右書、九六頁。

(17)「日記の部」、同右書、一〇一頁。
(18)「日記の部」、同右書、一〇二頁。
(19)「日記の部」、同右書、一〇九頁。

第三節　満洲産業開発五カ年計画の金融部門の立案

一　満洲産業開発永年計画の立案

幣制問題が一段落すると次に問題となったのは産業育成で、その出発点となったのは満洲産業開発永年計画であった。これは満鉄経済調査会が中心となって立案したもので、一九三六年四月中旬から立案を開始した。数度の関東軍と経調の懇談会、主査会議を経て六月五日に満洲産業開発永年計画立案のための小委員会が発足している。委員長は押川一郎、各分科会の連絡調整をなす連絡委員には平貞蔵、大上末広、酒家彦太郎、南郷龍音、平井鎮夫、本多重雄が就任した。そして企業政策を担当する第一分科会には酒家彦太郎が、農業政策を担当する第二分科会には大上末広が、移民政策を担当する第三分科会には平井鎮夫が、そして資金計画を担当する第四分科会には南郷龍音が、それぞれ委員兼幹事として責任者のポストに就いた。五月には経調案として「満洲産業開発永年計画案（大綱）」が作成されている。これを受けて六月から七月にかけて各分科会ごとの打合会と連絡委員会の打合会が開かれ急ピッチで各分科会の作業、分科会相互、関東軍、満洲国との案のすり合わせが行われ、八月には作業を完成した。南郷が担当した「満洲産業開発永年計画資金計画表」は九月に完成し印刷に付している。(1)

南郷も九月九日の日記の中で「午後一時すぎ永年計画資金計画表出来せるを以て中島主査宛提出す(2)」とあり、九月二一日の日記には「満洲産業開発永年資金計画表印刷出来(3)」と記している。

二　湯崗子温泉会議

経済調査会の満洲産業開発永年計画案と独立、併行して満洲産業開発案の立案が行われていた。主な動きは宮崎正義率いる日満財政経済研究会の活動である。

一九三五年八月宮崎が日満財政経済研究会を立ち上げ、統制国策案の検討と具体化に着手したことは前述したが、もう一度簡単に跡づけ直しておこう。宮崎らの最初の研究成果は三六年八月「昭和一二年度以降五年間歳入及歳出計画　付緊急実施国策大綱」となって現れた。これは一九三七年以降五年間の歳入歳出の伸びを検討し、軍事費の幅を推定し、「緊急実施国策大綱」のなかで戦時に臨む強力な政治体制の確立を提案したものだった。新政治体制の中身とは、一つに国務院を中心とする中央集権的行政機構への改革、二つに、国務院による陸海軍協調のもとでの軍備拡張、三つに国防産業の飛躍的拡大と一〇年の平和維持、四つに経済の国家統制、産業分野別にそれぞれ異なる国家統制政策の実施、五つに国民生活の安定策の追求であった。宮崎らは、この「昭和一二年度以降五年間歳入及歳出計画付緊急実施国策大綱」を皮切りに、一カ月後の九月には、五年後の一九四一年までに鉄鋼、銑鉄、石炭、電気、自動車などの日満での大増産を具体的目標数値に掲げた「満洲ニ於ケル軍需産業建設拡充計画」を立案している。さらに満洲案から遅れること二カ月後の同年一一月に彼らは、それらの日本での大増産を具体的目標数値に盛込んだ「帝国軍需工業拡充計画」案を完成させ参謀本部と陸軍省の要員に説明を行っている。

これらの諸案を踏まえ、三六年一〇月鞍山近郊の湯崗子温泉で開催された会議を経て「満洲産業開発五カ年計画」が作成された。星野直樹の回想録『見果てぬ夢』によれば、出席者は、関東軍から秋永月三、国分新七郎の両参謀、満洲国政府は総務庁から松田令輔企画処長、財政部から星野直樹総務司長、田中恭理財司長、実業部から松島鑑農務司長、椎名悦三郎臨時産業調査局調査部長、津田広工務科長、高津彦次事務官、満鉄から世良正一次長、奥村慎次次長、押川一郎、酒家彦太郎、南郷龍音の一四名だったという。(4) 星野直樹は、会議の様子を次のように記していた。「宿につくと、広間でこれらの面々が、車座になって相談をはじめていた。私もすぐにこれに参加した。聞くと最近、東京の陸軍、ことに参謀本部方面で、満洲の産業開発について、この際いままでの計画を総合し、五カ年計画をたてたらどうだといってきた。そこで関東軍、満洲国、満鉄が一緒になって、その国策をたててみよう、というのがこの会議の目的だということがわかった」「この計画をたてる参考として、参謀本部が作った一枚の紙があった」。この紙には鋼、石炭、自動車などの五年後の増産目標が明示されていた。「たねは、この紙一枚ではあったが、集まっている人は、満鉄、満洲国にあって、産業開発のため日夜頭を悩ましている連中なので、早速これを手がかりとして、満洲建設五カ年計画の立案に着手した。三日間、昼夜をかけて、あるいはみな一緒に、あるいは農業、石炭、鉄鉱とグループごとに分かれて、話し合いを進めた。そして三日目には、とにかく一つの基礎案をつくりあげた」。そしてこの基礎案を基に「かくて最後には、案は立派に一冊の本となった」(5) というのである。会議は三日間、その間一枚の計画案を基礎に専門家が検討を重ねた結果五カ年計画原案が完成したというのである。

会議の模様に関しては、これまで他に依るべき資料がなかったため、星野直樹の『見果てぬ夢』に依拠してこの会議が語られてきた。しかしこの会議に出席した南郷龍音の日記が公開されるに及んで、よりいっそう具体的な会議の模様が明らかになった。関連する記述は、三六年一〇月五日から始まる。

「一〇月五日　明六日より湯崗子に於て軍及満洲国との会議があるため出張申請をなす。〔中略〕午後九時の汽車に座乗、北行す」。

「一〇月六日　午前五時四〇分湯崗子着。対翠閣に落着く。直ちに入浴し午前九時頃迄就寝し、朝食をすませ、午前一〇時より軍及満洲国との座談会に出席す。会議は午後七頃迄続行。畢って酒をのみ、午後九時頃就寝す。本日は酒家君の一人ブ〔舞〕台なりき」。

「一〇月七日　午前六時頃起床、入浴し、昨夜酒家君が秋永参謀より借用せる陸軍省五年計画案を通読す。朝食をすませ、酒家君と温泉地一帯を散策す。午後一時より会議開催。本日も只黙々として聴手役にまわる。午後五時頃終了〔中略〕午後七時より宴会に（軍招待）出席し、星野財政部次長に盃をさされてメイテイ〔酩酊〕す。午前レイ〔零〕時八分湯崗子発の汽車にて南郷、中島、山中、酒家、押川の五名南下、帰途に就く」[5]。星野直樹の『見果てぬ夢』によれば会議は三日だったとあるが、南郷の日記では実質二日であった。参加者にも若干の違いがみられる。会議は六日の午前一〇時から午後七時までの九時間と七日の午後一時から午後五時までの四時間。休憩時間もあるから正味の会議時間はおよそ七、八時間である。また星野の手記では一枚の紙を基礎に計画案がつくられたとあるが、南郷の日記では六日の夜秋永参謀がもっていた陸軍省五カ年計画案を酒家から借りて通読したとある。あきらかに陸軍省案が一つのベースになっていることがわかる。

しかも会場の雰囲気は、全員参加の白熱した論議が展開されたというよりは、酒家ががんばって、他のものはもっぱら聞き役に回った感じである。酒家は経調内にあって宮崎らの日満財政経済研究会とも連係し『満洲産業開発永年計画案』の立案にも従事していた。会議の席上彼がどんな主張をしたのかは、南郷の日記では明らかではない。しかし二〇〇四年夏に公開された『関東憲兵隊史料』の「満鉄調査部事件関連史料」の小泉吉雄の手記に依れば、同会議で押川一郎が、協同組合の設立を主張したが「会議にて後日の研究課題として保留せられ[7]」たとある。押川も酒家と同じ『満洲産業開発永年計画案』のメンバーである。彼らは五カ年計画実施の重要な一環として農村問題の解決を掲げ、その解決策として協同組合の組織化を主張したのである。しかし大勢は工業重視、それも宮崎らの軍事工業化の推進で、協同組合は軽視、無視される雰囲気だったと思われる。そこを酒家、押川らが頑張り「研究課題として留保」させるところまで持ち込んだ、というのが会議の実状と思われる。今回公開された新資料を総合すると、この会議は星野の『見果てぬ夢』のイメージとは違って、根回しはすでにできていて、ここでは関東軍、満洲国、満鉄三者による最後の調整と顔合わせが行われたという感が強い。

そのほか九月二九日の日記には「午前九時より満洲館に於ける支那駐屯軍との座談会に出席。伊藤武雄氏より天津行きをすすめらる」(8)とある。折りから関東軍の華北進出が積極化しこれと連動して満鉄調査部も調査対象を次第に華北に移転させはじめていた。伊藤はその中心的推進者であったが、南郷にも話がきていたことがわかる。一一月になると満洲興行銀行の設立問題が浮かび上がりはじめていた。(9)

注

(1) 満鉄調査部『満洲五箇年計画立案書類　第一編第二巻　満洲永年計画資料』「概説」、「決定案」。
(2) 「日記の部」、前掲『満鉄経済調査会と南郷龍音』一一一頁。
(3) 「日記の部」、同右書、一一五頁。
(4) 星野直樹『見果てぬ夢』ダイヤモンド社、一九六三年、三〇三頁。
(5) 同右。
(6) 「日記の部」、前掲『満鉄経済調査会と南郷龍音』一一八頁。
(7) 「小泉吉雄『手記』」、小林英夫・福井紳一『満鉄調査部事件の真相』小学館、二〇〇四年、二三八頁。
(8) 「日記の部」、前掲『満鉄経済調査会と南郷龍音』一一七頁。
(9) 「日記の部」、同右書、一二四頁。

おわりに

以上満鉄経済調査会金融部門の活動を南郷龍音を通じて検討した。彼は実務の第一線で、当時重要課題だった幣制統一事業、中央銀行設立問題、円元等価問題、産業開発計画の立案といった問題に取り組んだ。彼の行動は幣制統一、中央銀行設立問題に関しては、立案書類を通じた検討で裏づけが可能だし、残りの二つの問題は、日記のなかに折りにふれて登場するので跡づけができる。彼の日記で注目すべきは、湯崗子温泉での会合であろう。この会議に関しては、従来星野直樹の『見果てぬ夢』に依拠する以外に他の史料がなかっただけに、彼の残した日記の記述は、それに対する数少ない証言として貴重である。また彼は一九三六年九月には伊藤武雄から天津行きを誘われている。華北分離政策に経済調査会が緊密に係わっていることを如実に物語る一片であろう。その後彼は三七年二月から一二月まで「欧米に於ける通貨金融制度と金銀塊取引事情調査研究」のためアメリカとヨーロッパに出張しており、満洲の政策担当からは離れている。しかし彼が出張しているこの期間に日中戦争が勃発し、これを契機に日本は自壊の道をひた走りに走ることとなる。

第六章　日中戦争後の満鉄調査部　1937〜1941

はじめに

日中戦争期の満鉄調査部は中国に対してどのような調査活動を展開してきたのであろうか。本章では、満鉄調査部の戦時再編過程に焦点を当てながらその活動を検討する。

ここでは、まず日中戦争が勃発した直後の天津事務所の動き、満鉄調査部の五カ年計画への対応の変化、北支事務局、上海事務所の事変への対応を検討する。次いで日中戦争が膠着化した一九三〇年代後半、満鉄改組の進行と満洲重工業開発株式会社（満業）の成立のなかで、産業部が廃止され調査部が発足、大調査部へと拡大するなかで綜合調査が展開される過程を考察する。具体的には、満鉄調査部が一九三九年以降実施した『支那抗戦力調査報告』などを取り上げ、この調査報告の持った意味について検討したい(1)。

注

（1）支那抗戦力調査に関しては満鉄調査部編『支那抗戦力調査報告』（復刻版、三一書房、一九七〇年）が最も包括的内容を含んでいる。また尾崎秀実「支那抗戦力調査委員会『昭和十四年度総括資料』に就て」（『満鉄資料彙集』第六巻第四号、一九四一年四月）は、同調査に対する最もすぐれた紹介・書評の一つである。

第一節　盧溝橋事件の拡大と満鉄調査部

一　盧溝橋事件と満鉄調査部

北平（現在の北京）郊外の盧溝橋で発生した日中衝突事件とそれが日中全面戦争へ拡大していく過程について、われわれは、これまでに多くのすぐれた先行研究を共有してきた。(1) とりわけ、この事件の発端となった一九三七年七月七日の夜半の闇の中での日本軍演習地への銃弾発砲については、誰がなぜ行ったのかをめぐって日中両国を含む多くの研究者によって多様な角度からの真相究明が行われた。(2)

しかしこれまでの研究はどちらかといえば事件当日誰がなぜ銃弾を日本軍に発砲したのかに集中していたように思われる。この研究をそのまま進めていくと発砲者を探し出さない限り真相は藪の中だということになる。その意味ではやや角度を変えてこの事件を見てみる必要があろう。この日中衝突で利益を得た者は誰なのか、あるいは得ようと企図した者は誰なのか。本節ではこうした視角から満鉄が、とりわけ満鉄調査部がどのようにこの事件にかかわったのか、を分析してみることとした。

従来、史料的制約もあって満鉄調査部と盧溝橋事件の関係についてはほとんど言及されてこなかった。(3) またかりに言及された場合でも華北の交通網を管理・運営した日本の華北交通株式会社の成立前史としての満鉄がごく簡単に取り扱われてきただけであった。(4) しかし近年盧溝橋事件と満鉄の関係が研究され、史料集が出版されるなかで、(5) あらためて盧溝橋事件と満鉄調査部の関係に光をあてそこから盧溝橋事件にせまる条件が生まれてきた。本節はこうしたなかで満鉄調査部サイドからこの事件に接近を試みるものである。

二　事件への満鉄の対応

それにしても盧溝橋事件発生直後の満鉄の対応は早かった。満鉄総裁が関東軍鉄道線区司令官から満鉄従業員と器材の派遣要請を受けたのは事件勃発二日後の七月九日のことであった。関東軍からの電文は「受命後二四時間後ニ本年度線区司令部戦時準備計画ニ依ル北寧鉄道派遣従事員及小修理班ヲ出発セシメ得ル如ク準備セラレ度」(6)と述べていた。早くも盧溝橋事件勃発三日後の七月一〇日には、満鉄の鉄道総局の芳賀千代太らが天津に派遣されて線区司令部と打ち合わせを行い、北寧鉄道の接収にとりかかった。

鉄道総局というのは満鉄の機構のなかでは輸送部門の要のポジションであった。鉄道総局がつくられたのは一九三三年三月一日のことで、それまでの社線・国線・北鮮線の多元的経営をあらため「満洲国国有鉄道、港湾、水路並其の付帯事業の経営」(7)を一元的に担当するために新たに設けられた。鉄道総局は、総務、経理、運輸、機務、工務、警務の六処を軸に鉄路局および鉄道事務所の傘下に五鉄路局、二鉄道事務所を擁して、満洲での鉄道経営の実質的な担い手となった。したがって、ここが動いたということは鉄道運営の実務部隊が活動を開始したことを意味した。

鉄道総局が接収しようとした北寧鉄道というのは奉天から山海関、天津を経て北平にいたる幹線で一九一一年に完成したものである。満洲事変後は奉天・山海関の間が奉山鉄道として満洲国の管理に移り、国民政府は北平・山海関の間を管理していた。その後一九三四年に日中間で通車協定が締結されると、北平・奉天から毎日、日に一便の割合で列車が運行された(8)。したがって、この北寧鉄道は満洲国と華北の北平を結ぶ幹線だったのである。一九三七年七月七日に盧溝橋事件が勃発すると日本軍はまずもってこの鉄道の掌握に着手した。ここを抑さえない限り満洲から兵や資材を華北に送り出すことはできなかったのである。

七月九日に軍事輸送を担当するための輸送班が編成された。この山海関輸送班は盧溝橋事件が小康状態となるといったんは休止されるが、一一日には状況悪化とともに再度開設された。一二日になると北寧鉄道の一〇カ所の駅に満鉄職員が配置され、北寧鉄道従業員を指導して列車輸送を管理した。こうして七月一二日には山海関を出発した軍用列車の第一号が天津に到着した。その後軍需輸送の拡大にともない七月二一日には山海関輸送班は天津に移動して天津輸送班と改称した。(9)

三　満鉄天津事務所の活動

鉄道総局のこうした動きと連動して同じ満鉄の天津事務所も大車輪で活動を開始した。そもそも天津事務所というのは、華北に駐屯していた天津軍と満鉄が連係して活動するために一九三五年一一月に開設されたものである。翌三六年一〇月には、それまで満鉄調査部の主力を担って満洲国の産業立案活動を行っていた経済調査会は廃止され、産業部が新たに設立されている。この改編過程で満鉄調査部は、満洲国での調査を完了し、華北へ調査の重点を移すが、その準備として天津事務所が開設されたのである。これに先立つ三五年七月には、前述したように天津軍の依頼で華北資源調査団が組織され、活動を開始していた。調査団は甲、乙、丙の三班に分けられてそれぞれ華北資源調査を実施したが、三班の中では乙嘱託班が最大規模を擁していた。天津事務所はこの活動と深く関連していた。つまり天津事務所は、関東軍および天津軍と協力し華北資源調査活動を展開していたのである。三七年七月七日に盧溝橋事件が勃発したとき、天津事務所はその処理をめぐり満鉄の機構の最前線に立ったのである。

七月一一日に天津事務所長は満鉄総裁室弘報課長宛に満洲事変のときに満鉄が金融、国際法、行政等をどのように処理したか、その資料とスペシャリストを派遣せよという要請電文を打っていた。(10)明らかに盧溝橋事件の勃発を柳条湖事件のイメージでとらえていることがわかる。その後七月一二日には戦時国際法の専門家を、一六日には司法事務のわかるものと医療関係者を、一九日には事務処理のための人員を、二八日には外科医と防疫助手、看護婦をと矢継ぎ早に要員の派遣要請が天津事務所長名でなされている。八月に入ると派遣要員の範囲は鉄道工事経理担当者、暗号取扱者、無線通信士、通訳、料理人、タイピストなど、広範な領域に拡大する。この動きは八月の末まで続いている。

すでに七月一六日の段階で華北への「鉄道総局其他各所ヨリノ派遣員約二五五名ニ上レルカ皇軍ノ激増及悪疫流行ノ折柄当地医院ハ殆ンド満員ニテ医療上万全ヲ期シ難ク且派遣員中ヨリ患昨日一（赤痢）、本日一ヲ出シタル実状ニ鑑ミ至急副医長級ノ内科医二名看護婦九名以上派遣方手配乞フ、追テ外科医モ御配慮置キ願度[11]」と打電するほど派遣員の数は増えていた。さらに翌七月一七日の電文は、これに追い打ちをかけている。天津事務所長から満鉄総裁室東亜課長、人事課長に宛てた電文は次のとおりであった。「従来軍ニ派遣シアリタル者ヲ除キ今次新タニ派遣セシモノ軍司令部暗号助手二名、通訳（駅）英語一名華語二名北寧鉄路局ニ華語二名、新聞宣伝班（渕脇、大矢）天津事務所業務課自動車関係日本人十名、支那人四名追加派遣予定（駅）ニ華語二名現在予定サレアル軍参謀部助手要求者三名顧問部十五名、北平特務機関三名、計四十一名、北平留学生五名、北寧線豊台、爾後ノ要員ハ不敢取天津事務所ヨリ有資格者三七名中ヨリ派遣シ不足ノ場合本社ニ応援ヲ求ムル方針ナリ今後大量派遣ノ場合ハ正式ニ軍ヨリ公文ニテ申出アル筈念[12]」。

このように満鉄天津事務所は盧溝橋事件以降、この事件の拡大に積極的な役割を果しているのである。

四　伊藤武雄の活動

ところで、盧溝橋事件勃発当初の天津事務所長は伊藤武雄であった。先に紹介した天津事務所長名の電文は伊藤武雄が深く関わっていたということになる。もちろん、先の紹介電文は、あくまでも天津事務所から満鉄本社に送られた電文の写しであって、天津事務所の電文そのものではない。したがって、天津事務所長名で誰がこの電文を打ったかは定かではない。しかし、当時の所長が伊藤武雄であったことから推察すれば、打電者が伊藤であった可能性は非常に高い。もしそうであるとすれば、伊藤武雄は軍と連携して事変拡大に積極的に関わったことになる。

ここでは伊藤の略歴を兼ねて彼が盧溝橋事件を前後とする時期にどのようなポジションにいたのかをまず見ておこう。伊藤は一八九五年に愛知県に生まれている。彼は第一次世界大戦が勃発した一九一四年に第一高等学校に入学している。一九一七年に東京帝国大学法科大学に入学、一九二〇年に卒業と同時に満鉄に入社し東亜経済調査局に配属され同年大連本社調査課に転属されている。その後彼は満鉄調査課のなかにあって二一年に北平公所勤務を振り出しに中国研究を重ね、満洲事変後は、リットン調査団をむかえてその説明役にまわっている。関東軍が満鉄の改組を強行しようとしそれに社員会が反対に立ち上がるが、その時彼は社員会幹事長として折衝の前面にたっている。満洲国が成立し日本軍の侵略の矛先が華北にむきはじめた一九三七年三月に伊藤は天津の事務所長に就任している[13]。盧溝橋事件が勃発したのはその年の七月のことであった。その後八月に伊藤は天津事務所長から上海事務所長へと転じている。彼が「満鉄調査部事件」で逮捕されるのは一九四二年二月に上海事務所長から大連本社参与に就任してから一年五カ月後の四三年七月のことであった。

彼の経歴からわかるように伊藤は盧溝橋事件勃発当初は天津事務所長であった。盧溝橋事件が勃発した当初、天津は華北における満鉄の重要拠点の一つだった。いうまでもなく事件勃発と同時に天津事務所は事件処理の満鉄サイドの最前線となった。伊藤はその処理の前線指揮官の役割をになったのである。

敗戦まぎわの一九四四年五月に「満鉄調査部事件」で起訴猶予となった伊藤は東京で敗戦を迎えている。彼は、四六年には中国研究所の設立にかかわり五〇年には日中友好協会理事長、五六年には日中文化交流協会の常任理事に就任し、一貫して日中平和友好運動につくした人物として知られている。

ここからでてくるイメージは戦前は辣腕の満鉄調査マン、戦後は日中友好運動の旗手ということになろう。伊藤は天津事務所長時代を回顧して自叙伝『満鉄に生きて』の中で次のように述べている。「天津での経済調査会幹事、天津軍顧問、天津事務所長としての一カ年半は日中戦争勃発前の風雲急な時期にあたるが、私は冀東農村実態調査のほかは、仕事らしい仕事はしていません」[14]。

しかし、伊藤については野間清の次のような談話がある。「関東軍司令部との連絡はもっぱら伊藤さんがしておられました。伊藤さんの毎日は、ほとんど関東軍の将校たちとの接触であったように思います。関東軍参謀部第四課には当時、経済調査会からは嘱託として高田精作さんが派遣されていたのですが、伊藤さんと関東軍参謀との関係は親密なようでした。それとは逆に、満洲国政府の人たちとは、往来はほとんどなかったのではないかと思います」[15]。

「それに関連することで、こんなことがありました。たしかあれは昭和九年の秋か十年のはじめでしたか、天津駐屯軍司令官として多田駿さんが着任されて間もないころでした。伊藤さんから突然、天津駐屯軍司令部へ行って司令部にある情報や資料類の整理計画をたててくるようにいわれました。そんなことを、なぜ新京駐在幹事付の者がするのか、たずねましたが、それについては伊藤さんははっきり答えられず、どうだ行ってみないかといわれるだけでした。奇妙な用件だと思いましたが、でかけました。今考えてみますと、そのころから伊藤さんは、経済調査会と関東軍との関係はぼつぼつ終わりに近づいている、日本軍の華北侵攻も近く、次は天津駐屯軍との関係であると考えておられ、そのお膳立てをしておられたんじゃないかと思われます。昭和十年の秋、わたしは、大連経済調査会第五部の古巣に帰ったのですが、それからまもなく伊藤さんは、天津駐屯軍顧問として天津に旅立っておられます」[16]。

「昭和十年のいつごろからか、伊藤武雄さんや奥村慎次さんあたりが関東軍と連絡されて、満鉄調査機関の天津設置を下相談されていたのではないかと思われます。天津事務所の設置は、今思いかえしてみますと、そのような下準備の結果であったように思われます。つまり天津駐屯軍はすでに昭和九年か十年のはじめのころには華北の武力支配を計画し、満鉄調査組織も天津進出を予定しておったのではなかろうかと思われます。この天津事務所の設置とは別に、伊藤武雄さんと奥村愼次さんは天津駐屯軍の顧問として、囑託班を組織しておられます。その詳しい記録を現在では手元に持っていませんのでよくわかりませんが、かなり多数の調査員が大連から派遣されていたようでして、華北の武力占領政策に対して、かなりの肩のいれようであったということができます」[17]。野間清が談話の最後にふれた乙囑託班の華北資源調査に関しては本書第四章第五節で言及した。

ところで先に紹介した電文に戻れば、打電者が伊藤であるとは断言できないまでも、その可能性を否定することはできない。むしろ伊藤以外にこうしたことができる者は少なかったとみるべきかもしれない。

当時伊藤のもとで活動していた三輪武にこの電文を照会したところ、「通常電報を打つのは庶務課長ではあるが、こうした内容を所長の了解なくして打つことはまずない。したがって所長の命を受けて庶務課長が打ったのだろう」[18]との回答を得た。

こうした証言をもとに考えれば、打電者はともかく打電文を書いた人物として伊藤がクローズアップされることになる。仮に文案作成者が伊藤であったとすれば、彼は前掲『満鉄に生きて』の中では正確な記述をしていないことになり、先の野間清の証言のほうが伊藤の実像に近いものになる。

五　北支事務局・北支経済調査所

一九三七年七月一八日、天津事務所は臨時北支事変事務局に改組される。そしてこれは八月二七日には北支事務局に改編されて満鉄の華北での活動は本格化の色合いを濃厚にする。臨時北支事変事務局の局長は満鉄理事の阪谷希一で、副局長は参事の伊藤武雄と芳賀千代太、顧問は参事の山領貞二であった。事務局は鉄道連絡員本部、庶務部、企画部の三部から構成され、鉄道連絡本部の下に北寧輸送班が置かれていた[19]。庶務部の下には庶務・人事・連絡・交通通信・宿舎・世話・会計・救護の八班が置かれていた。臨時北支事変事務局人事班が一九三七年八月二六日に作成した「北支事変関係満鉄社員配置表」によれば、この時期、臨時北支事変事務局に派遣された満鉄社員四〇名を含めて華北に派遣された満鉄社員総数は四四五名を数えていた。[20] 臨時北支事変事務局創立当初は「満鉄本社側では此の改組を以て時期尚早なりとし、正式には承認するに至らなかつたので、対本社並対外関係には従来通り天津事務所と呼称してゐたが、実質的には此の態勢によつて鉄道派遣員を援助し、時局事務を処理した」[21]というから、しばらくは臨時北支事変事務局と天津事務所は並立していた時期があった。

ところが、日中戦争が拡大した一九三七年八月二七日になると新たに天津に北支事務局が設置され、従来あった天津事務所と臨時北支事変事務局は、この北支事務局に吸収された。新設された北支事務局は満鉄総裁に直属し、華北における鉄道、運輸、一般の占領地行政を担当し、鉄道の復旧、運営、在中日本人居留民の引揚げなどを担当した。この北支事務局は庶務班、人事班、経理班、調査班、弘報班、輸送班、工務班、電気班の八班が置かれ、北支事務局長には満鉄参事の石原重高が就任した。[22] この北支事務局の新設と天津事務所の廃止にともない、八月天津事務所長だった伊藤武雄は上海事務所長に転出した。伊藤は新任地の上海でも情報収集活動と人員の増強に努力し、八月以降上海から華中全域に拡大した日本軍の作戦行動に関与した。

七月の臨時北支事変事務局の体制では、「軍依頼」の調査事項が増え、占領地の工場調査、市場調査などが調査項目にあがっている。しかし八月になり北支事務局に改組されると、難民救済、工場の操業再開に向けた調査、労働者の確保、物資対策が増えてくる。[23] また北支事務局では、三八年二月頃から済南―天津間七カ所に宣撫班を派遣し「治安概況」「流通状況」「公共機関活動状況」を調査し、統治に協力していた。[24] 占領地行政が本格化しはじめると、一九三九年一〇月に北支調査資料第一輯『最近八箇年間北支貿易調査表』を出版する。そこには北支主要商品別、国別、港別貿易統計表が作成されている。続いて農業、棉作、農家経済実態調査報告書などが刊行されている。

一九三九年四月、華北交通株式会社が設立されると交通部門を同社の調査部に委ね、基礎研究を行うために新たに北京に北支経済研究所が設立された。「北支及び蒙疆に関する経済、資源の調査研究」を目的に、第一班（業務綜合、企画）、第二班（社会、政治、民族問題）、第三班（慣行）、第四班（農業）、第五班（工業、労働）、第六班（金融、財政）、地質班、鉱業班、化学班、電気班、統計班、資料班、試験班、天津調査分室、済南調査分室及び保定、石家荘、太原、新郷、徐州の各地駐在員から構成され、三九年末の時点で、所長押川一郎以下日本人二五六名、中国人四〇名、計二九六名を数えていた。[25]

六　上海事務所

満鉄の上海事務所が正式に発足したのは一九二四年二月のことだった。それ以前は埠頭事務所上海支所と称していた。上海事務所の活動の基調は、日本の対中経済発展に有効な方針を設定すること、とりわけ華中、華南における満鉄の活動を支えることにあった。[26]盧溝橋事件が勃発すると、上海事務局はその本来の任務をまっとうすべく情報活動を展開した。

事変勃発直後の七月二三日上海で上海市各界抗日後援会が結成されている。上海事務所は、即座にこの会の活動内容の調査に着手している。七月二九日付けで上海事務所長から満鉄弘報課長宛て出された報告書「上海市各界抗敵後援会ノ内情」によれば、「北支事変ニ対スル支那側民衆後援運動ノ総元締タル上海市各界抗敵後援会ハ去ル七月二三日午前十時ヨリ上海共同租界河南路ノ上海市商会ニ於イテ成立大会ヲ開催シ正式ニ組織サレタカ同会ノ内情ハ探聞スル所ニ依レハ、次ノ如クテアル[27]」として、「会ノ構成内容」「ＣＣ団員ノ策動警戒サル」「安全弁ノ役割カトコ迄果タセルカ」といった課題を通じて組織経過、会の構成内容、会の今後について報告していた。また八月一三日付けでは「北支事変ノ上海経済界ニ及ホセル影響[28]」と題する現状報告を満鉄産業部長に送ったり、事変後の金融情勢の報告書などを本社宛に送付し続けている。日中戦争勃発当初の報告書の多くは、盧溝橋事件から日中戦争へと拡大する戦火の上海経済界への影響を報じていた。このほか、日本が上海に出兵する前後の緊迫した現地状況を伝えた報告書も出されていた。

上海周辺での直接戦闘が下火になった一九三七年一二月頃から太倉、嘉定、嘉興、松江、鎮江、杭州などに満鉄から宣撫工作班が派遣され、占領地宣撫工作が開始されている。上海事務所はこうした派遣作業に関連することとなる。(29)そして戦線が次第に奥地へ移動し華東地区の治安が「安定」しはじめると、上海事務所の占領地行政への参加は積極化しはじめる。上海事務所は三八年一二月以降中国側が事変前に輸出振興の一環として実施していた商品別物産調査報告書の翻訳出版を手がけはじめる。上海満鉄調査資料の「支那商品叢書」と称するものがそれで、四一年一月まで豚毛、アンチモニー、錫、麻など二〇種類の物品概要を翻訳・紹介していた。同じ満鉄調査資料では、上海事務所調査室が一九三九年六月中旬から七月下旬にかけて嘉定、常熟太倉三県で実施した農村実態調査について、三九年一一月から四〇年一月にかけてそれぞれ『上海特別市嘉定区農村実態調査報告書』『江蘇省常熟県農村実態調査報告書』『江蘇省太倉県農村実態調査報告書』を刊行していた。「事変は二カ年を経過し第一線は遠く武漢を越えて進んで行つたにも拘らず、本調査隊の入つた上海近村の治安状態には見る可き改善はなく、剰《あまつさ》へ農繁期に際会せる為、調査員の活動は著しく阻害され、十二分の調査の行へなかつたことは遺憾であつた。併し斯る悪治安下に、一名の犠牲者も出さず、邦人最初の中支農村実態調査を敢行し、その成果を茲に発表し得るに至つた事は吾人の歓びとするところである」(30)と調査室主事の伊藤武雄は述べていたが、調査概要は、先に天津事務所が実施した冀東農村実態調査報告や北支事務局が実施した農村調査と大同小異であった。実態調査という意味では、上海事務所は、一連の農村実態調査のほかに一九三九年七月からの二週間、無錫地域で工業実態調査も実施していた。無錫は、華中の中国民族産業の集積地であり、製紙、紡織、染織、食料品産業の一大中心地であった。『無錫工業実態調査報告書』は、第一編で、民

族産業の実態を分析すると同時に、第二編では、無錫の政治経済的位置、商品物流状況を論じていた。(31)

注

(1) 一九八〇年代以降の主だった研究をあげると、藤原彰『日中全面戦争』(小学館、一九八二年)、古屋哲夫編『日中戦争史研究』(吉川弘文館、一九八四年)、古屋哲夫『日中戦争』(岩波書店、一九八五年)、石島紀之『中国抗日戦争史』(青木書店、一九八四年)、江口圭一『十五年戦争小史』(青木書店、一九八六年)、池田誠編『抗日戦争と中国民衆——中国ナショナリズムと民主主義』(法律文化社、一九八七年)、井上清・衛藤瀋吉編『日中戦争と日中関係』(原書房、一九八八年)、中央大学人文科学研究所編『日中戦争——日本・中国・アメリカ』(中央大学出版部、一九九三年)、小林英夫『日中戦争と汪兆銘』(吉川弘文館、二〇〇三年)、小林英夫・林道生『日中戦争史論——汪精衛政権と中国占領地』(御茶の水書房、二〇〇五年)参照。

(2) 前掲諸労作にくわえて、江口圭一『盧溝橋事件』(岩波書店、一九八八年)、信夫清三郎『聖断の歴史学』(勁草書房、一九九二年)、安井三吉『盧溝橋事件』(研文出版、一九九三年)、秦郁彦『盧構橋事件の研究』(東京大学出版会、一九九六年)参照。

(3) 最近の研究として楊韶明「満鉄与〝七七事変〟」(中国・長春「満鉄研究与中日関係」研討会、一九九六年八月)が出されている。

(4) 興亜院華北連絡部編『華北交通株式会社創立史』第一分冊(復刻版、本の友社、一九九五年)参照。

(5) 遼寧省檔案館編『満鉄と盧溝橋事件』全三巻、柏書房、一九九七年、「解説」(小林英夫執筆)。なお、これまで盧溝橋事件にかんしては中国側が所蔵している資料が公開されることは少なかった。このたび遼寧省檔案館が所蔵していた旧満鉄総裁室文書課資料五二六八頁(総体部、産業部、経理部資料、なお、この名称は中国側による)より一〇七二頁を抽出し整理、公開したものである。事件から約半年間を経過した一九三七年春までの満鉄のこの事件への対応が克明に示されていて興味深い。

(6) 「北支事変ニ伴フ満鉄従事員及器材ノ派遣準備ニ関スル件」、前掲『満鉄と盧溝橋事件』第一巻、四五頁。

(7) 松本豊三編『南満洲鉄道株式会社第三次十年史』南満洲鉄道株式会社、一九三八年、六八七頁。

(8) 前掲『華北交通株式会社創立史』第一分冊、一八—一九頁。

(9) 同右書、三三一—三三二頁。

(10) 「軍司令官宛弔慰電の件、満洲事変直後の金融・国際法・行政・外人弘報関係資料送付、及びその担当者派遣要請(電文)」、前掲『満鉄と盧溝橋事件』第一巻、一一三頁。

(11) 「内科医二名並びに看護婦九名以上派遣要請」(電文)」、前掲『満鉄と盧溝橋事件』第一巻、一一七—一一八頁。

(12) 「軍ヘノ派遣者内訳、追加派遣予定人員(電文)」、前掲『満鉄と盧溝橋事件』第一巻、一一九—一二〇頁。

(13) 伊藤武雄『満鉄に生きて』勁草書房、一九六四年。

(14) 同右書、二〇六頁。
(15) 石堂清倫・野々村一雄・野間清・小林庄一『十五年戦争と満鉄調査部』原書房、一九八六年、二五頁。
(16) 同右書、二六頁。
(17) 同右書、四三―四四頁。
(18) 三輪武の自宅におけるヒヤリングに依る(一九九七年一月七日)。
(19) 「臨時北支事変事務局設置ノ件」、前掲『満鉄と盧溝橋事件』第一巻、一七九―一八〇頁。
(20) 「北支事変関係満鉄社員配置表」、同右書、第二巻、七四―七五頁。
(21) 前掲『華北交通株式会社創立史』第一分冊、三三三頁。
(22) 南満洲鉄道株式会社『社報』第九〇八三号、同号(別冊)、一九三七年八月二七日(マイクロフィルム版『満鉄社報』柏書房、一九九六年)。
(23) 満鉄産業部『業務月報』九月分、一九三七年一〇月、一二一―一四二頁。
(24) 北支事務局調査室「津浦沿線地帯(済南―天津)ニ於ケル農村並宣撫班状況」一九三八年三月、遼寧省檔案館編『満鉄與侵華日軍』一八、広西師範大学出版社、一九九九年、一―三三頁。
(25) 東亜研究所『日本の対支投資』下、一九四二年、九六八頁。
(26) 満鉄総務部編『昭和一〇年度満鉄調査機関要覧』復刻版、龍溪書舎、一九七九年、一九五―一九六頁。
(27) 遼寧省檔案館編『満鉄と盧溝橋事件』第二巻、一五三―一五八頁。
(28) 同右書、一七四―一九〇頁。
(29) 華中での宣撫班の活動に関しては、鎮江宣撫班(前掲『満鉄與侵略日軍』一七巻、八―四五頁、一九巻、三〇五―四一五頁)、蕪湖宣撫班(同前、一七巻、二七三―二九四頁)、丹陽宣撫班(同前、一七巻、二九五―三四八頁)、嘉善宣撫班(同前、一七巻、三八三―三九三頁、二〇巻、三七五―四〇一頁)、嘉興宣撫班(同前、一八巻、三八六―四二二頁)、太倉宣撫班(同前、一九巻、一一〇―一七七頁、二〇巻、七一―九七頁)、松江宣撫班(同前、二〇巻、四八―七〇頁)、杭州特務機関(同前、第二〇巻、二五七―三三二頁)参照。
(30) 満鉄上海事務所調査室『江蘇省太倉県農村実態調査報告書』一九四〇年一月、序。
(31) 満鉄調査部『無錫工業実態調査報告書』一九四〇年。

第二節　日中戦争下の満鉄調査部の活動

一　五カ年計画の変更と大調査部の出現

しかし一九三七年七月に盧溝橋事件が勃発し、戦火が全中国に拡大するなかで、産業部は三七年九月に「業務計画の再検討」を開始する。すでに前年八月の段階で、奥村慎次産業部次長は、「支那事変ニヨル日満経済機構ノ戦時体制」、「満洲産業開発五箇年計画ノ立案時ヨリ其ノ実施、企業化時代ヘノ進展」、「北支経済開発ニ関スル待機ノ姿勢」の「三点ヲ強調」していたが、盧溝橋事件の勃発と拡大で「東亜ノ情勢ハ茲半年間ニ著シク変化、進展シタノテアル」とその変化を指摘していた。そして、事業計画の目標は、これまでの「満洲ニ於ケル綜合的産業開発五箇年計画並満鉄経営合理化実行案ノ樹立」「対支政策ノ一翼トシテ北支産業開発計画ノ樹立」から「日満経済ノ戦時体制化ト其ノ日満産業開発五箇年計画ニ及ホス影響並新事態ニ即応ス可キ満鉄経営方策ノ検討」「新事態ニ適応スヘキ北支産業開発計画ノ樹立」へと変更されたのである。[1]

また盧溝橋事件勃発直後の三七年七月二〇日に開催された中央経済会議も、第二回会議が同年秋に開催される予定であったが、「盧溝橋事件の突発とその拡大は事変の解決を先決とすべき情勢となり、意外の遅延を来し国内戦時体制強化の必要から総動員法発動必至の形勢となり、資源局と企画庁の合同に依る企画院が其の年の十月二十五日に開庁され、国政全体の運用方法の再検討から、遂に中央経済会議の解散となった」。[2] この間、同じ近衛内閣にあっても大蔵大臣賀屋興宣、商工大臣吉野信次から、大蔵・商工兼任で池田成彬へと変更となり、国策の重点は生産力拡充から物資動員へと変更された。[3]「満洲産業開発五カ年計画」も修正を余儀なくされ、満洲独自の開発計画は放棄され日本国内への半製品供給を重点とした「修正五カ年計画」が三八年以降実施に移されることとなった。

図8　満鉄調査部組織図（1939年4月1日現在）

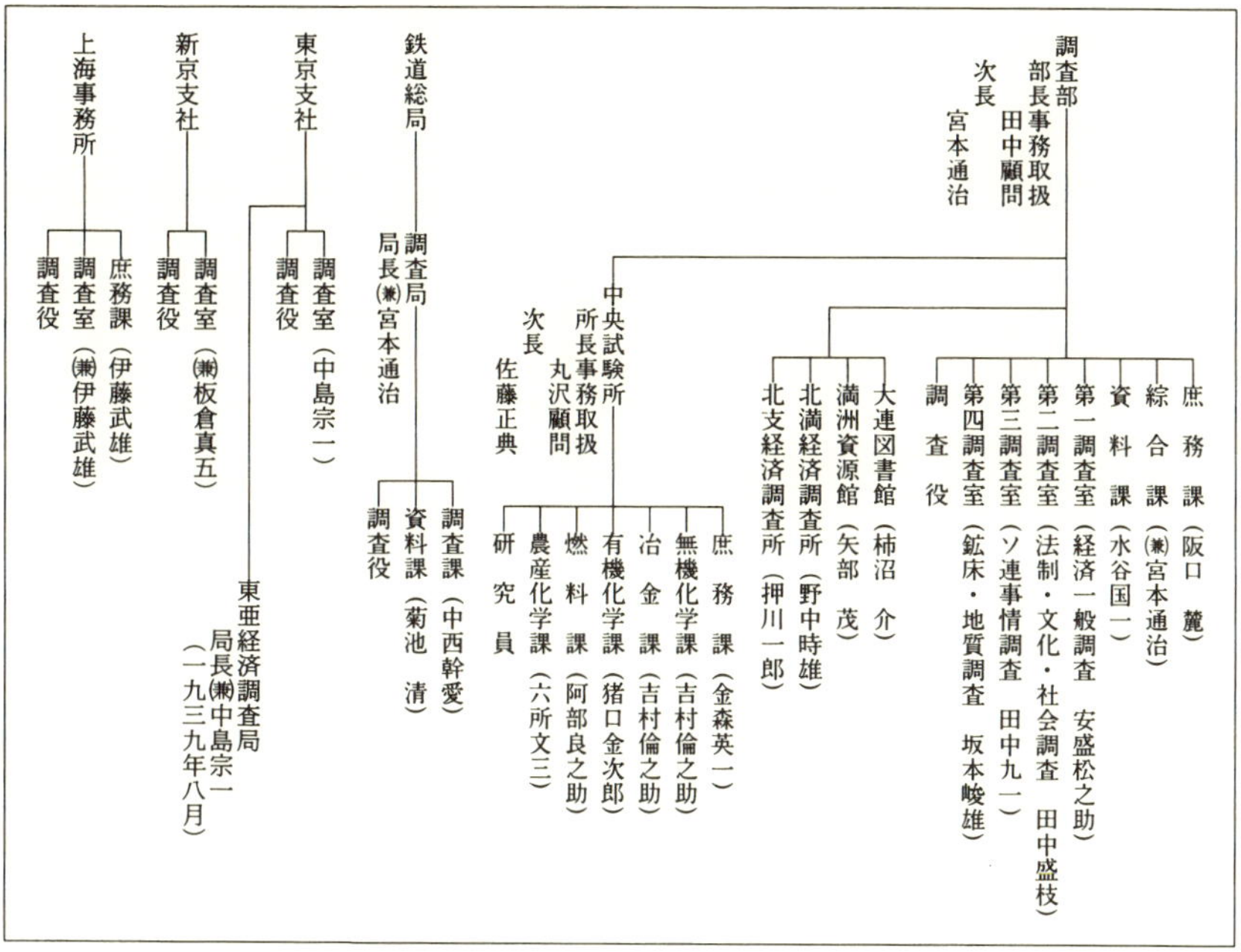

出所：野間清・下條英男・三輪武・宮西義雄編『満鉄調査部 綜合調査報告集』亜紀書房、1982年、8-9頁より作成。

こうしたなかで「修正五カ年計画」の推進企業は、満鉄から三七年一二月創立された満洲重工業開発株式会社（満業）へと変更され、それまで満鉄傘下にあった昭和製鋼所、満洲炭鉱、日満マグネシウム、満洲鉛鉱、同和自動車などが満業傘下へと移行していくこととなる。三八年五月満洲国総務長官星野直樹が、「……昨年一二月ニ於ケル満洲重工業開発会社ノ成立ハ御承知ノ通リ重工業部門ニ付テ綜合的企業組織ノ下ニ関係諸事業ヲ総動員シ得ル機構ヲ整ヘタモノデアツテ之ニ依テ五箇年計画ハ其ノ規模ニ於テ其ノ遂行ノ速度ニ於テ著シク之ヲ拡大シ得ル実行態勢ヲ具フルニ至ツタ」(4)と述べたことは、再編の重さを裏付けている。満鉄に代わる満業の登場は、満業による満洲重工業の建設、つまり「満洲産業開発五カ年計画」の修正計画実施の出発を意味した。これと連動して三八年四月産業部は調査部へと改組され、産業部にいた多数の調査部員も新生満業の調査部へと移籍した。

当時満鉄総裁だった松岡洋右は、満鉄の生き残りをかけ、また彼の「多年の構想」[5]を実現するため調査部組織拡充を計画、三八年一一月の重役会議で組織拡充を決定、翌三九年四月改組・拡充を実施した。[6]ここに調査部は、三九年四月には大調査部として、新たに中央試験所、鉄道総局調査局、東京支社調査室、東亜経済調査局、新京支社調査室、上海事務所を含む一大調査機関へと拡大したのである（図8参照）。

新たな陣容の下に再発足した満鉄調査部は、日中戦争が膠着化した一九三九年から四〇年にかけて積極的に拡充され、三九年四月に一七三一人だった調査部員は、一年後の四〇年四月には二三四五人と一挙に六一四人の増加をみている。[7]

二 「綜合調査」の開始

こうした大調査部の活動でこの時期に特徴的なことは、「綜合的調査の意義は極めて重要なものとな」[8]り、それが実施に移されていったことだった。個々の満鉄調査機関が個別の課題を調査するのではなく、調査部綜合課がリードするかたちで綜合的・統一的・集権的に複数の課題を集中的に調査する方式を追求したのである。支那抗戦力調査がその例では最も早く、三九年五月から調査活動が開始された。第一回の中間報告会の開催は一九三九年一〇月で、第二回目の中間報告会は四〇年三月に開催された。そして四〇年五月の第三回中間発表会を最後に取りまとめが行われ、同年一〇月から一二月の間に一〇分冊からなる『支那抗戦力調査報告』が作成された。総篇、政治篇、戦時経済政策篇、奥地経済篇、外援篇からなるこの報告書の結論は、日中戦争で日本は敗北せぬまでも勝利の展望をつかむことができない、という内容であった。[9]四〇年度には統一的調査課題として「日満支ブロック・インフレーション調査」が実施される。同年七月末に調査研究案が決定され、八月から実施されたこの調査課題は、早くも九月九日から一四日まで東京で第一次中間報告会を開催し、一〇月二八日から一一月九日までふたたび東京で第二次中間報告会を開き、翌四一年二月から五本の報告書の取りまとめを行っている。東京支社調査室の「日本インフレーションの現状、見透並対策」、新京支社調査室の「満洲インフレーション調査報告」、北支経済調査所の「北支インフレーションノ発展段階ト特質」、「インフレーション対策ノ基本方向」、上海事務所調査室の「円ブロックインフレーションノ一契機トシテノ中南支円系通貨ノ問題」、綜合課の「日満支ブロックを通ずるインフレーション抑制の為の綜合的対策」がそれである。[10] 問題は、日本帝国版図内で進行するインフレにどう対処するか、その前提として各地のインフレはどうなっているのか、という点にあった。こうした戦時経済の根幹に関わる経済問題に関する調査の結論は、「大陸各地の調査を綜合的になす為には日本経済が充分理解されて居らねばならない」[11] ことであった。日本が出発点で、「東亜共栄圏」内に拡大したインフレを考えるには、その原点となった日本の経済そのものを考慮する必要があるという指摘は、この調査の意義と限界を表現していたといっても過言ではない。この調査報告は、東京支社調査室は「大体秘扱ひのものとす」として社外機関には行わないとしていたが、[12] 他の機関はそれぞれ関東軍参謀部、駐満海軍武官府、満洲国政府、在満特殊会社首脳部、北支駐屯軍参謀部、支那派遣軍総参謀部、駐支日本大使館、駐支海軍武官府、興亜院華中連絡部などに報告を行っている。[13] この報告が日本の国策にどう影響したかについては、否定的な評価もあって定まっていない。[14]

いま一つが戦時経済調査であった。先の「日満支ブロック・インフレーション調査」に続いて四二年度に戦時経済調査が実施された。すでに四一年二月ころから次年度の調査方針に関する討論が始まり、そのなかで「調査部における各種調査の一体的遂行を図る為に、強力なる綜合的企画組織の設置と、中心的組織者としての綜合課の強化が絶対的に必要となる」[15] との趣旨のもとに、新たに綜合委員会の設置が決定された。綜合委員会は、綜合課長を委員長に、第一（戦時経済）、第二（抗戦力）、第三（世界情勢）、第四（満鉄経営研究）の四つの委員会から構成され、各課・各調査室が作成した業務計画を綜合的立場から再検討して統一を図り取りまとめを行うとなっていた。[16]

戦時経済調査は、綜合委員会のもとで具体化され、四一年六月には六日間にわたり東京で打ち合わせ会議を開催し、日本の重工業の確立、占領地資源確保、インフレ対策といった多方面の調査課題を打ち合わせ、「幹事を中心とする連絡活動を旺盛ならしめる事を申し合わせ[17]」、八月には大連において打ち合わせ会を開き中間段階の作業打ち合わせを行い[18]、作業に入っている。もっとも作業過程で、「極めて高き理論的水準が要請せらるるにも拘らず、部の組織的調査水準が、斯かる要請を充し難き現状にあり」かつ中国占領地の調査が不足し、資料的制約が大きいなどの問題点が列挙されていた[19]。

三　慣行調査の実施

日中戦争期に中国占領地で実施された一連の調査に慣行調査がある。そのなかでも最大規模のものが十カ年計画で、一九三八年末に東亜研究所から委託された支那慣行調査であった[20]。この調査は、その後四〇年四月の満鉄重役会議で決済を受け[21]、七月から一〇月までは調査項目の作成などの準備に費やし、同年一一月から本格的調査が開始された[22]。この調査は、主に土地慣行に関する調査で、その内容は売買による所有権の移動、小作関係、公租公課、水利、農村金融、土地所有形態、入会地、家族同族関係、村落自治など多岐に及んでいた。河北省順義県沙井村など同省の他の一村と山東省の一村の合計三村での調査を手始めに、主に河北、山東を中心に調査活動が展開され、その調査成果は「質問応答録」のかたちで整理され[23]、その記録は一九四二年末時点で一〇〇余編にのぼったという[24]。この調査は、戦局の悪化のなかで四四年三月に打ち切られるが、調査結果はまとめられることなく、現地での調査者の質問とそれへの回答記録、関係者たちの座談会を収録した記録は、戦後一九五二年から五八年まで六年かけ『中国農村慣行調査』として刊行された[25]。

また同時期に支那慣行調査の一環として農村の慣行とは別に都市不動産に関する慣行調査、金融・工業慣行調査が実施された。都市不動産慣行に関しては四一年六月調査項目案を策定し、支那都市不動産慣行調査委員会のもとで、北京、天津、南京、蘇州など華北、華中占領主要都市での不動産慣行調査を実施した。[26] この結果土地関連法規、最高法院判例、民事訴訟記録の翻訳資料が残されたが、[27] 多くは意見聴取、質問事項の漢訳で「コレ等ヲ比較検討シ、矛盾相違セル箇所ヲ再調査シ、以テ整理、釈註ヲ施ス迄ニ至ツテイナイ。故ニ報告書ト謂フヨリハ寧ロ資料ニ過キサルコトハ題名ノ通リテ」[28]、分析を待たずして終戦を迎えることとなった。金融・工業慣行調査に関しては、一九四〇年八月頃から人員が整備されるなかで、商事慣行を中心とした調査が本格化した。調査項目は、商品別業態調査と制度別調査からなっていたが、商品では日本との関係で重要な米、繭、生糸、絹織物、雑穀などがとりあげられ、この調査を待って制度別調査に着手する段取りであった。商事慣行を中心とした中支慣行調査は一九四二年末までに四〇篇を数えたが、[29]「之等報告書は手軽に且拙速的に謂はば覚書として整理せるもの」[30] にとどまっていた。

これら一連の慣行調査は、満鉄調査部、東亜研究所、興亜院、軍が関連し巨額の資金と人員を動員した大規模な調査活動だった。占領地での調査であったことも関連し、これに先行して実施された数多くの調査同様、軍の意向の下で、軍の庇護の下で実施されたものであった。したがって、この調査が軍の統治に必要な基礎資料を提供する目的で実施されたことは否定し得ないことである。しかしこうした制約下で実施されたとはいえ、ここに残された調査資料は、当時の中国占領地の実態を知るうえで計り知れぬデータを我々に提示してくれていることもこれまた疑い得ないところである。[31]

注

(1) 満鉄産業部『業務月報』九月分、一九三七年十月、一—二頁。
(2) 椎名悦三郎『戦時経済と物資調整』日本図書センター、二〇〇〇年(産業経済学会、一九四一年刊の複製)。
(3) 詳しくは、拙著『「日本株式会社」を創った男 宮崎正義の生涯』(小学館、一九九五年)、『帝国日本と総力戦体制』(有志舎、二〇〇四年）参照。
（4）星野総務長官「満洲産業開発五年計画修正ノ趣旨並ニ其ノ方針ニ就テ」、『資料』総編、一四五頁。
（5）松岡洋右は、大調査部構想をもっていた。松岡洋右の調査部構想については、松岡洋右『満鉄を語る』（第一出版社、一九三七年）、豊田穣『松岡洋右——悲劇の外交官』上下（新潮社、一九七九年）、デービット・J・ルー（長谷川進一訳）『松岡洋右とその時代』（TBSブリタニカ、一九八一年）参照。
（6）野間清・下條英男・三輪武・宮西義雄編『満鉄調査部　綜合調査報告集』亜紀書房、一九八二年、四—七頁。
（7）同右書、一〇頁。
（8）調査部綜合課「統一的業務計画について」、満鉄調査部『満鉄調査部報』第一巻第一号、一九四〇年五月、六頁。
（9）前掲『支那抗戦力調査報告』参照。
（10）同右書、三六—三九頁、及び前掲『十五年戦争と満鉄調査部』六五—六七頁。
（11）前掲『満鉄調査部　綜合調査報告集』四四九頁。
（12）綜合課「インフレーション調整残務整理処置案に対する各箇所の回答」、満鉄調査部『満鉄調査部報』第一巻第一〇号、一九四一年二月、六九頁。
（13）前掲『満鉄調査部　綜合調査報告集』四三頁。
（14）原覚天『現代アジア研究成立史論』勁草書房、一九八四年、九二六頁。
（15）「業務担当者会議主要議事経過報告」、前掲『満鉄調査部報』第一巻第一〇号、一九四一年二月、三四頁。
（16）同右。
（17）同右書、第一二号、一九四一年八月、二頁。
（18）同右書、第一三号、一九四一年九月、一五—三三頁。
（19）同右書、第一五号、一九四二年三月、二二—二四頁。
（20）「支那慣行調査計画」、同右書、第一巻第一号、一九四〇年五月、四八頁。
（21）同右。
（22）「支那慣行調査委員会第三回常任幹事会」、同右書、第一七号、一九四三年一月、九六頁。
（23）同右。
（24）野間清「中国慣行調査、その主観的意図と客観的現実」、『愛知大学国際問題研究所紀要』六〇、一九七七年二月、一五頁。
（25）中国農村慣行調査刊行会編『中国農村慣行調査』全六巻、岩波書店、一九五二—五八年。
（26）「支那都市不動産慣行調査概略」、前掲『満鉄調査部報』第一二号、一九四一年八月、一〇八—一二二頁。

(27) 満鉄調査部『都市不動産慣行調査資料』第一―第一五輯、一九四一年―四三年。
(28) 満鉄調査部『支那都市不動産慣行調査資料』第七輯其ノ四、一九四二年五月、一頁。
(29) 「支那慣行調査委員会第三回常任幹事会」、前掲『満鉄調査部報』第一七号、一九四三年一月、一〇〇―一〇五頁。
(30) 同右書、一〇三頁。
(31) 「支那慣行調査」の文献解題と目録に関しては、井村哲郎「東亜研究所『支那慣行調査』関係文書――解題と目録(I・II)」(『アジア経済資料月報』第二九巻第一号、第四号、一九八七年一、四月)参照。また、こうした戦前のデータの上に戦後への変貌を探求した研究としては、三谷孝編『農民が語る中国現代史――華北農村調査の記録』(内山書店、一九九三年)、同『中国農村変革と家族・村落・国家』(汲古書院、一九九九年)、三谷孝ほか『村から中国を読む――華北農村五十年史』(青木書店、二〇〇〇年)参照。

おわりに

日中戦争の勃発と同時に調査部はその規模と範囲を拡大していく。天津事務所は冀東地区農村実態調査を継続し、改編された北支事務局やその後の北支経済研究所はより広い領域の華北調査を実施すると同時に事変後の日本軍の占領行政に関与していくこととなる。加えて上海事務所を中心に華中占領地行政と関連した調査が展開されはじめるのである。この過程で綜合調査が実施され、大規模な慣行調査が華北・華中占領地区で展開されていくこととなる。

他方満鉄調査部本体は、満鉄改組と五カ年計画の修正のなかで、主要事業部を満洲重工業開発株式会社に譲り、産業部を調査部へ改組、これを拡充するかたちで大調査部をつくりあげ活動していくこととなる。

第七章　満鉄調査部のユダヤ人問題調査

はじめに

満鉄が手がけた調査の一つにユダヤ人問題がある。ユダヤ人の資力を日本占領下の上海や満洲国の工業建設に利用しようという構想は、一九三八年以降一部の日本陸海軍軍人のなかに醸成されてきていた。そうした動きをリードした人物が陸軍軍人の樋口季一郎、安江仙弘であり海軍軍人の犬塚惟重らであった。一方満鉄の動きを見れば、一九三六年一〇月に経済調査会は産業部に改組され、その産業部も三九年四月には再編されて大調査部が出現した。この調査部の第一資料室の外国経済係が安江仙弘らと連動して調査した課題がユダヤ人問題であった。折りから友好国ナチス・ドイツではユダヤ人迫害が開始されており、多くのユダヤ人が国外に脱出していた。満洲国のハルビンや上海には伝《つて》を求めて、海路もしくは陸路シベリア鉄道経由でユダヤ人が渡来した。こうした動きに対応し、満洲国政府は三八年一月に「現下ニ於ケル対猶太民族施策要領」を、続いて日本政府も同年一二月の五相会議で「猶太人対策要綱」をまとめ、原則として彼らを差別することなく扱うという基本方針を決定した。こうした動きの背後には樋口、安江、犬塚らの働きかけがあったことは間違いないが、人道主義の背後に彼らを英米への外交交渉の切り札として活用する意図があったことは否めない。

こうした陸海軍特務関係者によるユダヤ人対策は、三六年一一月の日独防共協定に基づき当初からナチス・ドイツの批判を受けていたが、四〇年九月の日独伊三国同盟の締結とともに反対の動きは決定的となり、ユダヤ人問題を外交カードに欧米外資を導入し日本占領地の工業化を図ろうとした樋口、安江、犬塚らの構想は国策決定の主流から外され、親独派は、ドイツと連動したユダヤ人弾圧対策を強行していくこととなる。本章では、満洲国と日本政府のユダヤ人対策を見、それとの関連で満鉄調査部のユダヤ人調査の足跡を追う(1)。

注

(1) 日本におけるユダヤ問題研究については、中日新聞社社会部編『自由への逃走――杉原ビザとユダヤ人』(東京新聞出版局、一九九五年)、宮沢正典『増補　ユダヤ人論考』(新泉社、一九八二年)、同「ユダヤ陰謀論・同祖論の誕生と謎」、『別冊歴史読本　ユダヤ大事典』(一九九七年三月、新人物往来社)。

第一節　日本のユダヤ人対策

日本においてユダヤ人問題が検討されはじめたのはロシア革命とシベリア出兵以降のことだった。とくにこの革命に反発し干渉するためシベリア出兵に従軍、もしくは関連した軍人のなかからユダヤ人問題に関心を持った面々が生まれてきた。ロシア革命のリーダーのなかにはトロツキーに代表されるユダヤ人が含まれていたことからロシア革命への反発がユダヤ人に対する反発となって軍人層に拡大したのである。反ユダヤ論者のリーダーで陸軍軍人だった四王天延孝（陸士一一期）などはその代表的人物であろう。そのほか、陸軍の安江仙弘（陸士二一期）、樋口季一郎（陸士二一期）、海軍の犬塚惟重（海兵三九期）らはいずれもなんらかのかたちでシベリア出兵と関連をもってユダヤ人問題に接近していった。軍人ではないが、ユダヤ人の世界制覇を謳ったとされ、ユダヤ禍論の論拠となったといわれる『シオン長老の議定書』を日本に持ち込んだ最初の人も、シベリア出兵に従軍した樋口艶之助であったし、日本・ユダヤ同祖論の小谷部全一郎、酒井勝軍もこれまたシベリア出兵に従軍していた。[1]

これらの軍人たちがふたたびユダヤ人問題をめぐって登場するのは満洲事変以降のことであった。一つには日本軍の中国侵攻が進むなかで、ハルビン、天津、上海などの日本軍支配地域に住んでいたユダヤ人をどうするか[2]が、いま一つにはナチス政権下で迫害を受けたユダヤ人が海路、もしくは陸路シベリア鉄道経由で満洲国へ入国、その後中国やアメリカに逃れていくなかで、同盟国ドイツとの関係で、これにどう対応するか[3]、さらにはユダヤ人の資金力をどのように満洲工業建設、とりわけ五カ年計画事業に活用するか[4]が日本にとって大きな問題となってきたからである。

特にナチスがオーストリアを併合した一九三八年三月を前後してアジア地域へのユダヤ人亡命者の数は増加した。ちなみに三八年一月までに「極東ニ渡来セル避難民数ハ西比利亜《シベリア》経由者八十二名又南方ヨリ上海ニ上陸セル者一千七百乃至一千八百名（在上海独墺猶太人救済協会ノ調査ニ拠ル）ニ上ルト推定」され、さらに同年二月にはイタリアから約三〇〇〇人が上海に到着すると見られ、上海ユダヤ難民は合計五〇〇〇名に達すると見られていた。[5]当時上海は彼らの居住拠点のひとつであった。「なにゆえ急に避難民がおしよせたかというと、日支事変のため上海は主権者のいない自由港のような状態で、世界唯一の入国査証なしで上陸できる港だったからだ[6]」という。

その後三九年九月に第二次大戦が勃発し西ヨーロッパ全域および大西洋、地中海が戦場となる四〇年七月以降になるとユダヤ避難民はシベリア鉄道経由「満洲里ヲ経由シテ満洲国ニ入国シ、大連ヨリ上海ニ向フカ乃至ハ安東ヨリ朝鮮経由、日本内地ニ渡リ米国ニ向フカノ何レカヲ採ル者カ圧倒的ニ多カツタ」ためソ満国境にユダヤ避難民が殺到し、満洲里経由の入満者は四〇年六月まで一〇人から五〇人前後だったのが、七月三三七人、八月五四五人、九月七四三人と激増した。その後は七月以前に減少した。[7]リトアニアの首都カウナスにあってリトアニア領事代理であった杉原千畝がユダヤ人にビザの発行をしたのは四〇年七月から八月にかけてのことであった。[8]

これに対して満洲の関東軍司令部は一九三八年一月「現下ニ於ケル対猶太民族施策要領」を決定した。「要領」のなかで、ユダヤ人対策は「慎重ヲ期スルヲ要」し、「公的機関ノ表面進出ヲ避ケ専ラ内面工作ニ依リ裏面隠微ノ間ニ序テ追ツテ進ム」べしとし、諸工作は「公識ナル成果ノ獲得ニ焦慮スルヲ戒ム」とし、特に「現下満洲国開発ニ際シ外資導入ニ専念スル余リ猶太資金ヲ迎合的ニ投下セシムルガ如キ態度ハ厳ニ之ヲ抑止ス」とし「全満ニ於ケル猶太人工作ハ関東軍司令官ニ於テ統制シ各実施機関ハ相互連繋ヲ密ニシ支離ノ態度ニ陥ルナカラシム」とし、また「独逸其ノ他ノ列国ニ対シテハ我民族協和ハ八紘一宇ノ精神並ニ防共ノ大義ニ遵由スルヲ諒解ナカラシム」としていた。つづく「実施要領」では裏面工作は特務機関が行うこと、日満政府機関は「厳正公正」「是々非々主義」を貫くこと、在外日本機関は日本の「真意ヲ諒解セシメ」ること、この方針を「中央及在支蒙各軍ニ対シ」伝えることを謳っていた。[9]この基本方針は、同年一二月六日の五相会議で決定された「猶太人対策要綱」でさらに国策として定着する。

同要綱は、こうした動きに対する日本政府の基本方針を表明したものであった。その内容とは、ドイツと歩調を合わせれば「多年主張シ来レル人種平等ノ精神ニ合致セサル」のみならず「外資導入」「対米関係」を悪化させることとなるので以下の方針で望むとしたうえで、「方針」としては、「一、現在日、満、支ニ居住スル猶太人ニ対シテハ他国人ト同様公正ニ取扱ヒ之ヲ特別ニ排斥スルカ如キ処置ニ出ツルコトナシ　二、新ニ日、満、支ニ渡来スル猶太人ニ対シテハ一般ニ外国人入国取締規則ノ範囲内ニ於テ公正ニ処置ス　三、猶太人ヲ積極的ニ日、満、支ニ渡来スル猶太人ニ対シテハ一般ニ外国人入国取締規則ノ範囲内ニ於イテ公正ニ処置ス　三、猶太人ヲ積極的ニ日、満、支ニ招致スルカ如キハ之ヲ避ク、但シ資本家、技術家ノ如キ特ニ利用価値アルモノハコノ限リニ非ス」[10]というもので、ユダヤ人を特別差別することなく他の外国人と同様の扱いをせよという点にあった。

一九三八年一一月関東軍参謀長磯谷廉介より満洲国総務長官星野直樹に宛てた電文では、ドイツ、イタリアとの親善関係を重視し「満洲国又ハ対猶太民族施策等ニ利スヘキ者以外ハ原則トシテ移住セシメサル」方針だったし、満洲国外務局長官蔡連弁から駐大連外務局弁事処長陳遂宛でも表面的には差別なきようとり扱うべしという指示が出ていた。[11]

注

（1）前掲『増補　ユダヤ人論考』、同「ユダヤ陰謀論・同祖論の誕生と謎」。

（2）特別調査班員武岡武夫が華北占領地に出張した際、在天津ユダヤ人有力者に関する調査を実施した満鉄・調査部特別調査班『在北支猶太人ノ動向（時事資料）』（一九四一年三月）などは、占領地ユダヤ人対策調査の一環としてなされたものであろうと推察される。

（3）日本がかかえた課題の一つに亡命ユダヤ人の国籍問題をどう処理するか、があった。満鉄・調査部特別調査班『在滬猶太避難民国籍処理ニ関スル一考察』（一九四一年七月）は、こうした課題を調査した報告書の一つだが、以下のような調査結果を提出していた。まず、ユダヤ難民がドイツ国籍を有する場合には、ドイツが中国での治外法権を喪失しているので大きな問題はない。また彼らに中国国籍を与えることは、一般中国人と同様の政治経済分野に進出する機会を与えるので好ましくない。無国籍者の場合には、彼らに帰化の意思を持つものは少ないので可能性は少ないであろう。またドイツ側に引取りを依頼した場合には拒否される可能性が高いであろうから、「避難民ヲ我方テ自由ニ処理スル」ことが可能になる、と判断していた。

（4）一九四〇年七月満鉄・調査部特別調査班が実施した前満鉄欧州事務所長への欧州情勢を含むユダヤ資本導入問題に関するヒヤリング結果では、一九三三年頃から満鉄は、満洲へのユダヤ資本導入を考えていたと記述されている（調査部・特別調査班『外資導入ノ可能性ト満鉄ノ地位』一九四〇年八月）。

（5）「猶太避難民問題」、外務省外交史料館『民族問題関係雑件　猶太人問題』四、I―4―6―0―1―2。

（6）犬塚惟重「日本の〝アウシュビッツ〟は楽園だった」、『自由』一九七三年二月号、二三二頁。

（7）満鉄調査部特別調査班『極東通過猶太避難民概況』一九四一年、一頁。

（8）前掲『自由への逃走――杉原ビザとユダヤ人』三二―四七頁。
（9）関東軍司令部「現下ニ於ケル対猶太民族施策要領」、外務省外交史料館『民族問題関係雑件　猶太人問題』四、I―4―6―0―1―2。
（10）「猶太人対策要領」、外務省外交史料館『民族問題関係雑件　猶太人問題』五、I―4―6―0―1―2。
（11）「猶太人ニ対スル査證取扱方ニ関スル件」、同上書。

第二節　極東ユダヤ人代表会議の開催

関東軍がユダヤ人を取り込んでいこうという動きとこれに呼応するユダヤ人団体の活動は、一九三七年末の極東ユダヤ人代表会議の開催となって現れた。同年一二月二六日から二八日までの三日間ハルビンで第一回極東ユダヤ人代表会議が開催された。参加者は、ハルビン市ユダヤ人協会会長のカウフマンを筆頭に中国・日本のユダヤ人代表二一名を含む約七〇〇名であった。来賓には当時ハルビン特務機関長だった樋口季一郎、陸軍中央から派遣された安江仙弘らの名前が連なっていた。三日にわたる会議はカウフマンの司会で進行し、第一日目に議長を選出し、カウフマンによるユダヤ協会の使命に関する演説とそれをめぐる論議があったのち、終了時に「猶太人民会々議ハ日満両国ガ猶太民族ノ一切ノ民族的利益ト必要ヲ包含シ猶太人ノ代表的中心組織タル統一機関ノ結成ニ十分ナル協力ヲ与ヘラレンコトヲ祈願ス　猶太人民会第一回会議ハ極東猶太人ガ日満両国ニ対シ自己ノ義務ヲ遂行シ日満両国ニ課セラレタル使命トシテ極東ニ於ケル民族協和ノ大国家的政策ニ協力スル為日満両国民ト共ニ其ノ全力ヲ傾注センコトヲ檄ス」なる決議文を採択した。二日目もカウフマンの首題演説で始まり、ユダヤ協会事業と役割について出席者間で論議が展開され、ユダヤ人自治協会の統一、協会機構の整備などが論議された。極東ユダヤ人代表大会が第一回目であったためか、代表の選出規則に多くの時間を割いていた。最終日もカウフマンの「協会ニ於ケル文化教化事業」なる講演で開始されユダヤ人学校の運営や出版事業について言及し、学校ではユダヤ語と居住地域の言語を習得すべしという提案を行った。論議は学校では何語で教育するかに集中し、ユダヤ語の習得に意義を唱えるものは居なかったが、居住地域の言語という点では各種の意見が出されたため、決議委員会に委ねることとした。[1] この大会に関して、犬塚が所見を寄せているが、それによれば、「本会議指導上当面ノ目的ハ十分ニ達セラレタルモノト認ム」としつつも「上海香港猶太代表ヲ逸シタルハ画龍点睛ヲ欠キタルモノナリ」とし「更ニ上海香港猶太ニ関スル工作ヲ緊急トス」と述べていた。[2] 参加者は「白露系ユダヤ人の団体」[3] が中心で、各地代表者名簿を見れば、神戸と天津以北の中国在住ユダヤ人が中心で、上海、香港出身者は含まれていない。[4]

なお極東ユダヤ人代表者会議は三八年一二月に第二回大会を、そして三九年一二月に第三回大会を開催している。

第二回大会は、一九三八年一二月二六日から二八日までハルビンで開催された。上海、大連、チチハル、奉天、ハルビンから代表が集まり、参加者は一〇〇〇人を越えたという。初日はカウフマン会長の開会の辞ではじまり、各界の代表の挨拶や祝辞が述べられた後、二日目は、「各地代表並ニ在哈猶太人有志約五十余名出席ノ上代表者ヨリ」「情況報告並民族会議ニ対スル希望」が検討された。そして第三日には、「猶太民族ノ宗教、文化、教育、社会、経済問題並欧州ヨリノ猶太人難民救済問題ニ関シ各地代表ノ意見発表協議ヲ行ヒ、前記諸問題ノ対策決議ヲ了シ各地民会ハ之カ実施指導ニ努力スヘキ事ヲ声明」したのである。[5]

第三回大会は三九年一二月二三日から二六日までの四日間ハルビンで開催された。参加者は代議員名簿によれば、執行委員四名、代議員一三名で、一般参加者の数は約八〇〇名を数えた。大会一日目はカウフマンの開会演説で始まり協和会中央本部長、同浜江省本部長および大連特務機関長安江仙弘の祝辞、上海、天津、大連、青島、奉天、チチハル、ハイラル、神戸の各ユダヤ民団代表の挨拶、ユダヤ民族評議会顧問ポルトガル名誉領事スキデリスーの演説などが続き最後に大会宣言を発表して終了した。第二日目はカウフマンを議長に選出して、極東猶太民族評議会執行委員会の業務報告、大連、天津、上海、ハルビン各民団業務報告が行われた。第三日目午前中は欧州亡命ユダヤ人問題が論議され、上海、天津、ハルビンでの状況が報告され、午後にはユダヤ人の宗教、文化、教育事業、パレスチナ問題が論議された。最後の四日目には大会で論議された決議案が採択され、次の大会地が論議されたあと次期執行委員会議長にカウフマンを選出して終了した。(6) この大会の意義はカウフマンの言葉を借りれば「組織ヲ完成シ猶太人自治業務ノ最モ切実ナ問題ニ回答ヲ与ヘル使命ヲ有スル」(7) 点にあったという。具体的には「日満支政府」が「猶太人ニ他民族ト並ンテ正常ノ生活ヲナシ得ル余地ヲ与ヘラレルコトヲ信」ずる点にあるとしたのである。(8) 事実大会最終日には阿部信行首相宛に秘密請願決議を行い、そのなかで「帰るに国なき我ら同族にたいし、大日本帝国の尽力により、極東いずれかの方面に一部の地域を設定し、安居楽業の地があたえられるならば、全世界ユダヤ民族の幸福にして、永遠に感謝するところなり(9)」と述べていた。

その後四〇年五月には満鉄調査部の手で「猶太避難民収容地区ノタメノ所要面積推定」なる研究成果が発表され、満鉄総裁や安江らにこの計画書が手渡された。(10) 上海にはユダヤ人難民のための収容所がつくられ、救済委員会の手で運営が行われていた。しかし四〇年の救済人員二万三〇〇〇人、総支出三二七万七〇〇〇上海ドルに上り財政破綻を来す恐れがあったため受け入れを制限したという。(11) 財政問題解決と緊張しはじめた対米関係打開のため、犬塚は上海の浦東に三万人収容できる特別ユダヤ居住地区を設定し、その見かえりにアメリカのユダヤ人から二億円のクレジットを設定し、うち二五〇〇万円で皮革工場を設立し、残りの一億七五〇〇万円をアメリカから軍事物資の購入にあてる計画を立てた。しかし四〇年九月の日独伊三国同盟の締結はこれらの交渉をすべて御破算とした。その直後犬塚は転任のため上海を離れることとなる。(12) 安江もまた四〇年一二月には予備役に編入されユダヤ人対策から離れることとなる。

注

（1）軍令部第三部「極東猶太人民会代表会議第一回議事詳報　附、参考所見（犬塚大佐）」（一九三八年一二月一七日）（外務省外交資料館『民族問題関係雑件　猶太人問題』三　I—A—6—C—1—2）。

（2）同右。

（3）犬塚きよ子「ユダヤ人を保護した帝国海軍」、『自由』一九七三年二月号、二三八頁。

（4）前掲「極東猶太人民会代表会議第一回議事詳報、附、参考所見（犬塚大佐）」。

（5）安江仙弘「極東猶太民族第二回大会ニ関スル報告」（其一）（其二）（前掲『民族問題関係雑件　猶太人問題』I—4—6—0—2—1）。

（6）満鉄調査部『第三回極東猶太民団代表大会概観』猶太問題調査資料第二二輯、一九四〇年。

（7）同右書、一八頁。

（8）同右。

（9）前掲「ユダヤ人を保護した帝国海軍」二三八頁。

（10）前掲『自由への逃走』一二九頁。

（11）前掲「日本の〝アウシュビッツ〟は楽園だった」二三二—二三三頁。

（12）同右書、二三三—二三四頁。

第三節　満鉄のユダヤ人調査

一　特別調査班の結成

満鉄調査部のなかにユダヤ問題を調査する特別調査班が結成されたのは一九三八年四月のことであった。大連陸軍特務機関長の安江仙弘大佐の強い要望に由来していた。安江の発想は、ナチスに国を追われシベリア鉄道経由で満洲国国境にたどり着いたユダヤ人を受け入れる見返りにユダヤ資本を導入することができないか、という点にあった。当時満鉄総裁だった松岡洋右はこの提言に賛同しユダヤ調査に五〇万円の予算を付けたという。こうして満鉄調査部内にユダヤ問題の特別調査班が発足した。主査には松尾四郎が就任し、主任には長守善が就いて調査を開始した。資料課員として満鉄に入社した直後の石堂清倫も長主任のもとに配属されてユダヤ問題の調査を開始した。[1]ユダヤ問題については、大半の者が素人だったため、これまで手がけたことがない課題を仲間と共に文献収集から開始し、丸善の大連駐在員を通じて関連文献を僅か「半年で六千冊を集めた」[2]。彼らの猛勉強ぶりが偲ばれるエピソードである。

それにもかかわらず特別調査班の作業は安江の思惑とは違っていたようだ。石堂たちは、ユダヤ人金融資本を満洲国に導入するという安江の計画を作文化することに相当の抵抗を感じたという。当時三井も三菱も来ない満洲になぜ在米ユダヤ資本が来るのか、という大きな疑問が石堂らにあったからである。[3]石堂らのこうした疑問が安江には反抗的態度と映ったのだろうが、石堂らの部屋に来て「きさまらを消すのは簡単なことだ。それでも反抗するのか[4]」と脅迫したという。

特別調査班は、一九三九年四月には班員が半減され、主要メンバーが北支経済調査所、満鉄調査部資料課、東京支社などに転出することで戦力は低下した。[5]石堂自身も三九年四月に資料課に転出したが、わずか九カ月の在任期間だった。

安江自身も四〇年一二月には大連特務機関長を辞任し予備役編入となることで、特別調査班との関係も間接的となった。この調査班がいつ解散したかは定かではないが、安江や犬塚が力を失うのは一九四〇年九月の日独伊三国同盟締結以降のことだから、実質的には四〇年末でほぼその活動を終了し、あとは実態調査活動にその余地を残すことになったと思われる。

二　刊行物

特別調査班は、多くのユダヤ人関連の翻訳刊行物を出版していた。主だったものを見ても、*American Jewish Year*

Book に依拠してアメリカのユダヤ人社会を分析した『米国の猶太人社会とその団体』(一九三九年)、ジンゲル『ソ連内の猶太人口』(一九二九年)を翻訳した『ソ連内猶太民族の人口職業構成』(一九四〇年)、第一部「ユダヤ人の社会構造」、第二部「ユダヤ人将来のための闘争」の二部構成からなり、ユダヤ問題百科事典的性格を有するアルトゥル・ルッピン『猶太人社会の研究』上下巻(一九四一年)、ロシア語からの翻訳で、フランス革命時のユダヤ人社会から説き起こし二〇世紀初頭までのユダヤ人の歴史をたどったドゥブノフ『近世猶太民族史』第一~三巻(一九四二年)、そしてユダヤ民族の生活と思想の根幹をなすといわれるタルムード(「教義」「解釈」)の本質、意義、沿革からユダヤ人とタルムードの歴史をたどった『タルムード研究資料』(一九四二年)、**Beryl D. Cohon, *Introduction to Judaism*** の翻訳『猶太教』(一九四二年)などがある。これら刊行物の多くは、翻訳物で、満鉄・調査部『調査成果内容梗概』でその情況を知ることができる。彼らの活動は国際性が高く、かつ財力的な面では国際ネットワークの一環として活動していた点を留意して、特別調査班も在外ユダヤ人に着目し、各国情況を翻訳出版していたものと想定される。

三　定期刊行物

満鉄調査部は一九三九年一月猶太問題調査資料第一輯として『ソ連邦内ノユダヤ人』なる調査資料を発行している。執筆担当者は山崎維城である。彼はロシア語に堪能な満鉄調査部員であった(6)。第一輯では主にロシア革命後のソ連でのユダヤ人問題に言及しており、その前史をなす革命前のユダヤ人問題については、第二輯として同じ山崎維城の手で『ロシアのユダヤ人略史』(一九三九年一月)が出版されている。このシリーズの第五輯には石堂清倫が『ユダヤ人種、分布、職業ノ問題』(一九三九年二月)を執筆しており、歴史的・社会的生成物としてユダヤ人種を考察し、その国別分布、職業別分布を検討している。石堂が満鉄調査部に入ったのが三八年七月(7)のことだから、彼はこの作品をわずか半年足らずで仕上げたことになる。

第一二輯では『ポーランドノ猶太人問題』（一九三九年四月）がポーランドにおけるユダヤ人の政治的地位、カソリック教会との関連、経済界でのユダヤ人、ユダヤ民団、ユダヤ政党を解説している。第二〇輯では **Louis Golding, *The Jewish Problem*** の抄訳を『猶太人問題』として発表している。第二一輯は、ルーズベルト米大統領の提唱で一九三八年七月フランスのエヴィアンで開催されたユダヤ人避難民救済委員会の内容を紹介している。

第二三輯は『第三回極東猶太民団代表大会概観』であるが、これについては前述したので省略する。第二四輯の一および二は『支那事変ト猶太資本ノ動向（支那ニ於ケル英国経済力ト猶太資本）』である。一では主にイギリス籍ユダヤ資本の中国での行動を分析している。そこでは、まず、香港・上海を中心とした在中国イギリス系資本のなかにおけるユダヤ人経営者を列挙し、日英間が緊張しはじめた一九三〇年代以降のイギリスの対中国イギリス政策との関連で彼らの行動を追い、結論ではユダヤ資本が親日・親ソ的になるか親英米的になるかは「神ノミ知ル」[8]ことだと述べている。二では、対象こそイギリスからアメリカへ移るもののアメリカ籍ユダヤ資本の中国での動向と日中戦争への姿勢を分析しようとしている。中国に深いかかわりをもつモルガン、ロックフェラー財閥を分析し、一九三〇年代における資本主義のファシズム・民主主義両陣営への分裂を述べ、ユダヤ資本は後者の「支柱トナルコトノ方カ確実」[9]だと結論づけている。しかし現実には資料不足のため「極メテ一般的且雑漠ナ結果シカ得ラレナカツタ」[10]と著者自身が断っているようにユダヤ資本の検討までは立ち入っておらず、対象は英米資本の一般的動向分析に終始していた。

第二六輯は『ソ連邦ニ於ケル猶太人ノ実勢力及社会的地位』である。表題通りソ連におけるユダヤ人の人口構成、地理的位置、社会的構成と文化水準に就いての考察である。ソ連共産党・ソ連政府内要人に占めるユダヤ人の比率を分析した節は興味深いが、「最近ニ於ケル猶太人入党首脳部ニ占メル地位ハ決シテ支配的ト謂フコトハ出来ヌ」[11]と結論付けており、全体として、ソ連におけるユダヤ人の社会的地位は「不安テアル」[12]と見ていた。

第二七輯は『在満猶太人ノ経済的過去及現在』である。ユダヤ人の一九世紀以降の中国東北への進出と定着、一九三〇年代の在満ユダヤ人の職業別分類、主要ユダヤ人実業家の経歴、外国商社との関係を述べ、最後に付録としてユダヤ人有力者の対日態度について言及している。「例言」で著者が、文献研究というより協力者を通じて入手したデータに基づき執筆したと述べているように、人物紹介が中心となっている。

以上は一九四〇年までに出版された主要定期刊行物の概要であるが、全体的には基礎研究的な要素が強い。石堂清倫が、当時を回顧して、猶太問題調査資料を中心とした満鉄調査部の調査は「全体に基礎的な内容が多かった」[13]と述べているが、正鵠を射たコメントだったといえよう。この傾向は四一年以降の一連の出版物でも基本的には変わらない。第二九輯『波蘭ニ於ケル猶太人ノ社会的法的地位ノ変遷』（一九四一年三月）は、ヨーロッパでのユダヤ人の重要拠点ポーランドでのユダヤ人の法的地位の歴史的変遷だし、第三〇輯『露西亜ニ於ケル猶太人ノ社会的法的地位ノ変遷』（一九四一年三月）も同種のロシア版である。また第三一輯『猶太人社会（コミュニティ）及団体ノ研究』（一九四一年三月）は、ユダヤ人コミュニティの総合的研究である。

もっともなかには政策提言型の調査報告もいくつか含まれていた。三九年七月に出された『外資（特にユダヤ資本）導入問題対策案』はその一例である。「例言」に「本稿は大連陸軍特務機関長の諮問にこたへ外資特にユダヤ資本導入の可否を論じ、併せてその誘致方法に及びたるものなり。導入方法の詳細等につきては当班において今後も研究を継続するものとす[14]」と述べていた。諮問の主が安江仙弘であったことはいうまでもない。「要旨」は明快に次のように述べている。日本が生産力を拡充し国防を整備して東亜新秩序を建設するためには資力が必要だが、それを外資に依存することはなんら恐れるにあたらない。なぜなら利用が本来の目的にかなうだけでなく、投資国を支持する条件ともなり、万一敵対するなら没収すればよい。ユダヤ資本を利用することもその例外ではない。ユダヤ勢力を味方に付けられるからだ。外資の導入には公債よりも社債、配当優先株が望ましく、政府保証、利潤送金の自由が不可欠である。しかし、ユダヤ資本を導入するにあたっては「不法金融行為を行ふ余地なからしむる」ため「金融の統制を確立」する必要があると締めくくっていた。[15]

しかし一九四一年以降になると上海を中心としたユダヤ人に対する政策と直接関連した調査が増えはじめる。第二八輯の『猶太居留民ノ仲裁制度』は、上海のユダヤ避難民間の仲裁制度に言及したものだし、第三二輯『上海欧州猶太避難民救済委員会活動概況（一九四〇年同委員会報告書ニ拠ル）』は表題通り一九四〇年度の上海欧州ユダヤ難民救済委員会の活動概況報告書を訳出したものである。石堂によれば、一九四一年以降は安江の調査活動への関与は間接的となり、外から指導する状況に変わっていったという。[16]

また満鉄調査部の特別調査班は、『ユダヤ問題時事月報』『ユダヤ問題時報』なるタイトルでユダヤ問題の新聞もしくは雑誌記事抜粋を作り、関係機関に配布していた。たとえば極秘と打たれた『ユダヤ問題時事月報』第一六号（一九四〇年三月）は「本月報ハ近著ノ内外新聞雑誌記事ノ中ユダヤ問題ニ直接関係アルモノヲ速報的ニ収録紹介セントスルモノデアル」とした上で、「記事ノ出所ハ限定セス努メテ客観的価値アルモノノミヲ採リ且其ノ出所ヲ明示スルコトトシタ」（「例言」）という。アメリカ、ドイツ、東洋など地域的に分割されて、それぞれの地域でのその間の主だった新聞、雑誌報道が、全文もしくは抄録のかたちで掲載されている。一九四〇年七月発行の一八号はそのタイトルが『ユダヤ問題時報』となっている。タイトルこそ変わっているものの、スタイルはほとんど同一で、この一連の月報、時報シリーズは、ユダヤ問題に関する新聞や雑誌記事の紹介を掲載していた。

注

（1）石堂清倫氏からの私信に依る（二〇〇〇年二月四日）。
（2）前掲『自由への逃走――杉原ビザとユダヤ人』一二八頁。
（3）同右書、一二九頁。
（4）同右。

（5）前掲、石堂清倫氏からの私信に依る。
（6）前掲、石堂清倫氏からの私信に依る。
（7）前掲『自由への逃走――杉原ビザとユダヤ人』一二七頁。
（8）満鉄調査部『支那事変ト猶太資本ノ動向（支那ニ於ケル英国経済力ト猶太資本）』一、一九四〇年、一六八頁。
（9）同右書、二、九二頁。
（10）同右書、一、「例言」。
（11）満鉄調査部『ソ連邦ニ於ケル猶太人ノ実勢力及社会的地位』一九四〇年、九七頁。
（12）同右書、一四五頁。
（13）前掲『自由への逃走――杉原ビザとユダヤ人』一二八頁。
（14）調査部特別調査班『外資（特にユダヤ資本）導入問題対策案』一九三九年七月「例言」。
（15）「要旨」同右書、一―三頁。
（16）前掲、石堂清倫氏からの私信に依る。

おわりに

ユダヤ人問題に関連した満鉄調査部の活動は、一九四〇年代九月の日独伊三国同盟の締結と四一年一二月の太平洋戦争への突入によって事実上その役割を終えたと見るべきであろう。つまりそれ以降は、ユダヤ人問題の処理はナチスとほぼ同一の歩調をとるという線で固定化されたからである。それ以降の満鉄のユダヤ人問題調査は、その対策の立案というよりは事情収集に重点が置かれていく。安江仙弘、犬塚惟重といった陸海軍の軍人たちも日独伊三国同盟から太平洋戦争突入に至る時期にはその役職を離れて予備役や閑職へと移っていくこととなる。こうしてナチスによるユダヤ人排斥と彼らの上海などへの移住を利用して東アジアの日本占領地に「居住地区」をつくり日本の国策実現の「人質」に使おうとした日本軍人の思惑は、当時の国際状況の変化のなかで消滅していくこととなる。

第八章　満鉄調査部員の日常生活

はじめに

満鉄調査部員は、どのようなかたちで就職し、社員としてどのような生活をしていたのだろうか。彼らは調査部員としてどのような日常生活を送り、どのような休日を過ごしたのだろうか。彼らの生活記録は意外と残されていない。またそうした領域での研究は数が少ない。本章ではこうした研究の空白を埋めるひとつとして満鉄調査部員の日常生活を取り上げてみることとしたい。材料として取り上げるのは満鉄調査部員が残した日記や調査部員が発表した著作である。これらは決して彼らの日常生活を記述する目的で発表されたものではないが、記述の断片を収集することを通じて、その姿に迫ってみることとしたい(1)。

注

（1）南郷龍音の日記は、小林英夫・加藤聖文・南郷みどり編『満鉄経済調査会と南郷龍音』（社会評論社、二〇〇四年）を、野々村一雄に関しては『回想　満鉄調査部』（勁草書房、一九八六年）を、小泉吉雄は、『愚かな者の歩み』（私家版、一九七八年）を、枝吉勇は『調査屋流転』（私家版、一九八一年）を、岡崎次郎は『マルクスに凭れて六十年』（青土社、一九八三年）を、具島兼三郎に関しては『奔流』（九州大学出版会、一九八一年）を、石堂清倫に関しては『わが異端の昭和史』（勁草書房、一九八六年）を参照。

第一節　満鉄調査部員の勤務状況

満鉄調査部員はどのような勤務状況だったのか。時期や所属する部局、職員であるか雇員、傭員であるか、嘱託であるかといった身分で同じ満鉄所属の調査部員でも勤務状況が異なっていたことは言うまでもない。また同じ職員でも帝国大学卒かそうでないかで格差があった。ここでは職員であった南郷龍音の日記によりながら一九三四年三月一八日から二四日までの一週間を見てみよう。

三月一八日（日）午前七時半大連着。水谷国一（経済調査員）君と自動車にて帰途に就く。午前消費組合にスプリング（コート）洋服の注文に赴き春服を受取り帰る。午後二時より二時間程ひるねす。夕食前散髪に行く。

三月一九日（月）午前九時丁度に出社。午前十時すぎより午後一時半迄、明年度事業計画に関する委員会に出席す。新天地より校正提出。昼食は中島主査と共に田所氏にフン（奮）発して貰ふ。審査役より銀相場に関する質問を受け通貨統計Bを貸与す。

三月二〇日（火）東亜に新天地の原稿を手交す。宮本清司君鈔票と現大洋事情につき説明を聴取。電々会社筧氏より乙種株式に関する一件書類の贈呈を受く。

三月二一日（水）春季皇レイ（霊）祭につき本日は休み。午前一一時半より
イワキ（磐城）町に赴きカケジク（掛軸）の作成を二フク（幅）依頼す。代価八円。昼食は大連百貨店にて
キッ（喫）す。夜、是枝君一家四名来訪。夕食を共にす。

（欄外）

中島主査本日新京出張。　則俊君より同君おひ（甥）の世話を依頼さる。　三輪武氏本日内地より帰任。

三月二二日（木）保険に関する特務部会ギ（議）の報告を脱稿す。昼、三井銀行の木村氏を訪ね、鈔票国幣州内流通事情につき論議す。国幣は鈔票と異なり真正の通貨なるを以て鈔票の如く上海向為替の取極めか一ヶ月と云う如きものては困ると木村氏意見を述ふ。

（欄外）人事課古賀主任に面会。石原氏の件を訊す。鉄道教習所は不合格なりしも他に世話する筈とのこと。

三月二三日（金）国幣の州内流通に関する書類をタイプに提出す。本邦平価切下げに関する座談会のプランをたて中島主査に提出す。佐藤貞次郎氏に日満通貨統制に関する資料の件につき意見を認め投カン（函）す。中島主査本朝新京より帰任。

（欄外）

石原氏に電話をかく。令息の鉄道教習所入学は不首尾なりし旨を告ぐ。

三月二四日（土）浦川君の荘河転勤に付菊水にて送別会を開催。出席者、星、下野、小野、藤山、則俊、南郷、平松、浦川。俸給日。昼食は中島主査と遼東ホテルの地下室にて会食す。俸給額一〇二円七〇銭。(1)

右の日記は、南郷が記した一週間の満鉄調査部員の日常である。三月一八日の日曜日が、いきなり大連帰還で始ま

るのは、前週の三月一六日（金）から新京に出発、翌一七日同地で開催された保険に関する会議に出席したためである。帰宅後消費組合で洋服の注文をしたとあるが、これは満鉄社員消費組合を利用した高額製品の購入を行ったためで、満鉄社員の特典で、給与差引での掛買いが可能だった。(2)午後は昼寝と散髪で疲れた体を癒すひと時を過ごしている。

月曜日は早朝九時に出勤している。原則的には月曜から金曜まで午前九時から午後五時まで、土曜日は九時から一二時までが勤務時間だったが、決まった作業をこなす事務作業と異なり調査活動が主任務だったこともあってか、八時半から出社したり、逆に一〇時過ぎとなったりして必ずしも固定しているわけではない。

業務内容だが、この時期の南郷の日記は、鈔票の処理方策で埋められている。鈔票というのは、日本の一円銀貨兌換準備に発行された銀系の兌換券である。一八九七年の日本の金貨本位制への移行とともに翌年から流通禁止となったが、中国では大豆取引に活用され、中国東北でも満洲事変後まで広範に流通していた。満洲国建国後は、通貨整理の一環として、他の奉天軍閥が発行した多種多様な通貨と同様に整理の対象となったのである。(3)この時期経済調査会金融班がその任に当たったが、中島はその責任者で南郷はその実施を担当した人物であった。中島主査としばしば会食、会合しているのは、そうしたこまかい事務上の打ち合わせが必要だったのだろう。

また月曜日には『新天地』より校正提出とあるが、『新天地』というのは、一九二一年六月大連で刊行され四五年五月に廃刊されるまで継続した日本語の同人雑誌で、元満鉄社員の中村芳法と上村哲哉の手ではじめられた。中国および海外での事件情報や各種評論を掲載していた。(4)ここでは、そこに南郷が寄稿した原稿の校正をさしているのであろうと思われる。三月二一日は祝日で休みとある。この日は、掛軸の製作依頼といった趣味に時間をすごし、昼食は大連百貨店の食堂で、夜は友人一家と夕食を共にしている。休祝日の過ごし方に就いては後述する。保険に関する特務部会議の報告書作成や通貨状況調査活動(5)や国幣（満洲国通貨）の流通書類作成、平価切下げ座談会プラン作成(6)といった多忙な調査立案活動の合間に友人から満鉄関連機関への就職斡旋依頼が舞い込んでいる。結果は不首尾だったようだが、そんな処理に追われているうちに一週間はあっという間に過ぎている。

注

（1）「日記の部」、前掲『満鉄経済調査会と南郷龍音』五〇―五二頁。
（2）満鉄社員消費組合に関しては元木照五郎『満鉄社員消費組合十年史』（満鉄社員消費組合本部、一九二九年）を参照。
（3）「日記の部」、前掲『満鉄経済調査会と南郷龍音』三二三―三二七頁。
（4）解学詩主編『満鉄調査期刊載文目録』上、吉林文史出版社、二〇〇四年、三五頁。
（5）「日記の部」、前掲『満鉄経済調査会と南郷龍音』五一頁。
（6）同右。

第二節　満鉄調査部員の休日

では、満鉄調査部員はどんな休日を過ごしていたのだろうか。ここでも南郷日記によりながら休日の過ごし方をみてみよう。まず早春の満洲での休日として四月八日の日記を見てみよう。

四月八日（日）八時に起床。みどりをつれて九時に出発、一〇時に黒石礁に到着。一行、中島主査、伊藤、高森、甘粕、斉藤、南郷計六名、凌水寺に向ふ、正午すぎ一〇分頃凌水寺到着、スキヤキをなし午後三時凌水寺出発、午後五時黒石礁に到着。帰途は時々みどりを背負うこととなり辛苦せり。半曇にて風つよかりしも概して暖く一日の行楽を畢るを得たり。（1）

春とはいえ四月の満洲は、寒暖の差が激しい日々が続いたのだろうが、比較的暖かな日曜日、職場の仲間と連れ立って、郊外の凌水寺にピクニックをした様子が日記に記されている。ここに登場する黒石礁は、満鉄社員の社宅が建ち並んでいた場所である。[2] 交通機関の集合点だった模様で南郷の日記にはしばしば登場する。一九三六年九月二七日（日）の日記をみてみよう。

　九月二七日（日）午前三時起床。つり行きの支度をなす。午後《ママ》四時迎ひの自動車来る。吉田、是枝、中島の三氏と同乗四時すぎ黒石礁着。経調関係一行二四名六台の自動車に分乗、旅順郊外羊頭ワ（窪）に向け出発、五時半頃同地着。つり舟をやとひ是枝君と同乗。午後四時までかゝりてチヌ九尾をつる。本日午後二時頃迄風波荒く、釣日和に適せず。午後六時すぎ帰宅。初音と二人にてチヌをちりにして食ひ午後九時過ぎ就寝。[3]

釣は南郷の趣味で、この種の記述は数多く登場する。チヌとは黒鯛のことで、秋口から釣頃になるといわれているが、九月から一一月にかけての日曜日に南郷はよく釣りに出かけていた。石堂清倫も「大連の夏は午後七時になってもまだあかるく、会社員は退社後汽車で海水浴に出かけたり、野球の試合をはじめたりした。私の主任の長（守善）は釣りがすきで、係員をひきつれてチヌ釣りに出かけた。私も何回かお伴をした」[4] と述べているから、満鉄調査部員の仲間では比較的一般的な趣味だったらしい。

日曜日には勤務先の経済調査会の家族会も行われていた。五月一三日の日記はこう語る。

　五月一三日（日）本日、経調の家族会星ヶ浦星之家にて開催さる。八時半家を出て九時すぎ星ヶ浦に到着、晴天風無く近来稀なる好天気。是枝君一家と合同にて昼食をなし帰途是枝宅に到り休息、夕食をいたゞき豆タク

（小型タクシー）にて帰る。賃金六〇銭。[5]

家族会の内容がどんなものなのか定かではないが、一日たっぷり家族団欒のひと時を過ごしたことがわかる。夏の休日には妻と買い物を楽しむことも忘れてはいない。

そのほか、五月五日の日曜日には「バスにて大連大運動場に赴き満鉄運動会を見る」[6]とあるように家族打ちそろって運動会に参加しているし、五月二三日には「経調と鉄道部庶務課との対抗野球試合を見学」[7]している。マージャンを趣味としていた調査員も多く、短期間新京に滞在していた岡崎次郎は「私の短い新京滞在中連日連夜の雀友」[8]が生まれたと述べているが、そうした趣味にはまる調査員も多かった。

八月一二日（日）……岳父より初音宛来信みどり元気なるを伝う。初音と共に幾久屋に赴き明治にてアイスクリームを食ふ。組合に赴き買物をなし夕食は自ら炊き、夜七時頃伏見台に兄を訪ひて帰宅し一〇時頃就寝す。[9]

妻と大連の明治屋でアイスクリームを食し、その後満鉄消費組合で買物をし、帰宅後は厨房に入り夕餉を準備する、という都市サラリーマンの申し子のような休日を過ごしていることがわかろう。

一九三六年一一月の日曜日。子供も成長したのだろうが、日曜日には原稿を書き、娘の舞踊発表会にも顔を出している。

一一月八日（日）午前九時起床。二階に上りラジオ放送原稿を書く。ちゝ（遅々）としてすすまず。午後二時迄かかり辛うじて五頁をすます。初音、子供をつれて協和会館に於けるみどりの舞踊発表会に赴く。午後二時頃家を出て、徒歩にて中央公園を横切り大連神社に詣り、協和会館に赴き、午後四時頃帰宅し、芙蓉町倶楽部にて夕食をすませ、午後一二時迄かゝり、五頁程原稿を書く。[10]

夏休みには長期の休暇をとって帰省もしている。南郷は一九三四年七月三〇日から八月五日まで一週間の休暇をとって妻と病弱の長男を残し娘を連れて鹿児島へ帰省している。出発前の七月二八日に二〇〇円を引き出しているが、旅行費用に用立てるためだったと推察される。大連埠頭を千歳丸で出航したのが三〇日の午前一一時で二日後の正午に長崎に寄航、長崎見物をした後再乗船し、翌八月二日午前九時に鹿児島に着いている。長崎に寄航した分を含めて三日の船旅だった。(11)鹿児島では妻の実家に寄り、翌日には列車で市来《いちき》に行き彼の郷里に帰っている。「父宅を訪ふ、不愉快」(12)とあるが、何があったかは定かではないが翌八月四日の日記に「親父の老後に関する件を大体解決す」(13)とあることから推察すると、実父母をどうみるかをめぐる論議だったことが推察される。四日に鹿児島に戻り妻の実家に寄り、翌五日には土産を携え、親類の見送りを受けて午後二時に鹿児島を出航し、六日午前七時に長崎に寄港、八日の午前一一時には大連港外に着いている。検疫などに時間がかかり大連上陸は午後一時前になっていた。(14)帰りも行き同様、三日の旅程であった。

注

（1）「日記の部」、前掲『満鉄経済調査会と南郷龍音』五四頁。
（2）前掲『調査屋流転』四二―四三頁。
（3）「日記の部」、前掲『満鉄経済調査会と南郷龍音』一一六頁。
（4）前掲『わが異端の昭和史』二一七頁。
（5）「日記の部」、前掲『満鉄経済調査会と南郷龍音』六〇頁。
（6）同右書、九二頁。
（7）「日記の部」、同右書、九五頁。
（8）前掲『マルクスに凭れて六十年』一四九頁。
（9）「日記の部」、前掲『満鉄経済調査会と南郷龍音』七八頁。

(10) 同右書、一二三頁。
(11) 同右書、七六頁。
(12) 同右。
(13) 同右。
(14) 同右書、七七一頁。

第三節　満鉄調査部員の住宅状況

では満鉄調査部員は、どのような住宅に住んでいたのであろうか。南郷は、住宅に関心がないのか、それともなんら不満がないのか、日記ではほとんど言及していない。恐らく両方の理由の為と思われる。逆に時代は下がるが、一九四〇年に調査部入りをし満洲にわたった野々村一雄の場合には、住宅問題に苦労したためか、多くを記述している。この頃になると大連の住宅事情は悪化の一途をたどっていた。

一九四〇年頃彼が住んでいたのは、六畳二間だけの狭い借上げ社宅だった。そこに彼と妻、そして五歳、四歳、三歳の三人の男の子の合計五人で住んでいたのである。その後一九四五年に女の子が誕生している。一九四〇年当時、「子供は、五歳、四歳、三歳の男の子ばかり三人。彼等は、僕のデスクの上にまでよじのぼって、そこで踊りを踊り、岩波文庫版の『資本蓄積論』の表紙に鋏をいれる。彼等を机からひきずりおろして、尻をひっぱたいてみても、尻の痛みが消え去った時分には、またつぎのいたずらを考えている。内外すべてこれ、悪条件。――そういうなかで、文字通りやけくそになって、研究また研究、読書と書き抜きを重ねるということになってしまった[1]」という。

彼は一九三九年五月に満洲へ渡っている。最初に供与された黄金町の社宅アパートは鉄筋の集合住宅の二階で広かったが、日当たりが悪かったので、同年一〇月には清見町の社宅に移っている。ここは一日中陽当たりはあったが、前述したように六畳二間の狭さだった。[2]ここで夫婦と子供三人の合計五人で生活していたが、一九四〇年には四男が、四二年には長女が生まれている。同僚の川崎巳三郎が彼の家を訪問したとき、狭い家で、机の上に上がって踊っている子供たちをみて、川崎はびっくりし、同情もしたと記述している。[3]

満鉄調査部員の関口猛夫の場合は、一九三七年頃奉天にいたが、三〇歳で家族数は不明だが、社宅は無料で毎年畳を入れ替えるサービスがついていた。奉天から大連に移った時の社宅は玄関を入れて四部屋、水洗便所、風呂付きで台所も広かったという。[4]

注

(1) 前掲『回想　満鉄調査部』二〇五頁。
(2) 同右書、一八頁。
(3) 同右書、一九頁。
(4) 関口猛夫「満鉄調査部時代の回想」、中京大学『社会科学研究』第九巻第一号、一九八八年。

第四節　給与とボーナス

満鉄調査部員の賃金とボーナスはどの程度だったのか。前述したように一九三四年三月二四日(土)の南郷龍音の日記によれば、俸給額は一〇二円七〇銭とある。[1]同じ南郷の日記で、一九三五年六月一七日では「本日、賞与を渡さる。五〇七を貰う。午前中、会議室に於て会ム〔務〕班会議開催」[2]とある。そして翌六月一八日の日記には「初音をして吉田に一五〇(みどり分三〇、借金返済一〇〇、二〇残置)睦男に二八、行雄に五、父に五を送らしむ。初音二〇やる」[3]と記述している。この時期の南郷の給与は、月に一〇三円弱であったから、五カ月分のボーナスということになる。父、兄弟にそれぞれ応分の金品を与え、日頃の感謝という意味もあってか、妻にも二〇円を分け与えている。

南郷の場合には、詳細な記録を残しているが、野々村一雄の場合にはその点は定かではない。「当時、月給がいくらぐらいであったか、よくおぼえていない。僕自身の記憶では、手取り一八〇円ぐらいだったように思うが、家内の記憶では、一二〇円くらいではなかったかと、言う。家内は、『なにせ月給を手にしたことがないので正確におぼえていない』と言う。当時満鉄消費組合は、赤い現金払用の通帳の他に、白い、月給差し引きで買える掛け買い用の通帳を出していたので、衣類、食料などを、この白通帳で買っていた。別に満鉄ヤマト・ホテルのグリルもつけで食事ができたし、あれやこれやで、給料日に受取る手取りは殆どなくなっていた」[4]という。

南郷と野々村では満鉄入社の時期も違うし、満鉄経済調査会の中枢にいた南郷と三九年入社でその周辺にいた野々村では、そのポジションも違っていた。したがって両者の相違は理解できるにしても、野々村の場合には三人の子供を抱えやや生計が厳しかったことは肯ける。しかし両者共に満鉄社員消費組合を活用していたため、大口現金を使用せずに生活していた点では共通している。南郷もスプリングコートやラジオを満鉄消費組合から購入しているが[5]、現金ではなく掛買いをしていたものと想定される。

前述した関口の場合、就職したてで給与は一〇〇円、ボーナスは八カ月程度であったという。当時の大卒で上位の者が七〇円から七五円といわれているので、それと比較するとかなり高かったことがわかる[6]。

注

(1)「日記の部」、前掲『満鉄経済調査会と南郷龍音』五一—五二頁。
(2)「日記の部」、同右書、九九頁。
(3)同右。
(4)前掲『回想　満鉄調査部』二〇頁。

（5）「日記の部」、前掲『満鉄経済調査会と南郷龍音』五〇頁。
（6）前掲「満鉄調査部時代の回想」六頁。

第五節　留学・出張

調査部員という仕事柄か、出張記録が日記の頁を埋める機会も少なくなかった。出張先の多くは当時満洲国の首都新京（現在の長春）だった。事務的な打ち合わせが多かったためか、出張期間も二日か三日という短期間のものが多かった。一例を挙げておこう。


一九三五年七月一日（月）新京幹事名を以て、明二日午前九時より国際収支打合会議ある旨架電し来る。別に中島主査宛、財務部理財司長名を以て、関係者を出張せしめられたき旨架電あり。よって松浦、山内五鈴の両名を伴ひ赴京することとなる。出発前主査と共に副委員長に面会し経調名を以て（財政部との連名）発表さし支え無きや否やを訊す。午後八時の汽車にて北行す。

七月二日（火）午前八時五〇分新京着。森肱《ママ》、武藤、市川の三君に出迎えらる。直ちに第三課に赴き横山理財課長に面会し、鈴木主計に経調側の一件書類を手交す。横山氏より朝食の御馳走に預り、一〇時すぎ財政部到着。正午より正式会議開催、午後三時半終了。午後四時の汽車にて山内氏と共に南下す。

七月三日（水）午前八時大連到着。自動車にて帰宅し午後《ママ》一〇時頃出勤す。[1]

南郷龍音が担当する満洲国の金融関係を管理掌握している事務機関は満洲国財務部であるが、その所在地は満洲国の首都新京にあった。したがって彼はしばしば新京で開催された財務部会議に出席している。夜八時前後の夜行寝台列車を利用すると翌朝の八時前後に新京に着くので、彼はこの便で新京行きをし、夜行便で大連に帰還していた。

南郷は、一九三七年二月から一二月まで「欧米に於ける通貨金融制度と金銀塊取引事情調査研究」で欧米各国へ出張している。日中戦争勃発を間に挟む時期だけに興味深いが、残念ながらこの時期南郷は満洲を離れており、政策は直接担当していない。

満鉄には一年以内の留学、二年の外国修学、北京留学、内地留学があった。南郷が留学に際していかなる支度金を支給され、それをどう使用したかは定かではないが、やや時代を下って、調査部員小泉吉雄の例で、その状況を見てみよう。彼の場合には一九三九年一月から一年間内地留学を選択している。支度金は一五〇〇円。彼の月給が一二〇円だったというから、その一二・五カ月分に該当する。彼のテーマは「日満支経済連繋について」であった。[2]

実際には、満鉄東京支社内に調査室を設けるということで、その立ち上げに奔走したため、大連本社の人事課長に「留学生の立場であり乍ら東京調査室の仕事をしていたのはけしからん」と大声で叱られたと記している。[3] しかし叱責程度で済んだわけだから、満鉄の雰囲気は大らかだったといえなくもない。

注

（1）「日記の部」、前掲『満鉄経済調査会と南郷龍音』一〇〇―一〇一頁。
（2）前掲『愚かな者の歩み』二六頁。
（3）同右書、二九頁。

おわりに

満鉄調査部員の日常生活の一端を、元調査部員の回想や日記を頼りに後追いする形で、その姿の再現を試みた。満鉄調査部員といってもさまざまな職階があるし、職種もあるわけで、それらの違いに従って、その業務内容や休日の過ごし方には相違があるが、ここでは比較的記録が残されている満鉄の社員のうち調査部職員に焦点をあててその考察を試みた。彼らが満洲国の日本人のなかでも相対的に高い生活水準を維持していたことは広く知られた事実ではあるが、仔細に見ると彼らのなかでも個人差が大きく、それぞれが苦悩している姿を垣間見ることができる。

第九章　満鉄調査部事件への道　*1930s〜1941*

はじめに

満鉄調査部事件とは、一九四二年九月と四三年七月の二度にわたり、関東憲兵隊が「共産主義活動」を行ったという嫌疑で満鉄調査部員を検挙した事件をさす。発端は一九四一年一一月四日、北満浜江省で農事合作社運動を展開していた佐藤大四郎ら五十余名が一斉検挙を受け新京高等検察庁に事件送致された、「一・二八」工作と憲兵が呼称したいわゆる合作社事件である。さらに、この「一・二八」工作関係者として検挙されていた鈴木小兵衛の自白から、[1]翌四二年九月二一日満鉄関係者が一斉検挙（「九・二一」事件）され、続く翌四三年七月一七日の第二次検挙を含めて総計四四名が収監された一連の事件を総称する。

この事件については、関東憲兵隊司令部自身がその顛末概要を『在満日系共産主義運動』（一九四四年）としてまとめており、これを踏まえて山田豪一『満鉄調査部』や具島兼三郎の回顧録『奔流　わたしの歩いた道』、さらには石堂清倫・野間清・野々村一雄・小林庄一の座談会記録『十五年戦争と満鉄調査部』などが残されている。しかし多くの研究者が拠って立つ関東憲兵隊作成の『在満日系共産主義運動』については、「事実無根」の捏造という指摘がある一方で「若干の客観性」ありという主張もあって、その評価は分かれており定まってはいなかった[2]。また戦後学会や言論界で活動し回顧談を残し得た石堂清倫、野々村一雄、野間清らの関係者は、どちらかといえばこの事件では周辺の傍流に属する人々で、核心にいた満鉄経済調査会内の『満洲経済年報（年報）』派、『満洲評論（満評）』派と称された大上末広、佐藤大四郎や、同じ満鉄調査部員で彼らと厳しく対立した鈴木小兵衛などは、いずれも獄中で死亡するか、戦後は活躍の場を見ないままに消えているため彼らの証言を得ることができない状態にある。その意味では彼らの活動や思想・主張を加味した事件像の再構築が迫られている。二〇〇三年、著者は『在満日系共産主義運動』作成の基礎になったと想定される吉林省檔案館所蔵の一連の憲兵隊史料（以下「史料」と省略）を入手した。それらは事件関係者の「手記」や「現在ノ心境」、関東憲兵隊司令部の「処置意見書」「事件ニ関スル件報告『通牒』」などからなっており、全体で一七七六頁に及ぶものである。前掲『在満日系共産主義運動』と比較対照してみると同書の作成過程をある程度たどることができるし、そこには出てこない尾崎・ゾルゲ事件との関連や企画院事件に繋がる記述も見ることができる。本章では、新史料を踏まえてこの事件の分析を行うこととしたい[3]。

注

（1）一九四一年一〇月二八日、新京憲兵隊長が司令官に事件の全容を報告し検挙を決定したことから「一一・二八」工作と称される。
（2）山口博一「書評　関東軍憲兵隊司令部編『在満日系共産主義運動』」、『アジア経済』第二一巻第八号、一九八八年。
（3）『環』論文（『環』一八号、藤原書店、二〇〇四年に掲載された「新資料に見る『満鉄調査部事件』」）を基調に、福井紳一との共同著作『満鉄調査部事件の真相』（小学館、二〇〇四年）をふまえて加筆修正した。掲載を快諾してくれた福井紳一氏に感謝したい。

第一節　関東憲兵隊資料の概要と発見の経緯

まずここで使用する「史料」の概要を紹介しておこう。「史料」は大きく二つのグループに大別される。第一は、検挙された大上末広、花房森、吉植悟、狭間源三、林田丁介、石田精一、田中武夫、鈴木小兵衛、小泉吉雄、稲葉四郎、石川正義、渡辺雄二、深谷進、米山雄治、堀江邑一、具島兼三郎、石堂清倫、代元正成、田中九一、武安鉄男、加藤清、佐藤晴生の獄中「手記」である。これらが頁数にして一四九三頁で全体の八四％を占めている。第二は関東憲兵隊の「九・二一事件」に関する横川次郎、三輪武らに対する「処置意見書」や「事件送致書」「通牒」の類である。これらは二八三頁で量的にはさほど多くはない。内部の通達や意見書のほうが「奪われたら危険なもの」だと判断して、憲兵隊が優先的に処分したのかもしれないが、真相は不明である。

これらの史料は、主に一九四三年以降に関東憲兵隊が作成したものである。敗戦直前の一九四五年八月九日のソ連軍の参戦とソ「満」国境からのソ連軍の侵攻により混乱した関東軍は、これらの機密「史料」を関東憲兵隊司令部（現・吉林省人民政府）の敷地内にて焼却処分に付し地中に埋めた。しかし時間的に完全焼却する間もないままに埋められた「史料」は、五三年一一月に吉林省政府が事務所を拡張する計画のもとに建築土木作業を実施しているときに偶然発見されたのである。(1)

この「史料」は長春市公安局の手で整理され、吉林省公安局に引き継がれ保管された。長期にわたり地中に埋められていたため、書類は癒着し、腐食してぼろぼろになっていた。これを復元するため吉林省公安局は作業チームを編成し、癒着した檔案を蒸して頁を分離し、台紙に貼って補修する作業を行った。その後この「史料」は八二年三月には吉林省公安局から吉林省檔案館に移され保存されていたが、二〇〇三年夏に、その一部が公開される運びとなったのである。本章はこの公開史料を活用して作成されたものである。したがって、この「史料」は、完全なかたちで残されているわけではなくある被疑者の獄中手記の場合には頁が跳んでいたり、また残っていても焼却処分に付されていたため部分的にこげて不鮮明になり判読不明な箇所も少なくない。とくに損傷が激しいのは、田中武夫の手記や鈴木小兵衛の手記で、ある程度推論して読む必要があるが、他はほぼ完全なかたちで見ることができる。

注

（1）「史料」の発見と整理・修復の経緯に関しては、前掲『満鉄調査部事件の真相』第一章参照。

第二節　満鉄調査部と「経調派」（満鉄マルクス主義）の形成

満鉄の成立と時期を同じくしてつくられ、スタートした満鉄調査部は、初代後藤新平、第二代中村是公が総裁を退いた後は後ろ楯を失って力を減じ低迷したが、一九一七年のロシア革命の勃発を契機に再び活動を活発化させ、満洲事変後は関東軍の立案部隊となって国策立案に邁進、日中戦争以降は、その規模と人員を拡充し巨大シンクタンクとして「支那抗戦力調査」や「日満支ブロック・インフレーション調査」など日本の針路を左右する重要国策の立案に従事したこと、などはすでに論じた。ここでは、角度を変えて、調査部員の思想と行動に光をあてて、満鉄マルクス主義と称された調査部内の「経調派」の動きを見てみることとしよう。

ところで、調査部が一方で創設以来の軍事関連の情報活動を強化しながらも、他方で調査部らしく個々の情報を整理・綜合していく科学的調査活動を開始したのは、ロシア革命後のことだと指摘する人も多い。たとえば公開された獄中手記のなかで、後に「経調派」と称された大上末広らの系譜を手記に綴った満鉄調査部事件被疑者の一人鈴木小兵衛は、「満鉄調査機関内に於ける左翼系の諸活動」のなかで、調査部にはもともと「自由主義的」雰囲気はあるにはあったが、大正デモクラシーのなかでそれが醸成され、昭和初期の北京事務所開設と中国社会労働運動調査のなかで調査部内の左翼的傾向が強まったと述べている(1)ことから、二〇年代からその素地が形成されていたと見るべきかもしれない。

しかし、満鉄調査部でのマルクス主義的活動が活発になったのは一九三〇年代に入ってからであった。満洲事変直後に設立された経済調査会の主たる課題は経済国策の立案にあった。国策を立案するとなれば、中国東北の綜合的把握が必要だし、そのための調査が必須となる。当時そうした目的に応えられる手法として最も体系性・綜合性を有していたのはマルクス主義をベースとした「講座派」と「労農派」の理論だった。「講座派」の名は、一九三二年に岩波書店が出版した『日本資本主義発達史講座』に由来する。彼らの主張は、明治維新は徳川幕府の政権交代にほかならず、明治政府のもとで産業革命が推し進められるが、その内容は寄生地主制を基底に封建制を色濃くもち、ために日本社会は半封建的な資本主義社会だというのである。この主張に鋭く反発したのが雑誌『労農』に集まった面々だった。明治維新は封建政権の交代劇ではなく、ブルジョワ革命であり、したがって明治政府はブルジョワ政府である。それゆえ彼らのもとで推進された産業革命の結果、日本は資本主義社会になったとする。その後、日本社会の性格をめぐり両者は激しい論争を展開し、ジャーナリズムを挙げて「資本主義論争」を繰り広げた。両派の学問的対立は、当面する日本の革命課題が反封建民主主義革命か社会主義革命かをめぐる政治対立にまで発展した。

こうした日本での論争を通じて蓄積されたマルクス主義の成果を満洲へ持ち込んだのが大上末広であった。彼は、「講座派」「労農派」の論争の嵐のなかで京都大学を卒業、大学院へ進み、三一年中国に渡り、満鉄調査部員で京大の先輩である天野元之助の紹介で三二年一〇月に満鉄嘱託となり、三三年一〇月に正式に満鉄社員となった。同時に彼は橘樸が主宰する『満洲評論』の同人にもなっている。大上の渡満の最大の目的は橘を慕ってのことであったと推察する者もいるほどで、大上の満洲国改革思想に微妙な影響を与えていた。[2] 大上が天野と協同で仲間を集い「講座派」理論を使って満洲社会を分析した最初の仕事が一九三三年一二月に発刊された『満洲経済年報　一九三三年度版』の編集だった。同年報のそもそものきっかけは、三二年末頃の経調主査の宮崎正義の提唱にあったという。宮崎は、『満洲経済年報　一九三三年度版』の「序」のなかで、これまで満洲に関する綜合的な研究書がなかったなかで、「満洲経済の科学的認識を高め、その真相に関する総合的解明をなすを一目標として」[3] これを発刊したと述べている。同年報の白眉は第一部第一章と第二部第一章であろう。

第一部第一章（大上末広執筆）は、満洲経済の発展史を清朝以降から説き起こしその植民地的発展の姿を跡付け、中国東北の近代化の遅れと世界経済の支配の深化による単一耕作（モノカルチャー）の進展が、農民を貧困に追い込んだと断じた。第二部第一章（渡辺雄二執筆）はそれを踏まえ、現状の恐慌を農業、工業両面から論じている。農業恐慌を資本主義経済と結合して論ずること、一国の問題ではなく世界経済の一環として扱うこと、農村の社会関係を恐慌との連鎖で論ずることを指摘し、農業恐慌と農村の疲弊、工業恐慌が中国東北の工業に与えた打撃を検討している。そして第三部では統計資料と経済日誌を掲載して、全体を菊判七〇〇余頁に収めたのである。執筆者には大上、渡辺を筆頭に、天野元之助、石田七郎、小泉吉雄、野間清らの面々が名を連ねていた。[4]

大上らは引き続き『満洲経済年報　一九三四年度版』、『満洲経済年報　一九三五年度版』を編集し世に送り出している。前者『一九三四年度版』は『一九三三年度版』同様三部構成をとっているが、前年度版と比較すると第三部は縮小されている。ここでは、前年度版同様大上が第一章「満洲に於ける資本主義発生の歴史的諸条件」において、満洲での農業・工業での諸改革や満洲資本主義発生の特徴を論じ、『一九三三年度版』をいっそう精緻化させた論を展開していた。また執筆者の一人小泉吉雄は、そのなかで明確に満洲の社会構造を「半封建的・半植民地社会」と規定していた。(5) 後者『一九三五年度版』は、前二冊の続編ではあるが、満洲経済恐慌を主要テーマに、編別構成も従来の三部構成から二部構成に変更され、従来の第二部に該当する部分が大きくクローズアップされた。大上は第二部第二章「満洲農業恐慌の現段階」のなかで、満洲農村は、広範な隷農的零細耕作＝高率現物地代を地盤としてその上に存立していることを明らかにした。大上たちはこの一連の出版作業を通じて満洲社会を「半封建的・半植民地社会」なるものと位置づけるに至ったのである。(6)『一九三五年度版』を読んでいると、「日資植民圏鍵鑰《けんやく》産業の創設＝確立過程とその機構」(7)、「採炭（撫順・煙台）機構の創設＝確立」(8)、「機構の基底＝労働力及び労役関係」(9)といった「講座派」の山田盛太郎『日本資本主義分析』の影響を強く受けた学術用語が頻繁に出てきて、山田の影響の大きさと大上を中心とした彼らの結束の固さを窺い知ることができる。

大上らは、『満洲経済年報』の編集とともに、橘樸が編集責任を務める『満洲評論』にも積極的に参加していった。『満洲評論』は一九三一年八月創刊された週刊誌で、終刊は四五年七月とほぼ満洲国と同じ期間を生き抜いた雑誌だった。内容は満洲の政治・経済・社会を対象としたもので、経費は自弁、編集には前述したように満鉄調査部員が多数加わった。発行部数は多いときで一万部、少ないときでも五千部を下回ることはなかった。(10) 満洲を知り得るという意味で幅広い読者を得てはいたが、三三年から三四年頃には大上らが執筆人に加わることで左傾化が始まり、三五年から佐藤大四郎が編集を担当することでマルクス主義の傾向は一層強まった。佐藤は、のちに合作社運動に参加することで後述する満鉄調査部事件に関わることとなる。(11) 橘自身は、二五年の五・三〇運動や翌年から始まる北伐に大きな期待を寄せ、これが中国の未来を切り開くものと確信していたが、彼の期待は二七年の蒋介石の上海クーデターでもろくも打ち砕かれる。その後満洲事変後の石原莞爾との会談で、「自由主義」「資本家民主主義」と決別、「民族協和」と「分権自治」による新国家建設へと傾斜していく。(12) 橘は「方向転換」後も、左傾化する『満洲評論』編集部員とは連繋を保ちつつ、『満洲評論』の思想的支柱としての役割を演じていた。

大上自身も獄中手記「当面の任務並活動の概要」のなかで『満洲経済年報』一九三三・三四・三五年度版や『満洲評論』の編集、ウイットフォーゲル研究会、資本論研究会を通じて「これから得た知識を以って時には学問的に寄与することを目的に時には主義の宣伝啓蒙を行って実際運動の勃興を刺戟せんことを目的に年報に執筆し十年（昭和一〇年）頃に至って年報派なるマルクス主義者の研究結社が形成した」[13]と記している。経調派は満鉄内のマルクス主義研究グループとして成立されたということだろう。しかもこの『年報』の出現が他の調査部員に与えた衝撃も大きかった。中国東北の置かれた政治経済の位置と特徴を半封建的半植民地的社会と規定し、それを詳細に分析したからである。彼らは当時日本の論壇に大きな影響力を持っていた講座派マルクス主義理論を用いて満洲社会経済のあり方を分析したといってよかろう。

注

（1）鈴木小兵衛「満鉄調査機関内に於ける左翼系の諸活動」、前掲『満鉄調査部事件の真相』八〇—八一頁。

（2）「大上末広手記『当面の任務並活動の概要』」、前掲『満鉄調査部事件の真相』七七—七八頁、「田中武夫手記『満鉄調査部に於ける左翼勢力の歴史的社会的考察』」、同右書、一二八頁。

（3）満鉄経済調査会『満洲経済年報　一九三三年度版』一九三三年、「序」。

（4）同右書、凡例。

（5）前掲『満洲経済年報　一九三四年度版』一四一頁。

（6）前掲『満洲経済年報　一九三五年度版』二〇一頁。

（7）同右書、四一一頁。

（8）同右書、四一二頁。

（9）同右書、四一八頁。

（10）山本秀夫編著『「満州評論」解題・総目次』不二出版、一九八二年。

（11）前掲「田中武夫手記『満鉄調査部に於ける左翼勢力の歴史的社会的考察』」および前掲「田中武夫手記『満評の変質過程と

波瀾』」、前掲『満鉄調査部事件の真相』一三〇頁および一三七頁。
(12)橘の「方向転換」に関しては、橘樸「満洲事変と私の方向転換論」、橘樸著作集刊行委員会『橘樸著作集』第二巻、勁草書房、一九六六年参照。
(13)「大上末広手記『当面の任務並活動の概要』」、前掲『満鉄調査部事件の真相』七六頁。

第三節　国策への協力

経済調査会は満鉄の機関でありながら関東軍の経済立案に携わる微妙な立場にあったが、それゆえに「経調派」は国策の立案に従事するという重任を背負わされることとなった。他方立案を命じた事変直後の関東軍のなかには、「昭和維新」、「財閥入るべからざる満洲」を叫ぶ革新将官も多く、「反財閥」「反資本主義」「農本主義」的雰囲気が強かった。これらのムードのなかに講座派マルクス主義理論は溶け込んで経調の分析潮流に重きを成しはじめたのである。

鈴木小兵衛の獄中手記によれば、大上ら「経調派」の国策面での最初の協力は、一九三三年三月の建国初期の基本国策である「満洲国経済建設綱要」にあったという。そこには「経済統制」「財閥規制」の色彩が濃厚で「反資本主義的な空気」が垣間見られ、「当時当然その経済建設要綱作成に参画したであろう経調左翼の影響が絶無であったとも亦言い得ないかと思われ」ると述べている[1]。婉曲な言い回しをしているが、大上が「経済建設綱要」作成に参画したという鈴木のこの部分の獄中手記は彼の誤解である。たしかに、その後の満洲国の経済政策の根本を決定した三三年三月の「満洲国経済建設綱要」には、「一部階級の利益壟断は許さず」「重要部門の国家統制」を謳い文句に「経済統制」「財閥規制」が盛られていた[2]。しかし仔細に見れば他の箇所では民営企業の自由化も謳っており、統制を一色で行うのではなく産業分野を分けて実施すべきだという主張だった。しかもこの「満洲国経済建設綱要」は前年の三二年六月に調査会第一部主査宮崎正義が立案した「満洲経済統制策」を踏まえて作成されたもので、大上、天野ラインから出たのではなく宮崎のアイデアで、後に満洲国産業政策の主流となり戦後の「日本株式会社」論の原型になる発想だった。[3] 従って鈴木の記述は正確でないというより誤りであるといえよう。この後宮崎は、彼の統制アイデアを日本で実現すべしとする関東軍参謀長小磯国昭、満鉄副総裁八田嘉明の密命を帯びて三三年五月経調を離れ日本へ移り、三四年四月頃から軍人、学者、官僚を組織した研究会を立ち上げ、三五年八月頃、石原莞爾の参謀本部作戦課長就任と前後して日満財政経済研究会を発足させ、統制経済国策案の具体化を急ぐのである。この点はすでに述べたので割愛する。

他方「経調派」の大上・天野らが積極的に国策に参加したのは、年報編集作業終了後に着手した「満洲産業開発永年計画案」の立案からであった。つまりは『満洲経済年報　一九三五年度版』発刊（同書の発刊は三五年九月）以降のことであった。きっかけは、三六年四月大連ヤマトホテルで開催された、第四回関東軍経調懇談会の席で経済調査会の押川一郎の問いに対し、関東軍参謀秋永月三中佐が「永年の計画が必要[4]」と答えたことにある。[5] これが、「満洲産業開発永年計画案」作成のきっかけとなった。大上らは四月に立案を開始、五月中旬原案大綱完了、これをもって六月以降、小委員会を組織して八月には立案を完了した。[6]

彼らが作成した計画は、長期（永年）に亙る財政、産業、交通政策を立案したものだが、担当の関東軍秋永月三参謀が「この業務計画では鉱工業を如何に考へておられるか農業は詳しいが、鉱工業を軽く扱っておられる様に思ふ[7]」と述べたように、農業政策を重点に置き、特に一九三〇年代前半に満洲北部を襲った特産恐慌と呼ばれる農業恐慌の対策のため、土地政策、とりわけ「郷村協同組合政策」と称した農業協同組合政策（合作社政策）を主眼としていた。この計画は、三六年一〇月開催された湯崗子温泉会議で、おりから同時並行的に進行していた軍や宮崎正義主導の日満一体の重工業育成を主体とした生産力拡充計画にとって代わられて「満洲産業開発五カ年計画」へと具体化されていく。この過程で事実上否定された形の永年計画案に盛り込まれていた農業中心の協同組合主義は、後述する佐藤大四郎の協同組合運動へと引き継がれていくこととなる。

五カ年計画が軌道に乗るかに見えた一九三六年頃から満洲国の立案の仕事を満洲国官僚に譲り、その調査の主力を華北資源調査にシフトさせた満鉄調査部は、満鉄改組、満洲重工業開発（満業）創業といった満鉄解体過程で、三六年一〇月には産業部に、三八年三月には調査部に改組される。しかし調査部は、日中戦争拡大と調査活動の広がりの中で、総裁松岡洋右の肝いりで三九年四月新規人員を募集し、規模を大幅に拡充した大調査部となって復活する。

注

（1）「鈴木小兵衛手記『満鉄調査機関内に於ける左翼系の諸活動』」、前掲『満鉄調査部事件の真相』八五頁。

（2）「満洲国経済建設要綱」、『満洲国経済建設ニ関スル資料』総編参照。

（3）詳しくは拙著『日本株式会社を創った男　宮崎正義の生涯』参照。

（4）満鉄調査部『満洲五箇年計画立案書類第一編第二巻　満洲永年計画資料』、「概説」および「決定案」参照。

（5）三輪武の談によれば、彼が事前に秋永参謀と折衝し、押川一郎の質問に答える形で永年計画の必要性を述べる筋書を準備したと述べている（前掲井村哲郎編『満鉄調査部――関係者の証言』アジア経済研究所、一九九六年、三八一頁）。

（6）前掲『満洲五箇年計画立案書類第一編第二巻　満洲永年計画資料』、「概説」および「決定案」参照。

（7）同右。

第四節　大調査部と綜合調査

大調査部の実現とともに「経調派」も古手幹部連として出世し、業務係として業務・人事統制の権限を握って、新規採用組の面々をコントロールする立場に就く。一九三九年四月末の調査部員は一七三一名。それが前述したように翌四〇年四月には二三四五名へと一年で六一四名も増えている。[1] 調査部史上最大規模の増員であった。山積した調査課題をこなすには即戦力が不可欠である。在職者は、日本の友人に推薦を依頼したが、応募した者のなかにはいわゆる「思想的前歴者」が多数いた。三八年から四〇年入社組を見ると石田精一、石堂清倫、花房森、西雅雄、堀江邑一、米山雄治、野々村一雄、佐藤洋、佐藤晴生、三浦衛、平野蕃らのちに満鉄調査部事件に繋がる「思想的前歴者」の面々が並んでいる。(2) しかし調査部首脳陣は「転向」していて、「堅実」な推薦者がいれば採用可という方針をとった。何よりも優秀な即戦力が望まれたのである。この結果「前歴」をもつ「中途採用」者が増えた。

いつの社会でもいかなる会社でも同様であるが、満鉄調査部でも中枢を占める古参の「経調派」と新参の「中途採用」者との間には、さまざまな摩擦や軋轢が生じた。六一四人も一挙に増えればなおさらである。「経調派」と「中途採用」者との間に賃金面や待遇面で格差が生じ、それが「中途採用」者の不満を生んだことは疑いない。彼らは、総じて調査活動の経験者が多く、その意味では社内では新人でも、年配者も多く「左翼理論にかけても結構毫（ママ）の者」(3)が多かったという。彼らは、「中途採用」者であったことから経験の割にはポジションに恵まれず、ために中枢を占める「経調派」とは「馬が合」わなかった。(4) 彼らのなかから反「経調派」が生まれてきても不思議はない。

彼らは、日中戦争前の三五年から満鉄調査部資料課の鈴木小兵衛をリーダーに緩やかな新グループを形成しはじめた。「外来派の構成は、首脳的人物が夫々独立的に自己の周囲に渦巻作用を起し小勢力を形成する、例えば鈴木小兵衛集団、横川次郎集団、川崎巳三郎集団という様に。其の幾つもの小勢力が経調派勢力を囲繞して其の対立の共通性に依て聯繫され」たという。(5) 田中武夫は獄中手記のなかで彼ら「中途採用」者を「外来派」と称し、また同じく「経調派」の稲葉四郎は獄中手記のなかで、彼らを「資料課グループ」と称しているが、現在ではその多くが資料課に属していたことから一般的に「資料課グループ」(6) と呼ばれている。この「資料課グループ」を代表したのは鈴木小兵衛、横川次郎、川崎巳三郎らであったが、彼らは一九三七年頃にいっせいに『満洲評論』に登場し「経調派」への批判活動を開始した。

では、彼らの批判点はなんであり、「経調派」との相違はなんであったのか。比較的端的に両者の特徴を指摘しているのは稲葉四郎の獄中手記だと思われるので彼に依拠してそれを述べよう。彼の手記によれば、大上たち「経調派」が満洲社会を半封建・半植民地の停滞社会と規定しその体内から農民労働者による自生的ブルジョワ革命の萌芽が生まれることは困難で、戦時体制転換にともなう日本資本による満洲重化学工業化のみが「上からの」近代化を推し進めブルジョワ革命の前提条件をつくり出す、というのに対して、鈴木ら「資料課グループ」は満洲社会での資本主義の発展の可能性と必然性を確認しその体内から農民労働者による自生的なブルジョワ革命の萌芽が生まれ出るとして大上らを批判した。戦時体制が「上からの」近代化を推し進めるかぎりで、「経調派」は国策に参画し、軍部とは共同歩調関係を維持できたのである。もっとも鈴木らが国策に参画せず孤塁を守ったかといえば、さにあらず、彼らもまたそれぞれの部署で国策に深くかかわったことは同じであった。

前掲稲葉の獄中手記によれば、満洲社会の性格だけでなく日中戦争の性格についても両派は見解を異にした。大上ら「経調派」が、日中戦争は日英米帝国主義による中国市場をめぐる対立抗争であるとしたのに対して、鈴木ら「資料課グループ」は、中国社会のなかから自生的に出てきた抗日人民戦線に代表されるブルジョワ革命運動とそれを阻止しようとする日本帝国主義との対立抗争であると反論した。両者は、満洲社会の変革という究極目標においては共通していたが、そこに向かう手段と方法において著しく異なっていたのである。[7] 譬えて言うなら、当時の日本での「講座派」と「労農派」の論争にも類似した社会性格論争が満洲で展開されていたのである。

注

（1）野間清、下條英男、三輪武、宮西義雄編『満鉄調査部綜合調査報告集』亜紀書房、一九八二年、一八頁。
（2）前掲『満鉄調査部事件の真相』二八—二九頁。
（3）「田中武夫手記『満鉄調査部に於ける左翼勢力の歴史的社会的考察』」、同右書、一三三頁。

（4）同右。
（5）同右書、一三四―一三五頁。
（6）前掲『十五年戦争と満鉄調査部』八六頁。
（7）「稲葉四郎『手記』」、前掲『満鉄調査部事件の真相』一五〇―一五一頁。

第五節　綜合調査の展開

一　綜合調査をめぐる論争

大調査部のもとで展開された調査の特徴は綜合的調査にあった。調査部の個々の機関が個別の課題を調査するのではなく、新設の調査部綜合課がリードして綜合的・統一的・集権的に複数の課題を調査しようというのである。当然綜合課のポストを占めたのは「経調派」の面々で、その指揮のもとで資料を集め現場の調査を担当するのが「資料課グループ」の役割ということになる。こうした方針に異議を唱えたのが「資料課グループ」のリーダーをもって自認していた鈴木小兵衛だった。調査は綜合的ではなく、現場中心の基礎調査であるべきで、国策と密着する綜合調査には慎重であるべきだ。このようなことを調査部次長の宮本通治に申し入れたのである。それは四〇年一月のことであった。国策に接近すればするほど軍の意向を飲まねばならぬ、そのぶん軍との軋轢も強まる、基礎研究であればその負担は軽減される、と鈴木は主張した。鈴木は、おそらく自己のグループの脇役から主役への転換も意図して、また自分の売り込みも兼ねて宮本次長に直談判したのだと思われる。巷間ではレストランの「ヴィクトリアで私たち〔資料課グループ〕が調査部改革の『会合』をやった」といわれるが、参加した石堂清倫によると、会議とよべるような性格のものではなかった。さらに石堂たちは、鈴木が人事問題についても意見具申している点について危惧をもったという。[1] しかし鈴木の要求は入れられず、四〇年以降綜合課の指導のもとで「支那抗戦力調査」や「日満支ブロック・インフレーション調査」などの綜合調査が展開されていくこととなる。憤慨した鈴木は四〇年七月調査部を辞めて協和会へ転職した。

二 『支那抗戦力調査報告』

「支那抗戦力調査」 前述したように、この「大調査部」時代の重要調査課題の一つが「支那抗戦力調査」であった。この調査は一九三九年に開始され、四〇年に終了している。三七年七月に勃発した日中戦争は三八年に入ると戦線が膠着し泥沼状況におちいり、戦局は一進一退を続けていた。今後の戦局の見通しをめぐって軍部のなかにもさまざまな意見が生まれはじめていた。和平工作も試みられはじめた。戦局の混迷のなかで、満鉄調査部も新たな調査課題を掲げて活動を開始した。軍もこの調査に積極的に協力した。四〇年末、満鉄調査部は、分厚い調査報告書を作成した。『支那抗戦力調査報告』がそれである。衝撃的だったのは、その分量の多さではなく、その内容にあった。分析方法が、当時交戦相手であった中国共産党の指導者・毛沢東の『持久戦論』のそれに酷似していただけでなく、その結論も日本の勝利を謳ったものではなく、その展望のなさを予測したものだった。

盧溝橋事件の勃発から三年余、当初日本軍の行動を支持し日中戦争の推進に積極的に協力していた満鉄調査部も、戦線の膠着化と勝利への展望の希薄化のなかで、しだいに軍に懐疑的になっていった。軍のなかにも和平を求める行動が出るなどして、戦争の見通しについて必ずしも一枚岩でない動きが顕在化していた。満鉄調査部と軍の「和平願望派」が、暗黙の了解のなかで作成した調査レポートが『支那抗戦力調査報告』にほかならなかった。

調査活動の開始 この『支那抗戦力調査報告』は最初から一九三九年度の綜合テーマとして予定されていたものではなかった。三九年四月、「現地から提出された業務計画の中に偶々支那抗戦力の判定に資する調査項目が沢山あったので、これを銘々勝手勝手に研究するよりも、一つの研究会を組織してやった方が能率が上るのではないかと云ふわけで始められたものであった」[2]という。そして「たまたま〔一九三九年〕五月中旬、各地業務連絡のため綜合課員の上海—北京に出張せる際、先づ上海において右の趣旨を説明したるところ、上海調査室においても中支時局対策研究委員会第六分科会（略称、対研第六分科会）を設置し『蔣政権の抗戦能力』の調査研究を取上げる計画が進められていたので、この分科会を抗戦力調査委員会の中支分科会として運用することに決定し、上海調査室の積極的な賛同を得、同調査室を中心として大体の実行案を作成した」[3]という。

満鉄調査部員の野間清によれば、中西功たちが個別にやっていた重慶政府抗戦力調査を「一つにまとめて」[4]実施してはどうかと提唱したのは綜合課にいた具島兼三郎で、野間清とともに上海に赴き上海事務所長の伊藤武雄に説明し、調査部業務係主任の三輪武に連絡し根回しして委員会をつくり上げたのだという。[5]たしかに中西、具島はこの委員会の中心的人物だったであろうが、委員長に調査部次長が、委員には第一、第二、第三各調査室主任、北支経済調査所担当調査役、上海事務所調査室担当調査役が就任し、幹事には上海調査室、北支経済調査所、調査部綜合課があたるなどした調査陣容から判断すれば、満鉄の総力をあげた調査だったと判断できよう。その意味では、伊藤武雄、三輪武、具島兼三郎、中西功らの合作の賜物だった。またこれに付随して満洲、北支、中支の三分科会が設けられ、各分科会ごとに研究会が始められることとなった。[6]

報告書作成過程　研究会発足以降、第一回の中間報告会が開催されたのは一九三九年一〇月二五日から二八日までの四日間で、上海の満鉄社員倶楽部で伊藤武雄上海事務所長の司会のもとで開催された。報告の内容は、大きく分けて「支那経済再編成の諸問題に関する報告」が四本、「中南支占領地域と奥地経済に関する一般報告」が五本、「支那政治問題に関する報告」が三本、「背後勢力に関する一般報告」が四本、「日本の戦時経済に就て」が一本で、合計一七報告が行われた。中西功は「中南支占領地域と奥地経済に関する一般報告」と「支那政治問題に関する報告」の二つのパネルに登場し、いずれにおいても総論に該当する一般報告を行っており、「国際情勢に関する一般報告」を行った具島とともに彼はこの企画の中心人物の一人であった。(7) 報告会は「終始熱心な討論と共に進められ、全体としては非常なる好成績をあげた」が、他面で「報告が不統一で」「理論的なものとデータ的なものとがマチマチに報告され、しかもそれ等が一つの統一ある方法に従つて組織的になされなかつた点」があった。(8) 第二回目の中間報告会が開かれたのは、翌四〇年三月二五日から二八日までの四日間で、場所も司会も前回同様の上海満鉄社員倶楽部および伊藤上海事務所長であった。報告は全部で一五本、奥地産業建設、交通、商業機構問題、通貨・金融・財政、華北・華中占領地問題、国際および日本の情勢といった課題が報告・討論された。(9)

評価　この報告書は、当時の満鉄調査部が総力をあげて実施した調査であり、中国の抗戦力を政治・経済・国際関係のなかから解き明かした総括的な調査報告だったと言い得る。しかしその結論は、日本の勝利を謳ったものではなく、逆にその展望のなさを示唆したものだった。したがって、日中戦争の長期化を南進政策で切り抜けようとしていた陸海軍軍人には好評で、彼らは飛行機を使って講演を行うなどの便宜をはかってくれたが、逆に日中決戦を想定していた軍人仲間には悪評だった。したがって報告書の発表会には多くの軍・官・満鉄関係者が参加したが、評価は毀誉褒貶相半ばしたという。

この調査の中心人物の一人である具島兼三郎は、獄中手記「感想」のなかで、「私はそれで対米英戦回避のために各種の啓蒙活動を行って来ましたし、又ファッシズムに対して常に批判的な態度をとって来ましたのでこの点が心配でありましたが、肝心要の支那抗戦力調査についてはその動機は兎も角としてその後軍からは感謝状を貰い、軍の方でも大いに委員会を利用している状況でありました。私は調査部で幹部から賞められると云うようなわけですっかりいい気になりこれが問題として取上げられようとは思いませんでした」[10]と述べていた。軍の希望を入れた綜合調査であれば、感謝されることはあっても問題にされることはないと考えていた節を感ずる。

ところが同じ支那抗戦力調査に加わって検挙投獄された石川正義の場合は、一九四〇年一月に調査グループの同僚が「上海所在の抗日書店にて発行せられたる中国共産党の理論的指導者たる毛沢東、朱徳等の口演論文集を蒐集、輪読翻訳の上提供せるを以て之を約三十部印刷に附し所内各係主任及調査員に配布しマルクス主義に基く中共側の抗戦政策の正当優越性を認識せしむると共に調査研究の資料たらしめ」[11]たと述べている。獄中手記だから「正当」という表現は割引するにしても英米ソの支援を受けた中国側の抗戦力の「優位性」は、報告書を一読すれば明白である。

さらにこの調査に加わった中西功は、日本の支那派遣軍司令部と中共の双方に情報蒐集のパイプを持ち、この調査団の一員だった尾崎秀実は時の総理大臣近衛文麿のブレインとして日本の政策の最高機密に触れうる立場にあり、しかもゾルゲを通じてソ連共産党や赤軍の情報もある程度関知できるポジションにいた。調査部員の面々は、きびしい国際国内環境下で連繋を保持していたといえる。

尾崎秀実も「支那抗戦力調査委員会」のメンバーの一人だった。尾崎が委員会で何を発言したかは資料が残っていないので明らかではないが、「理路整然たる説明」[12]によって「尾崎氏の出席は大きな寄与」[13]をしたという。尾崎自身も「支那抗戦力調査委員会」に参加したことは、「奥地の支那抗戦力の全般を察知するに極めて有益なものでありました」[14]と尋問調書で述べ、「支那軍政情況報告」（中西功）「上海経済の支那抗戦力体制中に占める地位」（長谷部照正）をゾルゲに提供していた。又日本の上海に於ける新しい経済政策を窺うに足る如き報告、共産党、軍の活動状況も参考となりました。

三　「日満支ブロック・インフレーション調査」

「支那抗戦力調査」とならぶもう一つの綜合調査が一九四〇年度の「日満支ブロック・インフレーション調査」であった。四〇年七月末に調査研究案が決定され、八月から実施されたこの調査課題では、翌四一年二月から五本の報告書のとりまとめが行われた。東京支社調査室の「日本インフレーションの現状、見透並対策」、新京支社調査室の「満洲インフレーション調査報告」、北支経済調査所の「北支インフレーションの発展段階と特質」、「インフレーション対策ノ基本方向」、上海事務所調査室の「円ブロックインフレーションの一契機としての中南支円系通貨の問題」、綜合課の「日満支ブロックを通ずるインフレーション抑制の為の綜合的対策」などがそれである。

問題は、日本帝国版図内で進行しているインフレにどう対応するかであった。この調査報告書は、東京支社調査室は「大体秘扱ひのものとす[15]」として発表しないこととしたが、他の機関は、それぞれの出先の関係機関に報告を行っていた。

「日満支ブロック・インフレーション調査」の目的は、日本経済が抱える矛盾とその内容を分析することにあったという。「経調派」の古参リーダーの一人だった渡辺雄二は獄中手記のなかで次のように簡潔に整理している。日本経済は軽工業による輸出・外貨獲得を前提に拡大再生産を保障する生産拡充（生拡）用機械と軍需生産の「二重の負担」を負わねばならない。軍需の拡大は、生拡物資と民需物資を犠牲にし、軍需予算の激増と通貨の増発を生み、やがて悪性インフレの爆発をもたらし、国民経済の破壊を生む。調査にあたり「生産物と通貨流通量の絶対的不一致が自働的に進行するに至る指標を見付け出し危機勃発を十五（一九四〇）年七、八月頃と想定した[16]」。渡辺の記述によれば、四〇年夏には日本経済は破綻し、暴動がおきかねない状況に立ち至るだろう、という想定なのである。破綻の時期に関しては、前掲稲葉四郎の獄中手記では伊藤武雄などは、四〇年一〇月頃に日本の戦時経済は縮小再生産に陥り危機状況に直面するであろうと渡辺より若干遅い時期を想定しており、その時期を確定する実態調査が必要とされたと述べており、立案者の間では「十月危機」[17]説が論議されていたという。

三九年一二月から四一年二月まで企画院嘱託を兼務した小泉吉雄は、インフレ調査をめぐり企画院の美濃部洋次、毛利英於菟、迫水常久らと頻繁に連絡を取り合っていた。[18]小泉の獄中手記では、危機状況の確定の必要性が強調されていたが、彼らが作った報告書では、これを回避するための政策の転換の必要性が述べられていた。基本的には、戦時経済の進行は、消費財部門の縮小、通貨の増発を生み日本のみならず日満支あげてのインフレを不可避とする。これを防ぐためには計画的生産力拡充、寄生的、高利貸的勢力の排除が必要であると述べるにとどまっていた。[19]

注

（1）前掲『十五年戦争と満鉄調査部』八九頁以下、および石堂清倫「満鉄調査部は何であったのか（補遺）」、前掲『満鉄調査部——関係者の証言』六三二頁。
（2）調査部綜合課「支那抗戦力調査委員会」、『満鉄調査部報』第一巻第一号、一九四〇年五月、三六頁。
（3）同右書、三六—三七頁。
（4）前掲『十五年戦争と満鉄調査部』六一頁。
（5）同右書、六二頁。
（6）満鉄調査部綜合課「支那抗戦力調査委員会」、宮西義雄編『満鉄調査部と尾崎秀実』亜紀書房、一九八三年、一一二頁。
（7）満鉄調査部『支那抗戦力調査報告』復刻版、三一書房、一九六六年、九三—九四頁。
（8）前掲「支那抗戦力調査委員会」三八頁。
（9）前掲『支那抗戦力調査報告』九四頁。
（10）「具島兼三郎獄中手記『感想』」、前掲『満鉄調査部事件の真相』二一四頁。
（11）「関東憲兵隊司令部石川正義に関する『意見書』」、同右書、一八二頁。
（12）前掲『満鉄調査部と尾崎秀実』六三頁。
（13）同右。
（14）同右書、六四頁。

(15) 満鉄調査部『満鉄調査部報』第一巻第一〇号、一九四一年二月、六九頁。
(16) 「渡辺雄二手記『中核体に就て』」、前掲『満鉄調査部事件の真相』二二九頁。
(17) 「稲葉四郎手記」、同右書、一四六頁。
(18) 「小泉吉雄『手記』」、前掲『満鉄調査部事件の真相』二四二―二四三頁。
(19) 前掲『満鉄調査部　綜合調査報告集』三七―四三頁。

第六節　ケルンの結成と尾崎秀実

その後迫りくる危機にどう対応するかが大きな問題となった。稲葉四郎の手記によれば、四〇年二月中旬頃渡辺雄二は、「私〔稲葉〕に対し、『ケルン』結成を目的として、新京の中楯〔壽郎〕と東京の発智〔善次郎〕とに働きかけるよう、重要指令を下すに至りました」という。[1] ケルン結成の目的は「調査部の現状は単に量的に水脹れしたのみで、肝腎の質的内容に至っては、旧経調時代の高度の科学的水準を思う時、著しく後退低下していることを否定すべくもない」。[2] またセクト的縄張り争いが激化しているので「全調査部は今や実に分裂瓦解の重大危機に瀕するに至っている」。[3] いまこそ「我々の当面の急務は、か（三字不明）き大調査部分裂の危機を喰止め、……大調査部設立の本来の目的に帰り、高い科学的な共同目標を目指した綜合的な調査活動の実現に邁進しなければならない」。[4] そのためには「何よりも先ず、科学的な調査精神に徹した調査員の内からの結集によって『同志意識の向上』と『同志的紐帯の強化』とを促進し、旧経調当時の如き緊密な同志的雰囲気を全東亜的規模に於て実現することが、第一の先決条件である。『ケルン』結成運動は正にその第一歩たるべきもので、当面我々は之に向って全力を注がねばならぬ」[5] と述べたという。ここでいう「ケルン」とは、関東憲兵隊が調書などで「中核体」と訳して使用したものであり、「中核体」には「共産主義運動上に於ける主体勢力確立という非合法意識が存在」していたと規定していた。[6] 稲葉もまた先の

「渡辺の見解に全く賛成[7]」し、満洲、中国占領地が日本の戦争経済に巻き込まれている現在、「全東亜的規模[8]」での調査は急務であり、「理論戦線の統一[9]」のため「非合法的なマルクス主義者の同志的組織」確立を目指す「ケルン」の結成が「先決条件[10]」だと判断したというのである。

こうして渡辺らは「ケルン」結成へと動いた。彼らの動きは「科学的調査」を「同志的結束」で行い、もって国策に関与する「核つくり」を行う試みで、憲兵隊がいうような「非合法」な共産主義団体とは言いがたかった。しかしこうした彼らの動きに尾崎秀実が関与していたことを憲兵隊は重視していた。『在満日系共産主義運動』によれば、一九三九年一一月、満鉄関係者首脳者会議並びに業務関係者会議に列席のため東京滞在中、渡辺は「予て面識を有する満鉄嘱託尾崎秀実との会談に於て、同人より関東並関西方面に於ける日本共産党再建運動の状況、及同人が之に関係あることを推知せしむるが如き口吻を聞知し、同時に支那事変の長期化に伴う悪性インフレーション爆発に因る日本経済の破綻は必至にして而も其の時期は昭和十五年中頃と判断せらるゝを以て、此の危機に対処して左翼活動の急展開を期すべき満鉄調査機関内左翼分子の結集組織方を示唆[11]」されたとの記述が残されている。これらの動向について、関東憲兵隊指令官「九・二一事件に関する件報告『通牒』（第四報）」では「石田七郎、野間清及謀議参与者稲葉四郎の供述は右渡辺雄二の供述と大綱に就き一致しありて中核体結成の事実は確実と判断せられ引続き詳細取調中[12]」と記述しており、憲兵隊は尾崎、渡辺のラインで「中核体」結成が計画されたものと想定して捜査を進めていた。

その後渡辺らは、尾崎の指示を受け渡辺雄二、野間清、松岡瑞雄、石田七郎、三輪武がメンバーとなり、稲葉四郎、村越司が謀議参与者となって三九年一二月から翌四〇年三月までに組織工作を進行させ、四〇年三月に大連ヤマトホテルの一室で「謀議」したという[13]。憲兵隊のいう「中核体」の誕生である。

小泉吉雄の手記に依れば、渡辺を中心とした中核体は、「尾崎の組織の一員として、同人に諜報を提供せる他[14]」、一九四一年九月に尾崎秀実が大連を訪ね「満鉄社内同志組織を確立せん際は、自分〔小泉吉雄〕は左翼分子の相互連繫に依る左翼的政治力の強化の点に意義を見出し之に参加せり。又此の時、同人よりコミンテルン極東支部員スラウイツキー（記憶す）を紹介せられ、その後枝吉勇、渡辺雄二等と共に右極東部員等に再会し、更らに、渡辺、湊清、狭間等と共に哈市〔ハルビン市〕に赴き極東部主任ウイリツキー（記憶す）又通訳アンプリと会談し、吾々の満鉄社内同志組織とコミンテルンとの関係を付けたり[15]」と述べている。[16]「其の後、（尾崎の指令にて）吾々社内同志にて関特演後の戦争の危機に鑑み日ソ戦勃発防遏の為、輸送妨害、通信施設の破壊、治安攪乱に依る反戦活動を為すことを渡辺雄二より打明けられたる際は、自分は客観情勢の見透を異にし、従って此の計画に反対なりたるも、同志としての情誼に基き之に参加を約し、自らは関東軍司令部に爆弾を仕掛け、又政府関係者等との連絡役の任務を果たすことを約束せり[17]」と述べている。そして四一年一〇月にゾルゲ事件がおき「尾崎が検挙されたるを知れるを以て自分は計画の暴露を恐れ、且又予て本計画には反対なりたるを以て渡辺雄二を通じ枝吉勇に対し尾崎の検挙対策の会合を提唱し、金州南山にて会合の際は、本計画の暴挙なるを強調し之を中止せしめんとし、結局、会合にては延期のことゝなれり[18]」としていた。また「此の間、尾崎の組織の一員として、同人の情勢判断の参考たらしめんとし私案『日満支経済建設要綱』『世界情勢の見透と国内対策』を手交する他、日、満、支三国の生産拡充計画を見せ又昭和十五年十二月同人の依頼にて独逸大使館員某（ゾルゲと思料）を企画院美濃部洋次調査官に紹介し『経済新体制要綱』の内容に付き知らしめたり[19]」と述べていた。ゾルゲ事件、企画院事件との連関が言及されている一文である。

小泉は戦後に回想録『愚かな者の歩み』を私家版で出している。小泉は哈爾濱日露協会学校中退で一九三〇年に満鉄調査部入りをしている。帝大出が主流を占めていた当時の調査部内で、彼の学歴は決して高いとはいえない位置にある。しかし彼は満鉄調査部内では、経調内にあって『満洲経済年報』に執筆、三六年から三七年にかけて関東軍軍属として「産業開発五カ年計画」農業部門に深く関与し、三九年から四一年までは企画院嘱託を兼任、近衛内閣の『基本国策要綱』（四〇年七月）作成に関与するなど、国策中枢ポストを歩いている。[20]その彼が「尾崎の組織の一員[21]」

として、渡辺たちとコミンテルンの極東部員と接触、かつ、日ソ戦争勃発の際は、渡辺たちの「輸送妨害、通信施設の破壊、治安攪乱に依る反戦活動[22]」に参加し、「自らは関東軍司令部に爆弾を仕掛け、又政府関係者等との連絡役の任務を果たすことを約束[23]」したと供述しているのである。これが事実なら、事は重大である。尾崎―渡辺―小泉とつながる線で「ケルン」は見事にコミンテルンの活動の一環に繋がることとなる。したがって、憲兵隊は必死になってその証拠固めに熱を入れた。前掲『愚かな者の歩み』によれば、憲兵の厳しい追及のなかで、食事をともにした尾崎が側にいるような錯覚に陥り、「尾崎から入党の証として、ソ連金貨（裏側に万国の労働者団結せよと書いてある）を貰った[24]」が、「これをある日、東京板橋の借家の庭に埋めた[25]」などと供述したという。憲兵隊は人を派遣し必死に捜索したが出てこなかったという。

注

（1）「稲葉四郎『手記』」、前掲『満鉄調査部事件の真相』一四五頁。
（2）同右。
（3）同右。
（4）同右。
（5）同右。
（6）関東憲兵隊司令部編『在満日系共産主義運動』一九四四年、三三六頁。
（7）「稲葉四郎『手記』」、前掲『満鉄調査部事件の真相』一四五頁。
（8）同右。
（9）同右。
（10）同右。
（11）前掲『在満日系共産主義運動』三三七頁。
（12）関東憲兵隊指令官「九・二一事件に関する件報告『通牒』（第四報）」、前掲『満鉄調査部事件の真相』一八五頁。
（13）同右。

(14)「小泉吉雄『手記』」、前掲『満鉄調査部事件の真相』二三三頁。
(15)同右。
(16)富田武氏によれば、一九四一年時点において、コミンテルン極東支局なるものは存在せず、またここにあげられている「スラウイツキー」、「ウイリツキー」なる人物も『ロシア対外諜報略史』(ロシア語)によれば実在しない、との御教授を得た。
(17)「小泉吉雄『手記』」、前掲『満鉄調査部事件の真相』二三三頁。
(18)同右書、二三四頁。
(19)同右書、二三五頁。
(20)小泉吉雄『愚かな者の歩み』私家版、一九七八年参照。
(21)「小泉吉雄『手記』」、前掲『満鉄調査部事件の真相』二三五頁。
(22)同右書、二三三頁。
(23)同右。
(24)前掲『愚かな者の歩み』五九頁。
(25)同右。

おわりに

満鉄調査部の内部の思想情況は複雑だった。特に一九三〇年代に調査活動が本格化し、関東軍と連繋して国策立案活動に従事するようになると、その是非や方法論をめぐって複雑な対立関係が調査部内に発生した。しかも一九三〇年代末に調査部が大拡張するにともない、多数の「中途採用」者が調査部に入社するにつれて、この対立は待遇上の差に対する不満とも重なって「経調派」と「資料課派」の対立となって加速度化された。その対立は、さらに「経調派」主導の「支那抗戦力調査」「日満支ブロック・インフレーション調査」が進むなかで深まっていった。そうしたなかで、尾崎・渡辺の線で調査活動の活性化と問題意識の先鋭化を目ざす「ケルン」結成の動きが具体化していくが、関東憲兵隊はこうした動きを「共産主義運動上に於ける主体勢力確立」の動きと見なして捜査を続けることとなる。

第十章　満鉄調査部事件の勃発とその顛末　1941〜1945

はじめに

満鉄調査部の活動を事実上停止に追い込んでいった事件が満鉄調査部事件だった。この事件の前史に合作社事件がある。本章では、合作社事件の推移とその指導者だった佐藤大四郎に焦点をあててこの事件の検討を試みると同時に、この事件が満鉄調査部に波及していった経緯、これが同時におきた尾崎・ゾルゲ事件、企画院事件とどう関連したかを検討する。

第一節　関東憲兵隊と事件の発端

一　関東憲兵隊史

ここでしばらく満鉄調査部とその部員の活動を離れ、彼らの活動を監視し摘発した関東憲兵隊の動きに目を向けなければならない。関東憲兵隊の歴史は、日露講和条約締結後の一九〇五年一二月にさかのぼる。兵力は三五八名、本部は旅順に置かれ、旅順、奉天、遼陽、鉄嶺、安東、長春にそれぞれ憲兵分隊が配置された。翌〇六年第十五憲兵隊と名称を変更するが〇七年には再び関東憲兵隊という旧称に改称されている。一九年には朝鮮での三一独立運動の勃発と憲兵制度の改変のなかで関東憲兵隊は東京憲兵司令部直属となった。満洲事変直前の関東憲兵隊の編成は、旅順に憲兵隊本部を置き、先の六カ所に大連、四平街を加えた各地に憲兵分隊が配置され活動を展開した。三二年に満洲国がつくられると関東憲兵隊は、東京憲兵隊司令部から離れ関東軍司令部の隷下に入り大幅な編成改正が実施され、奉天、長春、ハルビン、チチハル、承徳、延吉に憲兵隊が、そしてその隷下に分遣隊が配置された。以降年とともに憲兵隊は拡充を重ね、満洲国の主要都市に憲兵分隊が配置されると同時に、その下に分遣隊や分駐所が置かれ、その組織は満洲国全体に網の目のようなネットワークを張りめぐらしていった。(1)

憲兵は、他の兵科の優秀な兵を推薦抜擢して教育編成する場合が多くエリートをもって自認し、(2)その業務も軍令と軍政に大きく二分された。軍令は作戦地での、軍政は日本国内での任務で、関東憲兵隊の場合は軍令に基づき活動した。関東憲兵隊の任務は以下あげる八つの項目に分類できた。①軍事警察（軍人・軍属への警察任務）、②行政・保安・司法警察業務、③軍事高等警察（軍事警察および反戦・反軍活動など思想活動の予防）、④外事・防諜・謀略警防、⑤軍需監察（軍事生産施設の生産推進、鉄道警察業務など）、⑥対満戦時特別対策（建国理念の浸透、民族協和の推進、国民党・中共対策）、⑦軍機保護法、軍需工業動員法の発動にかかわる戦時特別法の施行と運用）、⑧日満一体実現のための満洲国関連法規の運用・監察であった。④には外国公館員への警察活動や防衛的な防諜（自体防諜）と対外的な防諜（積極防諜）がそのなかに含まれていた。(3) しかし自体防諜と積極防諜をめぐっては防諜機関の間で混乱や対立が生じたので、対外防諜は特務機関が一元的に扱うこととなり憲兵は自体防諜に専念することとなった。かように憲兵の業務は多岐にわたっていた。それは単に軍事警察の任務にとどまらず行政・保安・司法・防諜におよび、国家安寧という名目をフルに活用して庶民生活の隅々に監視の目を張り巡らしていた。

二　合作社事件

この関東憲兵隊の捜査網に満鉄調査部員の動きがキャッチされたのは、一九四〇年七月に協和会中央本部の平賀貞夫が日共再建運動の廉《かど》で警視庁に検挙され、探査の結果佐藤大四郎をリーダーとする浜江省農事合作社の左翼前歴者職員多数が活動していることが判明、関係者の発受信を厳重に調査するなど約一年の内偵の結果、四一年六月頃に協和会や合作社内に国策に便乗した共産主義運動が確認された。継続監視中の四一年七月北安省興農合作社連合会の情《せい》野《の》義秀が公金数万円を横領し「南支那逃避」を試みたとの情報を得た憲兵隊は、一〇月「偵諜補足の為の抽出検挙として絶好の機会」として情野を検挙した。(4)

情野の供述に基づき、憲兵隊は四一年一一月四日北満浜江省で農事合作社運動を展開していた佐藤大四郎ら五十余名を一斉検挙し、新京高等検察庁に事件送致した（「一・二八工作」）。さらにこの「一・二八」工作関係者として皆より遅れて検挙された鈴木小兵衛は、四二年四月頃「取調官の熱意と温情に感激し、漸く過去二十有余年に亘り抱懐せる自己の世界観を根底より改悟し、翻然として思想転向を決意するに至った」。(5) 彼の自白から翌四二年九月二一日満鉄関係者が一斉検挙（「九・二一」事件）され、続く翌四三年七月一七日の第二次検挙を含めて総計四四名が収監

表20 「満鉄調査部事件」検挙者一覧

氏名	年齢	学歴	職業	前科・逮捕歴	検挙日時	手記等の有無
稲葉四郎	34	東京帝大経済学部卒	満鉄調査部（三四）	説論釈放（三二）	一九四二年九月二一日	手記・意見書
石田精一	38	九州帝大法文学部卒	満鉄調査部（三八）	懲役二年執行猶予（三四）	一九四二年九月二一日	手記のみ
石田七郎	34	東亜同文書院卒	満鉄調査部（三〇）	なし	一九四二年九月二一日	なし
石井俊之	37	京都帝大院法学部中退	満鉄調査部（三四）	なし	一九四二年九月二一日	なし
石川正義	31	東京帝大経済学部卒	満鉄調査部（三九）	なし	一九四二年九月二一日	手記・意見書
石堂清倫	40	東京帝大文学部卒	満鉄調査部（三八）	懲役二年執行猶予（三三）	一九四三年七月一七日	手記のみ
伊藤武雄	49	東京帝大政治学科卒	満鉄調査部（二〇）	なし	一九四三年七月一七日	なし
花房　森	36	早稲田高等学院露文中退	満鉄調査部（四〇）	懲役二年執行猶予（三三）	一九四一年一一月四日	手記のみ
狭間源三	34	大阪商大卒	満鉄調査部（三九）	なし	一九四二年九月二六日	手記のみ
林田丁介	35	東京帝大経済学部卒	満州評論社（三七）	起訴猶予（三三）	一九四二年九月二一日	手記・意見書
西　雅雄	48	岡山県立高梁中学卒	満鉄嘱託（三九）	禁固八カ月（二六）	一九四二年九月二一日	なし
堀江邑一	48	京都帝大経済学部卒	満鉄嘱託（三九）	懲役二年執行猶予（三四）	一九四二年九月二一日	手記のみ
発智善次郎	32	東京商大附属専門部卒	満鉄調査部（三三）	なし	一九四三年七月一七日	なし
大上末広	41	京都帝大院経済中退	満鉄調査部（三二）・京大助教授（三九）	説論後釈放（三六）	一九四二年九月二一日	手記・意見書
渡辺雄二	36	東京帝大法学部卒	満鉄調査部（三二）	なし	一九四二年九月二一日	手記・意見書
和田喜一郎	39	東亜同文書院卒	満鉄調査部（二九）	なし	一九四二年九月二一日	なし
和田耕作	37	京都帝大経済学部卒	満鉄調査部（三七）	起訴猶予（四二）	一九四三年四月一九日	なし
加藤　清	30	京都帝大経済学部卒	満鉄調査部（三八）	なし	一九四二年九月二一日	手記・意見書
吉植　悟	32	東北大文学部卒	満鉄調査部（三七）	なし	一九四二年九月二一日	手記のみ
吉原次郎	29	拓殖大商学部卒	満鉄調査部（三七）	なし	一九四二年九月二一日	なし
米山雄治	33	東京帝大文学部中退	満州評論社（三七）、満鉄調査部（三九）	検束（三二）	一九四二年九月二一日	手記のみ
横川次郎	43	東京帝大法学部卒	満鉄調査部（三六）	なし	一九四二年九月二一日	意見書のみ
田中九一	48	東京帝大法学部卒	満鉄調査部（二一）	なし	一九四三年七月一七日	手記のみ
代元正成	32	東亜同文書院中退	満鉄調査部（三六）	懲役一年執行猶予（三三）	一九四三年七月一七日	手記のみ

小林英夫・福井紳一『満鉄調査部事件の真相』（小学館、二〇〇四年）二八―二九頁より転載。

武安鉄男	35	東京帝大経済学部卒	満鉄調査部（三三）	検束（三一）	一九四三年七月一七日	手記のみ
長沢武夫	40	東京帝大文学部卒	満鉄調査部（三四）、浙江省政府（四二）	なし	一九四二年一〇月四日	なし
野間　清	37	京都帝大法学部卒	満鉄調査部（三一）	なし	一九四二年九月二一日	なし
野々村一雄	31	大阪商大卒	満鉄調査部（三九）	検束（三一）	一九四二年九月二一日	なし
栗原東洋	28	北海道帝大予科中退	満州評論社（四〇）	なし	一九四二年九月二一日	なし
具島兼三郎	39	九州帝大文学部卒	満鉄調査部（三七）	なし	一九四二年九月二一日	手記・意見書
松岡瑞雄	39	京都帝大院文学部中退	満鉄調査部（三六）	拘留（三一）	一九四三年三月一三日	なし
小泉吉雄	34	哈爾濱日露協会学校中退	満鉄調査部（三〇）	拘留（二八）	一九四二年九月二一日	手記・意見書
枝吉　勇	40	東京帝大経済学部卒	満鉄調査部（三五）	検束（三二）	一九四三年一一月一日	なし
佐藤　洋	31	東京帝大経済学部卒	満鉄調査部（三九）	検束（三三）	一九四二年九月二一日	なし
佐藤晴生	34	早稲田高等学院中退	満鉄調査部（三九）	懲役三年（三三）	一九四二年四月一九日	手記のみ
佐瀬六郎	36	東京帝大法学部卒	満鉄調査部（三四）	なし	一九四三年七月一七日	なし
三浦　衛	32	上智大予科中退	満州評論社（三九）、大連日々新聞社（四一）	拘留（三三）	一九四二年九月二一日	なし
溝端健三	30	哈爾濱学院卒	満鉄調査部（三六）	なし	一九四二年九月二一日	なし
三輪　武	38	京都帝大経済学部卒	満鉄調査部（三三）	なし	一九四二年四月一六日	意見書のみ
下條英男	40	東京商大卒	満鉄調査部（三八）	なし	一九四二年九月二一日	なし
守随　一	40	東京帝大経済学部卒	満鉄調査部（三八）	なし	一九四三年七月一七日	なし
平野　蕃	35	東京帝大農学部卒	満鉄調査部（四〇）	自首・訓戒（三三）	一九四三年七月一七日	なし
鈴木小兵衛	43	東京帝大文学部中退	満鉄調査部（三七）、協和会（四〇）	懲役二年執行猶予（三四）	一九四一年一二月三〇日	手記のみ
鈴江源一	49	明治大中退	著述家、満鉄調査部（四〇）	なし	一九四二年九月二七日	なし

◎合作社事件関連

氏名	年齢	学歴	職業	前科・逮捕歴	検挙日時	手記等の有無
深谷　進	45	高等小学校卒	興農合作社中央会（四〇）	禁固三カ月（三三）・起訴猶予（三四）	一九四一年一〇月	手記・意見書
田中武夫	33	大連第一中学卒	満州評論社（三一）	なし	一九四一年一一月四日	手記のみ

＊年齢は検挙時のものとし、学歴は最終学歴とした。職歴は、満鉄調査機関（経済調査会・産業部・調査部）に所属したことのある者は満鉄調査部と表記し、（　）内に満鉄入社年の西暦の下二桁を記載した。前科・逮捕歴は主要なものを記載し、その西暦の下二桁を（　）内に記した。『在満日系共産主義運動』及び「新史料」による。

されたのである（表20）。

四二年九月二一日の一斉検挙を前に関東憲兵隊は次のような基本方針を決定していた。

一　本事件を九・二一事件と称す

二　検挙の為企図秘匿並危害予防には万全の策を講ずるを〔以下不明〕

三　各隊は検挙と同時に速に家宅及勤務先の捜索を実施し、証拠〔五字不明〕に遺憾なきを期するものとす

四　検挙終了せば留置に必要なる取調を行い速に留置担任隊に留置〔三字不明〕のとす

前項留置担任隊への押送は検挙実施隊の担任とす

五　留置に際しては特に左の件に注意するを要す

1、本事件関係者は一人一房を原則とし厳に自殺、通謀、逃走等を防止すること

2、取扱を慎重にし物心両方面に亙り無用の苦痛を与えざること

3、当分の間家族其他との面接は一切許可せず又通信〔四字不明〕関係なき事項にして家族の処理等必要止むを得ざる〔八字不明〕発信〔一字不明〕場合は関係の儘思想班に送付〔以下不明〕

4、部内者より事件の内容を〔一字不明〕話す等は厳禁

六　検挙及留置終了時には其の人名（留置場所並時〔以下一〇字不明〕ものとす

報告には事件名及略称を使い[6]〔以下不明〕

検挙者に対しては丁重に扱い、拷問や暴行といった手段は一切用いてはならない旨の基本方針が各憲兵隊員に伝達されていた。

検挙活動は、一九四二年九月二一日早暁を期していっせいに実施された。野々村一雄は「午前六時、五人の憲兵が、僕の家を襲った[7]」という出だしで検挙の日の模様を書いているが、手錠ははめられず、短期間ではあったが妻と

会話を交わす時間が保証されたという。また小泉吉雄も同時刻に憲兵の襲撃を受けたが、朝食を済ませるまで憲兵は待っていたという。[8] 具島兼三郎の場合もつかの間とはいえ妻と会話を交わす時間が認められていた。[9] 当時の満洲国の日本人社会では上流に属する満鉄調査部員に対して憲兵はかなり丁重な扱いをしたことになる。事実彼らの獄中手記のなかで一様に指摘しているのは、彼らの扱いである。たとえば、代元正成はその手記のなかで、安東、奉天、新京の分隊を回ったが、食事は各隊とも結構なもので、奉天本部は毛布も差し入れを受けた。安東では手記を留置所外で書いたが、落ち着かなかった。新京本部では、紙と鉛筆を毎日入れてくれたので反省を深化できたと記しているが、そうした一端を物語るエピソードであろう。[10] もっとも代元正成が「南新京分隊は毛布からしらみが移ったことと、留監が朝晩二四時間頭下をこつく歩かれるのが辛かった」[11] と記し、具島兼三郎が「洗面バケツと雑巾バケツとが屡々混同されたこと、食事の分配に際し箸を床の上に抛りこんでゆく監視者があった」[12] ことに不満をもったことなどが記述されているが、留置所の一般的常識からすれば、「取扱を慎重にし物心両方面に亙り無用の苦痛を与えざる」[13] ようにという警務部長の指示はある程度守られたといえるかもしれない。

しかし、大上末広や佐藤大四郎らが伝染性の病気で命を落としていることを考えれば、必ずしもそうとはいえない面もある。

注

（1）全国憲友会連合会編纂委員会『日本憲兵外史』全国憲友会連合会本部、一九八三年。
（2）宮崎清隆『憲兵』富士書房、一九五二年。
（3）前掲『日本憲兵外史』。
（4）関東憲兵隊司令部編『在満日系共産主義運動』一九四四年、五一七―五二〇頁。
（5）同右書、五四一頁。
（6）「関東憲兵隊　関憲作命〔以下不明〕」、前掲『満鉄調査部事件の真相』一七六頁。

（7）野々村一雄『回想　満鉄調査部』勁草書房、一九八六年、二二七頁。
（8）小泉吉雄『愚かな者の歩み』私家版、一九七五年、五五頁。
（9）具島兼三郎『奔流　わたしの歩いた道』九州大学出版会、一九八一年、一三五頁。
（10）「代元正成手記『取調に対する感想』」、前掲『満鉄調査部事件の真相』二二六—二二七頁。
（11）同右書、二二七頁。
（12）「具島兼三郎手記『感想』」、同右書、二二五頁。
（13）前掲「関東憲兵隊　関憲作命〔以下不明〕」、同右書、一七六頁。

第二節　佐藤大四郎と合作社運動

では、満鉄調査部事件の発端となった佐藤大四郎をリーダーとする浜江省農事合作社活動とは一体いかなるものなのか。ここで話を「経調派」の活動時期にまで戻すこととしよう。

「経調派」の作成した協同組合主義に基づく「満洲産業開発永年計画案」が軍や宮崎正義主導の日満一体の生産力拡充計画に取って代わられ「満洲産業開発五箇年計画」へと結実したこと、「満洲産業開発永年計画案」に盛り込まれていた協同組合主義が湯崗子温泉会議で「研究課題として留保」となったことは前述した。

その後小泉吉雄らの手で満洲国内部で協同組合法案の立案が進められ、三七年六月満洲国国務院会議で「農事合作社設立要綱」が可決された。(1)この要綱の立案過程には、小泉、大上、押川ら経調派のメンバーが深く関わっていた。(2)これと前後して満洲国政府は、三四年に金融合作社、三七年に農事合作社、四〇年には両社を統合した興農合作社を設立して満洲の農民・農村政策を実施していった。(3)金融、農事、興農の三つの合作社のうち、とくに農事合作社は、政府の統制の下に農民を組織する機構であったものの、同時に、糧桟〔大豆売買を中心とした穀物問屋兼農村金融業者〕など土着商業資本の中間搾取を排除し、産業開発を促進し、満洲農民の福利増進を図ることを目的に掲げていた。(4)したがって農事合作社は、一方で農村の流通機構を掌握し、かつ地方行政と一体になって農民を末端まで組織し、満洲国の農産物増産を担う機関であると同時に、他方では流通機構を掌握することで糧桟などの土着商業資本と対抗する機関でもあった。したがってこれが政策となる過程では、さまざまな人々がこれに関係した。まさに呉越同舟ともいえる情況で、経調内の「満鉄マルキスト」から橘樸らの「建国の理想主義者」、関東軍、日系「革新官僚」らが確執しつつ、農事合作社は立案され、国策として採用され、そして変質していったのである。

こうしたなかで、「経調派」内左派として、協同組合組織運動を展開した人物が佐藤大四郎であった。運動の中心人物であった佐藤大四郎は一九〇九年東京浅草に医者の息子として生まれている。裕福な医者の家庭に育った大四郎は二七年に第一高等学校に入学、やがてマルクス主義に傾倒、共産青年同盟運動に関わり三〇年一高除籍処分を受けている。三三年一二月治安維持法違反で懲役二年・執行猶予五年の判決を受けた佐藤は、翌三四年に大連にわたり満洲評論社に入社している。ここで橘樸、大上末広ら経調派の面々と親しく接し『満洲評論』の編集を担当、この過程で佐藤は橘の思想に深く傾倒、橘から農本主義を、大上からはマルクス主義理論を伝授され三五年の「満洲産業開発永年計画案」の立案に参画する。(5) 満洲国農業再建での協同組合の重要性を指摘するが容れられずに終わったことはすでに述べた。大上、佐藤らの満洲国農業改造理論を田中武夫の獄中手記の表現を借りれば以下のようになろう。

「兎も角、経調派の信条というものは究竟農民主義(6)」であり、その実践物が「綏化合作社(7)」であり、その典拠は「満洲産業開発永年計画書」であって、実践面では佐藤大四郎が、理論面では大上末広が担い、その基底には橘樸への私淑があったという。田中は「佐藤大四郎が橘に私淑したことも亦甚大(8)」であると指摘していた。彼の活動の典拠が「満洲産業開発永年計画書」であり、橘の影響の結果彼が農民実践運動に向かったことは事実だが、橘は、佐藤大四郎の進める協同組合急進化の動きに危惧を示していた。(9)

いずれにせよ、「経調派」が提言し、湯崗子温泉会議で引き続き追究を約束させた「満洲産業開発永年計画」に盛込んだ協同組合の組織化に佐藤は着手する。きっかけは、佐藤が『満洲評論』編集者時代の一九三四年秋に北満農村視察の旅に出た際、浜江省公署民生庁財政科長となる大塚譲三郎と知己になったことであった。その後両者の交友は続き三七年初頭佐藤は満洲評論社を辞して綏化省に向かい、「大塚譲三郎の後援を得て[10]」前掲公署主事となり「同省下綏化の地をトして[11]」綏化県農村協同組合運動を展開することとなる。佐藤らは綏化県農村協同組合連合会を結成し、貧農を組織し協同販売・協同出荷を奨励し、低利で融資することで貧農を借金苦から救出し、糧桟の支配から彼らを解放しようという運動を始めたのである。農村金融については、すでに三四年九月に金融合作社法が制定されていたが、回収第一主義、担保金融で、都市住民が中心ということもあり農民、とりわけ中貧農には雲の上の存在だった。佐藤や経調派の面々の運動が影響して満洲国政府が三七年六月に農機具や生活必需品の購買、農産物の販売、農村金融を統制するため「農事合作社設立要綱」を制定したことは前述した。これに従い同年九月に綏化県農村協同組合連合会も綏化県農事合作社に改組された。

しかし出発当初から満洲国当局は貧農救済を主眼とした佐藤の運動を危険視していた。一九三七年一〇月頃佐藤大四郎が指導する綏化県農村協同組合を視察するなどしていた小泉吉雄（当時関東軍軍属）は、前掲獄中手記のなかで三八年一月頃佐藤大四郎及福田某（康之）が来京し来り「自分に対し左翼論難にて困りあることを述べたる際は、自分は自己の左翼実践を擁護する気持にて、二名に対し軍第四課三品参謀（政務担当）を紹介する故、農民の把握、民生安定に資しあることを説明するが可なり[12]」と記述していた。しかし運動に携わったメンバーのなかには、「徒らに左翼的言辞を弄し、やれ〝コルホーズだ〟やれ〝村落ソヴエトだ〟などと大言壮語[13]」するものも現れる始末で、憲兵の内偵も始まっていた。

満洲国政府は、農事合作社を廃し金融合作社と農事合作社をあわせ新たに興農合作社の設立を提唱する。四〇年二月のことである。それまで農事合作社の収入源でかつ糧桟の取引規制ができた交易場が合作社から切り離されたため、佐藤らが進めてきた合作社運動は大きな打撃を受けた。満洲国政府が佐藤らの運動を危険視した結果にほかならない。佐藤らへの憲兵の内偵はこの間も進められていた。

注

（1）満洲国史編纂刊行会編『満洲国史』下巻、満蒙同胞援護会、一九七一年、二一一頁。
（2）「小泉吉雄『手記』」、前掲『満鉄調査部事件の真相』二三八頁。
（3）前掲『満洲国史』下巻、二〇三頁以下参照。
（4）同右。
（5）田中武夫『橘樸と佐藤大四郎』（龍溪書舎、一九七五年）第四、第五、第八章、および福井紳一「佐藤大四郎の思想形成とその協同組合思想――『綏化県農村協同組合方針大綱』を中心に」（『日本獣医畜産大学研究報告』第五一号、二〇〇二年一二月）参照。
（6）「田中武夫手記『満鉄調査部に於ける左翼勢力の歴史的社会的考察』」、前掲『満鉄調査部事件の真相』一三〇頁。
（7）同右。
（8）同右。
（9）橘樸「協同組合と其の同盟者――『綏化県農村協同組合方針大綱』を読みて」、橘樸著作集刊行委員会編『橘樸著作集』第二巻（勁草書房、一九六六年）参照。
（10）前掲「田中武夫手記『満鉄調査部に於ける左翼勢力の歴史的社会的考察』」一三一頁。
（11）同右。
（12）「小泉吉雄『手記』」、同右書、二四一頁。
（13）前掲『橘樸と佐藤大四郎』三四七頁。

第三節　事件の展開と真相

一九四一年一一月四日北満浜江省で農事合作社運動を展開していた佐藤大四郎、大塚譲三郎ら五十余名が「日・

満・支同時革命の構想を描きつゝ在満日系共産主義者の結集並に各地共産党との横断的連繋を意図」[1]した廉で一斉検挙された。そしてこの事件で検挙されていた鈴木小兵衛は検挙後の四二年四月頃「翻然として思想転向を決意する」[2]に至った。彼の自白から翌四二年九月二一日満鉄関係者が一斉検挙（「九・二一」事件）され、続く翌四三年七月一七日の第二次検挙を含めて総計四四名が収監された。かつて東京帝国大学の新人会時代にいっしょに活動した経験をもつ石堂清倫は、鈴木を称し「偏執狂的なところ」があり、「カーっとなると自制力を失う」性格だったと回顧しているが[3]、中途採用で、嘱託生活が長く、能力はありながらも冷飯を食っていたという怨念と早く釈放されたいという思いが、「同志の裏切りを敢てし」[4]、「自己の知り得る一切を供述」[5]し「運動発生の因由、運動の概要と主要なる左翼分子、大上末広以下実に六十余名を指摘し、捜査遂行に大なる寄与を為した」[6]のであろう。

では、この事件は一体何が問題で、憲兵隊はこれをどのように見ていたのか。関東憲兵隊司令部の報告書は以下のようにまとめていた。

まずこれは容疑者の執筆投稿した原稿の検討を通じて確信を得て検挙した事件で、国策機関従事者が、広汎・長期にわたって行ってきた「合法場面利用の共産主義運動」[7]の事例である、としたうえで、満洲経済の基本構造を分析し、その矛盾の深化を解剖し、それを政策に反映させることで「上からの革命」を促進させ、かつその調査結果を一般知識層に宣伝・啓蒙することを目的に活動した[8]。そのために、調査方針を左傾化させ左翼分子を重要ポジションに配置し、研究会や座談会を組織した、と判断している。そのため、彼らは「左翼グループ及中核体」[9]を形成したという。

その「大部は其の結合性並一致せる共同目標に於て法律上『団体』を結成するに至らざりしも意識活動の強化進展と情勢緊迫に伴う運動の必要上遂に左の如き『団体』を形成するに至」り、「新京グループ」（四名）、「中核体」を結成したという。彼らの左翼運動上における地位は、一九三八年以降日満支を通じて存在する「唯一の日系左翼の半合法的集団的運動[10]」であり、合作社、協和会の左翼運動の母体となり、日共再建の希望を繋ぐ存在であり、中共、ソ連と繋ぎ民族共産主義運動の新しい進展の危険性を有するものだと判断していた。

憲兵隊は、彼らの多くは講座派理論の信奉者で、日共、コミンテルン戦略の支持者で、日満の革命展望を二段階革命によっており、また満洲での革命の展望は、現在は資本主義の発達が未熟で半封建・半植民地社会であるが、日本の独占資本の進出による近代化のなかでブルジョワ革命の展望が開け、さらに資本主義の矛盾の深化とともに必然的にプロレタリア革命による社会主義社会へ進むと判断しているのを知っていた。[11]したがって共産主義者としての当面の彼らの任務は、ブルジョワ革命を経てプロレタリア革命を成し遂げ共産主義社会を実現することだが、すでに「新京グループ」や「中核体」結成に見られるように直接行動に出る動きも見られると見ていた。[12]

また組織及び活動面では、事件関係者はいずれも満鉄の機構を活用してこれを共産主義運動の組織として代用している点に特徴があり、憲兵隊は「組織を要せざりし点は新戦術の効果と見るべく本事件の重大危険性を内蔵する特質なり[13]」と見なしていた。

今回の彼らの活動が「満洲国治安維持法[14]」で言う「団体」に該当するか否かに関しては、「経調派」などは、結合力の強弱、共同目的の一致の客観性などに問題が多く「団体」となすは不十分であるが、「新京グループ」や「中核体」は、「経調派」などと比較すると、「団体結成罪」を構成するものであるとみなしていた。[15]また彼らの運動は、「書斎的活動[16]」とも言えるもので、主にアジ・プロ・デモではなく理論研究、執筆活動であったがゆえにこの種の運動は捜査の端緒の把握が困難であったとも述べていた。

また彼らの調査方法の本質とその誤謬は、まず公式的方法論があり、一定の鋳型をもってそれに当てはまる具体的事実を抽出して実証的羅列をするもので、あたかも色めがねをかけて万象の自然色を云々するものの如し、重大な誤謬を犯しあるものなりとする。つまり社会主義社会建設を究極目標に資本主義社会の矛盾、弊害のみを解剖、暴露する、「為にせん」とする欺瞞調査であると見なしていた[17]。加えて彼らは国家機密を扱う立場にいるので、国家機密や軍事機密が容易に外国、とくにソ連に漏れる可能性が高かったし、彼らの行動は国策への協力ではなく、便乗して己の課題を追求するものと断定していた。たとえば国策として農業生産力増産計画を立てた場合、具体的内容は同じで結果も国策に副うものでも、つまり「協力」は国力増強を念願するものであっても、「便乗」の場合には、「国家へ奉仕を偽装して実は之に依り農村社会を近代化して軈《やが》てその農村態勢の資本主義的爛熟、矛盾、深化、崩壊を通し新なる社会主義社会建設を設想し之への一歩前進としての意義を認めて計画立案する[18]」ものであり、両者は根本的に異なるものだったのである。関東憲兵隊の見方を総括すれば以上のようなものであった。

注

（1）前掲『在満日系共産主義運動』四四九頁。
（2）同右書、五四一頁。
（3）石堂清倫・野間清・野々村一雄・小林庄一『十五年戦争と満鉄調査部』原書房、一九八六年、一五一―一五二頁。
（4）前掲『在満日系共産主義運動』五四一頁。
（5）同右。
（6）同右。
（7）「関東憲兵隊司令部　武本中尉　最近に於ける日系共産主義運動と捜査着眼」、前掲『満鉄調査部事件の真相』一六八頁。
（8）同右。
（9）同右。
（10）同右。
（11）同右書、一六九頁。
（12）同右。
（13）同右。
（14）なお満洲国治安維持法は、「国体変革」「兇悪手段による安寧秩序紊乱」を目的とした「団体」の結成者・謀議の参与者・指導者に最高刑死刑を科す治安立法で一九三七年に制定された。「国体変革」を目的とした「結社」の組織者・役員・指導者を最高刑死刑とする日本の治安維持法と比較すると、「国体」は「結社」よりも広く解釈が可能で、広範囲の取締りが可能であった。
(15)「関東憲兵隊司令部　武本中尉　最近に於ける日系共産主義運動の捜査着眼」、前掲『満鉄調査部事件の真相』一七〇頁。
(16) 同右。
(17) 同右。
(18) 同右。

第四節　判決

満鉄調査部事件は一九四五年五月に判決を迎えた。検挙者四四人のうち、鈴江言一ら四名が釈放され、四〇名が起訴された。大上末広、発智善次郎、佐藤晴生、西雅雄、守随《しゅずい》一の五名が獄死した。伊藤武雄、花房森ら一五名が保釈され、残りの二〇名が判決を受けた。最高刑は渡辺雄二、松岡瑞雄の徒刑五年で全員執行猶予付であった。釈放された被告たちは、全員満鉄を解雇され失職していた。彼らは新しい職場を探さなければならなかった。

この事件は敗戦三カ月前に結審し終了した。事件は終わったが、有罪判決を受けた者は引き続き憲兵隊の監視下に置かれていた。田中武夫の戦後の中国での「告白」に依れば、憲兵隊は合作社事件と満鉄調査部の検挙者のなかから「密偵組織」をつくって、在満日本人の動向を調査させたという。リーダーは鈴木小兵衛で、田中武夫、野間清らを構成員にしていた[1]。石堂清倫は、大連憲兵隊より軍の指定する任務に就くことを再三要求されたが、それを断ったところ一兵卒での召集令状が来たという[2]。彼に求められた任務とは、鈴木、田中、野間と同様に憲兵隊に協力する密偵になることであったのだろう。敗戦わずか三カ月前のことだった。

注

（1）松村高夫「フレーム・アップとしての満鉄調査部弾圧事件〈一九四二・一九四三〉」、『三田学会雑誌』九五巻一号、二〇〇〇年四月。
（2）石堂清倫『わが異端の昭和史』勁草書房、一九八六年、二七〇頁。

第五節　満鉄調査部事件・企画院事件そして尾崎・ゾルゲ事件

以上は、関東憲兵隊が見た満鉄調査部の活動の「犯罪性」である。その趣旨を一言で言えば、彼ら満鉄調査部員の一部の「共産主義者達」は、国策に便乗し日本資本の満洲進出を促進し、半封建・半植民地社会を近代化しブルジョワ革命の条件を整え、さらに資本主義の矛盾を利用してこれを社会主義革命へと転化させることをもくろみ「団体」を結成、活動したということになろう。

大上末広ら「経調派」が、半封建的満洲社会を近代化させ工業社会をつくるために国策に協力して工業化案をつくり日本資本の満洲誘致を図ったことは事実であろう。その意味では彼らが、関東軍の国策に協力する理由は十分にあった。なぜなら、戦争遂行と戦時生産力増強のために満洲のみならず日本社会の近代化を図るという発想と行動は、優れて合理的であり、かつ戦力増強を無駄なく進めたいという軍の政策とは矛盾するところが少なかったからである。そうであるがゆえに、「経調派」と関東軍は手を結び得たし、軍が合理性を追求するかぎりで両者の協力関係は継続し得たのである。

一九四一年四月におきた企画院事件も同様の性格を有していた。一九三七年一〇月企画庁と資源局が合体して設立された企画院は日本の戦争経済指導の「経済参謀本部」として三七年から始まる物資動員計画立案、実施の要の役割を演じていた。この企画院のスタッフの発想も満鉄調査部員のそれと同様だったと思われる。戦時生産力増強を目的に「生産力拡充」、「物動計画」を立案した企画院の面々は、財の適正配分を追求したかぎりでは合理性の限りない探索だった。つまり企画院の経済計画も満鉄調査部の支那抗戦力調査も戦時インフレ調査も、そして尾崎の行動も、勝ち目のない戦争を阻止するという意味では合理性の発露だったというべきであろう。しかしこれらの行動はいずれも「国体変革の行動」として取り締まりの対象となったのである。

彼らの意図が、日本社会、さらには満洲社会の近代化そのものにあったのか、さらに一歩進んで社会主義革命をめざすロシア革命型の変革を志していたのか、となるとそれは彼らの胸の内にあって第三者には「想像」の域を出るものではない。「中核体」を結成したというが、近代化の追求なのか、革命のためなのかは定かではない。しかし関東軍や憲兵隊がその判断にまで踏み込むこと自体が、理性を超えた「狂気の行為」だといわざるを得ない。

ただし、今回公開された新資料と従来定説とされていた関東憲兵隊司令部編『在満日系共産主義運動』の記述を比較してみると、明らかに違うのが尾崎秀実の位置づけである。憲兵隊が誘導して書かせた「手記」をたどるかぎり、尾崎を中心にコミンテルンが関連して満洲国家転覆を図る組織がつくられつつあるという想定であった。ところが、手記をベースにまとめられた『在満日系共産主義運動』を見ると、尾崎ではなく渡辺雄二、松岡瑞雄らが中心にそれを実施したとなっており、尾崎については登場するものの主役ではない。この違いは何を物語るのか。おそらく憲兵隊は当初、小泉吉雄らの手記を手がかりにコミンテルンと尾崎と満鉄調査部そして企画院を関連づけて「事件化」しようと試みたものと思われる。小泉吉雄は尾崎と満鉄調査部と企画院のいずれの組織、人物とも関連した結節点にいたスタッフである。(1) ところが、小泉が語るように憲兵隊はその物証を挙げられぬままにこの筋書を貫くことができず、中途で断念したのではないかと思われる。つまり憲兵隊は尾崎・ゾルゲ事件、満鉄調査部事件、企画院事件を一つながりの事件と見ていたと想定される。ところが、物証が挙げられないため、それぞれを別個の事件として扱うよう中途で方針転換をしたというのが、新資料と『在満日系共産主義運動』の筋書と主役の違いを生み出した理由だと考えられる。

企画院事件も本稿で取上げた満鉄調査部事件にしても、合理的な発想からすれば許されるべき行動や発言が、軍の禁忌を犯したというただそれだけの理由で極刑に付される結果となったのである。その意味では一九四〇年代前半はまぎれもなく「狂気の時代」であった。したがって、この事件で生き残り戦後社会を生きた元満鉄調査部員のなかには、合理性を取り戻した戦後高度成長世界にそのまま適応して活動したものも多いが、それはけだし当然のことであろう。

しかしこの事件を複雑にしたのは、鈴木小兵衛の活動と役割である。彼が「資料課グループ」のリーダーだったことはすでに述べた。彼らは、近代化を推し進める点では「経調派」と同一だが、その結果農民や労働者が増大し覚醒させられ、彼らが抗日人民戦線の中核になるであろう、と考えており、大上らと比較すると鈴木らのほうがはるかに「共産主義」の原則的発想が濃厚だった。その意味では「経調派」よりは「資料課グループ」のほうが、憲兵にとっては、はるかに「危険」な存在だったはずである。ところが、同じ「資料課グループ」に属する野々村一雄をして「彼（鈴木）の最終陳述は絶叫調で、いくら何でもああまでやることはないと思わせる程の悪趣味で、僕は心の中で舌打ちした(2)」と言わせるほどの「内部告発」で、「経調派」のメンバーの名を挙げてその「活動」を憲兵隊に報告し、長年の「私憤」を晴らしたのである。

鈴木の行動は、満鉄調査部事件をやや複雑にした。本来なら鈴木ら「資料課グループ」が、治安維持法違反で検挙される可能性が高かった。ところが、彼が取調べの過程で憲兵隊に協力し、「私憤」をまじえた「告白」のなかで事件の役者は「経調派」にまで拡大したのである。「経調派」を役者に仕立て上げるには、国策の「予期せざる結果」としてのブルジョワ革命さらには社会主義革命の「予測」と「確信」が必要とされたのである。

注

（1）「小泉吉雄『手記』」、前掲『満鉄調査部事件の真相』二三二―二三六頁。

（2）前掲『回想　満鉄調査部』二二四頁。

第六節　事件後の満鉄調査部

事件発生以降調査部は、事実上の活動停止に追い込まれた。調査部幹部が逮捕されるなかで組織は縮小改編され、大調査部は、一九四三年五月には鉄路総局調査局と合体して新たに調査局と改称された。しかし調査活動がこれで停止したわけではない。厳しい制約下でも北方調査室を中心にソ連関連の調査は継続されたし、太平洋戦争の進展のなかで東南アジア地域の調査が新たに付加された。

ソ連研究に関してみれば、一九四一年から継続してきた『ソ連邦政治経済叢書』の出版が調査部事件以降も継続された。これは第一部「経済」、第二部「政治・法制・外交」、第三部「ソ連極東」の三部作で、四一年六月の独ソ戦勃発後のソ連邦の変化についてもできるかぎり言及したいと「序」は語っていた。もっともこの企画も「本叢書の完成期も当初予期してゐたものよりも多少おくれた。これは本叢書の仕事に没頭し得ない他の事情が起つた為であつて、決してこの仕事に対する我々の決意が鈍つたためではない」[1]と北方調査室主査が述べたように調査部事件が微妙に影響していた。

また北方調査室は、「独ソ戦綜合週報」を出して戦闘状況を逐一報じていた。例えば、一九四三年七、八月の動向を見ると、ドイツ軍が「クルスク突出部」の攻撃で「大損害ヲ蒙リ」[2]、その後も後退を続けている様が週単位で詳細に報じられていた。このようにかつての綜合調査は、調査部事件以降実施されなくなったが、こうした軍事情報の収集は、以前同様積極的に行われたのである。

太平洋戦争の勃発のなかで、東南アジアの占領地調査も満鉄調査部の新しい課題となった。すでに四一年一〇月に海軍省海南島特務部から上海事務所を通じて幣制、共産党、資源に関する調査依頼がなされていたが[3]、四一年一二月の太平洋戦争の勃発と東南アジア占領は、調査部に新たな課題を付すこととなった。満鉄調査部員は、南方軍政要員として占領地に派遣され調査活動に従事することとなる。

東南アジア占領地域は、大きくは陸軍と海軍の統治地域に分割され、陸軍地域には軍政部（一九四一年七月以降は軍政監部）が、海軍地域には民政府が置かれ統治が開始されたが、各軍政監部に調査部が設置されることとなると満鉄もその活動を分担することとなった[4]。南方総軍には東京商大が、ジャワには東亜研究所が、フィリピンには三菱経済研究所が、ボルネオには太平洋協会が、マラヤ・スマトラ・ビルマには満鉄が割り当てられた。各地には調査員五〇名、タイピスト五名が割り当てられた。調査員は四二年一一月下旬結集を終わり、任地に出発した。満鉄マレー班長は枝吉勇、ビルマ班長は江間江守であった。しかしマラヤ班は、シンガポールの昭南軍政監部にあって無事正月を迎え活動を開始したが、ビルマ班は、四三年一月ビルマ到着前に英軍の空爆を受ける被害にあった[5]。四三年一月からマラヤ班は活動を開始したが、昭南軍政監部総務部に新設された満鉄派遣調査団は、本部のほかに民族、流通、交通、農業、林業、水産、鉱業、工業、資料、庶務の一〇班総勢五一名から構成されていた[6]。しかし共産ゲリラの活動が活発なため、「表面の状況の観察に止まり」「これという成果は得られなかった」[7]。四三年五月に二十五軍がシンガポールからスマトラ島のブキテンギに移転するにともない、調査部隊も同地へ移転した。調査部は「昭南軍政監部と同様の構成で、早速調査に着手した」[8]。しかし四三年一〇月には室長の枝吉勇が満鉄調査部事件で満洲に召還され、その後戦局の悪化と満鉄調査部事件そのものの影響を受けて調査活動は低調になっていった。

一方ビルマ班は、空爆を受けつつも四三年一月江間江守ほか三六名が現地に到着し、軍政監部に調査部が設立された。調査部は調査第一、第二課および資料室からなっていた。設立後「昭和一八年度調査実施計画」に着手した。[9]しかし「各調査係の担当した調査事項はいずれもかなりの成果を得たものと思われるが、調査結果の資料はほとんど隠滅して、残念ながら成果をうかがうことができない」[10]結果に終わった。

注

(1) 満鉄調査局『ウラル以東の諸鉄道』一九四三年、一頁、序。
(2) 調査局資料課長『独蘇戦綜合週報』第一〇六号、一〇七号、一九四三年七月。
(3) 前掲『満鉄調査部報』第一三号、一九四一年九月、二二一―二二二頁。
(4) 南方軍政全体のなかでの調査部活動に関しては深見純生「東南アジアにおける日本軍政の調査」(『南方文化』第一五輯、一九八八年一一月)参照。
(5) 枝吉勇『調査屋流転』一九八一年、六九―七七頁。
(6) 川島重吉『南半球の満鉄調査団』私家版、一九八六年、六四―六五頁。
(7) 前掲『調査屋流転』七八頁。
(8) 同右書、九七頁。
(9) 太田常蔵『ビルマにおける日本軍政史の研究』吉川弘文館、一九六七年、二七〇―二八〇頁。
(10) 同右書、二八一頁。

おわりに

満鉄調査部事件は、調査部が展開してきた調査活動の終焉を意味した。合作社事件に端を発する調査部事件は一九四五年五月に結審し終焉を迎えた。敗戦の三カ月前のことであった。満鉄調査部そのものは引き続き活動を展開したが、主要幹部を失った満鉄調査部に往年の活動を期待することはできなかった。また、厳しい情報管理と思想統制下では、これまでのような調査活動を期待することもできなかった。しかし、その後もソ連軍事情報収集・分析や「大東亜共栄圏」内調査に満鉄調査部は活動を継続した。

第十一章　満鉄調査部の戦後　1945〜

はじめに

満鉄調査部は、満洲国、満鉄の解体とともにその終焉を迎える。本章では、その解体の過程と敗戦後の引揚げ、日本での再就職と戦後の活動を検討する。満鉄調査部員の多くは、その調査活動の経験を生かして、大学教師になるか、研究機関に就職するかして、戦後社会のなかにその活動の場を求めていった。彼らは、戦前来の研究課題を追求して戦後その成果を発表したものもいたが、逆に戦前の研究テーマを変更して新たな課題に立ち向かったものもいた。前者の代表は天野元之助だとすれば、後者の代表は原覚天だった。本章では、満鉄調査部員の戦後を跡付けながら、彼らの活動をみてみることとしたい。

第一節　満洲国の解体と満鉄の解散

一九四五年八月九日午前零時を期してソ連軍は対日宣戦布告を行うと同時に、ソ満国境を超えて満洲へなだれ込んだ。ソ連軍は、満洲東部・北部・西部の三方から首都新京（現在の長春）を目指して侵攻を開始した。主力を南方戦線に引き抜かれていた関東軍に昔日の面影はなかった。関東軍は随所でソ連軍に撃破され敗走に転じた。八月一八日には満洲国の皇帝の退位が決定され、満洲国は消滅した。溥儀は翌一九日、空路日本に亡命する途中奉天（現在の瀋陽）の飛行場でソ連軍に逮捕され、そのままシベリアへ送られた[1]。

満洲国の崩壊のなかでその支柱を失った日本人は戦禍を逃れて引揚げを開始した。支配民族として満洲国の庇護を受けて生活していた彼らは崩壊のなかでその盾を失い、中国人の怨嗟とソ連軍の追撃を受け避難民となって塗炭の苦しみを味わうこととなった。最も悲惨だったのはソ満国境に配置された開拓団だった。国策移民として中国人の恨みをかっただけでなく、第一線に配備されていたため、開戦と同時に退路を絶たれ、関東軍の支援を得られぬまま、自力で敵中を突破しなければならなかったからである[2]。

こうした混乱のなかで、満鉄はその幕を閉じた。八月二〇日満鉄総裁山崎元幹は新京に到着したソ連軍司令官コバリョフ大将と会見したが、その席で、ソ連軍は「満鉄従業員は現職に留まること、日本軍によって破壊された平斉線三河口の西遼河鉄橋の修理計画を提出すること、京白線のソ連軍輸送を確保し、併せて鉄橋の修理をなすこと[3]」を命じた。八月二五日中ソ友好同盟条約が調印され、そのなかで満鉄は中ソ協同経営の中国長春鉄道に継承されることが決定された。九月二二日中国長春鉄道のソ連側代表のカルギン中将が長春に到着し、彼の口から以下のような命令が下された。

（一）九月二三日午前一一時を以て満鉄の法人格は消滅し管理権は失われた
（二）満鉄の管理者はその地位を逐われた
（三）満鉄の元管理者は中長鉄道の補佐となって日本人従事員を指揮せよ
（四）元満鉄社員は中長鉄道の従事員として雇用する
（五）中長鉄道の運営体制に従い事務引継ぎを行え[4]

カルギンが「満鉄の法人格は消滅し」たというのは正確ではない。満鉄は九月三〇日連合軍の手で閉鎖が命ぜられ同年一〇月二六日閉鎖機関に指定され、その後閉鎖機関保管人委員会の管理を経て、四七年五月一日、閉鎖機関整理委員会が発足してからは、同会が満鉄の特殊清算人として、その特殊清算を行うことになった[5]。九月二八日最後の総裁となった山崎元幹は、次のように日誌にしたため彼の総裁としての公式業務を終了した。「今日予ノ揮毫シタル満鉄ノ標札ヲ取外サシム」[6]。満鉄はここに中国東北での業務を中長鉄道へと引き継いだのである。

注

（1）中山隆志『ソ連軍進攻と日本軍――満洲 一九四五・八・九』（国書刊行会、一九九〇年）および満蒙同胞援護会『満蒙終戦史』（河出書房新社、一九六二年）参照。
（2）前掲『満蒙終戦史』参照。
（3）満鉄会『満鉄最後の総裁山崎元幹』一九七三年、六九〇頁。
（4）同右書、七〇三頁。
（5）閉鎖機関整理委員会『閉鎖機関とその特殊清算』一九五四年、四〇〇頁。
（6）前掲『満鉄最後の総裁山崎元幹』七〇四頁。

第二節　満鉄の接収と満鉄関係者の留用・引揚げ

満鉄の運営が中ソの手に移ったあと、満鉄社員はどのように生きたのであろうか。満鉄社員の戦後はどのようなものであったのか。一九四四年九月末の時点で満鉄社員は三九万八三〇一人、そのうち日本人が一三万八八〇四人、中国人その他を含めた数が二五万九四九七人であった。日本人のうち社員（職員・准職員・雇員・傭員）は一三万七八四五人で社員外は九五九人、中国人およびその他を含めた者のうち、社員は二五万一七三一人で社員外は七七六六人であった。[1]

ではこのうち敗戦でこの人たちはどのような運命をたどったのであろうか。中長鉄道がソ連軍の手で運用されている間、満鉄社員は原則として留用というかたちで現場に留まり就業を継続し、給与も四五年一〇月以降支給されはじめた。中長鉄道下での日本人従業員の数は四六年一・二月段階で五万三二六三人[2]を数えていた。ソ連軍の満洲からの撤退が開始されるのが四六年三月、完了するのが同年五月のことだが、満洲占領直後からソ連軍は、留用日本人を使って在満工業施設、鉄道施設、機関車、発電施設の解体とそれらのソ連への搬出を実施した。

アメリカのポーレーを団長とする対日賠償調査団は、四六年五月日本からソウル、南京、上海、北平を経て六月中国東北に入り戦後の中国東北の調査を実施したが、これによればソ連軍が満洲の工業施設に直接与えた損害は約八億九五〇三万ドル、満洲の総資産額の約一割程度に該当するといわれた。しかしこの数値は、巨大企業の資産の合計に過ぎず、個人資産は含まれていない。被害もしくは破壊されたプラントの三割の復旧が必要であるとすれば、被害総額は二〇億ドル以上に上るだろうと推定された。[3]

ソ連軍が引揚げを完了した四六年五月、葫蘆島からの日本人の引揚げが開始され、同年一二月には大連からの引揚げも始まり、日本人の引揚げ事業が本格化する。この間四六年七月から国共内戦が激化しはじめ内戦に巻き込まれて帰国が不可能になる日本人も出はじめた。

満鉄最後の総裁山崎元幹もその例外ではなく、山崎や約三〇〇人の日本人留用者が長春を離れたのは、国共内戦のなかで長春での戦闘が激しくなった四七年八月のことであった。[4]もっともその後国共内戦は激しさをまし、長春も翌四八年四月頃には共産党軍の重囲のなかで残留した日本人は苦境におち込むこととなる。[5]そして四八年九月以降の「遼瀋戦役」で一〇月には共産党軍が長春を占領、一一月には中国東北全域を制圧した。その後共産党軍は一一月以降四九年一月までの「准海戦役」で華東、中原地区を、四八年一一月以降四九年一月までの「平津戦役」で北平、天津地区を支配下に収め、ほぼ中国全土掌握に成功することとなる。

注

（1）前掲『満鉄最後の総裁山崎元幹』七七七頁。
（2）前掲『満蒙終戦史』八四四頁。
（3）*Report on Japanese Assets in Manchuria to the President of the United States,* July 1946 by Edwin W. Pauly.
（4）前掲『満鉄最後の総裁山崎元幹』七二六頁。
（5）一九四八年四月以降の長春での生活については、武田英克『奔流のはざまに』（私家版、一九八四年）、同『満州脱出』（中央公論社、一九八五年）参照。

第三節　満鉄関係者の戦後

満鉄関係者の戦後はどのようなものであったのか。『満鉄クラブ』や『満鉄会報』に依拠しながらその動向を見てみよう。

第一のグループは国会議員たちである。参議院議員には、稲嶺一郎（元東亜経済調査局・現自民党　以下同様）、上倉藤一（満鉄錦州鉄道局総務部・無所属）、関屋悌蔵（満鉄遼陽、安東、奉天地方事務所長・自民）、田代由紀男（満鉄吉林局・自民）、野村俊作（満鉄参事・緑風会）、村上義一（満鉄理事・緑風会）、伊藤顕道（満鉄安東、奉天第二中学教諭、新京弥生高等女学校校長、大連青年学校長・社会党）、平島敏夫（満鉄理事、副総裁・自民）、安井謙（満鉄経理局参事・自民）で、党派は自民党が五人と多数であるが、緑風会に二人、社会党に一人が所属している。

衆議院議員には足立篤郎（満鉄錦州鉄道局運輸部副部長参事、財団法人満鉄理事・自民）、伊藤好道（満鉄調査局・社会党）、伊藤よし子（故伊藤好道氏夫人・社会）、上塚司（満鉄調査部、大蔵政務次官・自民）、宇田耕一（満鉄役員秘書、経済企画庁長官、科学技術庁長官・自民）、甲斐政治（満鉄地方部、満洲国副県長・自民）、櫛山弘（満鉄調査部・自民）、小林絹治（満鉄秘書役、ニューヨーク支店長、庶務課長・自民）、佐々木義武（調査局、総理府原子力局長・自民）、田中龍夫（満鉄総務部、財団法人満鉄会理事、内閣官房副長官・自民）、浜田幸雄（満鉄理事、財団法人満鉄会顧問・自民）、北条秀一（満鉄拓殖課長、調査局総務課長、養成課長、社員会事務局長、財団法人満鉄会理事・社会）、毛利松平（満鉄撫順炭鉱、財団法人満鉄会評議員・自民）、和田耕作（満鉄調査部・民社）らが名を連ねている。衆議院議員の一人である北条秀一は、一九四六年八月葫蘆島から引揚げると引揚者の救済に奔走、同年一一月には引揚者団体全国連合会事務局に入り、翌四七年四月の第一回参院選に満洲引揚者の援護をスローガンに社会党から立候補し当選している。(1)

第二グループは、教育関係者である。満鉄会では、一九六〇年代初頭その子弟が高校、大学に進学する時期にあたってその入学を指導するため、満鉄出身で教職に就いている者を組織して入学指導部をつくり相談に応じた。そのリストが残されており、それを中心に満鉄出身で戦後教職に就いた者の一覧を知ることができる。(2)記録によるかぎり、満鉄職員を最も多数受け入れたのは北海道大学で八名、次いで多いのが大阪府立大学の七名、以下大阪市立大

表 21　満鉄職員の就職先（大学関係）

8 人	北海道大	2 人	弘前大、岩手大、茨城大、東京工業大、明治大、亜細亜大、工学院大、横浜国大、群馬大、静岡大、山梨大、名古屋大、中京大、名城大、新潟大、福井大、同志社大、立命館大、姫路工大、岡山大、徳島大、福岡大、熊本女子大、大分大、鹿児島大
7 人	大阪府立大		
6 人	大阪市立大、東北大、千葉工大		
5 人	九州大、法政大	1 人	北海道教育大、岩手医大、東北学院大、奥州大、山形大、千葉大、埼玉大、一橋大、東京都立大、早稲田大、日本女子大、立教大、武蔵大、慈恵医大、大東文化大、明治薬科大、東京理大、東京経大、東京農大、拓殖大、横浜市大、神奈川大、関東学院大、岐阜大、岐阜県立医大、暁学園短大、富山大、信州大、京都繊維工芸大、大阪学芸大、大阪工大、浪速大、神戸大、美作女子大、山口医大、香川大、高知大、九州工大、久留米工業短大、佐賀家政大、長崎大、長崎県国際経済大、岡山女子短大、東京高専、沼津高専、大阪府立高専、高知高専（私立大学振興会、日本育英会）
4 人	慶應義塾、愛知大、熊本大、金沢大、宮崎大		
3 人	東京大、中央大、京都大、久留米大、日本大、芝浦工大、大阪大		

出典：長見崇亮「南満洲鉄道株式会社の技術移転」（1999 年度早稲田大学大学院アジア太平洋研究科修士論文、56 頁）。

学、東北大学、千葉工業大学が六人で続いていた。大阪市立大学の六名をみれば天野元之助（文学部）、唐沢惟義（理学部）、田中良太郎（理工学部）、広瀬雄一（理工学部）、布施忠司（理工学部）、安山信夫（工学部）の面々がそれである。満鉄出身者は、その他の国公立・私立大学全体に及んでいた。『満鉄会報』で知りうる情報をリストアップすると、その内訳は**表21**の通りであった。つまり、全国九一大学・短大・高専に一八一名が就職していたのである。また満鉄出身で戦後高等学校関係に就職したものも六二人におよび全国に散在していた。

第三グループは実業界関係者で、帰国後満鉄時代の技術や、満鉄時代のネットワークを生かして会社を設立し事業活動を行った者たちである。彼らが設立した会社は、『満鉄会報』に掲載された会社だけでも九一社を数えている。業種は多種に及ぶが土木建設関係、電気関連が多いのは、満鉄での業務の関係が影響しているものと考えられる。

注

（1）北条秀一『道は六百八十里――満洲から日本へ』引揚者団体全国連合会出版部、一九四八年。このほかにも地方議員も選出されているが、その全貌をつかむことはいまのところ困難である。

（2）前掲『満鉄会報』第二五号（一九六一年八月二〇日）、第二六号（一九六一年一〇月一五日）および佐藤正典『一科学者の回想』一九七一年、二二三―二二五頁。また関連論文として長見崇亮「南満洲鉄道株式会社の技術移転」（一九九九年度早稲田大学大学院アジア太平洋研究科修士論文）参照。

第四節　満鉄調査部員の戦後

一　満鉄調査部員の留用・引揚げ

敗戦の結果、満鉄社員は激変する中国東北の政治経済状況のなかで身を処していくことを余儀なくされたが、調査部員もその例外ではなかった。多くは職を失い住居を追われ、口を糊する手段を求めながら収容地で引揚げのときを待つことになるからである。

しかし満鉄調査部員のなかには敗戦を待たずして帰国した一群がある。満鉄調査部事件に連座した数人である。事件では四〇名が起訴され、他は起訴猶予となり、四五年五月に判決が下されたが、この間保釈されたものも含めて彼らの何人かは敗戦を前に帰国した。彼らは満鉄調査部事件後に満鉄を解雇されていたのである。

典型は伊藤武雄だった。彼は四四年五月に釈放され大連で過ごしていたが、四五年五月に日本に呼び戻され、日華協会の設立に従事することとなる。[1]具島兼三郎もそうした一人であった。彼の場合も四五年五月に執行猶予付で釈放されると妻子の待つ日本へ帰国した。[2]伊藤はその後四六年一月には中国研究所の、五〇年一〇月には日中友好協会の設立に参画し、五一年七月には同協会の理事長に就任、戦後の日中友好運動の要の役割を果した。伊藤は満鉄調査部帰国者の再就職に奔走した一人で、具島も伊藤の口利きで一時日華協会の事務局に籍を置いていた。

しかし満鉄調査部のスタッフの多くは、敗戦後も当地に残留し、進駐してきたソ連軍や国民党軍の下で留用され、日々の糧を得る生活を送りひたすら帰国を待つこととなった。

留用は進駐部隊と日本人双方にとって必要なことだった。進駐部隊は日本人とその機構を再編・活用することなしには進駐行政を進められなかったし、他方で帰国のめどのつかない日本人も当座の間、職を得る必要があったからである。戦後中国東北行営（後の行轅）の経済委員会主任委員に任命された張公権は東北復興計画を立案するが、その際張は旧満洲重工業開発株式会社総裁の高碕達之助と相談し、これを受けた高碕の要請で、日本人チームによる調査班ができるが(3)、元満鉄調査部員のなかにはこの復興計画に携わったものもいる。

満鉄が戦後中長鉄路公司に引き継がれたとき、経済調査局研究員として留用された者もいる。天野元之助もそうした一人である。彼は同調査局主任研究員として四八年七月に日本に引揚げるまでこのポジションにいた(4)。天海謙三郎も四五年一〇月から日本に引揚げる四七年二月まで中長鉄路公司科学研究所経済調査局に研究員として留用された(5)。野間清の場合は、「満鉄調査部事件」で満鉄を依願退職、四五年七月に満洲国通信社嘱託で敗戦を迎えている。敗戦直後の九月には満鉄の後身中長鉄路理事会調査処に留用され、その後東北自然科学院、瀋陽農学院などに留用され五三年八月に帰国している(6)。「満鉄調査部事件」に連座した野々村一雄の場合も同じである。彼は四五年五月懲役二年執行猶予三年の判決を受け、敗戦まで満洲電業に籍を置いていた。しかし敗戦後は四五年一一月から中長鉄路調査局に留用され上級調査員として勤務し、四七年三月に大連から帰国している(7)。満鉄調査部事件で連座した小泉吉雄も安東の満鉄坑木に就職、そこで敗戦を迎えている。戦後は撫順炭鉱に留用され四七年七月に帰国している(8)。「満鉄調査部事件」で検挙され四五年五月執行猶予付きで釈放された石堂清倫は、即刻懲罰召集で入隊し二等兵で敗戦を迎えている。その後は労働組合を組織し大連の日本人の引揚げ運動に奔走している。彼が帰国したのは一九四九年一〇月のことであった(9)。

金融問題のエキスパートで三〇年代に幣制改革問題を手がけた南郷龍音の場合には、三八年に日産の満洲移駐にともない設立された満洲重工業開発株式会社の調査部に移り、四三年には北京の北支那製鉄に移籍している。満洲重工業開発から北支那製鉄への移籍という点では、調査部の奥村慎次、酒家彦太郎も同じ動き方をしている。南郷の場合は、四五年四月に北京を発って岐新炭鉱新京（現・長春）事務所長として再び長春に移転している。彼の場合には、当時の日本人がそうであったように、定職を得られないままに四六年八月錦州の収容所を経て四六年一〇月に日本に帰国している。(10) 拓大出身で上海で敗戦を迎えた満鉄調査部の熊谷康も約一年間当地に留めおかれて四六年四月に帰国しているし、(11) 野中時雄も敗戦後は、中国戦後再建を計画する中国経済建設学会に所属して計画案を策定、四七年三月に帰国している。(12) 南郷や熊谷のようなケースも戦後に満鉄部員がたどった一つの道であった。

二　再就職

満鉄調査部の面々は戦後どのような軌跡をたどりながら日本社会のなかに流れ込んでいったのだろうか。満鉄調査部の引揚者で圧倒的に多いのは教育・調査関係への再就職であった。満鉄調査部が主に調査活動を主体にしていたことを考えれば、それはごく自然なことであった。

旧満鉄調査部員の戦後を見てみよう。引揚者の多くは一九四八年頃までに帰国している。先に具島兼三郎は伊藤の紹介で日華協会に就職したと述べたが、四八年九月に発足した日本初の地方開発機関である中国地方総合調査所にも旧満鉄調査部員が就職していた。中国地方の国土復興開発を立案する中国地方総合開発委員会の付属機関としてスタートした中国地方総合調査所の初代所長には伊藤武雄が就任したが、そこには彼を筆頭に満鉄調査部の石井俊之、石堂清倫、岸川忠嘉、関戸嘉光が就職していた。(13) 石井、石堂は「満鉄調査部事件」で検挙された経験を持つし、関戸は同事件で獄死した大上末広の義弟である。伊藤自身は翌年には所長のポストを宮武謹一に譲り退くが、他の者たちは五二年まで所員として調査活動に携わっていた。

一九四五年九月に九州地方商工経済会の付属機関として創設され四六年一〇月にその名も九州経済調査協会と名称変更した同団体にも満鉄調査部のメンバーが再就職していた。満鉄調査部の浜正雄、松岡瑞雄、浜地常勝らがそれである。[14]

旧満鉄調査部員の再就職先で一番多かったのは大学教員である。満鉄全体のなかでの教職への再就職に関してはすでに論じたので、ここでは調査部員に限定して見てみよう。そのルートを見るといくつかの回り道を経た後で大学教員となったケースもあるし、すぐに大学にポストを得て再就職した例もある。先の具島の場合は、敗戦後に非常勤講師をしばらく続けた後一九四八年三月に九州大学教授に就任した。[15]天野元之助も四八年七月に帰国後一一月には京都大学人文科学研究所に就職し、五五年六月には大阪市立大学に転じ六四年三月に定年退職するまで文学部教授として東洋史の教鞭をとっていた。[16]満鉄調査部事件に連座しなかった岡崎次郎の場合には、四六年五月に帰国、翻訳業や文筆業で生計をたてた後五〇年七月には九州大学教授に就任、五年後の五五年三月には同大学を辞任し六月には法政大学教授に就任している。[17]野間清は五三年八月に帰国したが、帰国後は中国研究所に勤務し五七年四月に愛知大学教授に就任している。[18]また野々村一雄の場合には四七年三月に帰国するが、その年の六月には大阪市立大学経済研究所に勤務し、四九年六月には一橋大学助教授になっている。[19]南郷龍音の場合には、四六年一〇月に帰国後はしばらく農業に従事していたが、四九年一〇月に鹿児島県庁統計調査課に就職している。[20]もっともヒヤリングによれば、四八年には前述した中国地方総合調査所に勤務していたという。[21]野中時雄も四七年三月に帰国後は兵庫農科大学に就職している。[22]

同じ満鉄調査部員でも原覚天の場合には、やや色合いを異にする。彼は新潟県出身で、曹洞宗の中学から法隆寺勧学院へ進み、そこから報知新聞社図書室主任（一九三四年）を経て、大連に渡り満鉄調査部資料課（一九三八年）に所属し、その後東京に戻って東亜経済調査局（一九四二年）に勤務し、敗戦後は一九四七年経済安定本部に所属、大来佐武郎のもとで東南アジア地域の調査活動に従事している。彼の場合には東亜経済調査局にいたときに吉長鉄道利権獲得史など交通史の研究に没頭していたという。[23] しかし彼の本格的な研究・調査活動のスタートは戦後にあったといえよう。戦後彼は、アジア問題調査会（一九五二年）、アジア協会の結成に参加し、その延長線上で六〇年にはアジア経済研究所の調査部長を歴任、一九六二年四月に関東学院大学経済学部教授に就任している。その後は一九六六年まで同大学で教鞭をとっている。彼の場合には、満洲を中心とした旧植民地研究から開発経済学の方向へとその研究テーマを変え、その後は開発経済学の王道を歩んでいる。彼の一九五二年から関東学院大学退職までの主要研究業績を見ると、[24] 業績リストはアジアの経済発展と後進国開発理論、後進国援助問題で埋められている。一九七〇年代後半から八〇年代前半にかけて、原は満鉄調査部、東亜研究所、ＩＰＲ（Institute of Pacific Relations 太平洋問題調査会）についての著作の執筆に着手した。[25]

枝吉勇の場合は、東京帝大で新人会に加入、労農党の書記などを経て一九三〇年に東亜経済調査局に入り三五年に大連本社に転じ、その後満鉄北支経済調査所、東亜研究所を経て「満鉄調査部事件」で検挙される。しかし執行猶予で釈放された後満洲人造石油の東京支所長として東京で敗戦を迎え、戦後は経済安定本部に籍をおいて戦後復興に携わる。東亜経済調査局から始まり、戦後は経済安定本部に所属したところまでは原と類似した経歴をたどっている。しかし枝吉は敗戦直前に「満鉄調査部事件」にかかわっているし四八年には国立国会図書館に勤務し、調査立法考査局長、司書監を経て、六七年退官するまでそこに勤務している点では原とは違った軌跡を描いている。[26]

満鉄調査部出身で戦後経済安定本部に籍を置いた人物には、彼以外に佐伯喜一、佐々木義武、山中四郎らがいる。佐伯喜一は一九一三年台湾の台北で生まれている。東京帝国大学法学部を卒業後の一九三六年満鉄調査部入りをしている。一年後の三七年満鉄改組、満洲重工業開発株式会社（満業）設立と同時に満業調査部へ移籍している。四一年から四三年まで企画院へ出向、物動計画に携わった。四六年満洲から引揚げると商工省を経て発足間もない経済安定本部に入り、経済復興計画副室長として活動している。その後佐伯は五三年経済安定本部が改組されると保安庁（後の防衛庁）に移籍している。六一年から三年間は防衛研修所の所長を務め、六四年から野村総合研究所の副社長、七一年社長、七四年会長を経て八三年相談役に就任した。九八年逝去、享年八四であった。[27]佐伯の上司で経済復興計画室長の佐々木義武は、戦前満鉄調査部にあって企画院に出向、物動計画に携わった。戦後は経済安定本部の初代経済復興計画室長として「傾斜生産方式」を計画、推進した。その後経済審議庁計画部長を経て、五六年科学技術庁原子力局長に就いている。六〇年には自由民主党から立候補し、衆議院議員に当選、以降当選九回、七九年には通産大臣を歴任、八六年引退した。同年七七歳で逝去している。[28]山中四郎も満鉄調査部出身で、戦後は経済安定本部入りをし、統計課長のポストに就いた。しかし彼は敗戦直前出張地の広島で被爆、それが原因で病死している。[29]

戦前は満鉄調査部に籍を置いても戦後は社会運動家として活動した者もいる。伊藤武雄もその一人である。一九四五年五月に日華協会設立のため帰国、敗戦後は四六年一月に中国研究所の設立に参加し理事に就任、四六年九月には中国地方総合調査所長、五〇年一〇月には日中友好協会設立に参画、常任理事就任、五一年六月政治経済研究所設立、理事就任と友好団体や研究機関設立に次々と関わり、それぞれ重要な役割を演じている。戦前の満鉄調査部時代の彼も天津事務所や上海事務所で所長として活動し、どちらかといえば「情報畑が中心」[30]だったわけだから、そうした経験と手腕を行使して戦後も活躍したと見ることができよう。この種の活動の常として清濁併せ呑まねばならぬケースも多々あったと推察される。彼に毀誉褒貶がつきまとうのもそうした活動のなせる結果なのであろう。[31]

中西功や尾崎庄太郎もそうした面々であろう。中西の場合には一九四二年六月治安維持法違反で上海で逮捕され四五年八月公判中に死刑を求刑されたが、敗戦で生還している。戦後は中国研究所の設立に参加、日本共産党に入党し四七年の参議院選挙では共産党公認で立候補し当選している。彼の場合には、一時期政党人として国会で活動している。[32]尾崎は東亜同文書院卒。卒業後日本に帰りプロレタリア科学研究所など左翼運動に関わり検挙。出所後上海にわたり中国共産党と接触、一九三九年初頭に満鉄北支経済調査所に入社。中西功らと支那抗戦力調査に従事。四二年六月中西と時期を同じくして治安維持法違反で検挙され東京へ押送、巣鴨拘置所で獄中生活を送り、四五年八月の日本の敗戦を豊多摩刑務所で迎えている。戦後は中西同様中国研究所の設立に参加しここを拠点に社会活動に従事した。彼の場合も教職には就いていない[33]。石堂清倫は、日本帰還後は共産党に入党し本部員として活動しているが六一年八月には離党し、その後は在野のグラムシ研究者、社会運動史研究者として活動した[34]。

また敗戦時に満鉄調査部上海事務所長のポストを経験しながら戦後はまったく別の職業についたのは宮本通治である。彼は東洋埠頭に就職し調査畑からは離れている。宮本は、戦後満鉄関連の会合に出席しても何も発言しないで帰っていったという[35]。満鉄調査部員の一人であった石堂清倫は「伊藤〔武雄〕さんは長生きされて書く機会も多かったから、調査部のプラスの面についてはその指導者の一人としての印象を与えているけれども、書かれなかった人が指導者でなかったとはいえない。ひょっとするとそのほうがより多く指導の任に当たったのが事実に近いかもしれない[36]」と回想している。伊藤とは対照的に戦後ひっそりと過ごし戦前の出来事を後世の史家の分析に託し沈黙をまもった宮本通治の役割を重視する記述はいまでも多い。調査畑から離れたという意味では「満鉄調査部事件」に関わった三輪武も同様である。彼は四九年一二月に帰国した後は日本水素、福島殖産に就職している[37]。満鉄調査部事件に関わり戦後は撫順炭鉱に留用され、四七年に帰国した小泉吉雄も戦後一時稲葉秀三の薦めで国民経済研究協会に就職したが五〇年には退職して熊谷ベークライト工業社長、日本飛行機株式会社、札幌第一運輸専務など経営者の道を歩んでいる[38]。熊谷康も上海から引揚げたあとは、県庁職員、農協役員など戦前の調査部とはまったく異なる仕事についた[39]。天海謙三郎も別の道を歩んだ。彼は、大連より引揚げた四八年六月日本鋳物協会に勤務しそこに一〇年間勤務して五八年三月辞任したのちは自宅で読書研究に没頭した[40]。

宮本とは違った意味で戦後はその活動を停止した人物に宮崎正義がいる。彼は満鉄調査部から日満財政経済研究会に移り一九三七年以降の満洲産業開発五カ年計画の立案の最高責任者の一人で石原莞爾の経済参謀的役割を演じた。彼の場合には、戦後は再度活躍する場を得ないままに一九五四年に病没している。[41] 同じ石川県出身で、ロシア留学では同期生でもあった嶋野三郎は、戦前は満鉄調査部や東亜経済調査局にあって『露和辞典』の編集・出版に従事していたが、戦後は不遇で語学学校や関東管区警察学校のロシア語教師をしてきた。[42]

三　研究の継承性と限界

研究の継承性という点では調査部員個々人によって大きな相違があった。比較的戦前来の研究を継続した研究者として天野元之助をあげることができよう。彼の言を借りれば「一九四八年七月、日本に引揚げて、京都大学人文科学研究所に入り、中国農業史の研究に精進する。この研究とて、一九四三年の秋から大連図書館で、中国の古農書を繙くこととなり、半身に達する原稿や書きぬきを携えて帰った。十数年を経て、漸く私なりの取纏めができたところ、加用信文・能代幸雄両君の高配で『中国農業史研究』九四四頁が、農業総合研究所で上梓された」[43]という。中国農業史を一貫したライフワークとして研究を続けたことになる。

しかしこうした軌跡を描いた研究者は少なく、多くの者は研究のフィールドと方法論を変えて戦後の研究に向かうこととなった。フィールドという意味では、多くの研究者が中国から別の地域へ転換していった。野々村一雄は社会主義・ソ連研究へと進んでいった。川崎巳三郎は恐慌論研究へと向かった。具島兼三郎はファシズム研究へと進んだ。方法論的に違った方向へ進んだ者も数多い。マルクス経済学から近代経済学へ進んだ者もいる。南郷龍音の場合は、貨幣論という専門分野の関連もあり、彼自身数学や統計学が得意だったこともあろうが、戦後は産業連関表の分析などにその研究領域を移していった。南郷のような方向をとった研究者は他に数多いと思われる。

しかしなんといっても満鉄調査部の研究方法で戦後の一時期大きな影響を与えたものは、「満鉄マルクス主義」とも別称される『資本論』に基づく歴史・現状分析の手法だった。川崎巳三郎の場合はそれが最も典型的に出ていて、彼の著書『恐慌』[44]などは『資本論』解釈に基づく恐慌論の展開だった。野々村一雄は、戦前の満鉄調査部での研究活動を回顧して、川崎から資本論解釈論争を挑まれてタジタジになってくそ勉強をしたことを回想しているが[45]、戦後直後に川崎が出版した『恐慌』を一読するとその雰囲気がしのばれる。

マルクスの『資本論』やローザ・ルクセンブルグの『資本蓄積論』、さらには山田盛太郎の『再生産過程表式分析序論』『日本資本主義分析』などを基礎に中国社会を分析するというのは、戦前講座派の研究者の主流の動きだったといっても過言ではない。社会を総括的に分析する方法が他に見出しにくく、しかも実証的な成果がいまほど数多くなかった戦前の状況では、大きく網を打って、社会を大胆に構造的に把握するマルクスの手法は、反体制の発想者のみならず、社会科学者の幅広い層をひきつけたことは間違いない。したがって、マルクスの手法を導入することとマルクスの「精神」を信奉することとの間には間接的な関連はあるにしても直接的な結び目を見出すことは、人によって距離があったといえよう。戦後、程度の差こそあれ満鉄調査部出身の研究者間でテーマをめぐって多様な方向への分岐が生まれたのは偶然ではない。とりわけ戦後急進展を遂げた近代経済学は、マルクスの『資本論』に代わる社会科学の分析ツールとして、多くの社会科学者の関心をひきつけることとなった。その意味で言えば、「満鉄マルクス主義」と称された学問流派も、反体制色は濃厚にもつとはいえ、社会科学者の多くをひきつけた時代制約性を有する一時期までの主流分析手法だったといえよう。

四　新たに付与されたもの

しかし戦後への継承のなかで見落としてはならぬものは、中国革命の嵐のなかで彼らが好むと好まざるとにかかわりなく受けた影響である。一九四五年八月を境に彼らは体制の支配者から被支配者の位置に急落し、そうしたなかで本来なら経験できないさまざまな体験を余儀なくされた。しかも戦争は一九四五年八月で終結することなく引き続き国共内戦に突入したわけで、その経験は、戦時中のそれと比較しても差をつけ難い混乱の極限状態であった。研究者として中国革命の進展に身をおくことで、基底的なところで自らの学問に厳しい変更を迫られた研究者も少なくない。

たとえば実証研究を主体に研究を進めてきた天野元之助の場合も、戦後研究のなかには中国革命の影響が濃淡の影を落としている。主著『中国農業史研究』に並行して、翻訳だが彼は華崗『五四運動史』[46]を出版しているし、『中国の土地改革』[47]を上梓している。天野は、戦後中長鉄路経済調査局研究員に留用されたとき「昼食時に食堂で中国人社員と親しくなり、彼ら全員が毎日退社後一時間『学習』するのを知り、それが工場・炭鉱ばかりか、農村でも農閑期に行われているのを聞くし、解放後の人々の『翻身（立ち上がり）』の貌を、身近に経験するにいたっては、この国の社会経済の変革＝社会主義的改造、そして中国共産党の指導のやり方などを？　究明せんとの意欲が湧くし、この戦後の三年間に私の中国観や研究態度を一変させるものが生じた[48]」と率直に述べている。同じ体験をしたのだろうが、野間清の場合は研究テーマ自体にその影響が明確に現れている。彼の戦後研究の焦点は社会主義建設をめぐる諸問題の検討であるが、対象は中国農村土地問題が中心なだけにその影響は鮮明である。多くの満鉄調査部員は大なり小なり中国革命の嵐の洗礼を受けて戦後研究を続けることとなった。

天野元之助や野間清とは違って中国革命から距離をおき近代経済学の手法に傾斜していった南郷龍音の場合には、戦後の研究は大きく異なる。戦後久留米大学商学部に籍を置いた南郷は『久留米大学論叢』第六巻第一号（一九五五年三月）に「商業手形割引最高残高について」なる論文を寄せている。ここで扱っているのは八幡製鉄所傘下の新設鋼板株式会社の手形決済の事例分析である。数頁にすぎないこの論稿の構成を見ると六章編成になっているから、あるいは著書をまとめる過程で、その要約を紀要に発表したのかもしれない。いずれにしても、その内容は日本の中小企業の手形取引の分析である。そこに戦前の満鉄調査部員としての調査活動との関連を見出すことは難しい。南郷の場合その後満洲幣制の論稿を発表するが、それは戦前の研究の再録の域を出るものではなかった。その意味では、彼の戦後は「郷愁」というかたちで中国東北と結びついていたともいえるのである。

注

(1) 伊藤武雄『満鉄に生きて』(勁草書房、一九六四年)二六〇頁以下参照。
(2) 具島兼三郎『奔流　わたしの歩いた道』(九州大学出版会、一九八一年)二五九頁以下参照。
(3) 『「張公権文書」目録』アジア経済研究所、一九八六年。
(4) 天野元之助『現代中国経済史』雄渾社、一九六七年、序。
(5) 天海謙三郎『中国土地文書の研究』勁草書房、一九六六年、八五八頁。
(6) 石堂清倫・野間清・野々村一雄・小林庄一『十五年戦争と満鉄調査部』(原書房、一九八六年)略歴。
(7) 同右。
(8) 小泉吉雄『愚かな者の歩み』(私家版、一九七八年)七六頁以下参照。
(9) 石堂清倫『わが異端の昭和史』(勁草書房、一九八六年)二七〇頁以下参照。
(10) 小林英夫・加藤聖文・南郷みどり編『満鉄経済調査会と南郷龍音』社会評論社、二〇〇四年、三九七頁。
(11) 熊谷康「上海・満鉄調査部八月十五日」、『海外事情』28(8)、拓殖大学海外事情研究所、一九八〇年、五一―一五頁。
(12) 野中時雄「私の満鉄での調査の跡」、兵庫農科大学『農業経済』第三号、一九五八年一二月一二三頁。
(13) 『中国総研50年のあゆみ』(中国地方総合研究センター、一九九八年)二八頁および一二七頁参照。
(14) 加藤敬二『激流に生きる浜正雄』西日本新聞社、一九八一年、一〇二頁。
(15) 前掲『奔流　わたしの歩いた道』三七二頁以下参照。
(16) 前掲『現代中国経済史』序。
(17) 岡崎次郎『マルクスに凭れて六十年』青土社、一九八三年、略歴。
(18) 前掲『十五年戦争と満鉄調査部』略歴。
(19) 同右。
(20) 前掲『満鉄経済調査会と南郷龍音』三九七頁。
(21) 南郷みどり氏へのヒヤリングに依る(二〇〇二年三月一五日)。
(22) 前掲「私の満鉄での調査の跡」参照。

(23) 板垣與一「原覚天博士――その人と学問」、『関東学院大学経済学会研究論集　経済系』第六九集、一九六六年六月、一二七―一三〇頁。
(24) 同右書、一三一―一三三頁。
(25) 原覚天『現代アジア研究成立史論』(勁草書房、一九八四年)、同『満鉄調査部とアジア』(世界書院、一九八六年)参照。
(26) 「消えた至宝『満鉄調査部』」、三国一朗『昭和史探訪』(番町書房、一九七五年)二三三頁、枝吉勇『調査屋流転』(一九八一年)一六七頁以下参照。
(27) 拙著『満州と自民党』新潮社、二〇〇五年、一〇一―一〇二頁。
(28) 同右書、一〇四―一〇五頁。
(29) 同右書、一〇五頁。
(30) 前掲『十五年戦争と満鉄調査部』一二一頁。
(31) 同右書、一二五―一二六頁。
(32) 中西功『中国革命の嵐の中で』青木書店、一九七四年、二八七頁。
(33) 尾崎庄太郎『徘徊』(日中出版、一九八一年)五三頁以下参照。
(34) 石堂清倫『続わが異端の昭和史』(勁草書房、一九九〇年)参照。
(35) 前掲『十五年戦争と満鉄調査部』一三二頁。
(36) 同右。
(37) 井村哲郎編『満鉄調査部――関係者の証言』アジア経済研究所、一九九六年、七五九頁。
(38) 前掲『愚かな者の歩み』一〇一頁以下参照。
(39) 熊谷康「上海・満鉄調査部八月一五日」、拓殖大学海外事情研究所『海外事情』一九八〇年八月。
(40) 前掲『中国土地文書の研究』八五八頁。
(41) 拙著『「日本株式会社」を創った男　宮崎正義の生涯』(小学館、一九九五年)参照。
(42) 満鉄会・嶋野三郎伝記刊行会編『嶋野三郎――満鉄ソ連情報活動家の生涯』原書房、一九八四年、五四八頁。
(43) 前掲『現代中国経済史』序。
(44) 川崎巳三郎『恐慌』岩波書店、一九四九年。
(45) 野々村一雄『回想　満鉄調査部』(勁草書房、一九八六年)二〇三頁以下参照。
(46) 華崗『五四運動史』天野元之助ほか訳、創元社、一九五二年。
(47) 天野元之助『中国の土地改革』アジア経済研究所、一九六二年、序文。

（48）前掲『現代中国経済史』序。

第五節　満鉄調査部の終焉とその評価

満鉄は一九四五年九月二八日現地の中国東北でその運命を終え、二日後の三〇日に連合軍の命令で解散させられ、その後その特殊清算業務は閉鎖機関整理委員会が行うが、一九五二年三月同委員会の解散にともない、特殊清算業務は在外活動関係閉鎖機関特殊法人に引継がれ、清算を結了したのは五七年三月のことであった。[1]ここに日露戦争後に中国東北に生まれそして植民地経営の中心的存在だった満鉄はその姿を消し、同時に満鉄調査部も最終的にその姿を消したのである。

満鉄調査部の歴史は、大きく四期に分けることができる。各時期の終点と始点は、厳密に区別できず重なり合っている。

第一期は、一九〇七年から一六年までの創立期である。後藤新平の構想で実現した満鉄調査部は、当初は五部局の一つとして重視され、東京に東亜経済調査局や満洲及朝鮮歴史地理調査部といった調査機関を、大連に中央試験所や地質調査所などの試験機関を有し、大連の調査部自体は経済調査、旧慣調査、ロシア調査の三班に、監査班、統計班を加えた五班に分かれ活動していた。しかし、試行錯誤を重ねたものの、調査自体が軌道に乗らぬうちに後藤新平、中村是公が満鉄を去り、調査部もその規模と位置を低下させ、その後情報収集主体の活動が継続することとなる。

第二期は、ロシア革命が勃発した一九一七年から満洲事変勃発前の三一年までである。ロシア革命の勃発後満鉄調査部は、ロシア研究のメッカとして活動を展開し、帝大出の調査員の増加とあいまって『満蒙全書』を手はじめに『労農露国研究叢書』など多くの出版物を世に送り出す。また二〇年代後半には山本条太郎が総裁に就任すると共に、余剰人員を活用し実践的課題を調査するため調査部とは別に臨時経済調査委員会が設立され、活動を開始している。この別組織を作って実践的課題の研究を推進するというパターンは、事変後の経済調査会に踏襲されていく。

第三期は、一九三一年の満洲事変勃発後から一九三六年の産業部設立までである。関東軍の強い要請を受けて発足した経済調査会は、三三年三月「満洲国経済建設綱要」を打ち出し経済統制の基本方向を示すなど、三二年誕生した満洲国の経済政策立案機関として活動する。また三六年には満洲産業開発五カ年計画を立案する一角を担い、さらにその実施を目指して経済調査会は産業部に改組された。調査活動自体はといえば、軍の要請に応ずるかたちで満洲国内から華北地域へとシフトさせることとなる。

第四期は、一九三七年の日中戦争の拡大から一九四五年八月の敗戦までである。スタートした満洲産業開発五カ年計画は、日中戦争の拡大とともに大きく修正され、担い手も満鉄から満洲重工業開発株式会社へと変更される。三八年四月産業部を調査部と改組した満鉄調査部は活路を調査活動に求め、総裁松岡洋右は、三九年四月調査部の大拡張を図り綜合調査を展開することとなる。しかしそれは軍との摩擦を拡大する結果となり四三年には満鉄調査部事件を引き起こし、これを契機に対ソ情報収集や南方調査を除くと綜合調査は終焉へと向かうこととなる。

満鉄調査部の活動が、関東軍の庇護と協力のもとで展開されたことは何人も否定できない事実である。またこうした営みが、事実上の植民地支配のうえに日本人職員が重要ポストを独占するかたちで成立したという事実も銘記されねばならないだろう。その意味では、該社もその調査部も植民地支配の中核的存在であった。しかしそうした制約のなかで、満鉄調査部はさまざまな営みを展開し、数多くの貴重な業績を後世に伝える活動を展開した。一つには、国策的規模を有する調査機関が残した膨大な調査報告と刊行物である。こうした実態調査の成果を通して、我々は、明治期から昭和期にかけての四〇年にわたる満洲を中心とした東アジアの社会変化の状況を克明に知ることができるのである。二つには、その過程で培われた知識や技術が、戦前・戦後の東アジアの科学技術の発展に寄与したことである。その度合は日本にのみ厚く、他のアジア各国に極端に薄かったとはいえ、満鉄調査部員が生みだした社会科学の分析手法は、「満鉄マルクス主義」と別称されたが、社会を総合的・全体的に把握する上で大きな役割を果し、社会科学の土壌を豊かにしたし、調査機関の一角を形成した中央試験所や地質調査所などは、自然科学の技術の進展に大きく寄与することとなったのである。三つには、東アジア社会の近代化を推し進める点で、調査部が積極的役割を演じたことである。一九三〇年代以降満鉄調査部主導で政策化された東アジア地域での上からの工業化政策の展開は、戦時高度成長実現の要として、該地域の近代化を大きく進めることとなった。満洲産業開発五カ年計画の立案は、満鉄調査部の宮崎正義らが中心となって具体化したし、企画院には小泉吉雄のような満鉄調査部員が出向という形で参加していた。計画経済の立案の経験は、戦後は経済安定本部への参加という形で継承された。本書で紹介した佐伯喜一、佐々木義武、山中四郎らがそれである。[2] 彼らの行動の基底を支えたものは合理性の追求であり、その限りでは、彼らの工業化政策は軍需化を推し進めていた関東軍や一部の陸軍中枢や戦後の政治指導者と協調しうる可能性を内包していた。戦前にその可能性を限界点で追求したグループこそが、調査部「経調派」であったといえよう。戦前における日本政治体制の最悪の部分を代表した一九四〇年代前半の東條英機を頂点とする「狂気」専制支配は、満鉄調査部事件を通じてこの可能性を摘み取る結果となるが、「狂気」性が排除された戦後において、一時摘み取られたかに見えた芽は、再び高度成長過程の中で花開くこととなる。繰り返すまでもないが、こうした政策が、植民地支配の上に成立してきたことは、この近代化にひずみを与えたことは言うまでもない。このひずみの修正も、これまた戦後過程が負わなければならなかった課題だったのである。

注

（1）大蔵省財政史室編『昭和財政史』第五巻（東洋経済新報社、一九九五年）四七七頁以下参照。

(2) 日本の高度成長政策の立案の原点が満鉄調査部にあったことを論じた著作としては、とりあえず拙著『日本株式会社をつくった男　宮崎正義の生涯』(小学館、一九九五年)、同『超官僚』(徳間書店、一九九五年)、同『満州と自民党』(新潮社、二〇〇五年)を参照願いたい。

おわりに

戦後の満鉄調査部員の活動を概観することで、戦前から戦後の調査部の活動の総括に代えることとした。中国東北の地を拠点に多彩な調査活動を展開した満鉄調査部の活動は、社会科学から自然科学まで内包した包括的で広範な範囲のものであった。これほど範囲の広い調査活動を展開した機関は満鉄調査部をおいて他にはなかったのではないだろうか。そして、ここで育った社会科学者や自然科学者は、戦前・戦後を通じて日本の学術分野をリードすることとなったのである。またこの活動を通じて獲得した中国や他のアジア各国に関する知識が、日本人のアジア認識を深める上で大きく寄与した。その意味で、戦前の満鉄調査部の活動は、日本の「知の領域」を拡大する上でも積極的な役割を演じたのである。

もっともこうした「知の領域」での営みが、戦前の植民地体制の上で展開されたこと、したがって、「知の領域」が日本人に厚く、他のアジアの人々におそろしく薄かったことも指摘しておかなければならない。「知」そのものが、植民地支配という大きな枠組みの「歪み」を伴っていたことも、また認めなければならないのである。こうした「知」の「歪み」やその限界を克服する作業は、戦後から現代まで継続されなければならぬ次世代の責務であるが、その土台を作った満鉄調査部の活動は、そうした作業の原点として忘れ去られてはならないだろう。

あとがき

満鉄は今年で創立一〇〇周年を迎える。日露戦後に産声をあげ、その後四〇年近くにわたって中国東北の鉄道事業を中心にその事業活動を展開してきた満鉄は、一九四五年日本帝国の敗北とともにその活動を終えた。満鉄の本体そのものは確かにこの時点でその生命を終えたが、その人脈は絶えることなく戦後日本社会の政治・経済・文化のなかに大きな影響を与え、今日に至っている。会社自体は閉鎖されたわけだから後続部隊は補充されず、関係者は老齢化を迎える中で次第にその影響力は減じているが、彼らが残した「遺産」は、大切に継承される必要があろう。

私自身は、満洲生まれでもないし、私の両親、親類ともに満鉄となんらの関係も無い。にもかかわらずなぜ満鉄を、そして満鉄調査部を研究するのかと問われれば、満鉄の活動を通じて、戦前そして戦後の日本の政治・経済・文化を考察してみたいと考えているからである。遠くを見るのに望遠鏡が必要なように、微生物を見るのに顕微鏡が必要なように、戦前の日本の政治・経済・文化を見る道具として私は満鉄を使っているのである。満鉄の活動を見ることで、当該時期に日本が抱えていた問題や進むべき方向が、必要に応じ微細に見られるからである。

満鉄研究は、大学院生の時代から今日まで継続してきた課題だし、満鉄そのものに集中してからでもすでに一五年以上が経過した。この間『満鉄』（吉川弘文館、一九九五年）、『「日本株式会社」を創った男　宮崎正義の生涯』

（小学館、一九九五年）、『近代日本と満鉄』（吉川弘文館、二〇〇〇年）、『満鉄調査部』（平凡社、二〇〇五年）、『満洲と自民党』（新潮社、二〇〇五年）など何冊かの満鉄調査部に関連した著作を上梓してきた。それぞれに照射した角度は異なるが、満鉄および調査部の活動に光を当てた点では共通している。

今回こうした形で満鉄調査部に光をあてた著作を上梓したのは、上記のような理由から私なりに満鉄創立一〇〇周年を記念した作業を行ってみたいと考えたからに他ならない。そのためには、満鉄を満鉄たらしめたと私が考える調査部に焦点をあててその活動を考えるのがなによりと考えて、今回の著作をまとめてみた次第である。

まとめるに当っては、これまで私が発表してきた論文をベースに大幅な加筆修正を加え、書き直しを行った。各章の初発の作品名を列挙すれば以下の通りである。

第一章　「後藤新平と満鉄調査部」（小林英夫編『近代日本と満鉄』吉川弘文館、二〇〇〇年）
第二章　「満鉄調査部と旧ソ連調査」（多賀秀敏編『国際社会の変容と行為体』成文堂、一九九九年）
第三章　「国策会社のなかの満鉄」（江夏由樹ほか編『近代中国東北地域史研究の新視角』山川出版社、二〇〇五年）
第四章　「解題　満鉄経済調査会小史」（遼寧省檔案館・小林英夫編『満鉄経済調査会史料』第一巻、柏書房、一九九八年）
第五章　「南郷龍音と満鉄経済調査会」（小林英夫ほか編『満鉄経済調査会と南郷龍音』社会評論社、二〇〇四年）
第六章　「解説」（遼寧省檔案館編『満鉄と盧溝橋事件』第一巻、柏書房、一九九七年）
第七章・第八章　書き下ろし
第九章・第十章　「新資料に見る『満鉄調査部事件』」（『環』一八号、二〇〇四年七月）、「新史料検証　満鉄調査部事件の実相」（『世界』七二九号、二〇〇四年八月）、小林英夫・福井紳一『満鉄調査部事件の真相』小学館、二〇〇五年

第十一章 「満鉄調査部と戦後日本」(『環』一〇号、二〇〇二年七月)

初出は、上記の各著作や雑誌論文にあるが、今回一冊の著作にまとめるに当って、大幅な加筆修正を加え、全体の統一を図ったことは言うまでもない。

今回こうした形で、まがりなりにも一冊の書物をまとめ上げるには多くの方々のご協力が必要であった。各章を執筆するにあたってその都度お世話になった方々にはお礼をせねばならないが、特にユダヤ人問題に関しては、木畑和子氏(成城大学)やクルト・ラドケ・ウェルナー氏(元早稲田大学大学院アジア太平洋研究科)の助言が大いに刺激になったし、富田武氏からのコミンテルンに関するアドバイスは有益であった。また今回単著を上梓するに当たって、快く掲載を快諾していただいた共同論文作成者の佐々木隆爾(第二章第一節の一および二)、福井紳一(第九章・第十章)の両氏に対して心からお礼を申し上げたい。なお本書刊行に当たっては、早稲田大学より「学術出版補助費」の支給を受けた。

最後に本書出版に当っては藤原書店の藤原良雄社長および編集部の刈屋琢、郷間雅俊両氏に多くを負っている。ここに改めて感謝を申し上げたい。

二〇〇六年一〇月二〇日

小林 英夫

満鉄調査部関連年譜

年号	満鉄調査部にかかわる出来事	国内外の情勢
一八五七（安政4）	6 後藤新平、岩手県の水沢に生まれる。	
一八七三（明治6）	5 後藤、福島第一洋学校入学。	
一八七四（明治7）	2 後藤、須賀川医学校に転学。	
一八八九（明治22）	8 後藤、植民地統治思想の原点である「衛生行政」を論じた著作『国家衛生原理』を刊行。	2 大日本帝国憲法発布。
一八九〇（明治23）	4 後藤、ドイツへ私費留学。	7 第一回衆議院議員総選挙。
一八九一（明治24）	松井春生、三重県に生まれる。	
一八九二（明治25）	11 後藤、内務省衛生局長に就任。	
一八九三（明治26）	12 後藤、華族の相馬家の「財産相続騒動」に巻き込まれて入獄、失職。	
一八九五（明治28）	9 後藤、内務省衛生局長に復帰。 11 後藤、「台湾の阿片問題に関する意見書」を伊藤博文に提出し注目を集める。 伊藤武雄、愛知県に生まれる。	下関条約で日清戦争（一八九四・八〜九五・四）終結。
一八九六（明治29）	4 後藤、台湾総督府衛生顧問に就任。 中村是公、台湾総督府民政局事務官となる。	
一八九八（明治31）	3 後藤、児玉源太郎の誘いで総督府民政局長に就任。 6 **後藤、台湾総督府民政長官に就任**。 12 三井物産が監査方を改称、調査課をつくる。	4 米西戦争。
一八九九（明治32）	岡松参太郎、京都帝国大学法科大学教授に就任、民法の教鞭をとる。	
一九〇〇（明治33）	8 後藤、厦門に出張し、台湾を拠点に日本勢力の福建への拡張を試みる。厦門事件おこる。	5 義和団事件鎮圧に欧・米・日出兵。

年	満鉄関連	一般
一九〇一（明治34）	7 南郷龍音、鹿児島に生まれる。 10 「臨時台湾旧慣調査会」発足。 山本条太郎、三井物産上海支店長に就任。	
一九〇四（明治37）	6 満洲軍総司令部が設置され、児玉が満洲軍総参謀長に就任。	2 日露戦争勃発。
一九〇五（明治38）	9 後藤と児玉が意見交換、両者で「満洲経営案」を作成。 佐田弘治郎、学習院を卒業し三井銀行に入行。	9 日露戦争終結。ポーツマス条約。
一九〇六（明治39）	1 児玉陸軍参謀総長を委員長とする満洲経営委員会が組織される。 6 後藤、児玉からの満鉄総裁就任の要請を固辞。 7 児玉死去。後藤、満鉄総裁就任を決意。 11 **南満洲鉄道株式会社（満鉄）が発足。初代総裁に後藤新平。**本社を東京に設置。	
一九〇七（明治40）	3 満鉄本社を大連に移転、東京に支社を設置。／『社報』第一号に総裁後藤新平の「訓諭」掲載。 4 満鉄が鉄道堤理部、陸軍運輸部、陸軍経理部から鉄道、炭鉱、埠頭および動産・不動産を引継ぎ正式開業。／**満鉄本社に総務、調査、運輸、鉱業、地方の五部を設置。** 6 長春交渉事務所開設。 7 岡松参太郎理事、東亜経済調査局設立準備のため欧州を視察。 10 関東都督府令により中央試験所設立。	7 日露、第一次協定と密約で、南北満洲勢力範囲を区分。
一九〇八（明治41）	1 東京支社内に満洲及朝鮮歴史地理調査部が開設。 5 満鉄幹線・支線標準軌道開通。 6 中央試験所試験規定を発布、7月業務開始。 7 後藤、総裁を退任して逓信大臣に就任。 11 ダンチヒ工科大学教授チース博士を招き、東京支社内に東亜経済調査局を設置。 12 **中村是公、第二代満鉄総裁に就任、調査部を調査課に改称。**	12 米国国務長官ノックス、満洲鉄道中立化計画を提示。
一九〇九（明治42）	5 長春交渉事務所を奉天公所に改称。 7 『経済調査資料』発刊。 10 大連、蘇家屯間の複線開通。 佐藤大四郎、東京に生まれる。	
一九一〇（明治43）	4 鉱業部地質課が改組され、地質研究所設置。	7 第二回日露協約。

	5 満鉄、関東都督府から中央試験所を引き継ぐ。 小林九郎、東京外国語学校を卒業。	8 韓国併合。
一九一一（明治44）	3 東亜経済調査局のチース博士が任期満了で帰国、内務省参事官ウィードフェルトが就任。 6 満鉄、奉天に南満医学堂を開設。 11 安奉線標準軌道化。 佐田弘治郎、満鉄に転じ、調査課長に就任。	10 辛亥革命（武昌蜂起）。
一九一二（明治45・大正元年）	5 中央試験所、八部門構成をとる（分析・製造化学・製糸染織・窯業・醸造・衛生化学・電気化学・庶務）。 10 吉長線全線開通。	1 中華民国建国宣言。 7 第三回日露協約。
一九一三（大正2）	8『満洲歴史地理』全二巻刊行。 10 中央試験所、製造化学を応用化学に、衛生化学を衛生に、電気化学を電気化学及豆油製造業に組織変更。 11『朝鮮歴史地理』全二巻刊行。 12 野村龍太郎、第三代満鉄総裁に就任。 佐伯喜一、台北に生まれる。	10 袁世凱中華民国大統領就任。
一九一四（大正3）	1 大連図書館竣工。 5 日本の国鉄、朝鮮鉄道、安奉線三線の連絡運賃実施。中央試験所の「部」は「科」に変更。 7 中村雄次郎、第四代満鉄総裁に就任。 小林九郎、満鉄に入社。 伊藤武雄、第一高等学校入学。	7 第一次世界大戦勃発。
一九一五（大正4）	3『経済資料』が東亜経済調査局から創刊。	1 日本、中国に対華二十一カ条要求。
一九一六（大正5）	山崎元幹、東京帝国大学法科大学政治学科を卒業、満鉄に入社し、総務部交渉局第一課に勤務。 松井春生、東京帝国大学法科大学政治学科卒業。	
一九一七（大正6）	3 哈爾浜公所設立。 6 満鉄理事の川上俊彦をロシアへ派遣。 7 寺内正毅内閣「鮮満統一」政策を推進。／中村雄次郎、関東都督に就任。満	ロシア革命の勃発。 3 二月革命。 11 十月革命。ボルシェヴィキ新政権誕

	鉄は総裁を廃止し理事長を設け、国沢新兵衛が理事長に就任。／満鉄、朝鮮総督府の依託を受けて朝鮮鉄道を経営。 10 堺利彦、『新社会』にレーニンの「ロシア革命」を翻訳紹介。 11 日本の大手新聞各社、紙面にロシア革命を掲載。 伊藤武雄、東京帝国大学法科大学入学。	生。
一九一八（大正7）	1 北京公所と鄭家屯公所を開設。 4 吉林公所を設立。／後藤、外務大臣就任。 5 鞍山製鉄所を開設。 8 東亜経済調査局、ウィードフェルトが任期満了、マンハイム高等商業学校教授ベーレントと交代。 11 蘇家屯・奉天間複線化。	8 シベリア出兵宣言。米騒動。 11 第一次世界大戦終結。
一九一九（大正8）	2 堺利彦「ボリシェヴィキの建設的施設」を発表。 4 社長制に変更、野村龍太郎が社長就任。／ニューヨーク事務所開設。 11 満鉄社員消費組合設立。 12 大豆混合保管制度実施。	3 朝鮮三・一独立運動。 5 五・四運動。 10 中国国民党誕生。
一九二〇（大正9）	5 後藤、大調査機関設立を提唱。 7 満鉄と関東庁、満蒙文化協会を設立。 12 後藤、東京市長に就任。 小林九郎、調査課露西亜係主任となる。 伊藤武雄、東亜経済調査局に配属され、同年大連本社調査課に転属。	1 国際連盟発足。 7 安直戦争勃発。
一九二一（大正10）	3 大阪野村銀行が調査部をつくる。 5 早川千吉郎、満鉄社長に就任。 満鉄北京駐在事務所開設。 『満蒙全書』出版。	7 中国共産党結成。 11 ワシントン会議。
一九二二（大正11）	1 東亜勧業株式会社設立。 2 満鉄、南満洲工業専門学校を設立。 3 三菱合資が資料課を設立。 5 南満医学堂、南満洲医科大学に昇格。 6 南郷龍音、上海東亜同文書院卒業。	3 第一次香港ストライキ。 6 ワシントン海軍軍備制限条約。九カ国条約。

	7 斉斉哈爾公所を開設。 8 南郷龍音、満鉄に入社し社長室調査課に勤務。 9 満鉄調査課、洮南派出所を設置。	
一九二三(大正12)	1 大阪野村銀行が廃止され、証券部を総務部業務部に移管。／後藤の招請でヨッフェ来日。 2 後藤・ヨッフェ会談。 4 哈爾濱公所と哈爾濱運輸事務所を合併し哈爾濱事務所を設立、調査課を新設。職制改正。 9 第二次山本権兵衛内閣発足。後藤、内務大臣兼帝都復興院総裁。 11 四洮鉄道完成。 12 虎ノ門事件で山本内閣総辞職。後藤は張作霖と会談し、「日露支関係ノ根本義」を発表。	9 関東大震災。／開滦炭鉱スト。
一九二四(大正13)	2 埠頭事務所上海支所を廃止して、上海事務所を設立。 5 「対支政策綱領」を策定。伊藤武雄、『北京満鉄月報』を創刊。 6 安広伴一郎、満鉄社長に就任。／調査課洮南派出所、洮南公所に昇格。 7 四洮鉄道、正式営業。 『露文翻訳労農露国調査資料』『露文翻訳調査資料』出版。	5 アメリカで排日移民法可決。
一九二五(大正14)	2 後藤の論文「日露復交と太平洋政策の確立」を発表。／『労農露国研究叢書』刊行。 10 奉天に獣疫研究所開設。 『露領極東の鉱業利権』刊行。	1 日ソ基本条約締結。 5 五・三〇事件を契機に各地の反帝国主義運動高揚。 6 香港労働者のストライキが勃発。 11 郭松齢事件勃発。
一九二六(大正15・昭和元年)	9 満鉄社員会発足。 『哈調時報』『露亜経済調査叢書』出版。	7 蒋介石、北伐開始。
一九二七(昭和2)	1 伊藤武雄欧米留学、『北京満鉄月報』の編集を宮本通治に交代。 4 情報課を設置、大豆油混合保管制度を実施。田中義一政友会内閣成立。 7 **山本条太郎、満鉄社長に、松岡洋右副社長に就任。** 11 **臨時経済調査委員会を設立。** 『満洲植物史』『露領沿海地方の自然と経済』『露領極東の林業と林況』『露領極	5 第一次山東出兵。 6 東方会議開催。

	東地誌』『露領黒龍州の気候・土壌・植物研究誌』『露領黒龍州の畜産業』刊行。 調査課長佐田弘次郎『奉天昭陵図譜』出版。 佐藤大四郎、第一高等学校入学。	
一九二八（昭和3）	5『満洲経済統計年報』創刊。 『露領極東の資源と産業』『亜細亜露西亜の住民』『北満洲と東支鉄道』『露領極東の森林利権』刊行。 10 吉敦鉄道開通。	6 張作霖爆殺事件。蔣介石政府、上海と南京で全国経済会議と全国財政会議をそれぞれ開催。 11 蔣介石政府、中央銀行創設。 12 東北易幟。蔣介石政府、張学良を東北辺防司令に任命。
一九二九（昭和4）	3『満洲大豆品質等級査定に関する調査』。 7 東亜経済調査局、財団法人として分離独立。／昭和製鋼所設立。 8 仙石貢、満鉄総裁に就任。 『露領極東の魚類及毛皮資源』『極東露領に於ける黄色人種問題』刊行。 山本、松岡辞任。	10 世界大恐慌勃発。 11 金解禁。
一九三〇（昭和5）	佐藤大四郎、一高除籍。 佐田弘次郎『時局救済国本確立共済富籤国営論』刊行。 調査部でのマルクス主義的活動が活発化。	1 ロンドン軍縮会議。
一九三一（昭和6）	この年、満鉄は関東軍との関係を深め、満洲事変拡大に協力する。 1 佐田弘次郎、旅順の関東軍司令部で講演。 8『満洲評論』創刊、橘樸が編集を主導。 9 **満洲事変勃発**。関東軍は吉林を占領。 10 関東軍による錦州空爆。一三日の『社報』に最初の満洲事変記事掲載。 11 斉斉哈爾を占領。 12 一五日に関東軍による統治部設立。調査課が「奉天省幣制改革弁法」作成。 佐藤大四郎、治安維持法違反で服役。	9 イギリス、金本位制離脱。 10 十月事件勃発。 12 金輸出再禁止。
一九三二（昭和7）	1 三日、錦州が日本軍の手に落ちる。八日、関東軍参謀石原莞爾らは奉天ヤマトホテルで会合、大調査部を設置し、十河信二を委員長に推薦することを申し合わせる。一六日、関東軍参謀長三宅光治から満鉄副総裁江口定條あてに設立依頼状が発送される。二六日、**満鉄経済調査会（経調）を設置**、十河信	1 第一次上海事変。 3 東北行政委員長、満洲国の建国を宣言（執政溥儀）。 5 五・一五事件。

二が委員長に就任。首藤正寿は「満洲の幣制並に金融に関する意見書」作成。／リットン調査団がヨーロッパを出発、アメリカ経由で日本へ。
2 満洲国の統治部が特務部に改編。
3 **満洲国建国**。
4 三菱経済研究所が設立される。
6 奉天の満鉄理事公館で関東軍と経済調査会の第一回合同会議開催。**満鉄経済調査会の宮崎正義「満洲経済統制策」を提出**。抗日土着武装勢力の兵士三〇万になる。「満洲国関税自主宣言」発表。
7 林博太郎、満鉄総裁に就任。南郷龍音は経済調査部の第四部金融主任に就任。
8 関東軍司令官が本庄繁中将から武藤信義大将に、参謀長は三宅光治少将から橋本虎之助少将、そして小磯国昭中将に交代。
9 関東軍司令部の新京移転に伴い、経済調査会も本部の新京移転を準備。
10 大上末広、満鉄入社。

6 満洲中央銀行成立。
7 コミンテルン「三二年テーゼ」。
9 日満議定書調印。

一九三三（昭和8）

1 田中武夫、『満洲評論』編集責任者となる。／関東軍、満洲の全海関接収完了。
3 満洲国「満洲国経済建設綱要」を公布。国民政府「廃両改元」を実施。鉄道総局がつくられる。
4 三日、特務部第一委員会が「日満幣制統一の実現に関する要綱案」提出。
5 関東軍、中央銀行を中心に特務部連合研究会開催。
6 日満幣制統一問題を再度議論。
8 「日満幣制統一の実現に関する要綱案」破棄。
12 『満洲経済年報』創刊、天野元之助・大上末広が編集を主導。

1 ドイツでヒトラー政権成立。
2 国際連盟、リットン報告書承認。
3 日本の国際連盟脱退を通告。
5 塘沽停戦協定。
6 佐野学・鍋山貞親、獄中から転向声明。
12 アメリカは「新産銀行買上法」により銀買い上げ開始。

一九三四（昭和9）

このころから、満鉄経済調査会はしだいに国策立案の傍流へ。
2～3 ウィットフォーゲル研究会、橘樸を中心に大上末広・渡辺雄二らが参加。永田鉄山が陸軍省の軍務局長に就任。
9 金融合作社法公布。／『満洲経済年報　一九三四年版』刊行。「経調派」が確立。
10～12 資本論研究会、大上末広を中心に渡辺雄二・佐藤大四郎らが参加。佐藤大四郎、満洲評論社に入社。松井春生『経済参謀本部論』出版。

3 満洲国執政溥儀、皇帝に就任。
6 アメリカ「銀買上法」制定。「銀輸出禁止令」公布。
8 ヒトラー、ドイツ大統領を兼任。アメリカ「銀国有令」制定。
10 「国防の本義と其の強化の提唱」（陸軍パンフレット）発行。／中国共産党、長征開始。

一九三五（昭和10）

この年から、満鉄経済調査会は調査の重点を華北に移す。
1 九日、南次郎軍司令官から林博太郎満鉄総裁あて「対支経済施策」への配慮を要望。一八日、「対支経済施策箇所設置ニ関スル件」作成。
2 経済調査会を満鉄の機構とすることを決定、経済調査会第六部発足、北支資源調査に着手。
7 調査団編成。三日、主に「北支が中支より独立した場合を前提にした」金融、経済、税制、貿易四つの調査班を編成。
8 永田鉄山、相沢三郎中佐に刺殺さる。石原莞爾、参謀本部作戦課長に就任。
9 『満洲経済年報　一九三五年版』、満洲経済恐慌を主要テーマに発刊。幣制改革原案の作成完了。**宮崎正義、日満財政経済研究会を発足させる。**
10 二三日、調査班予算案完成。満鉄天津事務所開設。経調第六部廃止。上海事務所は調査係を設置し、中国国民党の幣制統一の調査開始。華北地域は日本軍の工作対象地に。
11 「乙嘱託班調査細目要領」。各班調査活動を一斉に着手。冀東防共自治委員会誕生。三日、幣制改革断行。四日、日満両国政府により「日満通貨の等価維持に関する声明」提出。八日、満洲中央銀行と朝鮮銀行は業務協定交渉開始（一二月六日交渉成立）。
12 鈴木小兵衛、満鉄入社。冀察政務委員会誕生。／興中公司設立。調査班一五九鉱山の実態調査。

上海での銭荘の後退。
6 梅津・何応欽協定、土肥原・秦徳純協定（華北分離工作）。
7 コミンテルン、人民戦線戦術を採用。
8 中国共産党、抗日救国統一戦線を提唱（八・一宣言）。
10 イタリア、エチオピアへ侵入。／岡田啓介内閣、第二次国体明徴声明。中国実業団訪日。
11 国民政府による幣制改革が成功。イギリスは在中国イギリス人の現銀使用を禁止し、法幣使用を命令。

一九三六（昭和11）

1 橘樸、「新重農主義」を提唱。
3 二五日に「乙嘱託班調査経過説明表」。二次調査のみ終了予定。
4 二二日に調査班は冀東地域農村に入村。経調派、満洲産業開発永年計画立案開始。第四回関東軍経調懇談会。
5 **松岡洋右、満鉄総裁に就任。**／**大上末広ら経調派「満洲産業開発永年計画案」執筆。**／一五日に調査班の第一回報告会を開催。満鉄上海事務所『恐慌の発展過程に於ける支那幣制改革の研究』を刊行。
7 二五日、伊藤武雄の手で「総括概況報告書」脱稿。

1 「第一次北支処理要綱」決定。
2 二・二六事件。
4 中国経済使節団はアメリカへ。
5 使節団はアメリカと銀処分をめぐり、銀協定締結。
7 スペイン内戦始まる。
8 広田弘毅内閣、「国策の基準」決定（南北併進の方針）。旧貨幣回収実績

8 一七日、宮崎正義「昭和十二年度以降五年間歳入及歳出計画　付緊急実施国策大綱」発表。
9 「満洲ニ於ケル軍需産業建設拡充計画」立案。
10 **湯崗子会議で「満洲産業開発五カ年計画」最終案確定。**／**満鉄経済調査会が産業部に改組**、経済調査会は吸収され消滅。南郷龍音が産業部商工課金融係主任に就任、満洲産業開発五カ年計画の金融部門立案に参加。
11 宮崎正義ら「帝国軍需工業拡充計画」完成。二五日、軍務課で「満洲産業五カ年計画取扱要領」決定。同日に第一回産業会議開催。
佐伯喜一、満鉄調査部に勤務。

六五%。
11 日独防共協定。
12 西安事件。

一九三七（昭和12）

1 関東軍、「満洲産業開発五年計画要綱」策定。／「満洲産業開発五箇年計画ノ中マグネシウム計画打合会」「共同組合研究小委員会」「代用燃料小委員会」「年報打合会議」「統計打合会議」「免税特権打合会議」「満洲鉱業株式会社設立案審議会」開催。／佐藤大四郎、満洲評論社退職、浜江省綏化県に向かう。
3 伊藤武雄、天津事務所所長に就任。
5 内閣調査局に代わり企画庁成立。
6 満洲国、「農事合作社設立要綱」制定。天津事務所調査課『北支経済資料』刊行。
7 五カ年計画、**日中戦争勃発**で修正を余儀なくされる。首相官邸で中央経済会議開催。一八日、天津事務所は臨時北支事変事務局に改組。
8 満洲映画協会設立。伊藤武雄、上海事務所長へ転任。二七日、臨時北支事変事務局が北支事務局に改編。
9 綏化県農事合作社（綏化県農村共同組合連合会を改組）発足。産業部は「業務計画の再検討」開始。
12 満洲重工業開発株式会社設立。日中戦争拡大にともない調査部華北占領地宣撫工作開始。
佐伯喜一、満業調査部へ転勤。

3 日本実業団訪中。
7 日中戦争勃発。
9 第二次国共合作成立。
10 企画院設立。
11 日独伊防共協定成立。
12 極東ユダヤ人代表会議開催。ハルビンで第一回極東ユダヤ人代表会議開催（二八日～三〇日）。

一九三八（昭和13）

この年より、物資動員計画が本格化。
1 宮崎正義「日満財政経済研究会業務報告書」をまとめる。満洲政府「猶太民族施策要綱」発表。
2 華北満鉄宣撫班、治安、流通、公共機関調査開始。

1 第一次近衛声明（「国民政府を対手とせず」）。
2 上海ユダヤ難民は五千名に達する。
3 ドイツ、オーストリアを併合。

4 **満鉄産業部が調査部に改組**。地質調査所を満洲国に譲渡、満鉄新京事務局が新京支社に昇格。
5 満鉄産業部廃止。
8 浜江省農事合作社機関誌『農事合作社報』創刊。
12 五相会議「猶太人対策要綱」決定。
原覚天満鉄調査部資料課に所属。

4 国家総動員法公布。
10 日本軍、武漢三鎮占領。
11 第二次近衛声明（東亜新秩序声明）。
12 興亜院設立。第三次近衛声明（近衛三原則）。第二回極東ユダヤ人代表会議開催（二六日～二八）日。

一九三九（昭和14）

この年、上海事務所調査室で「支那抗戦力調査」開始。
1 調査部は「ソ連邦内ノユダヤ人」発行。『ロシアのユダヤ人略史』出版。南郷は内地留学。
2 石堂清倫が『ユダヤ人種、分布、職業ノ問題』執筆。
3 華北交通株式会社設立。
4 **満鉄調査部（いわゆる大調査部）発足**。『ポーランドノ猶太人問題』出版。／満鉄、北支経済調査所設立。
10 北支経済調査所『最近八箇年間北支貿易調査表』刊行。支那抗戦力調査第一回中間報告会開催。

5 ノモンハン事件勃発。
8 独ソ不可侵条約調印、平沼騏一郎内閣総辞職。
9 第二次世界大戦勃発。ナチスのユダヤ人迫害本格化。
12 第三回極東ユダヤ人代表会議開催（二三日～二六日）。

一九四〇（昭和15）

この年、「日満支ブロック・インフレーションとその対策」など綜合調査始まる。
1 「支那抗戦力調査」第二回中間報告会開催。
2 興農合作社法公布。
4 大連ヤマトホテルで、「中核体」が結成されたとされる会合が開かれる。
5 「支那抗戦力調査」最終報告会開催。満鉄調査部「猶太避難民収容地区ノタメノ所要面積推定」発表。
10～12 **『支那抗戦力調査報告』作成**。
11 世界情勢委員会設置。支那慣行調査開始。
金融合作社と農事合作社を統合し興農合作社を設立。

3 汪兆銘、中華民国政府樹立（南京政府）。
6 ドイツ軍、パリ占領。近衛文麿、新体制運動開始。
7 近衛内閣「基本国策要綱」決定。
9 北部仏印進駐。日独伊三国同盟締結。
10 大政翼賛会成立。
11 大日本産業報国会結成。

一九四一（昭和16）

この年、綜合調査として「戦時経済調査」始まる。
9 尾崎秀実と接触した渡辺雄二、小泉吉雄ら、関東軍司令部爆破等の反戦活動を計画。
10 北安省興農合作社連合会の情野義秀検挙、調査部弾圧の発端となる。
11 **合作社事件（一・二八事件）**。

4 日ソ中立条約調印。／和田博雄、勝間田清一ら検挙（企画院事件）。
6 独ソ開戦。
7 大本営関東軍特種演習（関特演）実施。南部仏印進駐。

年	満鉄調査部	一般事項
	12 鈴木小兵衛検挙。	10 尾崎・ゾルゲ事件。東條英機内閣成立。 12 アジア太平洋戦争勃発。
一九四二(昭和17)	6 中国共産党諜報事件、中西功ら検挙。 9 **満鉄調査部事件勃発**。関東憲兵司令部が満鉄調査部員を大量検挙(九・二一事件)、調査部は活動停止に追い込まれる。原覚天、東亜経済調査局に勤務。	4 翼賛選挙。 5 ミッドウェー海戦で日本海軍大敗。 11 ソ連軍スターリングラードでドイツ軍を包囲。 12 大本営、ガダルカナル島撤退決定。
一九四三(昭和18)	1 マラヤ班活動開始。 5 佐藤大四郎獄死。大調査部は鉄路総局調査局と合体し調査局と改称。 7 **満鉄調査部第二次検挙**。/小日向直登、満鉄総裁に就任。 11 深谷進釈放。	5 泊事件で七名検挙、横浜事件の端緒となる。 9 イタリア無条件降伏。 11 大東亜会議開催。 12 カイロ宣言。
一九四四(昭和19)	1 守随一獄死。 2 発智善次郎獄死。 3 大上末広、佐藤晴生、西雅雄獄死。 11 尾崎秀実・ゾルゲ処刑。 『在満日系共産主義運動』発刊。	6 連合軍、ノルマンディー上陸。サイパン島の日本軍玉砕。 7 東條英機内閣総辞職。 8 連合軍、パリ入城。 10 レイテ沖海戦で、日本軍壊滅。
一九四五(昭和20)	5 満鉄調査部事件判決。起訴された二〇名全員有罪。いずれも執行猶予つきで、最高刑は渡辺雄二、松岡瑞雄の徒刑五年。/**山崎元幹、満鉄総裁に就任**。 8 二二日、ソ連軍大連到着。 9 二二日、中国長春鉄路公司ソ連代表、満鉄を接収。三〇日、**GHQ満鉄閉鎖**。 10 天野元之助、中長鉄路公司科学研究所経済調査局の研究員となる。 11 野々村一雄、中長鉄路調査局の上級調査員となる。	2 ヤルタ会談。 5 ドイツ無条件降伏。 8 六日、広島に原爆投下、九日、長崎に原爆投下。/八日、ソ連対日宣戦、満洲へ進撃開始。/中ソ友好同盟条約、中国長春鉄路協定調印。/日本無条件降伏。
一九四六(昭和21)	1 中国研究所設立。 5 岡崎次郎帰国。 10 南郷龍音帰国。	1 天皇の人間宣言。 5 東京裁判開廷。 11 日本国憲法公布。
一九四七(昭和22)	3 野々村一雄、大連から帰国。野中時雄帰国。	3 トルーマン・ドクトリン。

	6 野々村一雄、大阪市立大学研究所に勤務。 7 小泉吉雄帰国。 8 山崎元幹、長春を退去。 原覚天、経済安定本部に所属。	6 マーシャル・プラン。
一九四八（昭和23）	3 具島兼三郎、九州大学教授就任。	9 遼瀋戦役。 10 共産党軍長春占領。 11 共産党軍東北全域制圧。淮海戦役、平津戦役。
一九四九（昭和24）	6 野々村一雄、一橋大学助教授就任。 10 南郷龍音、鹿児島県庁統計調査課に勤務。 12 三輪武帰国。	10 中華人民共和国成立。
一九五〇（昭和25）	7 岡崎次郎、九州大学教授就任。	6 朝鮮戦争勃発。
一九五一（昭和26）	7 伊藤武雄、日中友好協会理事長就任。	9 サンフランシスコ講和条約。
一九五二（昭和27）	3 閉鎖機関整理委員会解散により特殊清算業務は在外活動関係閉鎖機関特殊法人に引継がれる。	
一九五三（昭和28）	8 天野元之助帰国。野間清帰国。 佐伯喜一、保安庁に移籍。	
一九五五（昭和30）	3 岡崎次郎、九州大学辞任。6月法政大学教授就任。	
一九五六（昭和31）	伊藤武雄、日中文化交流協会常任理事就任。	
一九五七（昭和32）	3 満鉄の特殊清算業務結了。 4 野間清、愛知大学教授就任。	
一九六四（昭和39）	佐伯喜一、野村総合研究所副所長就任（以後、社長、会長、相談役をへて、平成10年逝去）。	

（小林英夫作成）

ら　行

わ　行

[英　字]

ま　行

や　行

は　行

な　行

た　行

さ　行

か 行

人名索引

著者紹介

小林英夫（こばやし・ひでお）

1943年東京都生まれ。71年、東京都立大学大学院社会科学研究科博士課程満期退学。現在、早稲田大学大学院アジア太平洋研究科教授。日本企業の海外展開の過去・現在・未来を主要テーマとし、戦後のいわゆる「日本的経営」の思想的・歴史的源泉を満洲に探る研究で知られる。
著書『「大東亜共栄圏」の形成と崩壊』（御茶の水書房）『戦後日本資本主義と「東アジア経済圏」』（同）『日本軍政下のアジア』（岩波新書）『日本株式会社を創った男　宮崎正義の生涯』（小学館）『満鉄』（吉川弘文館）『戦後アジアと日本企業』（岩波書店）『帝国日本と総力戦体制』（有志舎）『満州と自民党』（新潮新書）、編著『近代日本と満鉄』（吉川弘文館）『満鉄経済調査会と南郷龍音』（社会評論社）『満鉄調査部事件の真相』（小学館）『検閲された手紙が語る満洲国の実態』（同）ほか多数。

満鉄調査部《まんてつちょうさぶ》の軌跡《きせき》　1907-1945

2006年11月30日　初版第1刷発行©

著　者　小　林　英　夫
発行者　藤　原　良　雄
発行所　株式会社　藤原書店

〒162-0041　東京都新宿区早稲田鶴巻町523
TEL　03（5272）0301
FAX　03（5272）0450
振替　00160-4-17013

印刷・製本　図書印刷

落丁本・乱丁本はお取り替えします
定価はカバーに表示してあります

Printed in Japan
ISBN4-89434-544-7